甘肃省文化资源名录

（第二十八卷）

饮食文化

酒、茶、饮料、特色饮食、饮食器皿

总 主 编：陈 青　王福生
副总主编：马廷旭
总 校 对：刘玉顺
本卷主编：魏学宏

中国书籍出版社
China Book Press

图书在版编目（CIP）数据

甘肃省文化资源名录.第二十八卷/陈青,王福生总主编;甘肃省社会科学院编.—北京:中国书籍出版社,2018.1

ISBN 978-7-5068-6712-2

Ⅰ.①甘… Ⅱ.①陈… ②王… ③甘… Ⅲ.①文化遗产—甘肃—名录 Ⅳ.①K294.2-62

中国版本图书馆CIP数据核字（2018）第027829号

甘肃省文化资源名录 第二十八卷

陈 青 王福生 总主编
甘肃省社会科学院 编

责任编辑	吴化强
责任印制	孙马飞 马 芝
封面设计	东方美迪
出版发行	中国书籍出版社
地　　址	北京市丰台区三路居路97号（邮编：100073）
电　　话	（010）52257143（总编室）　　（010）52257140（发行部）
电子邮箱	eo@chinabp.com.cn
经　　销	全国新华书店
印　　刷	三河市顺兴印务有限公司
开　　本	787毫米×1092毫米　1/16
字　　数	600千字
印　　张	26.5
版　　次	2018年1月第1版　2018年1月第1次印刷
书　　号	ISBN 978-7-5068-6712-2
定　　价	318.00元

版权所有　翻印必究

甘肃省文化资源普查和分类分级评估工作领导小组

组　长　　连　辑

副组长　　张广智

成　员　　俞建宁　张建昌　范　鹏　武来银　伏晓春　赵海林
　　　　　　王智平　周继尧　史志明　李宗锋　阿　布　李　塴
　　　　　　曹玉龙　陈　汉　梁文钊　陈德兴　妥建福　樊　辉
　　　　　　肖立群　王兰玲　肖学智　宋金圣　拜真忠　卢旺存
　　　　　　石生泰　柳　民　吴国生　火玉龙　车安宁　马少青
　　　　　　王福生　张智若

甘肃省文化资源普查和分类分级评估工作领导小组办公室及下设机构

主　　任　　范　鹏

常务副主任　　王福生

副 主 任　　李　堋　　王兰玲　　柳　民

执行副主任　　侯拓野　　马廷旭　　陈月芳　　廖士俊

成　　员　　杨文福　　丁　禄　　田锡如　　李含荣　　路晓峰　　刘效明
　　　　　　张建胜　　徐麟辉　　马志强　　张春锋　　梁朝阳　　方剑平
　　　　　　黄国明　　王银军　　刘志忠　　李拾良　　王登渤　　赵艳超
　　　　　　席浩林　　王　钢　　刘　晋　　李军林　　王景辉　　邵　斌
　　　　　　杨彦斌　　李素芬　　李才仁加　王　旭　　王治纲

综合协调组

组　　长　　王灵凤

成　　员　　庞　巍　　马争朝　　吴绍珍　　巨　虹　　王彦翔　　唐莉萍
　　　　　　段翠清

普查业务组

组　　长　　谢增虎

成　　员　　马东平　　侯宗辉　　马亚萍　　戚晓萍　　魏学宏　　李　骅
　　　　　　买小英　　梁仲靖　　王　屹　　海　敬

技术保障组

组　　长　　刘玉顺

成　　员　　胡圣方　　王　荟　　谢宏斌　　张博文　　宋晓琴

专家联络组

组　　长　　郝树声　　马步升

成　　员　　金　蓉　　赵　敏

甘肃省文化资源名录
编纂委员会

主　　　任　陈　青　郝　远
副 主 任　范　鹏　彭鸿嘉　俞建宁　王福生
委　　　员　朱智文　安文华　刘进军　马廷旭
　　　　　　王俊莲　王　琦　陈双梅

总 主 编　陈　青　王福生
副总主编　马廷旭
总 校 对　刘玉顺
成　　　员　谢增虎　马东平　侯宗辉　马亚萍　戚晓萍
　　　　　　魏学宏　赵国军　谢　羽　金　蓉　买小英
　　　　　　巨　虹　吴绍珍　胡圣方　李　骅　鲁雪峰
　　　　　　梁仲靖　王　荟　王　屹　海　敬　段翠清
　　　　　　李志鹏　尹小娟　姜　江

前 言

丝绸之路三千里，华夏文明八千年。甘肃是华夏文明的重要发祥地之一，是中华民族重要的文化资源宝库，是国务院认定的"华夏文明传承创新区"。为了保护和传承甘肃恢宏的历史与当代文化资源，使之能够汇总展示给世界，并永久流传，甘肃省从2013年4月启动了全省文化资源普查工作。在甘肃省文化资源普查和分类分级评估工作领导小组组织下，动员全省各市（州）县（区）、31个厅局及省直单位的专业人员，数十位专家学者，历时两年，完成了普查和数据录入工作。对于全省文化资源普查成果，甘肃省社会科学院又经过两年时间整理完善、分类编辑、拾遗补阙、校对编排，现在终于有了《甘肃省文化资源名录》的付梓出版。

《甘肃省文化资源名录》集中展现了甘肃历史悠久、丰富多样的文化资源。甘肃历史文化遗存位列全国前茅，民族民俗文化特色鲜明，现代文化颇具实力。伏羲文化、大地湾文化、马家窑文化、齐家文化、寺洼文化、彩陶文化、周秦早期文化、长城文化、汉简文化、三国文化、五凉文化、敦煌文化、石窟文化、黄河文化等历史文化资源积淀深厚；道教文化、西夏文化、伊斯兰文化、藏传佛教文化等民族宗教文化资源星罗棋布；大革命文化、根据地文化、长征文化、抗日文化、解放区文化等红色文化资源耀眼夺目；工业文化、科技文化、歌舞文化、大众文化等现代文化资源特色鲜明。可以说，文化资源是历代生活在甘肃的华夏儿女留给这块大地的永不磨灭的最辉煌印记。

就甘肃省文化资源的精华而言，截至2017年初，全省馆藏可移动文物为195.84万件，各类不可移动文物16895处。有世界文化遗产7处，全国重点文物保护单位131处，省级文物保护单位556处，国家级非物质文化遗产代表性项目68项。有国家级历史文化名城4座，国家级历史文化名镇7座，中国历史文化名村2座，中国传统村落36个。莫高窟、嘉峪关、伏羲庙、麦积山、炳灵寺、阳关、玉门关、锁阳城、崆峒山、拉卜楞寺、中山桥……，都是甘肃文化的历史见证；敦煌汉简、悬泉汉简、铜奔马、牛肉面、剪纸、花儿、皮影、羊皮筏子、黄河水车……，都是甘肃永恒的文化名片；腊子口、哈达铺、会师楼、南梁……，都是甘肃代表性红色文化遗产；酒泉卫星发射中心、刘家峡水电站、玉门油田、《读者》《丝路花雨》《大梦敦煌》……，都是甘肃之所以为甘肃的鲜明标志；祁连山、雪山冰川、河西走廊、大漠戈壁、高原草原、天池梅园……，都是如意甘肃的生动写照。众多的历史、自然和现代文化资源犹如满天繁星，镶嵌在广袤的甘肃大地上熠熠生辉。

　　《甘肃省文化资源名录》汇总甘肃省文化资源的精华，完成了打造华夏文明传承创新区的基础工作。《名录》将文化资源分为二十大类，分别是：文物；红色文化；重要历史事件与人物；重要历史文献；民族语言文字；非物质文化遗产；自然景观文化；宗教文化；文学艺术；饮食文化；建筑文化；节庆、赛事文化；文化之乡；地名文化；文化传媒；社科研究；文化类高等教育；文化艺术机构团体；文化产业；文化人才。每类文化资源按属性又分若干子分类，每个子分类都有严格的界定。同时，将文化资源级别分为省级和市州级。省级文化资源是指国务院、国家有关部委、甘肃省政府和省直部门已经明确命名、认定、管理（或委托管理）的国家级和省级文化资源，以及甘肃省文化资源普查办公室评估认定并核定公布、报送备案的文化资源。市州级文化资源是指甘肃省各市州、县级政府及其管理部门已经明确命名、认定、管理的市县文化资源，以及甘肃省文化资源普查办公室评估认定并核定公布、报送备案的市县文化资源。甘肃省内世界级文化资源（遗产）纳入省级文化资源管理范围，暂未认定级别和不需认定级别的文化资源统一纳入市州级文化资源范围。

　　推出《甘肃省文化资源名录》，对于推进华夏文明传承创新区建设、甘肃文化大省建设、丝绸之路黄金段建设意义深远。《名录》不仅仅记录了甘肃文化资源的种类和数量，也使甘肃文化资源的资源类别、品相级别、蕴藏情况、流布地域、传承范围和衍变情况得以准确和清晰化。通过编辑出版《甘肃省文化资源名录》，形成一个科学完整的文化资源数据库、文化资源研究的学术平台、文化资源传承保护和开发利用的指南，有助于更好地挖掘那些具有世界影响、国家价值、显著特点、唯一仅存、开发潜力巨大的代表性文化资源，为文化资源的有效保护提供科学依据，为重点文化资源找到开发的机遇并重塑生长的价值，为文化产业项目的开发利用提供可靠的参考。所以，《名录》的推出，是甘肃省文化资源普查成果面向世界迈出的第一步，是文化实力助推甘肃转型发展的坚实步伐，它为甘肃省今后对文化资源进行保护传承、专题研究、数字展示、市场开发奠定了基础。

甘肃省社会科学院

2017 年 7 月

目 录

前　言	001

酒　　　001
（一）葡萄酒类　　　002
（二）啤酒类　　　009
（三）米酒类　　　013
（四）白酒　　　015
（五）药酒类　　　032
（六）酒其他类　　　034

茶、饮料　　　039
（一）茶　　　040
（二）饮料　　　046

特色饮食　　　061
（一）饮食类　　　062
（二）蔬菜类　　　364
（三）水果类　　　378
（四）其他类　　　383

饮食器皿 405

（一）食具 406

（二）酒具 407

后　记 408

甘肃省文化资源名录
第二十八卷 饮食文化

酒

（一）葡萄酒类
（二）啤酒类
（三）米酒类
（四）白酒
（五）药酒类
（六）酒其他类

（一）葡萄酒类

0001 莫高 VSOP

产　　地：兰州

所属民族：汉族

级　　别：4

简　　介：莫高 VSOP 系选用北纬 38°世界黄金葡萄种植带莫高葡萄庄园世界名贵葡萄品种白玉霓，经发酵、蒸馏，在橡木桶内经长期贮藏，精心酿制而成，酒体醇厚，余味悠长。

0002 莫高蛇龙珠干红

产　　地：兰州

所属民族：汉族

级　　别：4

简　　介：莫高蛇龙珠干红葡萄酒系选用北纬 38°世界黄金葡萄种植带莫高葡萄庄园名贵葡萄蛇龙珠（Cabernet gernischt），采用先进设备，经精选原料、除梗破碎、控温发酵、瓶贮陈藏等 OIV 工艺精心酿制而成，是一种健康饮品。

0003 莫高 XO

产　　地：兰州

所属民族：汉族

级　　别：4

简　　介：莫高 XO 系选用北纬 38°世界黄金葡萄种植带莫高葡萄庄园世界名贵葡萄品种白玉霓，经发酵、蒸馏，在橡木桶内贮存 7 年以上，精心酿制而成，酒体醇厚，余味悠长。2011 年 8 月，荣获 2011 年中国轻工精品展金奖。

0004 莫高典藏赤霞珠干红

产　　地：兰州

所属民族：汉族

级　　别：4

简　　介：莫高典藏赤霞珠干红葡萄酒以莫高庄园名贵葡萄赤霞珠（Cabernet Sauvignon）为原料，采用国际OIV工艺精酿而成，酒体呈深宝石红色，果香馥郁、醇香协调。有愉悦的青草、黑加仑、奶油香，口感复杂，典型性强，酒温在14-18℃时饮用品质最佳。

0005 莫高雷司令干白葡萄酒

产　　地：兰州

所属民族：汉族

级　　别：4

简　　介：莫高干白葡萄酒系选用北纬38°世界黄金葡萄种植带莫高葡萄庄园的雷司令葡萄（Riesling），采用先进设备，经精选除梗、软压取汁、果汁净化、控温发酵、贮藏陈酿等OIV工艺精心酿制而成的健康饮品。酒体禾杆黄，晶莹透亮；果香浓郁，清新幽雅；口味纯正，细腻丰满；酒温10—12℃时饮用品质最佳。

0006 莫高普通干白葡萄酒

产　　地：兰州

所属民族：汉族

级　　别：4

简　　介：莫高干白葡萄酒系选用北纬38°世界黄金葡萄种植带莫高葡萄庄园的薏丝琳葡萄（ItalianRiesling），采用先进设备，经精选除梗、软压取汁、果汁净化、控温发酵、贮藏陈酿等OIV工艺精心酿制而成的健康饮品。

0007 莫高钻石金冰

产　　地：兰州

所属民族：汉族

级　　别：4

简　　介：莫高钻石金冰葡萄酒系选用北纬38°世界黄金葡萄种植带莫高葡萄庄园的白比诺葡萄（Pinot Blanc）、雷司令葡萄（Riesling），经过连续5天零下8℃的自然冷冻，果实内的糖份和水结冰分离，在凌晨以手工将挂在葡萄藤上的冰葡萄迅速采摘，采用国际OIV工艺并经6年的陈酿而成的健康饮品。酒体呈经典的禾杆黄色，果香优雅馥郁，以荔枝、桃和热带水果香气为主，被称为"天堂的味道"。

0008 莫高冰红葡萄酒

产　　地：兰州

所属民族：汉族

级　　别：4

简　　介：莫高冰红葡萄酒系选用北纬38°世界黄金葡萄种植带莫高葡萄庄园的美乐葡萄（MERLOT)经过延迟采收，在自然冷冻环境下，果实内的糖份浓缩、水蒸发、结冰，在凌晨以手工将挂在葡萄藤上的冰葡萄迅速采摘，再经特殊工艺精心酿制而成的健康饮品。酒体呈宝石红，果香幽雅芬芳，口味香醇甜美，酒体饱满，风格独特；饮用前经20分钟的冷藏处理，酒温6—12℃时饮用品质最佳。

0009 莫高红宝石干红

产　　地：兰州

所属民族：汉族

级　　别：4

简　　介：莫高红宝石干红葡萄酒以莫高庄园名贵葡萄为原料，采用国际OIV工艺精酿而成，使传统工艺与现代科技得到完美结合。酒体呈深宝石红色，果香纯正，口感柔顺。

0010 莫高梅鹿辄干红

产　　地：兰州

所属民族：汉族

级　　别：4

简　　介：莫高梅鹿辄干红葡萄酒系选用北纬38°世界黄金葡萄种植带莫高葡萄庄园名贵梅鹿辄葡萄（Merlot），采用先进设备，经精选原料、除梗破碎、控温发酵等OIV工艺精心酿制而成的健康饮品。

0011 莫高晚红蜜甜型葡萄酒

产　　地：兰州

所属民族：汉族

级　　别：4

简　　介：莫高晚红蜜甜型葡萄酒产自莫高万亩葡萄庄园，由莫高庄园名贵葡萄酿制而成，自然精华赋予其独特口感。轻抿一口，柔和圆润的感觉涌上心头。花蜜般的口感，却不甜腻，有极好的均衡感，丰富的结构加饱满的酒体，与各式甜点组成最完美的搭配。

0012 莫高红色恋人甜型葡萄酒

产　　地：兰州

所属民族：汉族

级　　别：4

简　　介：莫高红色恋人甜型葡萄酒来自一个祥和而宁静的世外桃源——莫高万亩葡萄庄园，融汇了丝绸古道的神奇，远离了城市的喧嚣和工业的污染，伴随着阵阵浓郁的香气和丝丝的凉意，轻抿一口，柔和圆润的感觉涌上心头，甚感其魅力无穷。

0013 莫高白比诺干白葡萄酒

产　　地：兰州

所属民族：汉族

级　　别：4

简　　介：莫高白比诺干白葡萄酒系选用北纬38°世界黄金葡萄种植带莫高葡萄庄园优质白比诺（Pinot Blanc）葡萄，精心按照OIV工艺标准，低温酿造而成的健康饮品。酒体呈亮丽的浅黄色，清新洁净，口感清爽，蕴含多种果香，口香优雅和谐饱满，酒质圆滑柔顺清爽，媲美莫高黑比诺。

0014 莫高霞多丽干白葡萄酒

产　　地：兰州

所属民族：汉族

级　　别：4

简　　介：莫高霞多丽干白葡萄酒系选用北纬38°世界黄金葡萄种植带莫高葡萄庄园优质霞多丽（Chardonnay）葡萄，精心按照OIV工艺标准，低温酿造而成的健康饮品。酒体晶莹，呈浅金黄色，香气清新芬芳，酒质洁净，口感圆润细致，香醇迷人，余味隽永，具鲜明品种特性。

0015 莫高金葡园甜型葡萄酒

产　　地：兰州

所属民族：汉族

级　　别：4

简　　介：莫高金葡园甜型葡萄酒产自莫高万亩葡萄庄园，庄园祥和宁静，远离城市的喧嚣和工业的污染，光照充足，每一粒葡萄都沐浴了金色的阳光。产品呈艳丽的玫瑰红色，有怡悦的果香，入口丰满、圆润、雅致，余味纯正、悠长。轻抿一口，浓郁的香气和丝丝的凉意涌上心头。

0016 莫高黑比诺干红

产　　地：兰州

所属民族：汉族

级　　别：4

简　　介：莫高黑比诺干红葡萄酒由甘肃莫高实业发展股份有限公司生产，其采用先进设备，经精选原料、除梗破碎、控温发酵、瓶贮陈藏等OIV工艺精心酿制而成。具有蔷薇花香、樱桃花香，香气馥郁；酒体柔软，入口果味优雅、平衡、细腻，如丝带般光滑，后味悠长。

0017 莫高灰比诺干红

产　　地：兰州

所属民族：汉族

级　　别：4

简　　介：莫高灰比诺干红葡萄酒系选用北纬38°世界黄金葡萄种植带莫高葡萄庄园优质灰比诺葡萄（Pinot Gris）。经精选原料、除梗破碎、控温发酵、橡木桶陈藏等OIV工艺精心酿制而成的健康饮品。优质的灰比诺葡萄酒有着花和蜜的芳香，也常混有坚果或水果香，酒体适中或丰满，酸度较低，风格较独特。

0018 自酿葡萄酒

产　　地：西固区

所属民族：汉族

级　　别：4

简　　介：紫葡萄不用洗，直接用小剪刀一个一个剪掉梗。剪成一粒一粒，不要剪破，然后一个个洗干净。用放凉的盐开水泡一会儿后捞起，晾干倒入玻璃缸，手伸进去把葡萄抓碎搅碎加冰糖封，2个月以后可以食用。

0019 敦煌阳光赤霞珠干红葡萄酒

产　　地：敦煌市

所属民族：汉族

级　　别：4

简　　介：该葡萄酒由敦煌阳光葡萄酒业有限责任公司生产，选用敦煌阳关镇国营农场种植的赤霞珠葡萄，采用先进的酿酒设备，经精选原料，除梗破碎发酵，橡木桶陈藏等工艺精心酿制而成，其酒体呈浅宝石红色，香味醇和饱满，口感平顺悠长，酒液为细腻，优雅与精致，绸滑的甘宁令你的味觉有一种无与伦比的舒适感受和敦煌特有的风味。

0020 敦煌阳光金沙利葡萄酒

产　　地：敦煌市

所属民族：汉族

级　　别：4

简　　介：该葡萄酒由敦煌阳光葡萄酒业有限责任公司生产，最大的特点是选用敦煌大面积种植的鲜食红提葡萄，采用先进设备，经精选原料、自然晾晒、天然浓缩、除梗破碎、二次补料发酵、橡木桶陈藏等工艺精心酿制而成。其酒体呈琥珀色，清澈明亮，具有无花果、坚果等蜜香，酒体丰满润滑、芬芳细腻、蜜香绵长。

0021 莫高窟典藏黑比诺干红葡萄酒

产　　地：敦煌市

所属民族：汉族

级　　别：4

简　　介：莫高窟典藏黑比诺干红葡萄酒选用甘肃武威黄羊河莫高葡萄庄园的黑比诺葡萄（Pinot Noir），采用先进设备，经精选原料、除梗破碎、控温发酵、瓶贮陈藏等OIV工艺精心酿制而成的健康饮品。酒体呈樱桃红，澄清绚丽，果香浓郁，芬芳幽雅，口感柔嫩，舒适和谐，酒温8—16℃时饮用最佳。

0022 莫高窟迟采串选干红葡萄酒

产　　地：敦煌市

所属民族：汉族

级　　别：4

简　　介：莫高窟迟采串选干红葡萄酒由敦煌市葡萄酒业有限责任公司生产，该葡萄酒呈宝石红、光亮；黑加仑香、高贵的法国木桶香、烟草香、浓郁协调；味长舒顺、酒体饱满、后味绵长、有较高的鉴赏价值。

0023 敦煌阳光干红葡萄酒

产　　地：敦煌市

所属民族：汉族

级　　别：4

简　　介：该葡萄酒由敦煌阳光葡萄酒业有限责任公司生产，采用先进的酿酒设备，经精选原料，精心酿制而成。有浓郁回味悠长的酒香，口味柔和，酒体丰满。葡萄酒味浓而不烈，醇和协调，没有涩、燥或刺舌等邪味。

0024 莫高窟迟采粒选干红葡萄酒

产　　地：敦煌市

所属民族：汉族

级　　别：4

简　　介：该葡萄酒呈宝石红、光亮；黑加仑香、高贵的法国木桶香、烟草香、浓郁协调；味长舒顺、酒体饱满、后味绵长。

0025 皇台葡萄酒

产　　地：凉州区

所属民族：汉族

级　　别：3

简　　介：甘肃皇台酒业股份有限公司自1995年起，公司按照国家酒类产业政策"粮食酒向果露酒转变"的发展方向，结合武威得天独厚的优势，开始进行葡萄酒产业化建设。公司严格按照OIV国际标准，并结合中国酿酒技术法规进行葡萄酒生产。2012年，公司推出的西行敦煌珍藏葡萄酒、西行敦煌梅特林、西行敦煌梅乐等中高档葡萄酒在第二届中国·河西走廊有机葡萄酒节上受到国内外葡萄酒专家的高度赞誉。2013年，公司新开发的梅特林系列葡萄酒、赤霞珠系列葡萄酒、梅乐系列葡萄酒、黑比诺（黑皮诺）系列葡萄酒、普通干红系列等15款中高档葡萄酒陆续面市。

0026 莫高葡萄酒

产　　地：凉州区

所属民族：汉族

级　　别：3

简　　介：甘肃莫高实业发展股份有限公司主要产品为"莫高"牌系列葡萄酒、啤酒大麦芽、甘草系列产品和苜蓿草产品。1985年第一瓶"莫高"干红葡萄酒诞生。经过20多年的发展，现已建成万亩酿造葡萄种植基地和年产2.5万吨干型葡萄酒的生产能力，拥有干红、干白、解佰纳、甜型酒、特种酒、冰酒、白兰地等七大系列130多个品种，是名副其实的庄园式葡萄酒生产企业。1999年莫高酿制出中国第一瓶黑比诺葡萄酒和冰酒。2005年公司采用拉菲工艺技术，出品了更高工艺的顶尖金爵士黑比诺干红，被称为"中国拉菲"。2008年9月，在第二届烟台国际葡萄酒质量大赛中，莫高黑比诺荣获金奖、莫高酒庄酒荣获银奖。2008年11月，"莫高黑比诺"干红以其高贵的品质荣获2008第三届世界名酒节唯一葡萄酒干红品系的"金橡木桶"奖。2009年4月莫高葡萄酒荣获中国驰名商标，9月莫高葡萄酒荣获"中国酒类十大最有价值品牌"、"中国五大葡萄酒品牌"、"甘肃省唯一代表性品牌"称号。2012年9月份，莫高葡萄酒荣获中国酒协和中华品牌战略研究院联合颁发的2012年度华樽杯葡萄酒品牌价值第四名、2012年度华樽杯中国葡萄酒五大领导品牌、2012年度华樽杯甘肃省酒类品牌价值第一名等全国大奖。"莫高"已成为全国知名品牌。

（二）啤酒类

0027 黄河啤酒

产　　地：兰州市七里河区

所属民族：汉族

级　　别：4

简　　介：黄河啤酒引进丹麦啤酒酵母菌种，选用优质麦芽、大米、进口香型酒花和经反渗透处理的地下深层水为原料，结合现代酿造技术，采用低温发酵微孔膜过滤工艺酿制而成，外观清亮透明，泡沫洁白细腻，口感舒逸超爽，芳香持久，沁人心脾，赢得消费者的普遍认可和欢迎。

0028 黄河黑啤

产　　地：兰州

所属民族：汉族

级　　别：4

简　　介：黄河黑啤主要选用焦麦芽、黑麦芽为原料，酒花的用量较少，采用长时间的浓糖化工艺而酿成。酒液突出麦芽香味和麦芽焦香味，口味比较醇厚，略带甜味，酒花的苦味不明显。

0029 黄河王

产　　地：兰州

所属民族：汉族

级　　别：4

简　　介：黄河王啤酒采用全进口澳麦酿造，以其麦香浓郁、醇香四溢的口感体验，为消费者带来更具品质感的舌尖享受。

0030 黄河劲爽

产　　地：天水市麦积区

所属民族：汉族

级　　别：1

简　　介：黄河劲爽啤酒以其新鲜纯正的口感，适中的价格，良好的口碑，得到了广大消费者的爱好和青睐。

0031 水晶纯生

产　　地：天水市麦积区

所属民族：汉族

级　　别：1

简　　介：水晶纯生啤酒采用膜过滤杀菌酿造工艺，不经过高温杀菌，保留原有新鲜度，口感新鲜、柔和、纯正。

0032 嘉酿冰纯

产　　地：天水市麦积区

所属民族：汉族

级　　别：1

简　　介：嘉酿冰纯啤酒以其新鲜、纯正、独特的口味迅速占领市场，得到了广大消费者的青睐，成为本地区啤酒消费市场的新亮点。

0033 黄河豪麦

产　　地：天水市麦积区

所属民族：汉族

级　　别：1

简　　介：黄河豪麦啤酒以优质大麦芽、啤酒花为主要原料，采用先进酿造工艺酿制而成，口感纯正、淡爽。

0034 黄河干啤

产　　地：天水市麦积区

所属民族：汉族

级　　别：1

简　　介：黄河干啤是一款较为符合现代人需求的啤酒。它低热低糖，喝后不会使人轻易发胖，适合现代人的营养消费观念，又有较好的柔爽口感，老少皆宜，广受青睐。

0035 黄河果啤

产　　地：天水市麦积区

所属民族：汉族

级　　别：1

简　　介：黄河果啤是一种口味介于啤酒和饮料之间的低度酒精饮料，它是以麦芽、大米等为原料，加入啤酒花，经糖化、发酵，并在过滤时加入果汁酿制的含有二氧化碳的酒，果啤中含有多种人体所必需的氨基酸和维生素。

0036 黄河劲浪

产　　地：天水市麦积区

所属民族：汉族

级　　别：1

简　　介：黄河劲浪啤酒选用精选粉质高而蛋白质低的国产优质小麦为原料，采用新菌种工艺，选择第一道麦汁酿造，口感协调、柔和、爽口。

0037 黄河姜啤

产　　地：天水市麦积区

所属民族：汉族

级　　别：3

简　　介：黄河姜啤是黄河嘉酿啤酒有限公司出品的啤酒类系列产品，其品质优良，酿造工艺独特，口味醇正。

0038 酷爽啤酒

产　　地：兰州

所属民族：汉族

级　　别：4

简　　介：本品专为年轻群体打造，为了区别以往的新品，酷爽产品从瓶形设计，商标设计到外包箱等一系列设计酷炫夺目。330毫升绿色清亮手抓瓶，配合蓝色渐变发光瓶标设计，整体形象鲜亮清晰，颜色出挑而不俗气，符合时下年轻人追求"酷爽"，展现自我个性的需求。

0039 黄河扎啤

产　　地：兰州

所属民族：汉族

级　　别：4

简　　介：黄河扎啤 11 度 1.5L 是兰州黄河嘉酿啤酒有限公司热销产品之一，在啤酒中深受大众喜爱，黄河扎啤 11 度 1.5L 兼承中国酒文化的历史特点，为啤酒生产制作树立了一个坚实的丰碑。

0040　黄河青稞啤酒

产　　地：青海

所属民族：汉族

级　　别：4

简　　介："黄河青稞啤酒"精选海拔3500米纯净、无污染的优质青稞，添加进口波西米亚萨兹香型酒花，传承1842年欧洲酿造法，萃取第一道糖化麦汁，激活口感，酒液清亮透明，香气独特，口味纯爽、柔和，泡沫细腻、丰富，保持了青稞特有的独特风味。是天然纯净、绿色酿造的健康饮品。

0041　五泉啤酒

产　　地：兰州市七里河

所属民族：汉族

级　　别：4

简　　介：五泉啤酒是甘肃农垦啤酒股份有限公司生产的代表性产品之一，口味独特，深受本地及周围地区消费者的喜爱和欢迎。

0042　甘肃泾川王母泉啤酒

产　　地：甘肃省泾川县

所属民族：汉族

级　　别：4

简　　介：泾川王母泉啤酒有限公司是在原泾川啤酒厂基础上，于2000年8月组建的一家啤酒饮料生产企业。王母泉公司啤酒酿造过程由微机（电脑）自动控制，选用优质麦芽、大米、颗粒啤酒花及纯净水等生产原料，采用国内先进技术精心酿制，酒体清亮透明，泡沫洁白细腻，挂杯持久。近年来，该公司自主研发了金汉、苦瓜、王母泉、瑶池啤酒及矿泉果啤、姜啤、姜汁可乐饮料等系列产品。

0043　金星啤酒

产　　地：甘肃省镇原县

所属民族：汉族

级　　别：4

简　　介：甘肃金星啤酒有限公司是河南金星集团与陕西蓝马啤酒有限公司投资1000万元，于2004年9月租赁（收购）原甘肃省庆阳市嘉合啤酒有限公司而成，公司主导产品金星系列啤酒精选上等天然材料，以独特精湛技术酿造，尤其采用了国内最先进的氮气备压和两次抽真空灌装技术，使啤酒口感良好，深受广大消费者的青睐。

（三）米酒类

0044 自制米酒

产　　地：兰州西固区

所属民族：汉族

级　　别：4

简　　介：1. 先用水将糯米（或大米）泡半天，漂洗干净，然后蒸熟成米饭；在蒸锅里放上水，蒸屉上垫一层纱布，烧水沸腾至有蒸汽。将糯米捞放在布上蒸熟（约一小时），然后盛到发酵用的容器中，凉至不烫手的温度（30分钟左右）。2. 拌酒曲。用勺将糯米摊匀，将酒曲均匀地撒上（稍微留下一点点酒曲最后用），然后用勺将糯米翻动，搅拌均匀。3. 保存。用勺轻轻压实。抹平表面（可以蘸凉开水），作成平顶的圆锥型，中间压出一凹陷窝，将最后一点酒曲撒在里面，倒入一点凉开水（目的是水慢慢向外渗，可以均匀溶解拌在米中的酒曲，有利于均匀发酵），但水不宜多。4. 发酵。将容器盖盖严，放在适宜的温度下（30℃左右），如果房间温度不够，可以用厚毛巾等将容器包上保温发酵。5. 中间可以检查，看有无发热，发热就是好现象。1天后就可以尝尝。完成发酵的糯米是酥的，有汁液，气味芳香，味道甜美，酒味不冲鼻，大约发酵24-48小时，将容器盖打开（有浓郁的酒香就成了），加满凉开水，再盖上盖后，放入冰箱（为的是终止发酵）或直接入锅煮熟（也是停止发酵）。

0045 米酒

产　　地：天水市麦积区

所属民族：汉族

级　　别：3

简　　介：米酒，又称江米酒、甜酒、酒酿、醪糟等，主要原料是糯米（江米），酿制工艺简单，口味香甜醇美，含酒精量极低，因此深受人们喜爱。

0046 咂杆酒

产　　地：甘肃文县中寨镇

所属民族：汉族

级　　别：1

简　　介：咂杆酒是生活在甘肃最南端白马藏族人接待尊贵宾客的酒，这是一种用青稞、高粱、大麦、小麦、糜子等多种粮食酿造的酒。煮好的酒醅发酵后不淋出酒，而是将"酒醅子"装缸密封数月，饮用时挖出酒醅子装入陶罐，置火塘煨煮，饮者持"咂杆"（竹管或铜管）插入罐中吸取，解乏驱寒，提神健胃，为土法保健饮品。主产于甘肃武都、宕昌、文县等地。

（四）白酒

0047 敦煌系列
产　　地：敦煌市
所属民族：汉族
级　　别：4
简　　介：敦煌系列酒有敦煌十年、敦煌玉液、大梦敦煌金梦、大梦敦煌银梦、敦煌精品玉液、敦煌珍品玉液、敦煌文化等酒，都由敦煌酒业有限责任公司生产，以优质的高粱、小麦、玉米等纯粮食作物为原料，采用敦煌传统的酿造工艺，并积极吸纳现代酿酒技术酿造而成。生产的浓香型敦煌牌白酒，入口绵甜柔和，饮中畅快淋漓，饮后轻松舒适。

0048 世纪航天（金鼎、银鼎、三星世纪航天、神酒）
产　　地：酒泉市金塔县
所属民族：汉族
级　　别：4
简　　介：甘肃金塔航天酒业有限公司所产的浓香型白酒"世纪航天""西部鸿"等航天系列产品，汲祁连雪水，以优质高粱、玉米、小麦、大米为原料，长期发酵，精酿而成，该系列酒具有酒液清澈透明，窖香浓郁，绵甜爽口，回味悠长的独特风格。2009年"世纪航天"被省工商局评为"甘肃省著名商标"。

0049 党河源
产　　地：甘肃省肃北县
所属民族：蒙古族
级　　别：4
简　　介：肃北县党河源，白酒，瓶装，酒精度46%，500毫升。由甘肃省肃北蒙古族自治县雪山雄龙生物制品厂加工销售。配料为水、高粱、玉米、青稞、小麦。

0050 一代天骄

产　　地：甘肃省肃北县

所属民族：蒙古族

级　　别：4

简　　介：肃北县一代天骄，白酒，瓶装，酒精度46%，2750毫升。由甘肃省肃北蒙古族自治县雪山雄龙生物制品厂加工销售，配料为水、高粱、玉米、青稞、小麦。

0051 铁人故乡

产　　地：甘肃省玉门市

所属民族：汉族

级　　别：4

简　　介：铁人故乡系列产品，目前只有铁人故乡至尊一个单品。酒精度为45%，配料为水、高粱、小麦、玉米、青稞。封窖发酵，工艺独特。

0052 象佛御

产　　地：甘肃瓜州

所属民族：汉族

级　　别：3

简　　介：由疏勒河酒厂生产，商标为"象佛御"。象佛御酒性温，不上头，适合大多数人饮用。

0053 火烧沟

产　　地：玉门

所属民族：汉族

级　　别：4

简　　介：火烧沟酒的成分是水、高粱、

小麦、玉米、糯米，酒精度为 52%，浓缩了高粱、大米、小麦、玉米等优质原料，融传统工艺与现代科技为一体，封窖发酵，去杂陈香，长期贮存，精心酿造而成。口感清冽干爽，回味悠长。

0054 敬酒系列

产　　地：玉门

所属民族：汉族

级　　别：4

简　　介：敬酒系列产品包括原浆珍藏、敬酒臻尊、敬酒至尊、敬酒玉尊、敬酒金尊、精品敬酒、四星敬酒、三星敬酒、二星敬酒、老敬酒、敬酒老窖等品种。配料有水、高粱、小麦、玉米、糯米、豌豆。酒精度分别为42%、45%、50%、52%、60%。无论从选料、制曲、酿酒、储存等多方面，都有一套成熟独特的传统工艺，淡雅柔香，口感绵甜醇和。

0055 骊靬液

产　　地：甘肃永昌县

所属民族：汉族

级　　别：4

简　　介：骊靬液是永昌绵兴酒厂生产的系列白酒之一。该酒引进四川绵竹传统工艺，采用优质大米、小麦、高粱、糯米、玉米及祁连山泉精心酿制而成，具有甘冽绵柔、回味悠长、纯正典雅、清澈透明的独特风味。饮后头不痛、口不干，深得消费者赞誉。

0056 天河春

产　　地：甘肃清水

所属民族：汉族

级　　别：1

简　　介："天河春"由甘肃天河酒业有限公司生产，"天河"商标 2013 年 12 月被评为"中国驰名商标"。经过三十多年的发展，天河酒业白酒发酵技术日益成熟，形成了"香味丰富幽雅、醇厚绵甜、净爽味长"的独特风格，产品质量稳步提升，销售市场不断扩大，产品销售天水周边二十多个地区。

0057 羲皇故里

产　　地：甘肃清水

所属民族：汉族

级　　别：1

简　　介：由甘肃天河酒业有限公司生产，被评为甘肃省酒类产品质量安全诚信推荐品牌，商标被评为甘肃省著名商标。

0058 充国酒

产　　地：甘肃清水

所属民族：汉族

级　　别：1

简　　介：充国酒是甘肃天河酒业有限公司的前身清水县酒厂在挖掘整理历史文化基础上，以西汉营平侯、著名军事家赵充国命名的历史文化名酒。具有"卢头茅尾"的风格。1992年荣获首届曼谷国际名酒博览会特别金奖。

0059 上邽特曲

产　　地：甘肃省清水县

所属民族：汉族

级　　别：4

简　　介：上邽特曲为地域白酒品牌，工艺复杂，工序严格。生产操作过程中，十分重视匀、透、适、稳、准、细、净、低八字操作原则。所谓匀指在操作上，拌和糟醅，物料上甑，泼打量水，摊晾下曲，入窖温度等均要做到均匀一致；透指在润粮过程中，原料充分吸水润透，粮食在蒸煮过程中要熟透；适指糠壳用量、水分、酸度、淀粉浓度、大曲用量等入窖七因素要适于与酿酒有关的微生物生长繁殖，利于糖化发酵；稳指入窖、转排配料要稳当，切忌大起大落；准指挖糟、配料、打量水、看温度、加大曲等计量要准确；净指生产场地，各种公用器具，设备以至于糟醅、原辅料、大曲、生产用水都要清洁干净；低则指填充辅料、量水尽量低限量，尽量做到低温入窖，缓慢发酵。酿酒生产从投粮到完成产成品入库至少须15个环节39道工序，历时一年半时间。

0060 小沙弥白酒

产　　地：天水市麦积区

所属民族：汉族

级　　别：1

简　　介：小沙弥酒以卓尔不凡的品质，自

成一派，实现了中国西部白酒工艺的创造性和突破性。

0061 金麦积酒

产　　地：天水市麦积区

所属民族：汉族

级　　别：3

简　　介：金麦积酒在坚持传统酿酒工艺的基础上，大胆探索，将浓香型、酱香型成功融合，其味甘甜净爽、绵甜爽口。

0062 麦积仙酒

产　　地：天水市麦积区

所属民族：汉族

级　　别：3

简　　介：麦积仙酒的酿造是传统工艺和现代探索的结合，其味窖香浓郁、绵甜爽口，是宾朋聚会、赠送亲友的理想之佳品。

0063 明光仙白酒

产　　地：天水市秦州区娘娘坝镇

所属民族：汉族

级　　别：4

简　　介：依托小作坊纯手工制作的古酒，以其夏日清洌消暑、冬日甘醇暖香、物美价廉以及酒后不上头等优势倍受喜爱。"明光仙"酒制作选料考究，一般都是精选自家种的颗粒饱满的玉米。做酒曲必须要在三伏天焙制，使用的曲子原料是大米磨成的米粉。制曲时，首先要把米粉和药粉加水搅拌后揉成团，用筛子摇筛成如核桃大小的圆球，再将这些曲子放在麦草中焖上三天，待成理想的酒曲后，晒干以备秋冬做酒使用。采曲中至关重要的一道工序就是加药，这是决定酿酒品质"传家宝"的绝技。一般来说，每五斤玉米原料能产一斤白酒。蒸煮出来的酒要把头曲和二曲按一定比例勾兑后方可饮用。

0064 昭武酒

产　　地：甘肃临泽

所属民族：汉族

级　　别：4

简　　介：甘肃昭武酒业食品有限公司通过不断深化改革，引进先进的技术和工艺，创新管理理念，加大科研投入，提高企业的新产品开发能力，研制开发出了昭武御酒、昭武神酒、昭武大西北酒等28个品种，产品以上乘的品质享誉省内外。

0065 鲁能开源酒

产　　地：甘肃临泽

所属民族：汉族

级　　别：4

简　　介：甘肃省临泽鲁能开源酒业有限责任公司主打品牌为"北凉春""北凉王"系列酒，公司采用传统的原生态熟粮发酵法酿酒，所酿白酒具有口感柔和细腻、回味悠长、饮后口不干、头不疼的特点，在临泽本地市场得到广大消费者的好评和厚爱。

0066 武酒

产　　地：武威市凉州区

所属民族：汉族

级　　别：1

简　　介：武酒集团是以白酒、营养白酒、葡萄酒酿造、马铃薯颗粒全粉生产为主导的大型综合性企业集团，年生产白酒10000吨，保健酒1000吨。

0067 皇台酒

产　　地：武威市凉州区

所属民族：汉族

级　　别：4

简　　介：皇台酒由皇台集团生产。皇台集团在1993年国家统计局首届中国糖酒工业企业评价中，被评为中国饮料制造业最佳经济效益500强之一；1994年被国家经贸委等6部委列入全国大型一档企业和国家一级酿造企业。皇台集团开发的皇台牌、凉州牌两大系列、14个品种、32个花色规格的酒类产品全部达到国家规定的优级品标准。1994年在时隔80年的第二届巴拿马万国博览会上，皇台酒与茅台酒双双荣获金奖。目前公司具有年产1万吨的白酒生产能力，居甘肃第1位，其采用的国内先进的酿造技术、工艺和设备，在规模和水平上处于同行业领先地位。

0068 五谷传奇

产　　地：武威市凉州区

所属民族：汉族

级　　别：3

简　　介：由武威红太阳酒业酿造有限责任公司生产。产品品质纯正，饮后舒适，具有不上头、口不干，醒酒快的特点，得到了社会各界的普遍认可。

0069 山丹马场烧酒（青稞浓香型白酒）

产　　地：甘肃省山丹县军马场

所属民族：汉族

级　　别：4

简　　介：山丹马场青稞酒以自产高原优质青稞为主要原料，取海拔3000米无污染的祁连山清泉之水，在继承传统生产工艺的基础上融合现代先进技术精心酿造而成。产品浓香纯正，绵甜柔和，醇厚爽净，具有青稞酒独特风格。几十年来，产品畅销省内外，雄踞河西市场。据《山丹军马场志》记载：二十世纪六十年代初，山丹马场先后投资新建立了甘肃九碗泉酒厂、甘肃乌龙液酒厂和甘肃焉支山酒厂；九十年代初建立了兰州医学院焉支山保健酒厂。2012年山丹马场投资1000万元对白酒生产线进行了改造，并将原来的4个酒厂整合为山丹马场丹马酒业公司。

0070 黎露泉酒

产　　地：甘肃省张掖市高台县

所属民族：汉族

级　　别：4

简　　介：黎露泉酒由甘肃黎露泉酒业有限公司生产。选用祁连山优质水源，精心酿造而成。黎露泉酒厂地处祁连山以北，黑河之畔，山川秀美，气候温和，具有得天独厚的酿酒生态环境。黎露泉泉水历经冰冻山体岩层过滤，清冽甘甜，软硬适中，活性力强，是天然最佳的酿造之水。黎露泉酒业有限公司全力打造健康型白酒，目前已开发五个系列十多个品种，主要产品有祁连风情系列、祁连神尊、黎露泉系列，产品品质优良纯朴，口味绵柔淡雅，深受消费者青睐。

0071 红色高台酒

产　　地：甘肃省张掖市高台县

所属民族：汉族

级　　别：4

简　　介：红色高台酒由甘肃富通酒业有限责任公司生产、销售。公司成立之初生产的"富海通"系列白酒，凭其独特的口感和浓郁的地方特色为公司赢得知名度和美誉度，并使公司很快扎根于高台这片热土。2006年，勇攀高峰的富通人以精选小麦制曲，优质大米、高粱、玉米为原料，采用海拔两千多米的纯净祁连山雪水，应用混蒸混渣、双轮续糟发酵的传统酿造工艺，应用先进的流水生产线，精心酿造出五谷纯粮"梧桐泉"系列酒，该产品一经面市便赢得消费者的青睐。2009年，与时俱进的富通人，为贯彻高台县委、政府"红色旅游带动经济发展"的精神，适时推出"红色高台"系列酒，"红色高台"系列酒上市以来，凭其优良的品质、绵甜、爽净、醇香浓郁、诸味协调的独特风格，已成为当地消费者的真情佳酿。

0072 滨河九粮液系列

产　　地：甘肃省张掖市民乐县
所属民族：汉族
级　　别：4
简　　介：由甘肃滨河集团多年倾心研发，并在国内白酒行业中独创的"九粮香型"九粮液系列白酒和酱香型九粮国风白酒，采用陇酒唯一获得国家专利的"九粮九轮酿造工艺"，萃取精选绿豆、豌豆、沙米、高粱、小麦、糯米、黄米、大米、黑米九种粮食精华，以祁连山"神泉"之水，经陈年老窖发酵、陈坛陈贮，自然老熟而成。

0073 有年果粮酒

产　　地：张掖市甘州区
所属民族：汉族
级　　别：4
简　　介：有年果粮酒是张掖酒行业中的后起之秀，是一种创新型生态营养白酒，它以各种无公害优质水果和五谷纯粮为原料，采用传统工艺和现代技术为一体精心酿造而成。果泥粮窖，酒有门道，有年果粮酒最大的特点便体现在果与粮的结合，既富集各种水果的营养，又博采多种纯粮的精华，酒体纯净，窖香浓郁，绵甜爽口，余味悠长，从而形成了自身独特风格，饮后头不痛，口不干，舌不燥，醒酒快，不伤身，堪称白酒产品中的异花奇葩，正在引领健康饮酒新潮流。有年果粮酒的生产者——甘肃有年金龙（集团）有限公司，是张掖区域内最大的民营企业之一。

0074 张掖南酒

产　　地：张掖市甘州区
所属民族：汉族
级　　别：4
简　　介：两千多年前，汉朝将军霍去病抗击匈奴，屯兵甘肃河西走廊，为适应南方将士不胜北方烈性酒的习惯，按南方酿酒技艺用祁连雪水、张掖贡米酿造米酒，得名张掖南酒。它的酿造工艺与驰名中外的绍兴黄酒基本相同。

0075 丝路春系列白酒

产　　地：张掖市甘州区
所属民族：汉族
级　　别：4

简　　介："丝路春"系列白酒始于1980年，酿造企业是甘肃丝路春食品工业公司。得天独厚的"丝路春"系列白酒是在汉唐、明清、民国时期的甘州烧、甘州春、甘州酒的基础上，吸收外地酿酒精工技艺，提炼、浓缩丝绸之路的文化和人文精华而成。甘州酒的小规模作坊烧酒出现于隋唐，发展、兴起于宋、元、明、清。隋大业五年，隋炀帝西巡，在张掖的扁都口会见各国使节时用甘州酒宴宾，民间有"酒旗遮住巷，胡儿不知返"传说。甘州的烧房，明、清到民国时期规模较大的有高家烧房、王家烧房、门家烧房。其中生产历史较长的高家烧房就坐落在甘肃丝路春食品工业公司办公楼北面30米处（原张掖古城北城墙下，现有省级文物保护约100米古城墙）。高家烧房生产的甘州烧酒有八仙醉酒卧城头的故事传说，故在河西走廊颇有名气。

0076 状元红

产　　地：甘肃会宁县
所属民族：汉族
级　　别：4

简　　介：精选"中国小杂粮之乡"会宁旱作高粱米、小麦、荞麦米、小黄米、良谷米及优质大米，佐以会宁旱塬秀峰铁木山地下深层优质泉水，以中高温制曲，老窖香醅续渣配料、泥池固态自然发酵、老五甑续渣混烧工艺高温蒸馏制酒，陶坛自然老熟，工艺全过程绿色无污染，确保产品优质安全。

0077 雄征酒

产　　地：白银市平川区
所属民族：汉族
级　　别：3

简　　介：由甘肃白银雄征酒业有限责任公司生产。1936年，中国工农红军第一、四方面军，在彭德怀元帅、徐海东、程子华将军的率领下，途径白银市平川区打拉池，驻军48天。红军将士们饮用了滴水崖泉水后，顿觉清凉爽口、神清气爽，泉水清澈透明，是酿酒的天然好水。该酒就是采用滴水崖泉水，以优质纯粮结合考究工艺双轮发酵，缓慢蒸馏，取其精华，经十多年的窖藏后，精心调制而成，酒液清澈透明，香气纯正，入口柔绵，风味独特，深受各界朋友的青睐，是宴会及馈赠宾朋的佳品。冠名"雄征"二字，是为了纪念气壮山河的二万五千里长征，弘扬长征精神。

0078 神台酒

产　　地：白银市平川区

所属民族：汉族

级　　别：3

简　　介：由神台酒厂生产。神台酒厂始建于1989年，位于钟灵毓秀的屈吴山下，为平川最早的白酒生产厂家。相传古时此地饮水困难，一白发老太婆路经此地，起了慈悲之心，将手杖插入山崖，顿时清泉涌流，泽被一方，手杖也长成了参天神木，此泉由此得名"神木泉"。神台酒正是依靠其得天独厚的自然环境，以屈吴山下的神木泉水酿造而成。神台系列酒自上市以来，历经数十年，已前后推出很多颇具影响的产品，皆极具口碑，一举成为地方知名品牌。

0079 皇甫双畤、畤井坊、双畤莲花台系列酒

产　　地：甘肃省华亭县

所属民族：汉族

级　　别：4

简　　介：由华亭县皇甫酒业饮品有限责任公司生产。公司成立于2002年，自2003年正式投产以来，已注册的双畤、畤井坊、双畤莲花台商标不同档次白酒畅销全国，该产品在甘肃省内和华亭县周边市场受到广大消费者的好评，年产值1000万元以上，累计利税180万元以上。被中国轻工产品质量保障中心给予"中国著名品牌"认证。

0080 天缘贵宾缘、珍品贵宾缘、贵宾缘、同生缘系列

产　　地：甘肃省静宁县古城乡贾庄村

所属民族：汉族

级　　别：4

简　　介：据史料记载，北宋大观年间，静宁当地即有人开始用暖水河的燕无水酿造白酒。明朝静宁诗人魏景钊有"载酒每来舒口笑，题词暂此昔谈肩"的佳句；清朝年间，这里酒坊林立，方圆数十里"客来风送醉，人去路留香"；民国时期，"方家烧锅""水氏同生"已享誉陇上。同生酒业公司继承百年老字号"同生"酒的生产工艺，采用现代高科技手段，以高粱、小麦、豌豆、大麦为主要原料，以清澈如玉的暖水河矿泉水酿造醇厚浓郁、口味爽净、甘美柔和、沁人心脾的浓香型、清香型、兼香型三大系列，"天

缘贵宾缘""珍品贵宾缘""贵宾缘""同生缘"等十几个品牌的优质白酒，远销甘肃、宁夏、青海、陕西、内蒙等多个省市、自治区。

0081 大锅大系列

产　　地：甘肃省灵台县

所属民族：汉族

级　　别：4

简　　介：由灵台县大锅大酒厂生产。酒厂是2003年建办的一户私营企业，年白酒生产能力200吨，可对680多吨高粱、大麦、小麦、豌豆等农作物实现精深加工。产品有"大锅大""荆山春""精品大锅大""御品大锅大""黄土高原""珍品大锅大""皇甫"等系列中、高档产品。

0082 西王母系列酒

产　　地：甘肃省泾川县

所属民族：汉族

级　　别：4

简　　介：泾川县王母宴酒业有限责任公司是在成立于1973年8月的原梁河酒厂基础上进行技术创新、设备更新改扩建而组成的新型现代化酿酒企业。公司常年聘请高级工程师、酿酒专家参与新产品的研发与品质管理，深入挖掘西王母故里传统酿造技术和工艺流程，充分利用本地优质矿泉水和自产小麦、高粱、豌豆为原料，采取老窖发酵，二次蒸馏等酿造技术。产品主要有"精品西王母""窖藏西王母""西王母御酒""西王母贡酒"等系列高、中、低二十多个品牌。经过多年历练，西王母系列酒深受广大消费者喜爱。

0083 将军宴、元亨利贞系列白酒

产　　地：庄浪

所属民族：汉族

级　　别：4

简　　介：甘肃省紫荆酒业成立于2002年，属庄浪境内第一户酒类生产企业，年生产原酒400多吨，原酒库储存能力达980多吨。主要生产"将军宴"和"元亨利贞"系列白酒，产品以其内在的醇厚品质赢得了广大消费者的喜爱，销售市场从庄浪本土拓展到兰州市及平凉市其他六县区。将军宴品牌已成为平凉市名牌产品。

0084 金华池

产　　地：甘肃省华池县悦乐镇

所属民族：汉族

级　　别：4

简　　介：金华池白酒以高粱、小麦等为原料，采用现代酿造工艺精制而成，口感清爽细腻、甘冽香醇，现已开发出金南梁、金华池贡酒、金华池、金凤川等系列产品10多种，深受当地广大群众喜爱。

0085 真粮液

产　　地：甘肃省庆阳市正宁县

所属民族：汉族

级　　别：4

简　　介：甘肃真粮液酒业有限责任公司生产的品牌有真粮液、真粮春两大系列50多个品种，是以优质高粱为主要原料，采用承传数百年的窖池固态发酵，蒸馏摘酒法精心酿造的优质白酒，首先分级盛于土陶坛半埋于土中，经紫外线照射和土壤地气滋润进行成熟老化，再于地窖中长时间窖藏陈酿，使酒中复杂分子充分缔合达到窖藏陈酿出窖期后，由调酒工程师进行优化组合精心调配，使产品具有窖香浓郁、绵甜爽净、诸味协调、回味悠长的独特酒体风格，深受广大消费者的青睐。

0086 苦荞白酒

产　　地：庆阳市环县

所属民族：汉族

级　　别：2

简　　介："岐黄液"牌苦荞酒现有古荞坊、岐黄液、岐黄宴三大系列，20多个品种。其古荞坊系列（国红荞、富贵荞、贵宾荞）白酒是"岐黄液"牌白酒的高端产品，它的主要生产原料选用当地优质苦荞麦、甜荞麦，采用固态泥窖发酵、高温量水、低温入窖、滴窖降酸、回酒发酵、分层蒸馏、量质摘酒、自然陈贮等传统工艺，其酒质色泽清亮，窖香浓郁，醇厚绵柔。苦荞是我国西部干旱、半干旱地区重要农作物和经济作物。据研究，苦荞中含有芦丁，具有软化血管、降低血脂和胆固醇的功能，对高血压、心血管疾病有较好的治疗和预防作用。

0087 彭阳春

产　　地：庆阳市西峰区

所属民族：汉族

级　　别：4

简　　介：甘肃彭阳春酒业有限责任公司以生产和销售"老百姓喝得起的酒"为己任，公司现生产高、中、低档"彭阳春"产品共136个品种。"彭阳春"三字源自彭阳县，是唐肃宗御赐给当地"罐罐酒"的美名。相传天宝年间，唐肃宗李亨离京西进，遇雨住彭阳，饮彭阳罐罐酒后极口称赞："彭阳有酒皆罐罐，提神醒脑舒坦坦，有朝一日归长安，大宴三日喝罐罐。"后肃宗听谏将彭阳罐罐酒赐名"彭阳春"。甘肃彭阳春酒业公司通过半个多世纪的生产实践，不断探索，持续创新，现已形成一整套具有地域生态特色的独特黄土窖生产工艺。

0088 九龙春酒

产　　地：庆阳市西峰区

所属民族：汉族

级　　别：4

简　　介：庆阳市九龙春酒业有限公司位于有歧伯圣地、周祖（旧邦）美誉的董志塬上。有高中低档近90多个品种的优质白酒，企业承先周酒道之神韵，摄五谷玉露之精华，而独领陇上白酒行业之风骚。

0089 精品渭水醇、陇中缘、陇原福、陇原岁月等系列酒

产　　地：甘肃陇西

所属民族：汉族

级　　别：4

简　　介：始建于1956年的渭水酒业集团注重中高档白酒开发，先后推出了精品渭水醇、陇中缘、陇原福、陇原岁月等一系列适合消费者口味的佳酿，取得了一系列令人鼓舞的成绩，渭水酒业集团立足于"天下李姓出陇西"的深厚文化背景，与"陇西李氏文化研究会"合作，推出了全新风貌、全新品位的"李氏宗亲"系列酒，挺进高档酒行列。产品受到了业界广泛关注。

0090 世纪金徽系列白酒

产　　地：甘肃陇南

所属民族：汉族

级　　别：

简　　介：甘肃金徽酒业有限责任公司始建于1951年，是甘肃省建厂最早的中华老字号白酒酿造企业和中国白酒百强企业。产品无色、清亮透明，无悬浮物、无沉淀物，具有浓郁的己酸乙酯为主体的复合香气，香气舒适，酒体醇厚丰满、醇甜爽净、余味悠长。

0091 红川特曲

产　　地：甘肃陇南

所属民族：汉族

级　　别：2

简　　介：红川特曲是在原红川烧酒和红川大曲的基础上，采用传统生产工艺和现代技术相结合的酿酒方法，科学配方，精心酿造而成。酒的特点是：酒色透明，状若清露，窖香浓郁，味长回甜，尾净不涩。有"冽酒产红川，盛名贯九州"，"甘泉佳酿，独占酌风"之誉，历来畅销于甘、陕、川三省。

0092 麦淋酒

产　　地：甘肃省陇南市礼县

所属民族：汉族

级　　别：4

简　　介：麦淋酒是盛产于大滩地区农家自酿自用的一种白酒。其酒色透明，酒味独特，入口香醇，深受老百姓的喜爱。麦淋酒采用传统工艺，经制曲、酿酵和淋酒等程序酿造而成。饮用时，应先将酒加热，方达到最佳效果。

0093 盛世阴平

产　　地：文县中寨镇

所属民族：汉族

级　　别：4

简　　介：公元296年，晋朝氐族人杨茂搜在阴平建仇池国，开启了此后百年基业，"盛世阴平776"应时而出，以酒记史，以史入酒，正所谓"畅饮阴平776，当品昔时古文州"。"盛世阴平"传承古法，纯粮酿造，双轮固态发酵，恒温洞藏，陈香扑鼻，品之怡然，饮之心醉。

0094 二脑壳酒

产　　地：康县

所属民族：汉族

级　　别：4

简　　介：二脑壳酒的酿造技艺在康南自古就有，世代相传，确切年代无从考证。从前康南地区地广人稀，工业产品匮乏，买不到白酒，几乎家家酿酒，如今逐步形成规模，形成了一些小作坊，还注册了商标。

0095　山荞牌康神苦荞酒

产　　地：甘肃省陇南市武都区

所属民族：汉族

级　　别：4

简　　介：山荞牌苦荞酒是以苦荞为原料，采用高科技专利技术结合传统工艺，根据"药食同源"理论，利用南山天然泉水精心酿造而成，醇香浓郁，绵甜爽净，酒色纯正，绿色自然，风味独特，经国家轻工业局食品质量检测测站轻食成（2001）食字第GQWT01号检测报告表明：苦荞酒中含有医学界称之为抗癌王的"硒"、强身壮骨的"钙"和"锌"等多种对人体有益的微量元素。产品价格涵盖幅度大，能较好满足广大消费者的消费水平，近年来得到了广大消费者的好评和肯定，被消费者评为"白酒中的保健酒"。

0096　锦绣中华、金娇子、腾昌娇子系列酒

产　　地：宕昌县甘江头谢家坝村

所属民族：汉族

级　　别：3

简　　介：本酒产自宕昌县甘江头谢家坝村，有特酿、陈酿、精酿等品种，口感浓香，为浓香型白酒。配料是取自陇南神泉九眼泉之水，角弓大米，又有优质高粱、小麦、玉米、糯米。依古法酿造，每个环节都有独特的经验和操作标准，独特的地下恒温酒窖，负氧离子含量超过寻常地方几十倍，最适宜白酒的二次发酵。

0097　古河州系列白酒

产　　地：甘肃临夏市产地

所属民族：汉族

级　　别：2

简　　介：古河州系列白酒具有活血通脉、增进食欲、消除疲劳、陶冶情操的功能。还有助眠、减痛、去腥、除腻、消苦、减酸、去泡、增香等特殊功效。饮用少量低度的可以扩张小血管，使血液中的含糖量降低，促进血液循环，延缓胆固醇等脂质在血管壁的沉积，对循环系统及心脑血管有利。

甘肃省文化资源名录　第二十八卷　饮食文化

酒

029

0098 华夏禹王

产　　地：甘肃和政县

所属民族：汉族

级　　别：4

简　　介：甘肃大禹酒业有限责任公司，由和政酒厂改制而成，始建于1965年。公司依托特殊的地理环境，优质的泉水资源，雄厚的技术力量，传统的酿造工艺，精心培育出具有资源独特性和亲和力的"华夏禹王"白酒产品，实现了企业持续快速增长。面对新的市场竞争形势，企业继承发扬白酒酿造史上的窨香窖藏工艺，使酒液更香，更醇，更绵甜，得到了广大消费者的一致好评，产品的市场占有率稳步攀升。

0099 古枹罕

产　　地：临夏县韩集镇后街4号

所属民族：汉族

级　　别：1

简　　介：古枹罕白酒采用传统"老五甑"酿造工艺，以高粱、青稞、玉米、小麦、大麦等粮食为原料，主要生产的产品有"河州春""古枹罕""陇原"牌等系列散装与瓶装白酒。散装白酒主要有河州春特曲、河州大曲、古枹罕特曲、河州春青稞酒等产品。瓶装白酒主要有"古枹罕""河州春""陇原"牌三个品牌的产品。

0100 青稞酒

产　　地：甘南州卓尼县

所属民族：藏族

级　　别：4

简　　介：酿造青稞酒无需复杂的程序。在藏区，几乎家家户户都能制。酿造前，首先要选出颗粒饱满、富有光泽的上等青稞，淘洗干净，用水浸泡一夜，再将其放在大平底锅中加水烧煮两小时，然后将煮熟的青稞捞出，晾去水气后，把发酵曲饼研成粉末均匀地撒上去并搅动，最后装进坛子，密封贮存。如果气温高，一两天即可取出饮用。青稞酒以青藏高原特有的粮食作物青稞为原料，在继承古老传统生产工艺的基础上，引进现代技术装备，用无污染的天然优质矿泉水科学配料、精心酿造、久储自然老熟而成。产品具有清香醇厚、绵甜爽净，饮后头不痛、口不渴的独特风格，在强手如林的酒类行业中独树一帜，在西部民族地区享有盛誉。被全国酿酒专家誉为"高原明珠、酒林奇葩"。

0101 土酒

产　　地：甘肃舟曲
所属民族：汉族
级　　别：4
简　　介：青稞、小麦、高粱等作原料，碾皮除壳煮软，加曲发酵，搅拌凉冷后装坛封口，半年左右可蒸烧。

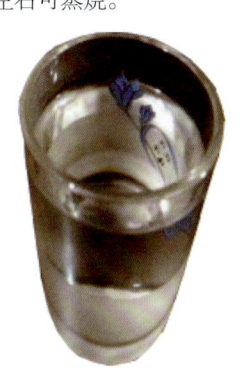

（五）药酒类

0102 鹿血酒
产　　地：兰州市西固区
所属民族：汉族
级　　别：4
简　　介：鹿血含有多种生物活性物质，对血管神经系统及生殖机能有良好的调节作用。鹿血酒采用梅花鹿血为主要原料，配以枸杞等营养佳品，用优质曲酒经科学加工，生物降解精制而成，具有温阳补肾、养血益精、疏通经络之功效。

0103 锁阳酒
产　　地：瓜州
所属民族：汉族
级　　别：4
简　　介：以疏勒河水酿造的上等白酒泡制勾兑而成，色泽鲜丽，甜绵适口，对于肾功能衰退，精血不足，筋骨酸痛，足软无力有奇特功效，具有其他药酒无法替代的保健作用，为馈赠亲友之佳品。

0104 金刚亥姆露
产　　地：永昌县
所属民族：汉族
级　　别：4
简　　介：金刚亥姆露是甘肃省永昌县河西堡镇金昌酒厂生产的保健酒。精选沙棘、黄精、龙眼肉、枸杞等30多种纯天然动植物药材精制而成。酒呈琥珀色，晶莹剔透，药香浓郁，回味悠长。富含人体必需的多种氨基酸、维生素、微量元素、有机酸、不饱和脂肪酸（EPA.DHA）、超氧化物歧化酶（SOD）碳氢化合物、磷脂、5-羟色胺及儿茶素、沙棘黄酮等，这些成份有助于舒筋活络、益智添精、刺激胃液分泌、提高人体抗病能力，具有延缓衰老和抗辐射的作用。

0105 苁蓉酒

产　　地：凉州区

所属民族：汉族

级　　别：3

简　　介：甘肃蓉宝生物科技有限公司的前身是武威市医药有限责任公司中药饮品厂，创立于1984年。蓉宝公司共研究开发"蓉宝牌"系列产品达三十二种。肉苁蓉的药用保健价值极高，具有提高人体免疫力，补肾益精、软坚散结、润肠通便、虚寒泻泄、保肝、抗疲劳等功效。本品根据古代传统养生（泡酒）配方，以肉苁蓉为主要原料，配以其他名贵药食两用中药材科学配制而成，是绿色天然养生佳品。鲜肉苁蓉酒是将刚采挖的新鲜肉苁蓉经过净制处理后与纯粮酿造的60%白酒泡制而成，可直接饮用。

0106 "海旺鹿盛"鹿血酒

产　　地：靖远县

所属民族：汉族

级　　别：3

简　　介：甘肃海旺鹿业有限责任公司是甘肃省内最大的一家以驯养繁殖国家一级重点野生保护动物梅花鹿为主导，集种植养殖、生态旅游、鹿产品开发、特色餐饮连锁于一体的民营新型龙头企业。"海旺鹿盛"鹿血酒是以公司自产的梅花鹿鹿茸、鹿（茸）血为主要配料，并参入枸杞、大枣，用优质高度白酒进行浸泡，采用现代高科技分子分离技术和中间体技术配制而成的保健酒，是传统医学与现代工艺的完美结合。鹿血酒产品富含人体必须的诸多营养成分，具有益肾健骨、振奋和提高机体能力的作用。酒体甘醇净爽，入口留香，是馈赠亲友、滋补健身的上佳选品。

（六）酒其他类

0107 百合酒
产　　地：兰州
所属民族：汉族
级　　别：1
简　　介："百合酒"以名贵百合、天然成熟蜂蜜为原料，采用获得国家发明专利的独有低温发酵酿酒技术，精心酿造而成。该酒香气清新优雅，入口圆润舒顺，酒体纯净爽口。百合包含"百年好合""百事合意"的寓意，具有抗衰老、宁心安神、美容养颜等功效。自古以来被视为婚礼、庆典等喜庆场合上必不可缺的吉祥花卉。"百合"酒以现代、时尚、浪漫、喜庆的品牌风格，体现爱情和百年好合的主题，定位于中国第一婚庆用酒，做中国人喜事的传播者。最新推出的高端"女士专用酒"系列，将打造一个既有传统文化基因，又有显著时尚元素的甜蜜品牌。

0108 龙泉康王黄酒
产　　地：甘肃省平凉市崇信县
所属民族：汉族
级　　别：4
简　　介：龙泉康王黄酒是崇信县特产，属于酿造酒，黄酒以大米、黍米为原料，一般酒精含量为12-14%，属于低度酿造酒。黄酒含有丰富的营养，含有21种氨基酸，其中包括有数种未知氨基酸，而人体自身不能合成，必须依靠食物摄取8种需要的氨基酸，黄酒都具备。黄酒含丰富的功能性低聚糖，可促进肠道内有益微生物双歧杆菌的生长发育，可改善肠道功能、增强免疫力、促进人体健康。

0109 稠酒
产　　地：甘肃庆阳市环县
所属民族：汉族
级　　别：1
简　　介：稠酒，又称糊涂酒，酿造方法与黄酒相同，因为一般在夏天制作，其发酵成糊状，五至七天即可饮用。原料主要是小麦、酒谷米、粘米或少许高粱米，佐以中草药、大曲等，加开水（软水最好）发酵而成。稠酒不仅味醇浓香，而且药用价值较高，中药多以黄酒为引子，有壮阳、健胃、舒筋活血之功效。饮时先将糊状米加水过筛入锅烧沸，再冲加鸡蛋或解暑韭菜，其味香性温，尽可解暑，是炎热夏季的上乘饮料。

0110 合水黄酒

产　　地：甘肃省合水县肖咀乡

所属民族：汉族

级　　别：4

简　　介：黄酒以大米、黍米为原料，一般酒精含量为 14%—20%，属于低度酿造酒。黄酒含有丰富的营养，含有 21 种氨基酸，其中包括有数种未知氨基酸，而人体自身不能合成必须依靠食物摄取，8 种必需氨基酸黄酒都具备，故被誉为"液体蛋糕"。

0111 华池黄酒

产　　地：甘肃省华池县

所属民族：汉族

级　　别：4

简　　介：黄酒酿造和饮用在华池有着悠久的历史和传统，可以追溯到 4000 多年前。乔川黄酒传承了古老的传统工艺，以小麦、糜谷、矿泉水为原料，采用自然混合菌种发酵，用中草药勾兑而成，富含人体所需的多种氨基酸，有解疲提神、延年益寿之功效，具有醇香、浓郁、味美、鲜甜爽口、营养丰富、酒体协调、晶莹透亮等特点。

0112 环县黄酒

产　　地：甘肃省庆阳市

所属民族：汉族

级　　别：3

简　　介：环县群众每逢春节或红白喜事，几乎家家户户都酿黄酒。尤以八珠、樊家川、四合塬、曲子、合道、木钵一带最佳。其原料主要是小麦、酒谷米、粘米或少许高粱米，佐以中草药、大曲等，加开水（软水最好）发酵而成。色呈赭黄，清澈不浑，炖沸饮用。黄酒的主要成分除乙醇和水外，还富含易于吸收利用的蛋白质、活性肽、氨基酸、功能性低聚糖、活性因子 γ-氨基丁酸、B 族维生素和微量元素，能快速补充营养。舒筋活血：黄酒含适量酒精。冬天温饮，可活血祛寒、通经活络，有效抵御寒冷刺激，预防感冒。适量饮用有助于血液循环，促进新陈代谢。美容抗衰老：黄酒富含活性因子 γ-氨基丁酸，具有安神、抗衰老的作用，长饮有利于女性美容、养颜和抗衰老。增进食欲：黄酒富含 B 族维生素和锌，是能量代谢及蛋白质合成的重要成分，有促进食欲的作用。曲子建起了黄酒酿造厂，木钵、八珠、樊家川、四合塬等乡镇的部分村民在自家建起了小型酿造厂，他们酿造的黄酒除在本省销售外，还远销陕西、宁夏、内蒙、四川等地，倍受消费者青睐。

0113 马岭吉良黄酒

产　　地：甘肃省庆阳市庆城县马岭镇马岭村

所属民族：汉族

级　　别：2

简　　介：马岭吉良牌黄酒主要以当地盛产的小麦和海拔两千多米黄土高原的绿色食品黄米和得天独厚的马岭井水为原料，附加当地的中草药为副料，采取古老的传统工艺配方，利用现代的先进设备生产，酿制而成的产品，酒液清澈、色泽鲜亮、酒香浓郁、回味悠长、营养丰富。含有18种氨基酸对人体有很强的滋补和保健作用。长期饮用，具有舒筋活血、驱风散寒、健脾开胃、养颜益肤和抗衰老之功效，许多中药以此为引。1994年马岭吉良黄酒获第四届中国艺术节金奖产品。1995年在中国第二届农业博览会上评为优质产品，1999年被评为甘肃省名牌产品，2009年荣获甘肃省食品工业优质新产品、新技术成果项目奖。

0114 公刘庄黄酒

产　　地：甘肃省庆阳市庆城县玄马镇延庆村

所属民族：汉族

级　　别：2

简　　介：公刘庄"陇尚吟"牌黄酒秉承深厚的远古文化，自然条件得天独厚，沿袭传统手工酿造工艺，采用天然优质泉水，纯粮酿造。酒液色泽透亮，酒香浓郁悠长，不仅口感好，营养丰富，而且有健胃活血、延年益寿之功效，实为人间珍品。进入新世纪，黄酒作为绿色食品走向市场，以手工酿造为特色，倍受消费者的青睐。

0115 泰和黄酒

产　　地：甘肃省庆阳市镇原县

所属民族：汉族

级　　别：4

简　　介：在传统发酵的基础上，运用高科技生物技术精心酿造系列白酒、黄酒、果酒、果露酒、酱油、食醋和清凉饮料等。该公司遵循"传统、孝道、精诚、报国"的理念，以五千年酿酒文化和三千年"古遗六法"工艺为发展支撑点，精心打造北方传统黄酒"泰和黄酒"的新品牌供不应求。

0116 遮阳山沙棘酒

产　　地：甘肃漳县

所属民族：汉族

级　　别：1

简　　介：遮阳山沙棘酒，以天然野生沙棘为原料，经低温发酵。具有养胃健胃、补血养血、补气益气、调理肠胃、增强记忆力、滋阴补阴、降血压、止咳的功效。遮阳山沙棘酒成品呈金黄色，清亮透明，无悬浮物和沉淀物，味道甘润醇厚，酸甜爽口，具有独特的典型沙棘果酒风味。

0117 临夏黄酒

产　　地：甘肃临夏

所属民族：回族

级　　别：3

简　　介：黄酒以陈酿原酒为主、采用雪域高原的冬虫夏草、宁夏的枸杞、岷县优质大枣、龙眼肉等多味中药材科学配伍而成，其味更加芳香醇厚、药香幽雅、营养丰富，属陈酿半干型黄酒。适量常饮有生津活血、舒筋活络、健脾润肺、提高机体免疫力、延缓衰老之功效，非常适宜中老年人和妇女饮用。采用全套无菌、密封灌装线、饮用时开瓶即饮，夏季加冰更爽，实属喜庆宴请之琼浆、馈赠亲朋之玉液、延年益寿之珍品。虫草黄酒有低耗粮、低酒度、高营养即"两低一高"的产品特性，尤其虫草黄酒有甘肃的"XO"之美誉，既符合国际酒类消费趋势，又顺应我国产业发展方向，是男女老少、四季皆宜、不可多得的绿色保健饮品。

0118 五山池黄酒

产　　地：临夏县刁祁乡龙泉村

所属民族：汉族

级　　别：4

简　　介："五山池"黄酒系列产品有半甜型、半干型、淡爽型、保健型四大类十五个不同规格品种，半甜型的有专用瓶黄酒和桶装黄酒，半干型的有佐餐黄酒和料酒，淡爽型的有阳光黄酒和精普黄酒，保健型的有当归黄酒和虫草黄酒等。"五山池"黄酒是临夏地区久负盛名的民族传统特产，以盛产于北方的大黄米为原料，枸杞、大枣、甘草为辅料科学配伍，采用纯天然饮用矿泉水精酿而成。产品色泽清亮透明，酒体协调醇厚，品味酸甜爽口，酒香浓郁芬芳。富含人体必需的十八种氨基酸、维生素和微量元素，营养丰富，风味独特，不仅是中老年人四季皆宜的绿色保健饮品，而且可做烹调和药用佐料。长期饮用，具有舒筋活血、健脾开胃、润肺养颜作用。

0119 炳灵泉黄酒

产　　地：临夏县刁祁乡龙泉村
所属民族：汉族
级　　别：4
简　　介：炳灵泉黄酒能溶解其他食物中的三甲胺、氨基醛等物质，受热后这些物质可随酒中的多种挥发性成分逸出，故能除去食物中的异味。还能同肉中的脂肪起酯化反应，生成芳香物质，使菜肴增味。因此，具有去腥、去膻及增味功能，在菜肴烹制中广为人们采用。

甘肃省文化资源名录
第二十八卷 饮食文化

茶、饮料

(一) 茶
(二) 饮料

（一）茶

0001 三炮台茶
产　　地：甘肃兰州
所属民族：回族
级　　别：1
简　　介：回族的盖碗亦称三炮台。因盛水的盖碗由托盘、喇叭口茶碗和茶盖三部分组成，故称盖碗或三炮台。盖碗茶因配料不同有不同的茶名，如红糖砖茶、白糖清茶、冰糖窝窝茶等。用滚开水沏成。给客人上茶，要在吃饭前。倒茶时，要当着客人的面，将碗盖揭开，放入茶料，然后冲开水加盖，双手捧送，表示对客人的尊敬。

0002 油茶
产　　地：甘肃兰州
所属民族：回族
级　　别：1
简　　介：油茶制作方法简单：将早稻米磨成粉，与蒸菜粉一般粗细。取米粉四斤，放入锅中用微火炒至微黄，加牛油一斤，与米粉炒拌，呈土黄色，再加食盐、味精、五香粉等佐料，掺合即成。盛入盆中冷却，手捏即碎，始称油茶粉。如食用，将水烧至半开，倒入适量油茶粉边煮边搅，煮熟为止，不稠不稀，即成油茶。

0003 罐罐茶
产　　地：甘肃兰州
所属民族：回族
级　　别：3
简　　介：回族罐罐茶以喝清茶为主，少数也有用油炒或在茶中加花椒、核桃仁、食盐之类的。罐罐茶的制作并不复杂，使用的茶具，通常一家人一壶（铜壶）、一罐（容量不大的土陶罐）、一杯（有柄的白瓷茶杯），也有一人一罐一杯的。熬煮时，通常是将罐子围放在壶四面火塘边上，倾上壶中的开水半罐，待罐内的水重新煮沸时，放上茶叶8-10克，使茶、水相融，茶汁充分浸出，再向罐内加水至八分满，直到茶叶又一次煮沸时，才算将罐罐茶煮好了，即可倾汤入杯开饮。也有些地方先将茶烘烤或油炒后再煮的，目的是增加焦香味；也有的地方，在煮茶过程中，加入核桃仁、花椒、食盐之类的。但不论何种罐罐茶，由于茶的用量大，煮的时间长，所以，茶的浓度很高，一般可重复煮3-4次。

0004 酥油茶
产　　地：甘肃甘南
所属民族：藏族
级　　别：1
简　　介：藏族的一种饮料。多作为主食与

糌粑一起食用。此种饮料用酥油和浓茶加工而成。先将适量酥油放入特制的桶中，佐以食盐，再注入熬煮的浓茶汁，用木柄反复捣拌，使酥油与茶汁溶为一体，呈乳状即成。与藏族毗邻的一些民族，亦有饮用酥油茶的习惯。

0005 裕固族茶

产　　地：甘肃兰州

所属民族：裕固族

级　　别：1

简　　介：西北的裕固族人每天吃一次饭，却要喝三次茶，这是他们三茶一饭的习俗。牧民们每天早起第一件事就是煮茶。用铁锅将水烧开，倒入捣碎的茯砖茶熬煮。直到茶汤浓时，再调入牛奶和食盐，用勺子在汤内反复搅动，使牛奶和茶汤搅和均匀。茶碗中先放入酥油、炒面、奶皮、曲拉等，搅拌而食。热茶倒入碗中，化开的酥油就像一块金色的盖子，盖住碗面；再用筷子一搅，炒面、奶皮、曲拉就成了糊状。这早茶就是他们的早餐了。午餐也饮茶，饮时与烫面烙饼同食。

0006 陇萃堂玫瑰花茶

产　　地：甘肃兰州

所属民族：汉族

级　　别：4

简　　介：玫瑰花茶是用鲜玫瑰花和茶叶的芽尖按比例混合，利用现代高科技工艺窨制而成的高档茶，其香气具有浓淡之别，和而不猛。玫瑰花是一种珍贵的药材，美容养颜，通经活络，软化血管，对于心脑血管、高血压、心脏病及妇科有显著疗效。调和肝脾，理气和胃，在《本草纲目》中已有论述。

0007 祁连红焦枣茶

产　　地：临泽县

所属民族：汉族

级　　别：1

简　　介：焦枣茶采用先进的微波－远红外组合杀青防结晶技术、特殊工艺、高温杀菌精制而成，无任何防腐剂和添加剂，即泡即饮，老少皆宜，具有宁神、助眠作用，尤其对女性更具有美容、养颜之功效，备受广大女性青睐。

0008 "荞梓育"牌苦荞茶

产　　地：甘肃会宁县

所属民族：汉族

级　　别：4

简　　介："荞梓育"牌苦荞茶选用海拔2000米以上的旱山地天然优质苦荞为原料，按照我国"药食同源"养生理论，采用现代制茶技术结合传统工艺精制而成。富含生物黄酮、氨基酸、维生素，和镁、铬、铁、锌、硒等多种人体必需的营养成分和微量元素。无任何添加剂，口感清纯，荞香浓郁，细细品味，唯觉唇齿留香，神静气宁，乃茶中珍品。

0009 沙棘茶

产　　地：甘肃华池县柔远镇孙家川村

所属民族：汉族

级　　别：4

简　　介：采用天然沙棘嫩叶，为最大限度保留了沙棘叶原有的香味，选用了杀青、揉捻、炒干、做型、提香等传统绿茶工艺精制而成，有卷曲形、球形、针形等。沙棘茶是一种功能茶，富含黄酮醇、三萜烯酸、绿原酸、SOD、氨基酸及Vc、Ve等。具有清热解毒、润肠通便、降低血脂的保健功能。而且茶碱、茶多酚含量很低，可减轻中枢神经兴奋，适合老人、高血压患者及神经衰弱的人饮用。茶叶色泽赤褐明亮、条理紧密，茶汤色泽褐色透亮，滋味清新淡雅。

0010 地椒茶

产　　地：甘肃省庆阳市镇原县

所属民族：汉族

级　　别：2

简　　介：地椒、又名百里香，采用传统工艺和现代先进的制茶技术，开发研制绿色具有保健功能的地椒茶系列产品，以功能茶"端午神茶"、保健茶"野生地椒香"、养生茶"九九长寿茶"三大系列为主，并成功研发地椒羊肉调料、健康茶枕等10多个产品，充分体现了地椒茶采之于山野。集天地之灵气，汲雨露之精华，是真正的绿色保健产品。

0011 "陇东人"牌苦荞茶

产　　地：庆阳市环县

所属民族：汉族

级　　别：3

简　　介："陇东人"牌苦荞茶是通过科学分离技术提取苦荞麦中的天然有机营养元素芦丁、维生素、矿物质、叶绿素等成份，经现代科学技术加工而成，集快捷、方便的一种固态营养保健饮品，具有清热解毒、活血化瘀、降血糖、降血脂、降尿糖、益气提神、增强人体免疫力等多种功效，对糖尿病、高血压、高血脂、冠心病、中风患者都有辅助的作用，是传统食疗经验与现代食品科学的完善结合，是现代人类不可替代的纯天然有机营养的科学保健产品。

0012 乐百味苦荞茶

产　　地：甘肃通渭

所属民族：汉族

级　　别：2

简　　介：苦荞茶是将苦荞麦的种子经过筛选、烘烤等工序加工而成的冲饮品。苦荞学名鞑靼荞麦（F.tataricum），分为普通苦荞和黑苦荞。普通苦荞外壳为黄白色；黑苦荞即珍珠黑苦荞，有"黑珍珠"之称，外壳呈深黑色，营养价值极高。通渭乐百味食品有限责任公司是国内首家批量生产苦荞茶的企业，已经形成集研发、生产、销售为一体的发展格局。年加工以苦荞麦为主的小杂粮原料1万吨，乐百味苦荞茶产品行销西北五省区市场，并在北京、武汉、上海、浙江等地建立了销售窗口。

0013 阳坝茶叶

产　　地：陇南市康县阳坝

所属民族：汉族

级　　别：4

简　　介：康县南部地处北亚热带边缘，气候温和，雨量充沛，冬无严寒，夏无酷暑，山高林密，空气湿度大，无污染，土壤疏松，呈微酸性，是我国典型的北方高海拔优质茶叶培植区，具有茶叶生长得天独厚的自然条件，所产的茶叶是制作高中档茶的上等原料，尤以清明前采摘的一心二芽最为上乘。2002年8月组建了甘肃龙神茶业有限责任公司，公司生产的"康阳牌"、"苍牌"龙神茶，共7个系列14个品种。"龙神翠竹"、"龙神翠峰"分获第四届国际名茶金奖和银奖。2003年"康阳牌"龙神茶被国家认证为有机茶。该茶外形扁平挺直或条索细紧，色泽翠绿，滋味醇爽，口感清新，带有栗香；茶多酚、氨基酸、咖啡碱含量较高。长期饮用，可清肝明目，强体减肥，降压益寿，深受饮茶者喜爱。

0014 紫云春牌文县绿茶

产　　地：甘肃文县碧口镇

所属民族：汉族

级　　别：1

简　　介：文县碧口镇李子坝、石龙沟流域是平均海拔为860米的我国高山茶重要产区，远古时期就有野生茶树在终年云雾缭绕中生长，明清时期真正的人工种植茶叶便开始出现。或许是"高山多云雾，云雾出好茶"的缘故，文县碧口茶在2002年以后就迅猛发展到近4万亩，茶叶生产也由过去的小打小闹进入到一个崭新的迅猛发展时期。

甘肃省文化资源名录 第二十八卷 饮食文化 茶、饮料

0015 青崖关牌文县绿茶

产　　地：甘肃文县碧口镇

所属民族：汉族

级　　别：4

简　　介：文县碧口李子坝，地处内陆腹地，属秦巴山地，构造复杂。李子坝属亚热带向北过渡区，为亚热带北缘山地气候。年平均气温 5-15℃，无霜期 260 天左右，降水量 400-1000 毫米，年平均日照数 1200-1800 小时，无霜期 250-310 天。具有夏无酷暑，冬无严寒的气候特点，非常适宜茶叶的生长。今有万亩优质茶园，为陇南茶业发展奠定了雄厚基础。本品精选高山良种茶树之早春绿茶为原料，采用精湛工艺精工细作制成，翠绿略黄。冲泡后，色绿香郁，汤清明亮，清冽甘醇，经久耐泡，是理想的天然绿色饮品。饮用方法：取本品 3-5 克置于杯中，冲入 80-90℃纯净水 150-250 毫升，3-5 分钟后饮用。

0016 碧峪春文县绿茶

产　　地：甘肃文县碧口镇

所属民族：汉族

级　　别：4

简　　介：甘肃文县碧口碧峪春茶叶加工厂坐落在白水江碧口镇白果村，自然环境优美，常年云雾缭绕，气候温和，雨量充足，四季如春。茶厂加工设备齐全，引进浙江杭州最新技术，加工出的茶叶扁平光滑，色泽淡黄，长期饮用消食可佳，可祛暑除热、清脑明目。

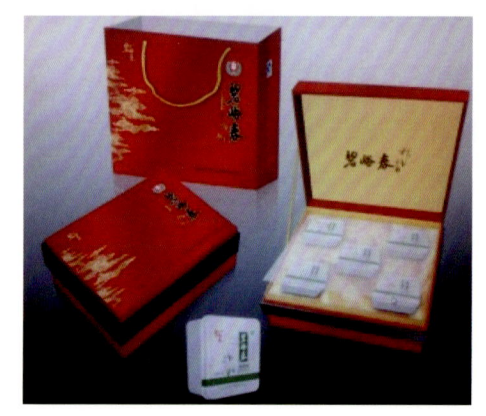

0017 李子坝牌文县绿茶

产　　地：文县碧口镇

所属民族：汉族

级　　别：1

简　　介：文县李子坝自然环境特殊，无污染，所产茶叶茶芽鲜嫩、条索紧细、色泽绿润、清香爽口、滋味鲜醇、经久耐泡，具有清心明目、消食利水、止渴生津、提神醒脑、防癌降压、健美减肥之功效。

044

0018 河州茗源八宝茶

产　　地：甘肃临夏市
所属民族：回族
级　　别：2
简　　介：八宝茶，也称"三泡茶"，是临夏回族和东乡族人待客的传统饮料，八宝茶以茶叶为底，掺有桂圆、冰糖、枸杞、菊花、红枣、葡萄干、杏干等，喝起来香甜可口，滋味独具，并有滋阴润肺、清嗓利喉之功效。回族的先民阿拉伯人很早就认识到茶、牛奶、枣、葡萄对于人体健康的作用了。而这些物品，恰恰是西北地区冲泡盖碗茶时最常使用的配料。八宝茶具有活血、清火、除燥、益神、和气、养颜之功效，是走亲访友，敬献老人的上乘佳品。八宝茶也称盖碗茶，是回族的饮茶风俗，因剩水的盖碗由托盘、喇叭口茶碗和茶盖三部分组成，故称"盖碗"或"三泡台"，相传始于唐朝贞观年间。盖碗茶冬饮暖胃健脾、活血益气，夏饮除燥清火、安神养颜，受到了广大消费者的青睐。

（二）饮料

0019 特色杏皮水
产　　地：兰州
所属民族：汉族
级　　别：4
简　　介：杏皮水是杏皮茶的俗称。是甘肃敦煌当地招牌饮料，用当地的李广杏为原料，用杏皮熬制而成，冰镇后口感酸甜，解渴。和北京酸梅汤味道有异曲同工之妙。杏皮水的制作过程很简单：材料是干杏皮（杏干）：红色的（微酸）、黑色的（微甜），冰糖，清水。做法：①将杏皮切成小块，不要切碎，在凉水中浸泡一会儿。将水倒掉这样做是洗净灰尘。②倒入清水，清水的量要大，与杏皮的比例是3:1或者更多一点。③开小火煮，边煮边搅，直到锅开。颜色渐变，变得浑浊粘稠，锅中的杏皮变得软糯，就关火。这个过程需要40分钟。④取一容器，用纱布和皮筋盖住口。用纱布而不用漏网的原因是：纱布网眼细密，过滤出的水更干净，可以挡住细小的纤维。将煮好的杏皮水分次滤入容器。⑤将水倒完后，再往煮过的杏皮里倒入清水，水量是上一次的一半。⑥开中火煮开，边煮边用勺子搅打杏皮。然后关火，再一次进行过滤。⑦滤好的杏皮水颜色橙黄，很漂亮。自然放凉，这个时候可以放入适量的冰糖。⑧搅匀后就可以喝了。放入冰箱半个小时后再喝，口感更好。

0020 啤特果饮料
产　　地：兰州
所属民族：回族
级　　别：3
简　　介：啤特果是生长在甘肃省临夏市海拔2400米山区的独特山珍，味酸甜、性温，含有丰富的蛋白质、糖类、粗纤维、维生素和微量元素，尤其富含氨基酸和钾。啤特果汁饮料是以优质啤特果原料，根据人群的营养需求添加多种具有保健功效的营养物质，经科学加工精制而成，是消费者日常饮用的首选佳品。

0021 枣儿茶
产　　地：兰州西固河口乡
所属民族：汉族
级　　别：4
简　　介：每次用红枣15颗最好，把枣皮切破，放在茶杯中，沸水冲泡代茶饮，常服有健胃滋补作用，是老少皆宜的食疗饮料。

0022 胡萝卜素饮料

产　　地：兰州西固区

所属民族：汉族

级　　别：4

简　　介：胡萝卜中含有大量的β-胡萝卜素，摄入人体消化器官后，可以转化成维生素A，是目前最安全补充维生素A的产品（单纯补充化学合成维生素A，过量时会使人中毒）。它可以维持眼睛和皮肤的健康，改善夜盲症、皮肤粗糙的状况，有助于身体免受自由基的伤害。胡萝卜素饮料酸甜可口，老少皆宜，经常饮用可以补充它所具有的营养，但也不可过量，过量会有中毒现象发生。

0023 玫瑰茶

产　　地：甘肃兰州永登县苦水镇

所属民族：汉族

级　　别：4

简　　介：玫瑰花茶用鲜玫瑰花和茶叶的芽尖按比例混合制成的，香气浓。玫瑰花茶提供纤维质，可清除宿便，维持新陈代谢正常。玫瑰花茶，采用未开放的玫瑰花蕾或月季花蕾，通常以月季花蕾最多，以红色为上品。用传统玫瑰鲜花蕾烘制而成，富含香茅醇、橙花醇、香叶醇、苯乙醇等多挥发性香气成分，因此泡出的玫瑰花茶具有甜美的香气。长饮此品有清热解毒、促进代谢、和肝养胃之功效，它还有平衡激素的作用，有助于女性的美丽与健康。中医认为，玫瑰花味甘微苦、性温，最明显的功效就是理气解郁、活血散淤和调经止痛。多喝点玫瑰花，安抚、稳定情绪。玫瑰花茶对于抑郁症、焦虑症有辅助治疗作用。而且常喝玫瑰花茶还有助于减肥，且没有副作用，于此同时还能美白祛斑，是美容养颜的圣品。

0024 酥油奶茶

产　　地：甘肃省阿克塞哈萨克族自治县

所属民族：哈萨克族

级　　别：1

简　　介：哈萨克族的奶茶是哈萨克族日常生活中不可缺少的饮料。哈萨克族人民嗜好奶茶，他们常说："无茶则病"。又说："宁可一日无食，不可一日无茶"。可见奶茶对他们来说显得格外重要。爱喝奶茶并不是没有原因的，因在牧区和高寒山区肉食较多，蔬菜很少，需要奶茶来帮助消化；冬季大量饮奶茶可以迅速驱寒，夏季可以驱暑解渴；牧区人口稀，各居民点之间距离较远。离家前喝足奶茶，途中再吃些干粮，可以较长时间耐渴耐饿。一般在家招待客人时，也是先烧奶茶，附带吃一些奶制品和面制品，然后再煮肉做饭，让客人喝足吃饱。哈萨克族喜欢喝茶。他们烧制奶茶更有讲究，先将茶水和开水分别烧好，各放在茶壶里，喝茶时，先将鲜奶和奶皮子放在碗里，再倒上浓茶，最后用开水冲淡。每碗茶都要经过三个步骤。每次只盛多半碗，这样喝起来浓香而又凉得快。有的人一次可以连喝一二十碗，可见这种奶茶是多么的香美了。

0025 凉州茯茶

产　　地：甘肃武威凉州区

所属民族：汉族

级　　别：3

简　　介：凉州茯茶又称老茯茶，武威人戏称其"土咖啡"。味道香甜，色泽浓艳，回味悠长，具有除腥解腻、舒肝健脾、滋阴壮阳、延年益寿等滋补作用，堪称凉州一绝。凉州人有句俗话叫：一杯老茯茶，赛过活菩萨。凉州茯茶选用优质老茯茶，配以红枣、枸杞、核桃仁、桂圆、苹果、山楂、花椒、大黄、锁阳等，入锅猛火炒至微焦出锅，然后将上述用料（除白糖外）按一定的比例同时加入开水中，温火熬半小时即可熬制而成。凉州茯茶已成为武威特色保健饮品，深受武威乃至广大消费者青睐，具有良好的资源条件、独特的工艺配方和广泛的消费群体。

0026 奶茶

产　　地：天祝藏族自治县

所属民族：藏族

级　　别：1

简　　介：奶茶是牧民群众日常生活中朝夕为伴的饮料，一年四季从不间断。他们用铜锅、铜壶熬煮茯茶，当茶叶在锅中煮沸翻滚，茶水变成赤红色时，用特制的漏勺掠去茶叶末，加入盐和牛奶，再煮开后，奶茶即成。饮用奶茶可使人醒脑提神，消困解乏，生津止渴。在原寒冷干燥的环境下，更有滋润咽喉，消食化腻的效力。吃完糌粑或手抓羊肉，再喝几碗奶茶，一天之内，很难有饥渴之感。奶茶从牧业区到半农半牧区和农业区，藏、蒙古、回、汉、土各族群众广泛饮用，而且从牧业区的大锅奶茶演变成特别讲究的"罐罐奶茶"。罐罐俗称"沙罐"，用它熬出的奶茶美味可口。老年人还在奶茶中加荆芥以醒目除晕，加花椒、生姜以祛寒和温，加杏仁以防咳嗽。

0027 杏皮水

产　　地：敦煌

所属民族：汉族

级　　别：4

简　　介：本发明由于采用纯天然的李广杏、大枣、山楂和蜂蜜等作为饮料的原料，通过传统制备工艺做出的杏皮水，含有天然的钙、铁等维生素，有润肺、消暑、解渴、止咳及美容的功效，具有营养成分高、口感好的特点。

0028 浓缩苹果清汁

产　　地：天水市麦积区

所属民族：汉族

级　　别：3

简　　介：浓缩苹果汁是以新鲜、成熟、非转基因的苹果为原料，经过拣选、喷淋、清洗、破碎压榨、酶解澄清、超滤、浓缩、杀菌和灌状而成的纯天然产品。可溶性固形物为70-71度，色泽金黄、明亮甘甜。将产品稀释到11.5度Brix的原汁时，具有苹果特有的风味和营养成分。本品不含任何糖度、酸度、香味和颜色添加成分，不含其他添加剂和任何防腐剂。在果汁、软饮料、乳制品、点心、酿酒和化妆品行业中，作为原料或添加剂被广泛使用。

0029 西凉啤酒果饮、姜饮

产　　地：凉州

所属民族：汉族

级　　别：3

简　　介：青岛啤酒武威分公司生产的系列产品西凉姜饮，特别添加了美味姜汁，瞬间喝出啤酒新感觉，而且有降温提神、开胃健脾、美容保健等作用。西凉果饮，特别添加了美味菠萝汁，使口感更加清新、爽口，在炎热的夏季带来无限的刺激和激情。不含酒精，更适合司机朋友，以及不胜酒力的女士、儿童。

0030 圣泽红枣枸杞汁

产　　地：临泽县

所属民族：汉族

级　　别：1

简　　介：红枣枸杞汁属高品质天然果汁饮料，精选天然绿色临泽红枣、宁夏枸杞精制而成，富含红枣多糖、黄铜、氨基酸、维生素等生物活性物质和多种人体所需微量元素，具有浓郁醇厚的酸甜味。畅饮本品，具有降低血脂、滋补肝肾、益精明目、延缓衰老之功效。

0031 e多多枣饮

产　　地：甘肃省白银市平川区

所属民族：汉族

级　　别：4

简　　介：e多多枣饮以优质红枣、枸杞、菊糖为原料，生产绿色天然的红枣系列时尚饮品。2012年8月"e多多"枣饮被评选为"首届中国西部跨国采购洽谈会"唯一指定饮品；2012年12月荣获白银市人民政府颁发的"2012年白银市农产品交易会冠名奖"；2013年1月"九九益生源e多多饮料"荣获白银市人民政府颁发的"2012年白银市农产品交易会金奖"；2013年12月荣获白银市旅游局颁发的"e多多罐装红枣饮料在白银市旅游特色商品评选活动中被评为三等奖"和"罐装红枣饮料在白银市旅游特色商品评选活动中被评为优秀奖"的奖励证书。

0032 苹果醋、枸杞红枣醋

产　　地：平川区水泉工业集中区
所属民族：汉族
级　　别：4
简　　介：白银菁润生物科技有限公司是专业从事高原植物、农业资源开发、生产、销售的现代化高科技企业。公司利用当地沙棘、苹果、红枣、枸杞、苦荞等资源优势，开发生产高技术含量、高附加值的果醋系列产品，产品色泽金黄、澄清透亮，有新鲜浓郁的果香，味酸甜柔适口、醇正丰满、营养丰富，标准达到或超过欧洲和日本国家标准。产品获得了2012年白银市农交会金奖，产品的市场占有率保持不断增长的趋势。2011年9月第一批苹果醋、红枣醋饮品正式下线，公司生产花生牛奶、核桃牛奶等营养性高档饮料，产品质量达到或超过国家标准，该产品具有特殊香气、风味及稳定性上乘，产品含

有丰富的植物脂肪、蛋白质和其他各种营养素，能促进幼儿生长发育，防止和减轻老年人动脉粥样硬化，具有抗衰老作用，是老少皆宜的饮品。

0033 沙棘原浆

产　　地：甘肃省华池县
所属民族：汉族
级　　别：4
简　　介：沙棘原浆为100%天然野生沙棘果加工，富含Vc、Ve、Vb1、Vb6、β-胡萝卜素等几乎所有维生素群，其中Vc含量更是植物界之最，且含有的200多种生物活性物配比与人体所需比例非常吻合。能够全面补充维生素缺乏症，强化免疫力，抗衰养颜，防止发胖，非常适合成年人、时尚女性及"三高"等人群饮用，尤其适合糖尿病患者服用。

0034 沙棘枸杞原浆

产　　地：甘肃省华池县柔远镇孙家川村
所属民族：汉族
级　　别：4
简　　介：沙棘枸杞源浆选用90%纯沙棘原浆和10%上好枸杞原浆调配而成。枸杞是名贵的药材和滋补品，中医很早就有"枸杞养生"的说法，本产品将两者营养相结合，有效改善了沙棘原浆口感酸涩，能够补充儿童厌食、挑食引起的维生素缺乏症，防止发胖。

0035 沙棘果酱

产　　地：甘肃漳县
所属民族：汉族
级　　别：1
简　　介：沙棘果酱具有活血散瘀、化痰宽胸、补脾健胃、生津止咳、清热止泻、安神降压、延年益寿之功效，可预防动脉硬化、冠心病，是一种高级营养保健饮品。漳县沙棘果酱酸甜可口，风味独特，享益陇原大地，畅销省内外，1991年获省优产品奖；1992年获首届丝路节科技成果金、银奖；1999年获"兰洽会最受欢迎产品"称号。

0036 沙棘果肉

产　　地：甘肃漳县
所属民族：汉族
级　　别：1
简　　介：沙棘果肉酸甜可口、细腻爽滑，并适宜南（甜）北（酸）的口味，又兼药用价值，营养成分高。长期食用，能增强体质、清除疲劳、安神降压、延年益寿，预防动脉硬化、抗癌等功效，是老幼皆宜，馈赠亲友的最佳食品。

0037 天然有机浓缩苹果汁

产　　地：甘肃省陇南市礼县
所属民族：汉族
级　　别：4
简　　介：精选高原苹果，浓缩精制而成，不含防腐剂等任何添加剂。公司通过了HACCP质量体系认证、欧盟果汁保护协会SGF认证、犹太KOSHER洁食认证以及美国NFPA认证。产品是雀巢、百事可乐、可口可乐等世界知名饮料公司的原料供应商。产品远销美国、日本、欧盟、俄罗斯、澳大利亚等国家和地区。产品富含人体所需的各类氨基酸、维生素、矿物质、果糖等营养成分，具有降低胆固醇、疏肝、醒酒、美白、瘦身的功效。喝一盒花牛苹果汁相当于吃两个直径70mm的苹果。

甘肃省文化资源名录 第二十八卷 饮食文化

茶、饮料

0038 庄园牛奶

产　　地：甘肃兰州

所属民族：汉族

级　　别：4

简　　介：兰州庄园乳业有限公司成立于2000年5月，是甘肃省目前投资规模较大的集奶牛养殖、乳品加工、销售为一体的乳制品专业生产企业，已成为兰州乃至甘肃乳业的排头兵。公司在甘肃、青海、宁夏经营有8个现代化奶牛养殖牧场，主要产品包括巴氏杀菌乳、灭菌乳、调制乳、发酵乳、含乳饮料等各类液态乳制品，有"庄园牧场"、"圣湖"、"永道布"系列七大类60多个品种。

0039 天方酸奶

产　　地：甘肃兰州

所属民族：汉族

级　　别：4

简　　介：甘肃天方食品有限公司成立于1996年，公司自设立以来，一直专注于乳及乳生物制品的生产和销售，公司主导产品为发酵型酸牛奶、含乳饮料、果蔬汁饮料，产品系列包括巴氏杀菌乳、调制乳、凝固型酸奶、搅拌型酸奶、乳酸菌饮料、果蔬汁饮料等二十多个品种，其中坛装酸牛奶兰州市场占有率达到90%以上，已连续10年实现产销量全省第一。经过20年的发展，现已形成以乳生物制品（凝固型、搅拌型酸奶）为核心的四大系列、近二十余个品种的产品体系。

0040 酸奶

产　　地：甘肃兰州

所属民族：汉族

级　　别：4

简　　介：兰州本地产的酸奶子有独特的魅力。老兰州酸奶在常温下是凝固起来的豆腐状，所以必须用勺子取食。老兰州酸奶的奶香味更加浓郁，没有那种调味过度的感觉。

0041 牛奶醪糟鸡蛋

产　　地：兰州

所属民族：汉族

级　　别：4

简　　介：原料多种：牛奶两包、醪糟2大勺、鸡蛋两个个、葡萄干若干、枸杞子10粒、核桃仁、花生仁、杏仁、白芝麻、黑芝麻若干（两人份）。具体做法：①牛奶、枸杞、葡萄干放入锅里，大火烧热；②放入两勺醪糟，小火烧，用一小撮淀粉，放入锅里，用勺子慢慢搅拌；③鸡蛋打匀，浇在锅里，大火5秒后，关火，薄薄的鸡蛋花就会浮上来；④碗里放核桃仁、杏仁、花生碎，撒上黑芝麻，倒上牛奶鸡蛋醪糟，加少许糖即可。在冬天会有非常温暖的感觉，抱着大碗，西里呼噜地喝一碗，头上鼻子尖上全是汗。

0042　豆益多豆腐乳

产　　地：兰州西固

所属民族：汉族

级　　别：4

简　　介：用小块豆腐作抷，经过发酵、腌制而成，形、色、香、味俱佳，营养丰富，增进食欲、促进消化。

0043　双元酸牛奶

产　　地：敦煌

所属民族：汉族

级　　别：1

简　　介：敦煌市双元乳业有限公司是集奶牛养殖、乳品加工销售为一体的综合性企业。生产的"双元"牌系列产品，口味纯正、新鲜地道，深受消费者的喜爱，产品除供应敦煌市场外，在周边县市建立了销售网点，运输青海格尔木市等地。"双元"牌商标2001年被国家工商行政管理局商标局认定注册"双元"牌酸牛奶。并在2001年中华人民共和国农业部对私营企业评比验收活动中被评审为"质量管理达标企业"、"酒泉市质量协会会员单位"、"敦煌市优秀民营企业"等荣誉。2005年12月通过国家质检总局QS食品生产许可认证。

0044　蒙古族"白食"

产　　地：甘肃省酒泉市肃北县

所属民族：蒙古族

级　　别：4

简　　介：游牧于雪山草原上的肃北蒙古人与其他地区蒙古人一样，过着游牧生活。他们在漫长的生产生活过程中就积累了独具特色的奶食文化。"查干伊德"，汉语意思是白色的奶食品，是肃北蒙古族传统的主食之一。"查干伊德"的种类很多，大体分为饮用和食用的。饮用的有鲜奶、酸奶，以及以鲜奶为原料的奶茶、酸奶等等；食用的有奶皮子、酪旦子、酥油等等。奶茶是肃北蒙古人日常生活中不可缺少的饮料。这里有以茶代菜(饭)的风俗，说"茶是头道饭菜"，还说"宁可三日无粮，不可一日无茶"。牧民酷爱喝奶茶，是有其原因的，因为在牧区肉食较多，需要喝奶茶来助消化，再加上冬季寒冷，夏季干热的气候，牧民大量饮用奶茶可以驱寒滋润咽喉，驱暑解渴等。"查干伊德"美味可口，营养丰富。牧民们在奶茶中往往放进酪旦子、红枣和奶皮子、酥油等奶食。使奶茶更加香甜可口，补气益神。酸奶是肃北蒙古人的冷饮，他们格外喜欢喝酸奶。酸奶芬芳扑鼻，鲜嫩质细，清凉可口。有着解渴、消暑、开胃、解除疲劳的功能。肃北蒙古人用鲜奶制作各种"查干伊德"，简单而有趣。奶豆腐把鲜奶放进锅中，慢慢煮沸后在鲜奶上聚集一层薄脂肪，称为奶皮子，它呈浅黄色，剩余的酸奶和奶水，经加热煮成稠糊状、过滤晒干脱水便成奶豆腐，或称酪旦子。制作酸奶时先把鲜奶煮熟盛在小木桶或陶瓷罐中，冷却到微温 (15℃—20℃)，就加入酸奶"角子"(俗称引子，即乳酸菌)轻轻搅匀，放置在温度适中的地方，用棉衣或被子包紧，保持恒温，只需半天工夫，酸奶便做成了。这时酸奶的表层是凝结着含奶油的硬脂奶皮，扒开奶皮，软墩墩、鲜嫩嫩的酸奶像豆腐脑，使人一见就食欲大增。"查干伊德"在蒙古人心目中不但是食物，更重要的是它的颜色象征着吉祥、圣洁和善良。正因为如此，"查干伊德"现在已经走出草原，被其他兄弟民族同胞广泛食用。

0045 马奶酒

产　　地：甘肃阿克塞

所属民族：哈萨克族

级　　别：3

简　　介：马奶发过酵才能饮用，所以被称为马奶酒。马奶根据产奶马的岁数、发酵时间的长短分很多种，这里泛指所有马奶。因为母马较少，所以马奶的数量相对较少。哈萨克族只有在举办大小宴席时，主人才会设法为宾客奉上马奶酒，以示主人对宾客的热情。马奶酒呈乳白色流质液体，稍微停放一会儿，便会出现细沙粒状的沉淀物，搅匀饮用最佳，马奶富含多种维生素、乳酸和活性因子，具有消食养胃、疏通肠道、活血化瘀、滋阴壮阳、补气养血、润滑肌肤等功效。每当人们消化系统出现不适，适时饮用，必定会药到病除，但是过量饮用、过期饮用就会醉人、伤人。所以马奶既是宴席的上乘饮品，哈萨克族又是把它当作药来喝。它味似啤酒，很多人喝不来。

0046 奶豆腐、奶疙瘩

产　　地：甘肃阿克塞哈萨克族自治县

所属民族：哈萨克族

级　　别：3

简　　介：酥油是把制取乳饼后滤出的黄水灌进盛有酸奶子的皮囊内，黄水对囊内的酸奶子有加温作用，然后再在皮囊内用捣杵杆上下搅动约1小时，囊内的奶和脂肪就分离，脂肪漂在囊的上层，就叫酥油。奶酪是在奶中放入发酵曲，使奶变质，放入锅内用文火煮，直至煮干，即成奶酪，香甜脆酥。奶豆腐是用约1/4的酸奶加入3/4的鲜奶中，用火煮沸，奶子结成小块，用过滤袋挤去黄水，晾干，即成乳饼，形似豆腐干。奶糕是把春季接羔时第一次挤的奶，装进羊肠内，用锅煮熟即可。

0047 白娃娃

产　　地：天水市麦积山

所属民族：汉族

级　　别：1

简　　介："白娃娃"品牌牛奶已拥有鲜牛奶、酸牛奶、学生营养饮用奶三个系列10多个品种，白娃娃牌瓶(袋)装鲜、酸奶原汁原味，无任何添加剂，各项营养成分均符合国家标准。新鲜放心的奶源、透明安全的生产、专业快捷的配送，优质严格的质量保证使"白娃娃"品牌赢得广大消费者的信赖。巴氏杀菌，五道工序灌装，全程冷链运输加工，12小时内能最新鲜、最营养、最安全地配送至消费者手中。"白娃娃"目前已通过ISO9001:2008质量体系认证、清真标识认证，全省唯一国家级有机奶认证企业。

0048 酸奶（稠奶子）

产　　地：肃南县

所属民族：蒙古族

级　　别：2

简　　介：称为"稠奶子"，把鲜奶过滤后倒入锅内烧开，奶子晾温时，加入一点以前做好的酸奶，待其发酵后稠奶子就做成了。

0049 酥油奶茶

产　　地：肃南县

所属民族：蒙古族

级　　别：2

简　　介：用铁锅或壶烧水，放入茯茶，熬，加盐、牛奶，再煮开后，在碗里放入适量的炒面、曲拉和酥油即可。

0050 花生牛奶、核桃花生奶

产　　地：平川区水泉工业集中区

所属民族：蒙古族

级　　别：4

简　　介：白银菁润生物科技有限公司年生产花生牛奶、核桃牛奶等营养性高档饮料5000吨/年，产品质量完全达到或超过国家标准，产品具有特殊香气、风味及稳定性上乘，产品含有丰富的植物脂肪、蛋白质和其他各种营养素，能促进幼儿生长发育，防止和减轻老年人动脉粥样硬化，具有抗衰老作用，是老少皆宜的饮品。

0051 "会师楼"牌杏仁露

产　　地：会宁县

所属民族：汉族

级　　别：4

简　　介："会师楼"牌杏仁露，通过国家各级质检、卫生部门的检查验收，取得国家各级管理部门的质量认证。产品以天然杏仁为原料，配以铁木山矿泉水，采用特殊工艺精制而成，是真正的"纯天然绿色饮品"。其含有丰富的蛋白质、粗脂肪、糖、磷、铁、钙、钾、十余种氨基酸和多种维生素及微量元素、无机盐及维生素 A 和 C 等滋补佳品。产品有生津止渴，润肺化痰、清热解毒之功效。产品属纯天然绿色饮品、馈赠佳品、滋补佳品。是目前国内外市场上推出的集天然、营养、保健于一体的高档饮品。

0052　古象奶业

产　　地：甘肃合水

所属民族：汉族

级　　别：4

简　　介：合水县古象奶业有限责任公司主要产品有"古象"牌全脂甜牛奶粉、婴幼儿配方奶粉、儿童高钙奶粉、学生奶粉、中老年补钙奶粉等 17 个品种。公司在 30 多年的乳品生产经营中，产品质量第一，"古象"牌奶粉连续五次被评为甘肃省名牌产品，取得了国家绿色食品认证，"古象"牌商标被评为甘肃省著名商标。

0053　藏餐——酸奶

产　　地：甘南州

所属民族：藏族

级　　别：4

简　　介：酸奶也称"窝奶"，藏语叫"肖"，它是牛奶经过发酵酿制的，味微酸，能健胃助消化，是当地各民族都很喜爱的一种奶制品。上等的酸奶要用甘南草原盛产的牦牛乳汁加工制作。先将刚挤出的牦牛奶煮熟后盛在小木桶或盆罐中冷却，至15℃～20℃左右，然后加入乳酸，俗称"引子"放在温度适中的地方，用棉被等物包裹好并保持恒温，约半天功夫，酸奶即成。食时盛在藏区特有的小龙碗里，上面撒点白糖，酸甜可口，清凉适宜，能清暑健胃，帮助消化。

0054 奶茶

产　　地：甘南州卓尼县

所属民族：藏族

级　　别：4

简　　介：奶茶在藏区制作方法很多，最普遍常用的是将松州（今四川松潘地区）茶（以大叶枝梢为主，也叫大茶）文火熬制，滤掉茶渣后加入新鲜牛奶，佐以盐巴、核桃、花椒、曲拉（干奶酪），滚沸三遍即可饮用。能溶解脂肪、消食解腻、清脑提神、止渴生津。藏族人民常年食用肉类、糌粑等酸性食物，缺少蔬菜、水果，人体缺乏碱性。常喝奶茶可以调节体内酸碱平衡。

0055 黄河源纯净水

产　　地：兰州市七里河区

所属民族：汉族

级　　别：4

简　　介：兰州黄河源纯净水是由兰州黄河源纯净水公司生产的，规格有矿物质水和纯净水。

0056 安吉尔纯净水

产　　地：敦煌

所属民族：汉族

级　　别：4

简　　介：安吉尔饮品有限责任公司是敦煌市第一家规范的大规模制水企业，成立于1998年5月18日，在敦煌最早引进两级反渗透制水设备，采用美国优质低压TFC复合膜，它是世界上最完美的两级反渗透水处理设备之一，号称纯水王。其生产的安吉尔纯净水经国家质检部门监督检测，各项指标均符合国家纯净水卫生标准。安吉尔纯净水连续15年获得甘肃省产品质量检测合格证书。

0057 飞天果汁纯净水

产　　地：敦煌

所属民族：汉族

级　　别：4

简　　介：水源地源自平均山脉海拔在4000-5000米之间的祁连山高山积雪融水，水质天然纯净、含有多种微量元素，高端技术制造，更有益于身体健康。

0058　飞天果汁苏打水

产　　地：敦煌

所属民族：汉族

级　　别：4

简　　介：苏打水属于弱碱性。人体内环境是弱碱性。我们每天吃很多肉类、鱼类都是酸性食物。因此需要中和酸碱平衡。那么，多饮用碱性饮料、食品更有利于身体健康。苏打水有利于养胃，因为苏打水能中和胃酸。苏打水有助于缓解消化不良和便秘症状。苏打水有抗氧化作用，能预防皮肤老化。

0059　天河源纯净水

产　　地：天水市秦州区

所属民族：汉族

级　　别：2

简　　介：天水天河源食品有限公司生产瓶装饮用水，逐步发展为专业生产林木种子收购、加工、销售为一体的的综合型企业。其中"天河源"评为甘肃省著名商标。公司的主要产品纯净水在当地销售状况良好，处于稳定上升状态。

0060　大合源纯净水

产　　地：天水市秦州区

所属民族：汉族

级　　别：4

简　　介：天水市大合源食品有限公司生产设备选用国内第一品牌达意隆，治水工艺采用世界前沿的二级反渗透技术，是目前国内领先的纯净水生产设备。天水大合源水业既是一个品牌，也是一项造福桑梓的水业工程，品牌的价值存在于消费者心中，只有脚踏实地，一切为了人民健康才能最终赢得市场，最终赢得消费者，这是大合源水业制定的品牌发展之路。

0061　龙源纯净水

产　　地：天水市秦州区

所属民族：汉族

级　　别：4

简　　介：天水龙源纯水有限责任公司生产设备引进美国水处理设备系统，反渗透膜采用美国海德能公司的 ESBA 系统，是目前国内最先进水平的生产工艺和设备，利用天水市水源一级保护区独特的藉口天然纯水源，生产"龙源"牌纯净水。公司坚持以市场为导向，走质量效益型发展之路，产品自投放市场以来，以高标准的服务和优质水质深受消费者的青睐，市场份额和质量逐年上升，用户满意率达98%以上，经省市技术质量监督和卫生部门每年定期、不定期监测，达到国家标准，获得国家颁发的食品生产许可证和"B级"卫生等级标准。

0062 天脉源纯净水

产　　地：天水市麦积区

所属民族：汉族

级　　别：4

简　　介：天脉源纯净水的生产引进了美国最先进的RO水处理设备，经过原水处理、两级反渗透多层过滤、臭氧杀菌、无菌全自动灌装生产线，不用自来水，不用表层水，所用原水是经过多次化验而开采的水质优良的深层井水。

0063 神龙山矿泉水

产　　地：甘肃省华池县南梁镇

所属民族：汉族

级　　别：4

简　　介：神龙山矿泉水源于子午岭南梁镇地区九眼泉，水质清澈、甘甜，常年水温在12℃之间，含有溶解的矿物质或较多气体的水，有人体所需的锶、锌、硒等多种矿物质及微量元素，长期饮用有助于血液循环，心脑健康。神龙山矿泉水经过科学处理，所含有的微量元素都符合国家水质监测标准，是理想的保健饮用矿泉水。

0064 源泉纯净水

产　　地：华池县五蛟乡

所属民族：汉族

级　　别：4

简　　介：源泉纯净水以五蛟乡南湾村地下水为水源，水质清纯、口感甜美，采用了目前世界上最先进的水处理技术设施，美国进口的反渗透R膜组合的二级反渗透纯净水制水工艺，产品符合GB7718-2011，GB2760-2011等标准。

0065 怡硕饮用纯净水

产　　地：甘肃合水

所属民族：汉族

级　　别：4

简　　介：怡露水业有限责任公司是甘肃省乃至西北地区规模最大的专业桶装、瓶装饮用水生产企业，也是目前庆阳市唯一一家能同时生产桶装纯净水、瓶装水的大型企业。公司生产水源来自高原井水，经水质检验，各项指标均达到国家标准。厂房区购置安装了过滤器、高温电炉、恒温干燥箱、蒸馏水器、消毒器、检测仪、无菌自动灌装系统等一流自动生产设备，并按照消毒、分离、生产、包装的流程和生产要求严格进行分段隔离。

甘肃省文化资源名录
第二十八卷 饮食文化

特色饮食

（一）饮食类
（二）蔬菜类
（三）水果类
（四）其他类

（一）饮食类

0001 兰州砂锅丸子
产　　地：甘肃兰州
所属民族：汉族
级　　别：4
简　　介：砂锅丸子是甘肃菜谱之一，以猪肉为制作主料，砂锅丸子的烹饪技巧以砂锅为主，口味属于咸鲜味。砂锅丸子制作时酱油可分次加入锅中，顺一个方向搅上劲用湿淀粉和匀，再加各种调料。口感味美，香馨。

0002 高三酱肉
产　　地：甘肃兰州
所属民族：汉族
级　　别：4
简　　介：高三酱肉是甘肃兰州的汉族传统名食，属于甘肃菜。此菜是由高彬吾在集各地传统酱肉制作技艺精华的基础上，精心研究，卤制而成。因高氏行三而得名，至今已有近70年的历史，高三酱肉以肉质新鲜、色泽光亮，略显透明，不肥不腻，芳香四溢而闻名遐迩。

0003 兰州烤羊肉
产　　地：甘肃兰州
所属民族：回族
级　　别：4
简　　介：烤羊肉，传到全国各地，其中以新疆的最为正宗。但兰州的烤羊肉也独具风味，其做法是：把羊肉切成小薄片，用钢铁钎穿上，放在燃烧着的无烟煤上烤，然后撒上些辣面子、精盐和孜然，数分钟即成。其色呈焦黄，油亮，味道微辣，不腻不膻，嫩而可口。

0004 皋兰卤鸡

产　　地：皋兰

所属民族：汉族

级　　别：4

简　　介：通过特殊的烹饪方法制作的鸡肉。将活鸡宰杀后去净羽毛，掏空内脏，用配有各种调料的开水煮熟而成。水中加入的调料主要有花椒、生姜、丁香、食盐、白糖、酱等，因其制作者的手法不同，味道迥异。皋兰卤鸡表皮色泽红亮，香味四溢，享有盛誉。

0005 腊羊肉

产　　地：皋兰

所属民族：汉族

级　　别：4

简　　介：在秋冬季节，把羊宰杀以后，加佐料煮熟、剔骨、抹上清油而成。肉红透明，肥而不腻。

0006 兰州卤肉

产　　地：兰州

所属民族：汉族

级　　别：4

简　　介：卤肉做法：调料为浓缩卤汁、麻油、酱油。步骤：①用后腿猪肉或肥瘦连皮肉，将其刮洗干净，切成三大块。用开水煮一下，除去血腥捞起。②将炒锅放旺火上，同时倒入浓缩卤汁注入清水，熬出香味即成卤水。③将猪肉放入卤水中烧开，然后改用小火，将肉卤至肉香，质烂即成，吃时切成片，淋入少许酱油、麻油。

0007 兰州扣肉

产　　地：兰州

所属民族：汉族

级　　别：4

简　　介：扣肉是一道用猪肉制成的、常见的中国菜肴，扣肉罐头也是一种常见的罐装食品。扣肉的"扣"是指把整块的肉煮或炖至熟后，切片放入碗中上锅蒸透，把蒸出的油控出倒盖于碗或盘中的过程。扣肉有很多的做法，主要分为芋头扣肉及梅菜扣肉。

0008 朱家沟邦子熏鸡

产　　地：兰州

所属民族：汉族

级　　别：4

简　　介：朱家沟邦子熏鸡是以当年活鸡为原料，加入多种中药和调味料制做，风味独特，是我国传统的"四大名鸡"之一。其正宗传人朱明学1987年来兰后，在继承传统技艺的基础上，广泛研究全国名鸡的调配和炮制方法，并向当地老中医请教药理知识，精心研制的新一代产品。其色泽鲜艳，黄酥浓郁，油而不腻，口味纯正，补中益气，食之令人回味无穷。

0009 兰州猪手

产　　地：兰州

所属民族：汉族

级　　别：4

简　　介：猪手就是猪蹄，可根据不同的烹饪方法做出不同口味的美味佳肴。据研究，猪蹄富含蛋白质、脂肪、钙、磷、铁、维生素A、B、C、E等，有利于防治脚气病、关节炎、贫血、老年性骨质疏松等疾病。不过，猪蹄属高脂、高胆固醇食物，患有动脉硬化、高血脂、高血压、冠心病和肥胖症者，不宜多吃。

0010 兰州糟肉

产　　地：兰州

所属民族：汉族

级　　别：4

简　　介：兰州糟肉是一道汉族传统名菜，肥而不腻；精肉艳红如火，越嚼越香，越嚼越鲜美，引人开胃，增加食欲。主要食材是猪五花肉。做法：①选取五花猪肉（带皮）1斤左右，分割成6厘米长的大块。②凉水把肉下锅紧一下，去除杂质。③锅中放入水，加肉，一勺料酒，一粒八角，几粒花椒，和一块桂皮、姜、葱，煮30-40分钟。使肉中的油脂被煮出。④王致和腐乳取出4—5块和少许酱豆腐汤放碗中，捣碎在一起。⑤将煮好的肉从锅中取出，肉皮朝下放入盘中，放凉备用。⑥将晾凉的肉切片（0.5厘米薄厚），准备葱丝和姜丝备用。⑦将肉片逐个粘酱豆腐，取饭碗一个，整齐码放好，倒入粘酱豆腐剩下的汤，再加入一勺煮肉的汤，汤与肉持平，放入葱丝、姜丝、大料。将摆好肉的碗放入高压锅蒸30分钟即可。

0011 白斩鸡

产　　地：兰州

所属民族：回族

级　　别：4

简　　介：制作主料：嫩母鸡、香菜、葱、姜。调料：料酒、欣和酱油（六月鲜）、白糖、鸡精、芝麻油。制作流程：①活鸡宰杀、煺毛，取出内脏（可以在买鸡时让摊主收拾干净），光鸡洗净备用。②汤锅内加入足够淹没鸡的清水，加入葱段姜片，大火烧开，将洗净的鸡放入，再次烧开后转小火，加料酒撇去浮末；13-15分钟后用筷子戳一下鸡肉最厚的部位，如没有血水流出立即关火。③迅速捞起鸡浸入冷开水中，让鸡在冷开水中自然冷却。④欣和酱油（六月鲜）和清水以1:1的比例混合，加入少许白糖和鸡精煮开融化，冷却后撒上葱姜末，淋上芝麻油制成蘸料备用。⑤待鸡冷却后，将鸡捞出，控去汤汁，在鸡的周身涂上芝麻油。⑥改刀斩件装盆，放上香菜。食用时蘸调料即可。

0012 牛杂割

产　　地：兰州

所属民族：回族

级　　别：4

简　　介：烹制牛杂割一般必须经过选料、清洗、烹调、兑汤、切割等环节。①选料。选择"口轻"、健壮、肥嫩的小牛的杂割为最好。一般用心、百叶、肚子、肠子和头蹄，不用肝、肺、脾。②清洗。牛宰杀后立即掏出下水，及时细心清理，特别是清除牛肚中的污物，随即进行冲洗。清洗工作要有一定的配套工序，用流动的水（泉水或自来水）轮翻冲刷，割掉不宜食用的废物，以白净、没有异味为度。头蹄须在大火上燎烤，清除牛毛，割去耳朵，冲刷干净。沥净浮水，备用。③烹调。清洗干净后的牛杂割下入大锅中，旺火烧沸，待后改中小火漫炖，及时撇出浮油，盛入盘或海碗等容器中，冷却、凝固，叫撇油，另用。同时在锅中放足盐，再炖，一般约炖煮 8 个小时，先捞出头蹄、肠、心等，牛肚再炖约 2 个小时，待绵软后捞出。一般从晚 7 时左右下入锅中，深夜 3 时左右先捞出头蹄、肠、心等，5 时左右，再捞肚子。沥净浮水。④兑汤。煮熟的牛杂割捞出后，以原汤 4：1（4 成原汤，1 成清水）的比例兑成肉汤，烧沸后加入黑胡椒粉、花椒粉、草果粉、姜粉及适量味精，调鲜为度。⑤切割。煮熟的牛杂割摆放在锅边木盖上，从早晨 6 时左右开始割售，顾客边来边割，切割时头蹄、肠、心等各种部位都要切割一点，舀上汤，打上香菜、蒜苗丝，上席。牛杂割必须及时清洗干净，无异味，煮熟后的原汤才能用作兑汤主料，若不及时清洗干净有异味时，煮后的原汤一般不宜用，杂割汤另兑。另兑时用清水、撇油、加足调料、食盐、味精等人工兑汤，但这种汤没有原汁汤味鲜。牛杂割一般用于早餐，经济实惠，味道又好，天冷时吃了热乎，吃的人很多。吃牛杂割一般要泡上馍馍，以油炸麻花最好。吃牛杂割不但肉绵味香，而且耐饥，所以一般工薪阶层和进城农民自带干粮，割碗牛杂割和干粮共餐，花钱少，既实惠，又耐饥，且干活有劲不累。牛肉属性温燥，加之制做牛杂割大都用黑胡椒等热药调料，所以牛杂割性热火大，具有温里祛寒、健脾暖胃、固肾壮阳、固虚强体等作用。早吃牛杂割，宜中晚餐多食用蔬菜，以利调节脾胃，增加营养。

0013 88 兰州烤肉

产　　地：兰州

所属民族：回族

级　　别：4

简　　介：88 烤肉是兰州米库餐饮管理有限公司打造的新品牌，是基于传统米家烤肉的延生产品，其选料精，包括肉，菜，调料都经过多道工序的检查与研制。88 烤肉在 2014 年穆斯林美食展中获得银奖，在临夏已经饶有名气。

0014 米家牛腱子肉

产　　地：兰州

所属民族：回族

级　　别：4

简　　介：腱子肉是膝关节往上大腿上的肉。食品有肉膜包裹的，内藏筋，硬度适中，纹路规则，最适合卤味。经过挑选、融入秘方、独特工艺、调试、品尝等十几道工序的严格检查，有补中益气、滋养脾胃、强健筋骨、化痰息风、止渴止涎的功效，适用于中气下陷、气短体虚、筋骨酸软、贫血久病及面黄目眩之人食用。

0015 兰州牛腱

产　　地：兰州

所属民族：回族

级　　别：4

简　　介：将牛腱子肉切成大块，放入清水中浸泡洗净。锅内放入清水4000克，放入牛腱子，逐渐加热烧沸，烫透捞出。锅内放入适量清水，加入所有调味料和香料包，烧开后煮10分钟，再将烫好的牛腱子放入锅内，用小火酱至酥烂即成。

0016 桶子肉

产　　地：兰州

所属民族：回族

级　　别：4

简　　介：桶子肉指的桶子羊肉，与一般手抓羊肉不同。桶子羊肉历史较长，制作方法特别，价格也高于一般手抓羊肉。很早以前，有人将制作好的羊肉放在一个木桶里，背在肩上沿街叫卖，故被称作桶子肉。桶子羊肉的制作方法很严格。首先选用膘肥柔嫩的二毛羊羔或精心喂养的"站羊"为制作原料。请阿訇按照伊斯兰教规屠宰，然后入锅烹煮，待捞尽泡沫杂质后，放上花椒、姜和少量盐，用文火炖绵，达到不烂不脱骨，趁热从锅中捞出，切成长块，撒上青盐、胡椒粉等配制的调料，吃时再加上辣椒油和大蒜瓣享用，味道细嫩滑爽，滋味绵长，不油不腻，清淡可口，非常鲜美。如果再舀一碗清汤，打上香菜、葱花，一边吃肉，一边喝汤，味道更好。

0017 祁连黄菇牛仔柳

产　　地：兰州黄河楼清真餐饮有限公司

所属民族：回族

级　　别：4

简　　介：主料为祁连黄菇、嫩牛柳、青红椒。辅料：姜片、葱段、甘笋花、辣鲜露爆炒装盘。

0018 金巢海皇至尊

产　　地：兰州黄河楼清真餐饮有限公司

所属民族：回族

级　　别：4

简　　介：主料为炸好雀巢一个、澳带、蟹肉棒、虾仁、夏果。辅料：芦笋、姜片、葱段、胡萝卜丁爆炒装盘。

0019 金川响螺片

产　　地：兰州黄河楼清真餐饮有限公司

所属民族：回族

级　　别：4

简　　介：主料：西兰花、响螺片、青红椒、川椒。辅料：姜片、葱段、蒜片、甘笋花爆炒装盘。

0020 俄罗斯鱼头

产　　地：兰州黄河楼清真餐饮有限公司

所属民族：回族

级　　别：4

简　　介：主料：俄罗斯大鱼头、青红椒件、蒜子、洋葱、葱段。辅料：秘制酱汁沙煲焗熟上桌。

0021 原味牛腱

产　　地：兰州黄河楼清真餐饮有限公司

所属民族：回族

级　　别：4

简　　介：酱煮牛腱切片装盘配以自制辣酱。

0022 江南鱼米之乡
产　　地：兰州黄河楼清真餐饮有限公司
所属民族：回族
级　　别：4
简　　介：主料：鱼肉、虾干、蒜薹、炸花生碎。辅料：蒜米、姜米、青红椒米、鸡粉盐味少许、生抽适量滑炒装盘。

0023 金味德牦牛肉
产　　地：兰州市城关区天水南路 193 号
所属民族：汉族
级　　别：4
简　　介：金味德牦牛肉是精选西北地区海拔 3000 米以上草原放养的牦牛肉，这些地方生长着许多野生药物如贝母、虫草等，牦牛常食这些药材，其肉鲜美无比。《吕氏春秋》载"肉之美者，牦象之肉"。牦牛肉被誉为"牛肉之冠"，属于半野生绿色食品，富含蛋白质和氨基酸，以及胡萝卜素、钙、磷等微量元素，脂肪含量特低，热量特别高，对增强人体抗病力、细胞活力和器官功能均有显著作用。

0024 皋兰三回头餐饮有限公司的卤猪蹄、特色排骨
产　　地：兰州市皋兰县
所属民族：汉族
级　　别：4
简　　介：具有浓郁地方特色餐饮风味，为广大居民喜食，是皋兰县特色餐饮第一品牌。

0025 兴忠酥牛肉
产　　地：兰州市西固区
所属民族：汉族
级　　别：4
简　　介：兰州兴成食品有限责任公司生产。选用优质牛肉，经去脂，筋腱经煮制等工艺加工而成，风味独特，外酥内软。

0026 西固鹿筋
产　　地：兰州市西固区
所属民族：汉族
级　　别：4
简　　介：酒浸或煮食入菜肴。功能为壮筋骨，治劳损，风湿性关节炎等。

0027 兴忠五香牛肉
产　　地：兰州市西固区
所属民族：汉族
级　　别：4
简　　介：兰州兴成食品有限责任公司生产。采用传统工艺与现代科学配方，选用上等牛肉为原料加工而成，风味独特。

0028 鹿唇
产　　地：兰州市西固区
所属民族：汉族
级　　别：4
简　　介：主治口齿不清、流口水。一般讲鹿唇用上汤煨熟，改刀后烧制，最适合红烧。

0029 鹿肝
产　　地：兰州市西固区
所属民族：汉族
级　　别：4
简　　介：对维生素 A 缺乏症有明显疗效。

煮熟食用。焙干研末配中药。每日2次，每次10-20克。

0030 鹿心

产　　地：兰州市西固区

所属民族：汉族

级　　别：4

简　　介：调解心肌功能，治疗心悸、失眠健忘、气血两亏，增强血液循环，治疗风湿性心脏病等症状。用法：焙干研末配中药或烧熟食用。

0031 鹿脑

产　　地：兰州市西固区

所属民族：汉族

级　　别：4

简　　介：益精气、补骨髓、益智、补虚劳、对神经衰弱、偏头疼等有明显功效。用法：适合制作汤羹累菜肴，或者切成块涮火锅食用。

0032 兴忠肴肉

产　　地：兰州市西固区

所属民族：汉族

级　　别：4

简　　介：采用传统肉制品加工技术，经选料整理煮制等工艺加工而成。风味独特，晶莹透明，肉质细嫩。

0033 鹿脯

产　　地：兰州市西固区

所属民族：汉族

级　　别：4

简　　介：可补五脏、调血脉、治虚劳羸弱，产后无乳。用法：因其韧性较大，且有部分脂肪，需长时间加水熟制，质感、口味均佳，适合以炖、炒的方法成菜。

0034 兴忠牛肉肠

产　　地：兰州市西固区

所属民族：汉族

级　　别：4

简　　介：采用牛内脏为原料，传统生产工艺与现代科学配方经调味等工艺加工，具有独特风味。

0035 鹿骨胶

产　　地：兰州市西固区

所属民族：汉族

级　　别：4

简　　介：壮筋骨、治劳损、风湿性关节炎等。用法：酒浸或煮食入菜肴。

0036 西固鹿鞭

产　　地：兰州市西固区

所属民族：汉族

级　　别：4

简　　介：补肾壮阳、益精、治劳损、腰膝酸痛、肾虚、耳聋、耳鸣等。用法：泡酒服用，亦可做高档菜肴。

0037 香芋荷塘炒虾松

产　　地：兰州轶锋鑫海餐饮管理有限公司鑫海安宁大酒店

所属民族：汉族

级　　别：2

简　　介：原料为香芋、虾、香葱、老姜、盐、料酒、生抽、水、淀粉、花生油。虾去头和壳，留下尾部。芋头蒸熟、去皮切块备用。冷锅下油至七成熟，之后放入葱、姜炒出香味。然后放入虾炒至红色，再加入少量料酒、生抽炒均匀。再放入芋头，加白砂糖炒均匀，投入香芋段、盐，最后淋入水淀粉勾芡出锅。

0038 宫廷酱烧骨

产　　地：兰州铁锋鑫海餐饮管理有限公司鑫海安宁大酒店

所属民族：汉族

级　　别：2

简　　介：此菜做时首先用生粉拌至排骨变干身，将排骨落锅走油。将洋葱、西芹、葱走油。将走过油的材料放入煲里，让西芹和洋葱垫底，排骨铺面，加入冰糖、番茄酱、醋、生抽、盐、头曲、香叶适量，放入锅中泡，每隔一小时煮滚后熄火，酱汁要盖住肉，否则不断翻转，反复5小时后可捞起排骨，然后将酱汁倒入锅中煮沸、生粉勾芡，将汁淋在排骨上即可。

0039 李记猪蹄

产　　地：西固区柳泉乡

所属民族：汉族

级　　别：4

简　　介：李记猪蹄至今有一百年的历史，特点是肉烂、脱骨、味香，美容养颜。

0040 欧记卤肉

产　　地：西固区柳泉乡

所属民族：汉族

级　　别：4

简　　介：卤肉质地适口，味感丰富。给人的口感最丰富，最适口。香气宜人，润而不腻。

0041 兰州碗碗菜

产　　地：西固区四季青街道

所属民族：汉族

级　　别：4

简　　介：碗碗菜是非常有特色的兰州饮食。各式美味，物美价廉，碗碗荤菜，碗碗素菜，碗碗荤素搭配，味美量足，性价比超高。兰州人从各地美食中汲取灵感，最终将创意融合，创办了现在的碗碗菜。

0042 大盘鸡

产　　地：七里河

所属民族：汉族

级　　别：4

简　　介：①将鸡洗净、去掉茸毛，改成小块，用加了料酒、姜片的水飞过。②香菇、土豆、青红椒。③热锅入油，三四成热时下花椒炸透，加入干红椒、葱段、姜片、蒜瓣煸香。④倒入焯好的鸡块、香菇，中火翻炒出水汽，烹入料酒大火炒匀后，加生抽、老抽、丁香等继续翻炒，加足够的开水烧开后关中火炖15分钟。

0043 七里河红烧鸡块

产　　地：七里河

所属民族：汉族

级　　别：4

简　　介：鸡肉洗净，切成块状。把蘑菇、胡萝卜切成块，红绿尖椒切成小段备用。油锅烧热，放入大蒜和生姜片爆香。放入鸡块翻炒几下，依次放入料酒、细砂糖、酱油，再放入适量水开大火烧（水没过鸡肉为准。汤收到一半的时候，放入切好的蘑菇和胡萝卜继续煮。煮到快收汁的时候，放入尖椒、鸡精翻炒几下起锅即可。

0044 七里河回锅肉

产　　地：七里河

所属民族：汉族

级　　别：4

简　　介：一是肉的初步熟处理。冷水下肉，旺火烧沸锅中之水，再改中小火煮至断生（刚熟之意），捞起用帕子搭在肉上自然晾凉（注意：煮肉时应该加入少许大葱、老姜，料酒，精盐，以便去腥）。二是青蒜苗的处理：将其蒜苗头（白色部位）拍破（利于香味溢出），白色部位切马耳朵型，绿色叶子部位切寸节（约3CM），肉切成大薄片（一般长约8CM，宽5CM，厚0.2CM）。三是回锅工艺：锅内放少许油，下白肉，煸炒，肥肉变的卷曲，起灯盏窝（可以把肉铲到锅边，最好把肉先铲出来再炒豆瓣酱的）。下豆瓣酱和甜面酱，炒香上色（看到油色红亮）。先下青蒜苗头（白色部位），略炒闻香在下蒜苗叶（绿色部分）同炒。调味加入少许豆豉（需剁碎），白糖，味精，即可。（咸味可根据此时菜看具体咸度或个人口味酌加）。注意事项：肉要冷后再切否则易碎（要的匆忙可以用自来水冲凉）。尝尝豆瓣的咸度才好确定用盐量。甜面酱用水按1：2比列进行稀释后再用。甜面酱和酱油起到调色和增香之用。

0045 七里河烤羊排

产　　地：七里河

所属民族：汉族

级　　别：4

简　　介：①取炒锅，将盐炒热后加入花椒，共同炒热；将羊肋排洗净，用刀尖在各面戳上若干个洞洞，放入盆中，加入炒过的盐与花椒，加入生抽、绍酒、以及姜片、葱段、粗洋葱丝、香菜段，搓揉均匀后，放入保鲜盒，置于冰箱冷藏室中，腌48小时。② 48小时后，将羊肉取出放入盆中，将孜然粒用擀面杖擀碎，连同辣椒粉、胡椒粒一起放入盆中。③搓揉均匀并敲打数次，然后，静置2小时。④烤箱190度预热；在烤盘底部辅一层锡纸（留出包合的量）；将腌羊排时用的洋葱、香菜放入烤盘底层。

0046 七里河牛腩

产　　地：七里河

所属民族：汉族

级　　别：4

简　　介：牛腩即牛腹部及靠近牛肋处的松软肌肉，是指带有筋、肉、油花的肉块，这只是一种统称。若依部位来分，牛身上许多地方的肉都可以叫做牛腩。国外进口的是以切成条状的牛肋条为主，是取自肋骨间的去骨条状肉，瘦肉较多，脂肪较少，筋也较少，适合红烧或炖汤。另外，在里脊肉上层有一片筋少、油少、肉多，但形状不大规则的里脊边，也可以称作牛腩，是上等的红烧部位。牛腱也可以算是牛腩的一种，筋肉多，油少，甚至全是瘦肉。因此一般用来卤，不适合炖汤，更不适合红烧。

0047 七里河红烧肉

产　　地：七里河

所属民族：汉族

级　　别：4

简　　介：①小葱的葱白葱绿分开处理，葱白切段，葱绿切末；红糖用刀拍成小块。②锅中倒适量开水，将五花肉块和葱白下入，焯5分钟后捞起，锅洗净。③将焯过水沥干的五花肉倒入干净的锅里，小火煎（不放油哈）。④煎至肉表面有些焦黄（不要炒的太焦，因为待会还要继续炒的），并渗出一些油时，下入红糖块，小火翻炒均匀。（如果用的五花肉肥肉多，出的油多的话，为了避免油腻，可以盛一部分油出来，另外炒菜用）。

0048 七里河牛排

产　　地：七里河

所属民族：汉族

级　　别：4

简　　介：煎牛排（西餐）原料：牛排。配料：葱头汁，黄酒，鸡蛋，辣酱油，蕃茄沙司，黄瓜片、土豆条或生菜和蕃茄片。做法：①将牛排切成10克重的小块，逐块用刀拍成1寸半直径的圆薄片，随即用刀斩几下，再把肉修圆，把牛排逐片放入用葱头汁、黄酒等调成的卤汁内拖一拖，取出腌五分钟，再用蛋糊涂拖。②下热油锅两面煎成金黄色，烹上辣酱油和蕃茄沙司，翻几下出锅装盆，配以黄瓜片、土豆条，或生菜和蕃茄片上席即可。

0049 七里河猪蹄

产　　地：七里河

所属民族：汉族

级　　别：4

简　　介：猪蹄是指猪的脚部（蹄）和小腿，有多种不同的烹调作法。猪蹄含有丰富的胶原蛋白质，脂肪含量也比肥肉低，它能防治皮肤干瘪起皱、增强皮肤弹性和韧性，对延缓衰老和促进儿童生长发育都具有一定作用。

0050 七里河烤鸭

产　　地：七里河

所属民族：汉族

级　　别：4

简　　介：①原料处理。选用2.5-3千克健康鸭，采用切断三管法宰杀放血，烫毛用55-60℃水，烫3分钟左右，烫手、煺毛操作要轻而快，毛煺得干净又不伤皮肤，然后在鸭翅下开一小口，取出内脏，掏膛时动作要快，内脏完整不碎，断去鸭脚和翅膀，然后进行涮膛，把鸭腔、鸭颈、鸭嘴洗涮干净，将回头肠及腔内的软组织取出，鸭皮无血污。②烫皮挂色。将鸭体用饴糖沸水浇烫，从上至下浇烫3-4次，然后用糖水浇淋鸭身，一般糖水由饴糖与水按1：6-7比例配制。③凉坯。将已烫皮挂色的鸭子挂在阴凉、通风处，使鸭子皮肤干燥，一般在春秋季经24小时凉坯，夏季4-6小时。④烤制。首先用塞子将鸭子肛门堵住，将开水由颈部刀口处灌入，称为灌汤，然后再打一遍色，进入烤炉。北京烤鸭选用的木材以枣木为最好，其次为桃、杏、梨木。木材点燃后，炉温升至200℃以上时，便可以烤鸭了，烤鸭的温度是关键，一般炉温控制在250-300℃之间，

在烤制过程中，根据鸭坯上色情况，调整鸭子的方位，一般需烤制30分钟左右，烤制也可以根据鸭子出炉时腔内颜色判断烤制的熟度，汤为粉红色时，说明鸭子7-8分熟，浅白色汤时，为9-10分熟，汤为乳白色时，说明烤过火了。⑤出炉刷油。鸭子出炉后，马上刷一层香油，增加鸭皮的光亮度。

0051 七里河肘子

产　　地：七里河

所属民族：汉族

级　　别：4

简　　介：肘子是指猪腿与身体相连的部分。肘子可分为前肘和后肘，前肘（又称前蹄膀），皮厚、筋多、胶质重、瘦肉多，常带皮烹制，肥而不腻，宜烧、扒、酱、焖、卤、制汤等，如红烧肘子、菜心扒肘子、红焖肘子；后肘（又称后蹄），因结缔组织较前肘含量多，皮老韧，质量较前肘差，其烹制方法和用途基本同前肘一样。肘子具有清火、排毒、滋阴润肺、养胃生津等特点，特别适宜长期饮酒的人群。

0052 七里河红烧排骨

产　　地：七里河

所属民族：汉族

级　　别：4

简　　介：红烧排骨，家常菜、湘菜、川菜。此菜味道香纯，排骨酥烂，色泽金红，色香味俱全。一般人都可食用。适宜于气血不足，阴虚体弱者；湿热痰滞内蕴者慎服；肥胖、血脂较高者不宜多食。

0053 七里河羊排

产　　地：七里河

所属民族：汉族

级　　别：4

简　　介：肋条即连着肋骨的肉，外覆一层层薄膜，肥瘦结合，质地松软。适于扒、烧、焖和制馅等。

0054 糟肉

产　　地：西固区

所属民族：汉族

级　　别：1

简　　介：精选五花肉一块，洗净后，放入锅中加水加调料煮至八成熟，捞出稍凉后，用刀切成2-3寸的薄片，用豆腐乳和少许料酒拌匀后，肉皮朝下，摆整齐放入碗中，加入少许肉汤，带碗放入锅中蒸煮半小时左右，取出晾凉后带碗放入冰箱中储存。食时取出再放入锅中蒸热后反扣在盘中。

0055 西固段记猪手

产　　地：西固区

所属民族：汉族

级　　别：4

简　　介：猪蹄是指猪的脚部（蹄）和小腿，在中国又叫元蹄。有多种不同的烹调作法。猪蹄含有丰富的胶原蛋白质，脂肪含量也比肥肉低，它能防治皮肤干瘪起皱、增强皮肤弹性和韧性，对延缓衰老和促进儿童生长发育都具有特殊意义。为此，人们把猪蹄称为"美容食品"和"类似于熊掌的美味佳肴"。

0056 东坡肘子

产　　地：西固区

所属民族：汉族

级　　别：4

简　　介：主料猪肘子，雪山大豆。辅料为葱节，绍酒，姜，川盐。做法步骤：猪肘刮洗干净，顺骨缝划切一刀，放入汤锅煮透，捞出剔去肘骨，放入垫有猪骨的砂锅内，放入煮肉原汤，放入大量葱节，姜，绍酒在旺火上烧开。雪豆洗净，下入开沸的砂锅中盖严。然后移到微火上煨炖约3小时，直至用筷轻轻一戳肉皮即烂为止。吃时放川盐连汤带豆舀入碗中，也可蘸酱油味汁吃。

0057 西固羊肉泡馍

产　　地：西固区

所属民族：汉族

甘肃省文化资源名录 第二十八卷 饮食文化 特色饮食

073

级　　别：4

简　　介：①酵母融于 30g 左右的水中，加入 50g 面粉揉匀成面团，盖保鲜膜至温暖处发酵 1 小时。②剩余的面粉和水揉匀成很硬的死面团，盖保鲜膜饧 30 分钟。把发酵面团和死面团一起揉和成较硬的面团。在面板上反复揉匀，至面团光滑有韧性。③揉好的面团分割成合适的大小 4-6 份均可。然后每份分别揉圆，如图用擀面杖擀成厚度小于 1cm 的面饼。电饼铛烙约 2-3 分钟至两面微黄，约八九成熟即可。④羊骨和羊肉放入大盆中冲洗几遍，然后浸泡冷水中几个小时，泡去血水。⑤过水焯一遍。锅里重新换清水，加入羊骨大火熬开（羊肉切大块备用），然后边熬边撇去浮沫，加入八角 1 个，桂皮一小块，葱白几段，姜几片，中火保持锅内大水花翻滚 2 小时。至汤汁呈现暗白的浓稠样，倒入砂锅中，加入切大块的羊肉，小火继续煮 3 个小时即可。⑥馍掰碎成约小指尖大小的小粒，放在碗里，粉丝、木耳过水焯熟，放入碗中，浇上热的纯羊汤，撒盐和白胡椒粉，上面放切块的羊肉，撒切碎的青蒜香菜，浇上辣椒酱或者辣椒油即可。

0058　金沟清汤羊肉

产　　地：西固区金沟乡

所属民族：汉族

级　　别：4

简　　介：先将羯羊肉洗干净，放入锅中待水沸，掠去泡沫，加入生姜、花椒、草果、大蒜、红辣椒等调料，文火煮烂后捞出，将锅内肉汤倒入盆内，盛器最好是坩泥瓦锅。吃时将清汤掺少量开水煮沸，把羊肉切成薄片，泡上面饼，抓入羊肉片，浇上羊汤，调上香菜、蒜苗等即可食用。

0059　山药炖山鸡

产　　地：西固区金沟乡

所属民族：汉族

级　　别：4

简　　介：山鸡是关山的一种野生禽类，体格较家鸡稍小、短尾、无冠，土灰色羽毛，它长期生活在山林草丛之中，以蚂蚱、小虫、嫩草和草籽为食。土山鸡不但肉质鲜嫩，味美可口，还有清热解毒、驱寒除湿之功效，如果人受凉后感觉头痛发热、四肢僵硬，可将山鸡去内脏后，加之花椒、胡椒、生姜等热料，辅之一葱须、大蒜与山药一起将肉炖烂，患者食肉汤后，睡在热炕上出汗，汗出则病愈。

0060　青城酸烂肉

产　　地：榆中县青城镇

所属民族：汉族

级　　别：4

简　　介：酸烂肉是流传很久的一种肉食，它被青城男女老少所喜欢。酸烂肉原料首推肥猪肉，当然也可以是其它动物的肉，佐料主要是醋、酱，调料主要是草果、花椒、姜片、食盐等。酸烂肉的做法：首先是用清水把猪肉洗干净，剁成大块放在锅里煮熟，然后捞出来用刀在案板上切成均匀的小块，等到植物油在铁锅里沸腾后，迅速把肉放进锅里来炒。炒好后放入醋、食盐等调料，时间不长，美味可口的酸烂肉就可以端上桌了。一般是一人一碗，主食是糁饭。做酸烂肉的猪肉越肥越好，这样吃起来才过瘾、痛快。由于酸烂肉味美、可口，便成了老年人的桌上佳肴。除猪肉外，羊肉、牛肉、驴肉也可以做成酸烂肉，只不过调料有些不同罢了。

0061 羊肉粉汤

产　　地：敦煌市

所属民族：汉族

级　　别：4

简　　介：羊肉粉汤是在敦煌民间传统美食"清粉羊肉"的基础上发展演变而来的，并成为它的替代品。"清粉羊肉"则逐渐失传了。它用新鲜羊肉为主料，粉条为副料，调配炖煮后食用。又称"羊肉粉汤"。特点是"佐料馨香，汤汁鲜美，羊肉软烂，粉条柔劲，深得食家的喜爱。

0062 风味羊杂碎

产　　地：敦煌市

所属民族：汉族

级　　别：4

简　　介：羊杂碎是敦煌特色小吃。主要用羊头、肚子、肠子、心、肝、肺等，经过煮、炒、煎加工方法食用。煮，取鲜羊肉汤加羊头肉、肚子、肠子等和佐料，滚烫食用最佳，汤鲜味美。炒、煎，取心、肝、肺加之调味，强调重口味，吃起来有特别的香辣味。包括烤羊脑、糊辣羊蹄。食之豪放，不拘小节。

0063 羊肉合汁

产　　地：敦煌市

所属民族：汉族

级　　别：4

简　　介：据中国《食经》记载的"跳丸炙"，就跟今天的敦煌羊肉合汁十分相似。主要以羊肉、袈裟、丸子、木耳、粉条等烩炖一起的烹饪方法食用，称为"羊肉合汁"。上世纪四五十年代由敦煌"郑家馆子——福盛园"创制，八十年代传入敦煌宾馆。

0064 手抓羊肉

产　　地：甘肃省阿克塞哈萨克族自治县

所属民族：汉族

级　　别：3

简　　介：将宰杀后的羊肉切成大块，放进锅中，清水煮熟。吃时放些洋葱，味道清香可口。

0065 肃北烤全羊

产　　地：甘肃省肃北县

所属民族：蒙古族

级　　别：4

简　　介：烤全羊传统的做法，是将羊掏心而死，取出内脏，把数块碗大的石头烧红装入羊体内，然后将整只羊架到无烟的余火上烤熟，即谓"烤全羊"。大家分而食之。现在肃北草原上把"烤全羊"当作一道名菜，常见于饭馆餐桌上。一般在宴请贵客或举行庆典时上"烤全羊"。街市上也常有售。

0066 肃北烤肉片

产　　地：甘肃省肃北县

所属民族：蒙古族

级　　别：4

简　　介：烤肉片这种风味小吃的制作方法比较简易，先将羊宰杀后，取其瘦肉切片，用铁钎子穿起来或放在平底铝锅内，置余火上烤熟食之。有时，直接把切好的肉片放在火炉炉盖上烤熟即成。

0067 肃北烤羊肚

产　　地：甘肃省肃北县

所属民族：蒙古族

级　　别：4

简　　介：烤羊肚这种风味小吃制作方法比较奇特。聪明的蒙古人，首先把羊胃洗净，将切好的肉块装入，加少许水和佐料，再装入烧红的卵石，将羊胃口子扎住，然后放在无烟余火上烧烤，待烤熟分而食之。这种小吃，别有风味。

0068 肃北全羊席

产　　地：甘肃省肃北县

所属民族：蒙古族

级　　别：4

简　　介：全羊席及先板肉。肃北蒙古族人食肉有讲究，特别是在大宴宾客的时候，最排场的是摆"全羊席"，食"手抓羊肉"的情景最为讲究。待"全羊席"上的"戴吉"礼完毕后，一盘盘"手抓羊肉"就端上来了。在食"手抓羊肉"之前，先由最高长辈把摆在手抓肉上面的肥绵羊尾巴用刀子割成一条条的送到每张桌席上，再由同一席上年龄最大、辈份最高的人分给每位宾客，称作"散福"。得到者先向散福的长者祝福几句，然后食之。食"尾巴油"不是嚼着下咽，而是先把分得的那条"尾巴油"放在热茶中浸泡一下，然后放在手掌心里顺口吸咽而下。盛肉的盘中，有一块最肥美的羊肩胛肉（俗称"先板肉"）放在最上方。人们先抓食肋条肉或其他羊身部位的肉，唯独不肯先食那块先板肉。因为那是席间坐有舅舅辈份的人才有资格吃，故蒙古族把羊先板肉称之为"舅舅肉"。宴席间主人称为舅舅的人站起来，手拿蒙古食肉刀，熟练地把羊先板上的肉一小块一小块地削在羊先板骨上，由年长的人掌刀分给大家吃。

0069 大漠风沙鸡

产　　地：瓜州

所属民族：汉族

级　　别：4

简　　介：因鸡的表面看起来就像是附着了一层金色的沙子，故名。成菜色泽金黄，皮脆肉嫩，鲜香味厚，而且鸡肉具有一种蔬菜的清香，因此深受食客的喜爱。原料：三黄鸡1只约1000克。香芹、香菜、香葱各200克，洋葱500克，青红椒、蒜仁、胡萝卜各100克，精盐20克，鸡精10克，鱼露50克，玫瑰露酒15克，三花淡奶半听，鸡蛋清3个，色拉油2000克，约耗100克。制法：①三黄鸡宰杀后拔净毛，然后从鸡左翅下开一小口，掏净内脏，斩去脚爪，洗净后放入清水中浸泡约2小时。②香芹、香菜、香葱、洋葱、青红椒、蒜仁、胡萝卜等分别洗净，一同放入搅拌器中绞成细茸，取出放入盆中，加入精盐、鸡精、鱼露和玫瑰露酒和匀，即成味料。再将泡净血水的三黄鸡放入盆中，用手将味料搓匀鸡身表皮，随后取1/3的味料汁灌入鸡腹内，并用竹签别好口，让其腌渍约8小时。最后将鸡取出，用干净毛巾揾干鸡身表面。③鸡蛋清纳碗，加入三花淡奶搅打均匀即成风沙汁，接着将风沙汁抹匀三黄鸡的全身，然后把鸡提起来挂在阴凉通风处晾干。④净锅上火，注入色拉油烧至五六成热，改小火，将晾干了的三黄鸡下入锅中，炸至色呈淡黄时捞出，趁炸时需不停地翻转摁。待油温升至七成热时，将鸡再次下入锅中，复炸至色呈金黄且外酥内熟时，捞出沥油。⑤将别在鸡腹上的竹签拆去，再把鸡腹内的汁水倒入盘中，然后将鸡斩成块，按原形摆入盛有汁水的盘中，即可上桌。

0070 瓜州卤猪蹄

产　　地：瓜州

所属民族：汉族

级　　别：4

简　　介：①猪蹄一剖两开，过盐开水焯掉血水捞出。②准备好调料，桂皮，八角，豆蔻，草果，干辣椒。坐锅烧油，将蹄子皮朝下小火煎黄，翻过来煎另一边。③两面煎好后，倒入准备好的调料，煸出香味。④加入冷水淹过蹄子烧开，撒盐倒入酱油转高压锅上气10分钟收汁，撒鸡精摆盘就可以了。

0071 瓜州烤鱼排

产　　地：瓜州

所属民族：汉族

级　　别：4

简　　介：鱼排准备好，加黄酒，加五香粉，加盐，加糖，拌匀入味，烤网上面铺锡纸，把腌制好的鱼排摆在上面，烤箱220度预热烤20分钟，取出撒黑胡椒，罗勒叶，迷迭香和辣椒粉再入烤箱烤10分钟。

甘肃省文化资源名录 第二十八卷 饮食文化

特色饮食

0072 瓜州烤羊排

产　　地：瓜州

所属民族：回族

级　　别：4

简　　介：①取炒锅，将盐炒热后加入花椒，共同炒热；将羊肋排洗净，用刀尖在各面戳上若干个洞洞，放入盆中，加入炒过的盐与花椒，加入生抽、绍酒、以及姜片、葱段、粗洋葱丝、香菜段，搓揉均匀后，放入保鲜盒，置于冰箱冷藏室中，腌48小时。②将羊肉取出放入盆中，将孜然粒用擀面杖擀碎，连同辣椒粉、胡椒粒一起放入盆中。③搓揉均匀并敲打数次，然后，静置2小时。④烤箱190度预热；在烤盘底部铺一层锡纸（留出包合的量）；将腌羊排时用的洋葱、香菜放入烤盘底层。⑤将羊排与生的小土豆、去了皮的独蒜码放进烤盘，将腌料均匀倒上。⑥用锡纸将羊排包合紧密。⑦将烤盘放入烤箱中层，上下火，190度，烤50分钟。⑧将烤盘取出，去掉上层的锡纸，重新放回烤箱中，200度，烤40分钟（中途取出一次，翻面），使表层上色并松脆即可。

0073 金川大煮羊肉

产　　地：金昌市金川区

所属民族：汉族

级　　别：2

简　　介：大煮羊肉，又称手抓羊肉。手抓羊肉是金昌乃至河西走廊的风味名吃，据说其衍生于藏族人民之手。金昌的手抓羊肉味道鲜美，营养丰富，吃法独特，余香无穷。它遍及城乡各地，是全市上千家"农家乐"的主打菜肴。手抓羊肉，是羊肉比较原始而简便的一种吃法。将新鲜宰杀后收拾干净的肥羊肉（金川区双湾镇的羊肉最好），剁成拳头大的块子，洗去血沫，下入冷水锅中，猛火煮煎，捞撇去血沫杂质后，调入适量的生姜、花椒（花椒包上纱布下锅），再文火慢煮，到肉将离骨而未脱离时，从肉锅滚汤中捞出，盛入盆内，准备上桌。如煮肉数量不多，最好使用砂锅。捞出肉后，将煮肉锅置于一旁，等肉汤凉冷，撇去汤上的油脂，清去骨屑等杂物，调入适量的食盐和葱花芫荽等，仍上火煎沸，等待食用，并另碟准备蒜泥、盐末等。

0074 羊肉垫卷子

产　　地：金昌市金川区

所属民族：汉族

级　　别：2

简　　介：金昌羊只主食北山碱草，羊羔肉质地细嫩，营养丰富，且无膻味，堪称塞上佳肴。羊肉垫卷子是甘肃金昌地区有名的地方小吃。金昌市的羊肉垫卷子（系列）就是河西地区众多名吃中最美味的一道佳肴。所谓卷子，就是用小麦面粉和成面饼擀成薄厚均匀的面皮，上面涂上油卷成形如花卷的样子，切成小段，放入肉汤中，以煮为主、以焖为辅，与羊肉一同做成肉面一体的菜肴。其要点是：面皮经肉汤浸润沸煮，羊肉的鲜美和调料味浸入面中，鲜香扑鼻，面皮劲道且鲜美，观之即生一种大快朵颐以满口腹之的奇特感受。

0075 金川黄焖羊肉

产　　地：金昌市金川区
所属民族：汉族
级　　别：2
简　　介：金川区位于河西走廊东部以北，属温热带大陆性气候，光照光质好，土壤碱性高，生长的草含碱高，可中和羊肉的膻味。特殊的自然环境，造就了金川区羊肉肉质细腻、味美、无膻味，营养丰富等独特风味。黄焖羊肉，将羊肉（带骨羊羔肉）洗净，剁成3厘米见方的块；羊羔肉块加酱油25克、料酒15克，腌10分钟；花椒、桂子和沙姜用布包好；葱切段，姜拍松；锅内加油烧六成热时，将羊羔肉块下锅炸黄捞出；另用砂锅放入炸过的羊羔肉，加水淹过肉，放食盐、酱油、葱、姜和调料包，用旺火烧开，移到中火上加盖焖30分钟，加上胡椒面即成。成菜软烂成形，红润油亮，香味四溢。深受消费者喜爱。

0076 甘谷肉夹馍

产　　地：甘谷
所属民族：汉族
级　　别：3
简　　介：肉夹馍又称肉夹子、卷子肉，不论春夏秋冬食之，都很适合，甘谷人很喜欢吃，在甘谷肉馍中，尤以卷子肉著称。制作时选用新猪肉和传统卤汁，配以花椒、大香、鲜姜、八角、茴香、肉桂等传统炖肉佐料，经过独特调制，煮成腊肉，其肉质香而不冲，肥而不腻，熟而不烂，色泽金黄，后用快刀将蒸熟的热馒头切成薄片，腊肉切成小肉片、猪肚切成肉丝，把肉片、肚丝夹入热馒头，形成四夹或六夹，其软馍选择精粉发酵起面，以独特的手工蒸成，既软又柔，俗称"刀把子"，肉为大卤肉，以肋条肉为最佳。

0077 甘谷羊肉泡馍

产　　地：甘谷
所属民族：汉族
级　　别：3
简　　介：羊肉泡馍源于贡品进贡皇上饮食，古时称"羊羹"，宋代有诗："陇馍有熊腊，秦烹唯羊羹。"而羊羹的历史最早可追溯到公元前11世纪，那时也被列入国王、诸侯的礼馔。甘谷的羊肉泡馍源于此，在长期发展中形成自己独特的风格。羊肉泡馍是将煮好的羊肉切成大片，放上粉丝、蒜苗、香菜、浇上羊汤，即可食用，原汁原味，而馍则采用死面（没有发酵）饼或锅盔，保持了面粉原汁原味，做好汤，调入香菜末，然后给你一个死面饼，你就可放心自便了，可以一股脑儿将饼瓣成小块泡入羊汤里，享受羊汤泡馍的滋味，或一口汤一口饼，夹大块羊肉慢慢咀嚼。在县城多用锅盔，而南北山区，因条件所限，大多用死面饼。

0078 棕香糯米排骨

产　　地：甘谷

所属民族：汉族

级　　别：4

简　　介：糯米蒸排骨是一道色香味俱全的汉族传统名点，把糯米蒸熟，备用。香菇泡好，备用。藕洗净。泡好的香菇切片。排骨红烧，注意不用收汁，火候可以嫩点。把排骨捞出，备用。把香菇倒入刚才红烧排骨用的汁里翻炒，让香菇吃足汁。不用把汁收完。藕切碎丁，和蒸好的糯米饭拌到一起。如果锅里还有红烧剩的汁，倒在一起拌匀。装盘，上锅蒸。闻到香味后，5分钟关火出锅。

0079 甘谷鸿运猪手

产　　地：甘谷

所属民族：汉族

级　　别：4

简　　介：猪脚又叫猪蹄、猪手。分前后两种，前蹄肉多骨少，呈直形，后蹄肉少骨稍多，呈弯形。中医认为猪蹄性平，味甘咸，是一种类似熊掌的美味菜肴及治病"良药"。

0080 甘谷毛氏红烧肉

产　　地：甘谷

所属民族：汉族

级　　别：4

简　　介：先放油，加入红糖，熬至起沫，加肉炒出油后，加料酒等佐料，煸炒出香味。在锅中加入开水，大火炖2-3分钟。大火烧制后改小火，慢炖2-3小时。最后大火收汁，加味精出锅即成（加盐增加鲜味）。

0081 甘谷梅菜扣肉

产　　地：甘谷

所属民族：汉族

级　　别：4

简　　介：其特点在于颜色酱红油亮，汤汁黏稠鲜美，扣肉滑溜醇香，肥而不腻，食之软烂醇香。

0082 可汗牛肉

产　　地：甘谷

所属民族：汉族

级　　别：4

简　　介：可汗牛肉味甘性平、补中益气、滋养脾胃、强健筋骨，不但美味，而且增强体质。

0083　秦安梅菜扣肉

产　　地：甘肃省秦安县

所属民族：汉族

级　　别：4

简　　介：食材准备主料：梅菜一棵、五花肉一块。辅料：姜蓉、红葱头碎调料、生抽、蚝油、白糖、盐、味精、清水。制作方法：①梅菜摘开一片片，先略浸泡，使之展开，然后把它一片片洗净，挤干水分后切碎（不用太碎），换干净的水继续浸泡。②五花肉洗净，烧开一锅水，把五花肉放进去煮至7、8成熟，捞起沥干水分，抹盐，腌制半小时左右。③干净的锅内放油烧开，把腌好的肉放进去中火炸，皮在下肉在上，然后翻转过来，直至全部炸到金黄色，捞起备用。④准备一碗调味汁：姜蓉、碎红葱头、生抽、老抽、蚝油、白糖、盐、味精、清水，拌匀。⑤炸好的肉放凉不烫手后，切成一小指厚的片状，皮在下肉在上，一片一片地在大碗内摆放好。⑥将浸泡好的梅菜挤干水分，铺放到肉的上面。⑦均匀地浇上调味汁；放进蒸锅蒸1.5-2小时，视个人口味而定，喜欢肉绵点的就时间长点。⑧取出蒸好的大碗，放至不烫手后用手端着碗，轻轻蓖出汤汁，另碗装起，装好的汤汁加一小匙淀粉，调成芡汁。⑨用盘子盖住大碗，双手瞬间倒扣，拿掉大碗即成"扣肉"形状。⑩烧热锅，放一点点食油，转小火，将刚才的芡汁煮成透明状的，浇到扣肉上即可。

0084　秦安腊肉

产　　地：甘肃省秦安县

所属民族：汉族

级　　别：4

简　　介：腊肉是指肉经腌制后再经过烟熏烘烤（或日光下曝晒）的过程所形成的加工品。腊肉的防腐能力强，能延长保存时间，并增添特有的风味，这是与咸肉的主要区别。以前的老百姓因为不能随时买肉吃，一般都是年三四月买一小猪仔，到农历十二月中下旬杀掉。那时因为没有电冰箱之类的，所以不能长时间保存。但是，如果先用食盐腌制、然后烟熏（不同的地方、烟熏的材料不一）的话，就可以保留到来年的立春（立春之后、春水泛滥、东西都容易发霉长毛腐烂变质）之后。又因为大多都是在农历腊月(12月)腌制，故称腊肉。

制作过程：①混合香料的材料放入搅拌机的研磨杯，打成粉，取10克备用。将盐和花椒放入锅中干炒至热后关火。倒入白糖、适量白酒和混合香料一起搅拌均匀成腌料。②五花肉不用洗，拔净猪毛，切成大块，用刀在五花肉上划几条深道，以方便入味。③待腌料晾至温热，将腌料撒在肉上，将肉全部涂满。用筷子在肉上反复戳，使腌料尽可能深入肉中，将抹好腌料的肉放入大盆中（陶瓷或搪瓷），最底层肉皮朝下，最上层肉皮朝上，每一层肉之间淋入一些白酒，再撒入一些混合香料，放好后，在盆上面压重物进行腌制7天。④期间每天要将肉翻身，并将渗出的水倒掉。7天后，将腌好的肉取出，用清水洗净肉表面的盐粒和腌料，沥干水分，用尖刀或剪刀在肉的一头穿个孔，用绳子系住，挂在有阳光且通风的地方(阳台即可)。⑤晒3—5天，晒好后，如果有条件，可进行熏制，但这个一般家庭不太好做，所以直接进入下一步。将晒好或熏好的肉挂在阴凉通风的地方，下面铺好纸，以防有盐水油水滴下来。⑥晾制约1个月的时候，至肉的表面又干又硬，即可食用（也可以放入冰箱冷冻保存）。

0085 加沙丸子

产　　地：甘肃省秦安县

所属民族：汉族

级　　别：4

简　　介：加沙用的是鸡蛋饼和肉馅做的，方法很特别，味道也极其美味。制作加沙需要细心和很长时间，作法：①把牛肉剁成肉馅，在肉馅内倒入化开的淀粉水、酱油、盐、味精、花椒粉、生姜水，搅拌成肉馅。②在碗里打好两个鸡蛋，放些淀粉，盐再将鸡蛋搅匀，锅里抹点油，再将打好的鸡蛋做成两个鸡蛋饼。③将鸡蛋饼放到案板上抹一些用水化开的淀粉，再将准备好的肉馅均匀的铺在鸡蛋饼上，在另外一个鸡蛋饼上也抹上一层淀粉水，将其盖在铺有肉馅的鸡蛋饼上，将其边压紧。④将鸡蛋馅饼按照宽三公分的长条切好。⑤在锅中倒入油，待五成熟的时候将切好的长条慢慢放入锅中，将其炸的焦黄。捞出来以后，切成四公分长的斜条，切好后再次入锅油炸一会就成功了。而丸子制作起来相对简单些，只需要加沙的第一个步骤，然后把肉馅放入手心，挤出小丸子放油锅里炸成金黄色即可。

0086 秦安烧鸡

产　　地：甘肃省秦安县

所属民族：汉族

级　　别：4

简　　介：食材准备：A. 土鸡 1/2 只，B. 葱段 1 支，姜片 30 克，红葱头 10 克，蒜头 5 粒，辣椒 1 支，C. 八角 2 粒，甘草 5 克，花椒 5 克，桂皮 5 克，盐 2 大匙，酱油 100 cc，冰糖 50 克，米酒 4 大匙，水 3000 cc。制作过程：①土鸡洗净、去毛，放入热油锅中，略炸后捞起，备用。②热锅，加入适量沙拉油，放入所有材料 B 一起入锅爆炒香，再加入所有材料 C 一起炒香，接着加入所有调味料拌煮匀，再放入土鸡一起煮。用小火慢慢炖卤，卤约 45 分钟至入味后熄火，捞起待凉再剁块盛盘即可。

0087 秦安卤肉

产　　地：甘肃省秦安县

所属民族：汉族

级　　别：4

简　　介：制作过程：主料：猪肉（肥瘦）1000 克。调料：廖排骨浓缩卤汁，麻油，酱油。做法：①用后腿猪肉或肥瘦连皮肉，将其刮洗干净，切成三大块。用开水煮一下，除去血腥味捞起。②将炒锅放旺火上，同时倒入廖排骨浓缩卤汁注入清水，熬出香味即成卤水。③将猪肉放入卤水中烧开，然后改用小火，将肉卤至肉香，质烂即成，吃时切成片，淋入少许酱油、麻油。制作须知：①炒糖色时，必须用小火慢炒，且糖色应稍嫩一些，否则炒出的糖色有苦味。②按传统方法调制的卤水通常都不加味精，但由于新鲜卤水大都鲜味不足，加之近年来人们对鲜味的要求似乎已越来越高，所以在调制的过程中也可适量加入味精。需要说明的是，在卤水中加入味精并不会起副作用，因为味精在 160℃以上的温度中才会产生焦谷酸钠从而失去鲜味，而卤水沸腾时的温度一般不会超过 105℃。③卤水中一般应加入嫩糖色，如此才会使卤水有回甜味。而加入了嫩糖色以后，便可以不再加甘草。但从药物性能角度看，甘草有调和诸味及提鲜的作用。因此，在加了糖色以后，卤水卤肉中仍可考虑加少许甘草。④丁香中含有丁香油酚，其味甚浓，使用时可根据具体情况调整用量。一般来说，5000 克鲜汤中丁香用量应控制在 5～15 克之间。⑤用于制作卤水的大葱应保留其根须，那样可使卤水的味道更香。⑥上述卤水配方中加有糖色，且色呈棕红，称为红卤，若去掉配方中的糖色便成了白卤。另外有人爱在卤水中加入干辣椒，那样就变成辣卤了。营养价值高，增加食欲，有益营养。卤制调味品大多具有开胃健脾，消食化滞等功效。所以使用卤制原料，除了满足人体对蛋白质及维生素等的需求外，还能达到开胃，增加食欲的目的。

0088 张家川清真伊味思清香牛肉

产　　地：张家川

所属民族：汉族

级　　别：4

简　　介：张家川县伊味思清真食品有限责任公司主要产品有真空包装清香牛肉、休闲牛肉、腊羊肉、麻辣牛蹄筋、香酥鸡、精品牛腱子肉、麻辣鸡块、香辣羊脖、蜜饯杏仁等十多种产品，产品畅销天水、兰州、西安、漳州、天津、北京等十多个城市。2005年被天水市政府认定为农业产业化经营市级重点"龙头企业"，2007年被国家审批确定为我省少数民族特需商品重点生产企业，2010年11月"伊味思"商标被确认为甘肃省著名商标。2011年公司投资200万元，建成低温肉制品生产线一条，已投入正常生产，达到年生产650吨系列熟肉制品。

0089 凉州卤鸡

产　　地：凉州区

所属民族：汉族

级　　别：4

简　　介：凉州卤鸡也叫凉州烧鸡。凉州卤鸡历史悠久，选料严格，加工精细，配方考究，以体大肉多、色泽金黄、鲜嫩醇香、风味独特而誉满河西走廊。凉州卤鸡的传统制作方法是严格选用肥嫩的童子鸡作原料精细制作而成。煮鸡的卤汤所用的调味品有老抽王酱油、白胡椒、丁香、大香、桂皮、草果、生姜、花椒、小茴香等等。汤汁可连续使用，卤汤越陈，烧鸡越香。餐汤沸后，将已宰好洗净的鸡下锅，放入少许冰糖、食盐，同时视卤汤的消耗情况，增添上水及各种调味品即可。鸡入锅后，迅速盖锅，先用武火烧开滚透，然后改用文火慢煮。待鸡熟透，卤味已入肉内，即停火捞出。待鸡稍凉，在鸡肉表皮上涂以香油，使其光泽明亮，卤色悦目，便可享用。凉州卤鸡是凉州历史悠久的传统风味食品之一，它与静宁烧鸡一样名传西北。

0090 凉州红烧羊羔肉

产　　地：凉州区

所属民族：汉族

级　　别：3

简　　介：凉州羊羔肉质地细嫩，肥而不腻，瘦而不膻，成为脍炙人口的美味食品，堪称塞上佳肴。据史料记载，远在唐代，凉州畜牧天下驰名，河西走廊的羊羔肉就作为贡品了。在民间，羊羔肉的声誉则更高，食用方法亦多，既可清蒸、清炖，又可煮食和手抓还可烤羊肉串，尤以红烧多见。其特色是泽微红，肉质鲜嫩滑软。曾有"宁吃一顿烧羊羔肉，不坐三请六聘九家席"之说。蒸羊羔肉，选用胸及上脊骨部位，经巧调料，上笼蒸制而成。食用时，配以蒜汁、醋盐等，其味之佳可与鸡、鸭肉相媲美。

0091 果木烤土鸡

产　　地：凉州区
所属民族：汉族
级　　别：3
简　　介：果木烤土鸡是凉州民间独创的特精品菜肴。以枣木、梨木等果木为燃料，用明火烤制，无烟，低火旺，燃料时间长，热度均匀，周身都能烤到，烤出的土鸡外观满，颜色呈枣红色，皮层酥嫩，外焦里嫩，带有一股果木的清香，再加上当地土鸡肉肉质细嫩，滋味鲜美，富有营养，有滋补身体的作用，深受美食爱好者青睐。在武威第二届天马旅游节上被评为"凉州名优小吃"。

0092 清汤羊肉泡馍

产　　地：凉州区
所属民族：汉族
级　　别：3
简　　介：清汤牛羊肉泡馍是凉州特有的风味食品，遍布城乡家庭，特点是瘦肉绵软，肥肉不腻，汤浓味鲜，吃后余味无穷，有胃耐饥之功能。清汤牛羊肉泡馍的制作方法，将新鲜牛羊肉煮熟后与面粉制作的馒头混合入碗，吃起来醇香可口，若再加点菜、蒜苗等调味品更添风味，营养价值高，深得食者喜爱。

0093 凉州腊肉夹馍

产　　地：凉州区
所属民族：汉族
级　　别：3
简　　介：凉州腊肉夹馍俗称肉夹子，是一道甘肃省非常著名的汉族小吃。最早始于明代，被誉为凉州的"三明治"。制作时选用新鲜的猪肉和传统腊汁，配以花椒、大香、鲜姜、八角茴香、肉桂等传统炖肉佐料，经过独特的烹调工艺煮成腊肉，肉质香而不冲、肥而不腻、熟而不烂，肉色金黄。用快刀将馒头切成薄片，腊肉切成肉片，猪肚切成肉丝，把肉片、肚丝夹入馒头，形成六夹、八夹。不论春夏秋冬食之，都很适口，是凉州人的佳肴。

0094 凉州烩羊杂碎

产　　地：凉州区

所属民族：回族

级　　别：3

简　　介："杂碎"是凉州流行的回民风味小吃，它是用羊的内脏、头、蹄肉，经精细冲洗，加鲜原汤及佐料所烩成。一碗香味四溢、色泽鲜艳的羊杂碎，上面飘浮着一层油色，红绿点缀其间。那红的是辣椒油、绿的是葱、香菜末，油色下面是乳白色的鲜汤，喝一口鲜汤吃一口羊杂碎，不腻不膻，味道香醇浓郁。只要肚量大，便会一碗再一碗地吃个够。

0095 白牦牛肉

产　　地：天祝

所属民族：藏族

级　　别：1

简　　介：天祝白牦牛是天祝县境内独有的我国稀有而珍贵的牦牛地方类群，已被列入《甘肃省家畜品种志》和《全国家畜品种志》，是农业部确定的全国七十八个重点保护品种之一，也是甘肃省的特产畜种。白牦牛是分布于天祝县境内海拔3000米以上高寒草原上的牦牛地方类群，是天祝各族人民赖以生存的基本生活和生产资料。特性是能在其它家畜难以生存的高寒环境中正常繁衍生息，对寒冷严酷、空气含氧量少、气压低的高原生态环境适应性强，能充分利用其它家畜难以利用的高山草原。天祝白牦牛肉质细嫩味美，色泽鲜红，适口性好，具有高蛋白质、低脂肪的显著特点，是无污染的天然绿色食品。

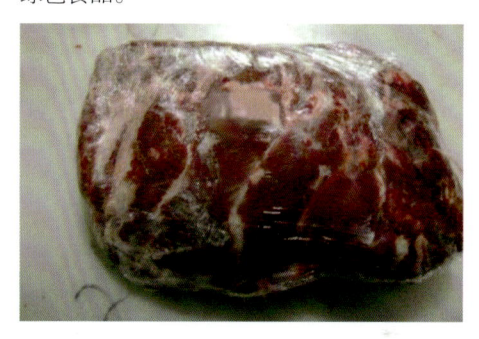

0096 爆焖羊羔肉

产　　地：天祝藏族自治县

所属民族：汉族

级　　别：1

简　　介：天祝羊羔肉是半农半牧地区民间传统的名贵菜肴。吃羊羔肉的季节性很强，多在春秋季产羔时节。藏系羊产下小羊羔的十五天前后，人们为了剥取毛短弯曲的裘皮才宰杀仔羔，所取皮张加工后就是地道的藏区名贵羔皮，是制作冬装的上乘原料。因此，被宰杀的羊羔肉一般清除内脏后尚不足十斤。将肉洗净切成一至二寸见方的小块，待锅内油沸冒烟时，倒入肉块猛爆翻炒，待肉皮炸为淡黄，加入面酱、辣椒粉、姜粉、花椒粉、精盐等，反复翻炒，待肉块呈现红色，调味已渗入肉中，再加少量凉水，封锅用温火慢煨，水干肉烂，即可盛盘敬客。

甘肃省文化资源名录 第二十八卷 饮食文化 特色饮食

0097 天祝手抓羊肉
产　　地：天祝藏族自治县
所属民族：汉族
级　　别：1
简　　介：手抓羊肉是天祝牧区群众款待宾客的肴馔，也是日常生活中不可或缺的主食之一。初次吃手抓羊肉，会有近乎原始之感，经多次品味，则越吃越馋，使人经久难忘。手抓是高原上有独特风韵的吃法，在全国也颇有声誉。仲夏到初冬是草茂羊肥的黄金季节，也是吃最鲜嫩可口的手抓羊肉的好时机。手抓羊肉肉亦膘白，肥而不膻，色泽诱人，用刀割吃，虽然吃得嘴油手滑，但仔细品味，爽而不腻，油润肉酥，质嫩滑软，滋味不凡。

0098 天祝烤全羊
产　　地：天祝县
所属民族：藏族
级　　别：4
简　　介：烤全羊是藏族最名贵的菜肴之一，之所以如此驰名，除了它选料考究外，就是它别具特色的制法。天祝羊肉质地鲜嫩无膻味，在国际国内肉食市场上享有盛誉。技术高超的厨师选用上好的两岁羯羊，宰杀剥皮，去头、蹄、内脏，用一头穿有大铁钉的木棍，将羊从头至尾穿上，羊脖子卡在铁钉上。再用蛋黄、盐水、姜黄、孜然粉、胡椒粉、上白面粉等调成糊。全羊抹上调好的糊汁，焖烤一小时左右，全羊成金黄色，取出即成。

0099 藏式三套车
产　　地：抓喜秀龙乡
所属民族：藏族
级　　别：3
简　　介：手抓羊肉、肉肠、奶茶被称为藏式三套车。

0100 民联羊羔肉
产　　地：甘肃省张掖市民乐县
所属民族：汉族
级　　别：1
简　　介：民联羊羔肉是在民乐县民联乡产出的一种羊羔肉，民联羊羔肉肉质细嫩、味道鲜美、无膻味，脂肪酸、氨基酸、含氮浸出物含量丰富，感官品质优异。

0101 临泽卤猪手

产　　地：临泽县
所属民族：汉族
级　　别：4
简　　介：卤猪手是临泽县生态家园的特色菜。选用前猪蹄，用百年祖传秘制卤汤精心卤制而成，因营养丰富，醇香爽口、回味悠长，深受广大消费者的喜爱。

0102 牦牛肉

产　　地：民乐
所属民族：汉族
级　　别：4
简　　介：民乐牦牛肉富含蛋白质和氨基酸以及胡萝卜素、钙、磷等微量元素，脂肪量特别低，热量特别高，对增强人体抗病力、细胞活力和器官功能均有显著作用。

0103 肃南手抓羊肉

产　　地：肃南县
所属民族：裕固族
级　　别：2
简　　介：选择一只肥羊宰杀，用肉切成大块，冷水下锅，锅烧开后用勺子撇去血沫，放入食盐、花椒面、姜片等调料，肉刚熟就出锅，这种肉叫开锅肉，鲜嫩可口。因为肉块大，只能用手抓着吃，故叫手抓羊肉。

0104 羊背子

产　　地：肃南县
所属民族：裕固族
级　　别：2
简　　介：裕固族家庭遇喜庆大事，亲朋好友要前来庆贺，主人给客人献羊背子，以示尊敬。裕固族把一只羊按不同部位分成十二等分，叫羊背子，按客人的辈分，社会地位依次敬献。羊背子下锅煮到肉不流血时即捞出，按份装盘。

0105 肃南肉肠

产　　地：肃南县
所属民族：裕固族
级　　别：2
简　　介：宰羊剖腹后，把羊肠取出来洗干净，然后从羊腹腔靠脊骨两侧，用刀割下脆嫩的里脊肉，再割下羊脖子上的肉，把羊脖肉和里脊肉切碎后拌上食盐、花椒面等调料，再撒下一些炒面，装进肥肠煮熟即可。把最好的羊肉剁碎待用，在羊肉中放入适量的盐、花椒、糌粑粉少许与剁好的羊肉混拌，灌入肠内，用线系成小段。

0106 脂裹干

产　　地：肃南县
所属民族：裕固族

甘肃省文化资源名录 第二十八卷 饮食文化　特色饮食

级　　别：2

简　　介：将羊之内脏除肠肚外的心、肝、肺等剁碎，放入羊血调料和适量炒面搅拌，然后用羊肚脂肪缠裹煮熟的一种食品。

0107　裕固族羊肉粉汤

产　　地：肃南县

所属民族：裕固族

级　　别：1

简　　介：裕固族羊肉粉汤是肃州区当地的名牌小吃，在当地是选用膘肥体壮的羯羊，切块后清水下锅，肉熟后捞出剔骨，再将大骨温火熬煮成汤。食用时，用原汤加入各种香料，粉条煮熟，最后盖上羊肉片，撒入香菜、葱和辣椒。羊肉经处理熟而不烂带着点韧劲，汤汁鲜醇红亮，而且香辣爽口，食之肥而不腻，浓浓的羊汤羊肉不仅能补虚益血，开胃健脾，还能祛湿气避寒冷，暖胃寒。裕固族羊肉粉汤连续两年被省商务厅评为特色名优小吃，在当地享有盛名。

0108　民乐手抓羊肉

产　　地：张掖市民乐县

所属民族：汉族

级　　别：4

简　　介：民乐县手抓羊肉，相传有近千年的历史，原以手抓食用而得名。吃法有三种，即热吃（切片后上笼蒸热蘸三合油）、冷吃（切片后直接蘸精盐）、煎吃（用平底锅煎热，边煎边吃）。特点是肉味鲜美，不腻不膻、色香俱全。

0109　丰乐张卤鸡

产　　地：张掖市民乐县

所属民族：汉族

级　　别：4

简　　介：丰乐张卤鸡是由民乐县丰乐乡张满村一位张氏老人用精心研制的独家配方卤制而成，丰乐张卤鸡色泽鲜亮，食时酥脆爽口、油而不腻，在整个河西地区众所周知，小有名气。是招待亲朋好友的上等选择。

0110　靖远羊羔肉

产　　地：靖远县

所属民族：回族

级　　别：4

简　　介：靖远盛产羊肉历史悠久。新石器时代吴家川岩画中就有大角羊和无角羊形象。据《康熙·靖远卫志》载，"在唐时古会州贡品就有羯、毡、羊、裘等特产"，古今往来，羊羔肉一直作为靖远人待客的美食佳肴备受推崇。靖远羊羔肉是一种独特的地方风味美食。其特色在于独特的滩羊品种，独特的生长环境，独特的加工方法，独特的药膳滋补价值。靖远县属黄河冲击盆地，黄河流径154公里，造就了独特的气候环境。境内屈吴山、哈思山、云台山水草丰茂，气候凉爽，生长着柴胡、麻黄、蒲公英、黄芩、桔梗、薄荷、甘草等数十种草药，山中水流潺潺，矿物富集，羊羔日食药草，夜饮矿泉，

甘肃省文化资源名录 第二十八卷 饮食文化

特色饮食

从而使羊肉细胞成分改变，造就了肉质细嫩、味道鲜美的靖远羊羔肉，国家工商局正式授予"靖远羊羔肉"商标。靖远羊羔肉以其独特的加工方法，形成五大类20多个系列产品。主要烹调方法有爆炒、蒸、煮、烤、炖等十多种，配以30多种调料、10多种药材相佐，具有温中补气、健胃益肾之功效。其已走出靖远，成为华夏饮食文化一朵绚丽的奇葩。

0111 靖远卤肉

产　　地：靖远县

所属民族：汉族

级　　别：4

简　　介：靖远卤肉，渊源流长。早有魏明所制作的卤肉，后有张守智等一代卤肉大家，"千根卤肉"在靖远很是出名，卤肉质地适口，味感丰富。香气宜人，润而不腻。具有开胃健脾，消食化滞等功效，深受靖远人民的喜爱。

0112 东湾驴肉

产　　地：靖远县

所属民族：汉族

级　　别：4

简　　介：东湾镇位于甘肃省靖远县城东北七公里，因黄河由西而来在此形成一个弯形，又转向北流去，因而得名东湾。东湾镇地处黄河边，土地肥沃、气候温和，不仅是我省一个生产绿色蔬菜的大镇，也是出产优质毛驴的地方。因此，烹制美味的驴肉，也就成为东湾镇的一个特色饮食产业。"天上的龙肉，地上的驴肉"，驴肉中的氨基酸构成十分全面，富含蛋白质，低脂肪，不仅能补血补气，而且比牛肉、猪肉口感更好、营养价值更高。东湾驴肉选料严谨，做工精细，有爆炒、蒸、煮、烤、炖、铁板烧等数十种做法，主要以秘传配方辅以各种中药材烹饪。东湾驴肉口感细嫩、肉质鲜美，佐以蒜泥、酱醋、辣椒油凉拌，是很好的下酒菜肴，用辣椒干煸的驴板肠，酥脆、焦香，可配主食锅盔、花卷、米饭食之，十分开胃。

0113 平川区酸烂肉

产　　地：平川区

所属民族：汉族

级　　别：4

简　　介：酸烂肉肉质入口即化，不仅好吃，闻起来也香。主要原料为煮烂后的大肉与粉条、酸菜等煮在一起。味道酸辣可口，肥而不腻。

0114 静宁烧鸡

产　　地：甘肃静宁

所属民族：汉族

级　　别：4

简　　介：静宁烧鸡亦称静宁卤鸡，是甘肃省静宁县一带的汉族传统名菜，属于甘肃菜。它以形色美观、鲜嫩味美、外表晶亮、卤色褐红、肉香味厚、爽口不腻，驰名甘、陕、宁等省（区），或旅途食用，或馈赠亲友，莫不为人称绝，既是筵席美餐，又是滋补佳品。人们形容"闻香千里外，味从鸡肉来。"具有近百年的加工卤制历史。

0115 录录蒸鸡肉

产　　地：灵台县独店镇

所属民族：汉族

级　　别：4

简　　介：独店镇录录蒸鸡肉是灵台县地方的特色，在灵台县享有很高的声誉。2009年在灵台小吃大赛获优秀奖，2012年在小吃大赛获一等奖，同年七月获得平凉地区名优小吃，2012年第九届中国民间艺术节崆峒文化旅游节被评为地方名优小吃。常接待省市县领导，和省内外不少知名人士，品尝后都赞口不绝。它做法精细，用料独特。主要用料是农家养的土鸡肉和面粉，配以葱、姜等调料，做时把鸡剁成块，佐以盐、香油葱花等、拌以面粉，用面皮包裹，上笼蒸熟。吃在嘴里鲜美嫩香，别具风味。吃后回味无穷。

0116 崆峒肉夹馍

产　　地：平凉市崆峒区

所属民族：汉族

级　　别：4

简　　介：选用上等猪肉，用三十多种调料，上陈年老汤精心制成。风味特色：选料考究，色红肉糯，糜而不烂，浓郁醇香，再与酥软可口的白吉馍合二为一，风味独特。

0117 罐罐肉

产　　地：平凉市崆峒区

所属民族：汉族

级　　别：4

简　　介：牛肉片、羊肉块、鸡块、多种中草药、佐料等。制作方法：分别用瓷罐装上鲜嫩的牛肉片、羊肉块或鸡块，然后投入名贵佐料和多种高档中草药，或笼蒸，或火烤，将其加工成一种随到随吃的快餐小吃。风味特色既保持了肉食的原味，又具备保健滋补作用，深受西北广大顾客的喜爱。

0118 崆峒驴肉

产　　地：崆峒山

所属民族：汉族

级　　别：4

简　　介：精选地产优质驴肉，配以各种调料酱制而成。风味特色：色泽酱红，软烂糯口，咸鲜味浓，汤味醇香四溢，营养价值高。

0119 惠子烧鸡

产　　地：崆峒山

所属民族：汉族

级　　别：4

简　　介：选用农家土鸡，传承多年烧鸡制作工艺，选料严格，配以多种调料烹制。风味特色：形色美观、鲜香味美、外表晶亮、卤色褐红、肉香味厚、既是筵席美餐，又是上好滋补佳品。

0120 合水灌肠

产　　地：甘肃合水

所属民族：汉族

级　　别：4

简　　介：合水猪灌肠分两种：一种为大灌肠，用猪肥肠洗净，以优质面粉、红曲水、丁香、豆蔻等10多种原料调料配制成糊，灌入肠内，煮熟后切小片块，用猪油煎焦，浇上盐水蒜汁，口味香脆咸辣。另一种叫小灌肠，用淀粉加红曲水和豆腐渣调成稠糊，蒸熟后切小片块，用猪油煎焦，浇盐水蒜汁食用。灌肠外焦里嫩，用竹签扎着吃，颇显特色。

0121 猪肉暖锅

产　　地：甘肃合水

所属民族：汉族

级　　别：4

简　　介：首先在暖锅中放入切好的豆腐片、肉丸子、酥肉（用肉馅加鸡蛋清和调料搅拌后蒸熟可以直接食用的类似现在的午餐肉或者火腿肉）、粉条（也须当地产的洋芋粉条，不是粉丝）、萝卜片子（白萝卜先切成薄片，下开水中氽过，捞出晾凉备用）、白菜、木耳、黄花菜（又叫金针菜，是当地的特产，产量居全国第二）、蘑菇等。这些配料在暖锅中集中码好后，在其上面有序摆放切好的肉片（肉片的做法是：带皮猪肉煮八成熟时捞出，下油锅煎炸，待肉皮颜色变化后，捞出在肉皮上涂抹糖稀，然后再用先前的肉汤煮熟。这样煮出的肉肉皮金黄，即使肥肉也是肥而不腻，入口即化）。然后倒入事先准备好的高汤（鸡汤或者猪肉汤均可），让肉汤略微盖过肉片。高汤中可加入大葱、辣椒面、精盐、姜粉、花椒面、大料（八角）。此时就可以盖好暖锅的铜盖。在暖锅中心的火炉中放入燃烧的木炭（如无木炭，煤炭亦可），然后使用长烟筒抽烟或者扇子扇风，将暖锅的炉火烧旺。待暖锅中肉汤沸腾时，即可端上餐桌全家人围坐一圈开吃了。所以吃暖锅也有全家团圆的寓意在内。一般通常都是春节期间才吃暖锅。或者自家人享用，或者作为待客的美食。如果暖锅中的汤和肉菜变少时，还可以继续添加，边加边吃。洋芋粉条、豆腐片、萝卜片子都是事先准备好的，可以直接下锅煮食。虽然有点像吃重庆火锅的感觉，但味道远比火锅要好的多。

0122 华亭羊肉泡馍

产　　地：甘肃合水

所属民族：回族

级　　别：3

简　　介：华亭羊肉泡馍选取料羊，也叫站羊，肉质肥嫩可口，采取"单走"，即羊肉和泡馍分别送上。与知名的西安羊肉泡馍做法上有所不同，煮肉过程中不加调料，煮出来的汤呈现奶白色，谓之清汤，肉烂汤宽，肥而不腻。华亭羊肉泡馍的特色在于肉质量更佳、汤清且鲜、价格实惠。华亭回民烹制的牛羊肉非常出名，羊肉泡馍则通常选取小羊羔肉做原料，肉嫩而鲜，膻味小，回味悠长。华亭羊肉泡馍的汤清而不浑，煮时不加调料，与陕西羊肉泡馍的浓汤肉烂的特点有很大不同，可谓各有千秋。华亭人接待客人，羊肉泡是必不可少的。随着人们生活水平的提高，羊肉泡早已成为华亭人的主食。每天一碗热气腾腾羊肉泡馍下肚已是许多华亭人必不可少的习惯。不到华亭吃羊肉泡，枉把华亭到，说的就是华亭的羊肉泡馍。

0123 环江风情全羊宴

产　　地：甘肃省庆阳市环县

所属民族：汉族

级　　别：1

简　　介：选用两至三月龄优质小山羊，宰杀后配以佐料蒸烹而作的"一网情深"蒸全羊。另配：三羊开泰、羊丹肾宝、脚踏实地和蒸、煮、焖、炒等技艺烹饪而成的热菜；舌战群儒、眼观六路、耳听八方、肝胆相照、肺腑之言、心照不宣、刘海撒金钱的凉菜；口袋包子，象形蒸饺的小吃，再配上雕刻精制的"环县牧羊女"巧妙拼合，组成色、香、味俱佳的上称名宴。2004年10月，在庆阳市举办的"九龙春"杯名宴认定会暨烹饪技能大赛上获"庆阳名宴"称号。2004年10月在第二届中国·甘肃美食节上获"甘肃名宴"称号。2006年10月在国家商务部和陕西省人民政府举办的第二届餐饮业博览会上获"中国名宴"大奖。

0124 环县农家酥肉丸子

产　　地：甘肃省庆阳市环县

所属民族：汉族

级　　别：2

简　　介：将羊肉剁碎捏成酥肉、丸子配上农村晒干的小白菜等蒸制而成，是民间传统美食，造型美观，风味独特。2012年在甘肃省商务厅举办的全省"名优小吃"认定会上获"甘肃名优小吃"奖。

0125 环县大件羊羔肉

产　　地：甘肃省庆阳市环县

所属民族：汉族

级　　别：3

简　　介：选用北部山区优质羔羊，宰杀后大卸八件，洗净加入食盐、花椒、辣面、生姜等调味品，采用当地传统方法蒸熟即可食用，具有肥而不腻，嫩而不膻的独特风味。2004年10月在第二届中国·甘肃美食节上获"甘肃名小吃"称号。2011年7月在甘肃省商务厅、甘肃省旅游局举办的首届甘肃"精品陇菜"认定会上获"甘肃省精品陇菜"奖。

0126 鲍汁扣羊丸

产　　地：甘肃省庆阳市环县

所属民族：汉族

级　　别：3

简　　介：将羊宝（羊睾丸）洗净加入鲍汁、西兰花、豆腐和香米用砂锅煲制而成，是用陇菜原料精工制作而成的粤菜风味。食疗佳品、益于强身，是南北皆宜的保健食品。2011年7月在甘肃省商务厅、甘肃省旅游局联合举办的首届甘肃省"精品陇菜"认定会上获"甘肃省精品陇菜"奖。

0127 环县羊羔肉

产　　地：甘肃省庆阳市环县

所属民族：汉族

级　　别：3

简　　介：羊羔肉是环县传统的地方风味名吃，不膻不腻，非常可口。每年立春至端阳节前后，是食用羊羔肉的最好季节。羊羔肉做法较多，细嫩溢香，味道美爽。制作时选择好壮龄肥羔，宰剥开腔后，除去内脏踢脚，浸泡洗净，切成小块；然后用烧沸的清油（植物油），把切成条状的干辣椒油炸后捞出，再将肉块下锅猛炒；随后放入生姜、花椒胡椒粉、食盐等佐料，并适量加汤（以肉烂汤干为宜），快炖熟时，再加入葱花、味精，用温火再炖至熟食用时，需再备一盘香菜、大蒜，以助美食。蒸做羊羔肉，肉色金黄，味道鲜美。蒸做时，仍是将宰杀、洗净的羊羔肉切成小块，再加入姜粉、花椒面和少许大香、葱花等佐料。蒸做前，羊羔肉需在清水中浸泡一小时后才可入笼。蒸熟后，再加过油葱花、味精调拌，即可食用。

0128 陇西口条肉

产　　地：甘肃陇西

所属民族：汉族

级　　别：4

简　　介：口条柔韧脆香，回味悠长，为美食家、好饮者津津乐道。

0129 陇西金钱肉

产　　地：甘肃陇西

所属民族：汉族

级　　别：4

简　　介：金钱肉，又名蝴蝶肉，形似金钱，纹展蝴蝶，色艳味鲜，具有滋补强精之特殊功能。相传唐代就为朝廷供品。金钱肉以驴鞭为原料经特殊腌制而成。

0130 陇西腊羊肉

产　　地：甘肃陇西

所属民族：汉族

级　　别：4

简　　介：腊羊肉，是陇西传统上乘食品之一，成品肉红亮美观，膘白如玉而不腻，肌红如霞而不膻，香醇可口，味美余长，是馈赠嘉宾的理想食品。该品选用西北高原的无公害净区的健壮羊肉为原料，经科学配方、传统工艺研制而成。具有高营养低脂肪无污染的特点，肥而不腻，瘦而不膻，味鲜色艳，醇香可口，为佐酒佳品，可以存放半月而不变味，因其肉味鲜美而受广大消费者的青睐。陇西是著名的"中国腊肉之乡"。陇西腊肉通过原产地标识认定。

0131 陇西腊肉

产　　地：甘肃陇西
所属民族：汉族
级　　别：4
简　　介：腊肉其实是腌肉，因为在农历腊月腌制就叫了腊肉。陇西腊肉历史悠久，约始于清朝乾隆年间。相传用岷县蕨麻猪，漳县青盐，黄河活水，陇西秘方制作的腊肉最为纯粹正宗。瘦肉灿艳似红霞，瘦而不柴；肥肉晶莹若玛瑙，肥而不腻，微带透明。热吃，口感最好。吃法很多，最经典的是肉夹馍，把陇西的高高馒头，拦腰两刀，将热腾腾的肉片夹进去，吃起来满嘴生津，味道上好，味觉虽咸，吃后不渴，滑爽不腻。

0132 陇西火腿

产　　地：甘肃陇西
所属民族：汉族
级　　别：4
简　　介：火腿，肥者晶莹透亮，食而不腻，瘦者烂若红霞，滋味醇正。火腿腌制始于乾隆年间，历史上销于兰州、西安、新疆，已远销美国、韩国。曾荣获甘肃名优特产称号。

0133 金华福利肉

产　　地：陇西县
所属民族：汉族
级　　别：4
简　　介：陇西金华福利肉制品有限公司是定西市最大的集屠宰、加工、销售于一体的肉制品加工龙头企业。公司生产金钱肉、陇西腊肉、腊羊肉、腌驴肉、五香牛肉等五个品牌40多个系列，产品以其鲜、精、美俱佳而驰名全国。因其重合同、守信用、产品质量好而得到广大客户和消费者的信赖及称赞。其产品已远销北京、天津、成都、陕西、上海、广州、福建、海南等地。特别是公司融传统工艺梁氏祖传配方和现代科学为一炉制成的金钱肉，晶莹透亮、营养丰富、味美可口，被誉为"陇原一绝"。

0134 肉筏子

产　　地：甘肃康乐县
所属民族：回族
级　　别：4
简　　介：肉筏子是用新鲜全羊为主料，先取大肠，经过多道手工整治，清洗洁净待用；再将心、肝、腰子及精选肉剁细成肉馅，拌上细切葱白、生姜末、精盐、胡椒粉，调和好，仔细灌入肠内。精盐一定要适量，不能淡，也不能咸。将灌好的肉肠，用细麻绳扎口，放入蒸笼蒸熟才算完工。

0135 临夏手抓羊肉

产　　地：甘肃临夏

所属民族：回族

级　　别：1

简　　介：手抓羊肉，相传有近千年的历史，原以手抓食用而得名。吃法有三种，即热吃（切片后上笼蒸热蘸三合油）、冷吃（切片后直接蘸精盐）、煎吃（用平底锅煎热，边煎边吃）。特点是肉味鲜美，不腻不膻、色香俱全。

0136 沙氏装膘桶子肉

产　　地：甘肃临夏

所属民族：回族

级　　别：2

简　　介：沙氏装膘桶子肉，河州百年老字号。沙氏装膘筒子肉发源于清同治年间，为河州沙家私房秘制佳肴，迄今已有百年历史，传承七代。其烹制方法：精选当年北山羯羊，整羊分割九块，将羊腰、羊心剁碎拌入秘制作料，装入软肋处，先用铁桶煮熟，再用蒸锅煨焐，然后装入木桶，背着沿街叫卖。其特点肉质鲜嫩、回味绵长、营养丰富、为滋补佳品。

0137 临夏烤羊蹄

产　　地：甘肃临夏

所属民族：回族

级　　别：2

简　　介：羊蹄是烹制宴席佳肴的重要食材，也是新疆维吾尔族、回族等穆斯林民族烹制的传统美食，将烹制好的羊蹄穿上烤签，用木炭火烤透，加以辣椒、孜然等秘制调料，骨绵筋烂、香辣过瘾、百吃不厌。

0138 发子面肠

产　　地：甘肃临夏

所属民族：回族

级　　别：2

简　　介：发子面肠是临夏回族自治州特有的一种民族风味特色小吃，是各族群众最喜欢吃的小吃之一，也是各大餐厅、茶园、宴席必备的一道地方风味菜。有清蒸、油炸、爆炒等多种做法，在当地有很好的口碑和销量。很多外地游客慕名前来品尝，并经过真空包装后销往马来西亚、埃及、阿联酋、沙特等地,深受国内外游客的好评和欢迎。并在 2013 年中国·临夏——马来西亚·吉兰丹州清真食品与民族用品交易大会暨"康美杯"全国清真小吃和名宴大奖赛上荣获铜奖。

0139 羊杂割

产　　地：甘肃临夏

所属民族：回族

级　　别：2

简　　介：羊杂割用羊肉内脏烹制而成,是一种美味实用的回族传统小吃,历史悠久,也是临夏回族自治州特有的一种民族风味特色小吃,是民族群众最喜欢吃的小吃之一,也是各大餐厅、茶园、宴席必备的一道地方风味菜。

0140 清和园特色肉肠

产　　地：甘肃临夏

所属民族：回族

级　　别：2

简　　介：清河源肠里香系列,它以肉质细腻、鲜嫩爽口、携带方便、食用简单、保质期长等特点,深受广大消费者的喜爱。特色肉肠含有人体需要的蛋白质、脂肪、碳水化合物等营养,具有多种不同的食用方式和加工方法,适用于多种佳肴。

0141 清和园牦牛肉干

产　　地：甘肃临夏

所属民族：回族

级　　别：2

简　　介：牦牛肉质细嫩、味道鲜美,具有极高的营养价值,富含蛋白质和氨基酸,以及胡萝卜素、钙、磷等微量元素,脂肪含量低,热量高,对人体的抗病力、细胞活力和器官功能均有显著作用。

0142 东乡手抓

产　　地：甘肃省临夏回族自治州东乡族自治县

所属民族：回族

级　　别：2

甘肃省文化资源名录 第二十八卷 饮食文化 特色饮食

简　　介：手抓羊肉作为临夏最具代表性的名吃，东乡手抓以一个民族命名一种小吃，它以东乡族独特烹饪方法煮制的本地羊肉而得名。

0143　爱里福香酥鸡

产　　地：甘肃省临夏市

所属民族：回族

级　　别：2

简　　介：临夏市爱里福餐饮有限责任公司主营香酥鸡、鸡翅、鸡爪、烤鸭、椒麻鸡、烧烤、特色土豆片等。爱里福香酥鸡外酥里嫩，颜色金黄，肉烂味美。获2013年"康美杯"银奖、荣获2014"清河源杯"金奖。

0144　发子

产　　地：积石山县

所属民族：保安族

级　　别：4

简　　介：发子是保安族人民喜爱的传统小吃。发子的做法是：将羊的心、肺、肝、肉剁碎，调入清油、葱、生姜粉、花椒粉、草果粉、精盐、味精等佐料拌匀做馅。然后，将满肚油摊开，放入馅子，卷成筒状，用线包扎、封口。因其状如羊皮筏子，取其谐音，故名。或者先把肥肠用清水（加碱、醋）反复洗至无异味后翻置，将馅子塞入，装满后封口。最后上笼蒸熟或放入沸水中煮熟取出，切段装盘上席。有的将筏子切段在油锅中煎烙至黄脆后装盘，调上油泼辣子、蒜泥、醋食用。吃时鲜嫩不腻，美味可口，清香四溢。

0145　面肠

产　　地：积石山县

所属民族：保安族

级　　别：4

简　　介：面肠是先将小肠反复洗净，再将面粉加水搅成糊状，调入适量淀粉、精盐、味精等调料，搅匀，灌入小肠中封口。切忌不能灌得太满。然后上蒸笼蒸熟或放入锅中煮熟，中途针刺泄气，熟后取出切段装盘，或将切段后的面肠，放入油锅中煎至皮黄酥脆再装盘，调上油泼辣子、蒜泥、醋等食用。味道醇而不腻，百吃不厌，经济实惠。

0146　康美农庄牛肉

产　　地：康乐县

所属民族：回族

级　　别：2

简　　介：甘肃康美现代农牧产业集团有限公司是集人工受精、胚胎移植、科研推广、咨询服务、肉牛育肥、饲草料加工、屠宰分割加工冷藏与熟食品生产和餐饮为一体的现代畜牧龙头企业。目前，康美集团产品已形成冷冻肉、冷鲜肉、熟肉制品三大系列九十多个品种，已形成经销商代理、专卖店和连锁店、餐饮的多渠道销售格局。产品销往北京、上海、西安、包头、成都、拉萨、兰州、重庆、广州等十几个大中城市，和国内知名的肉制品加工企业及经销商建立了良好的合作关系，产品质量和企业信誉得到业界企业和众多经销商的一致认可。

0147 康乐华昱牛肉

产　　地：康乐县

所属民族：回族

级　　别：4

简　　介：康乐华昱牛肉将华昱公司饲养屠宰的牛肉分割加工出精。分割为牛肉、眼肉、牛腱、外脊、里脊、牛排和普通牛肉等，通过该公司清真冷鲜肉及熟食品综合加工车间加工而成。

0148 文胜手抓羊肉

产　　地：临夏

所属民族：汉族

级　　别：1

简　　介：永靖绵羊肉是纯自然的绿色羊肉，营养丰富，用冷水煮羊肉，并在水中加入秘制调料，其味更是鲜美，是男女老少皆宜的食物和滋补佳。在临夏举行的中国临夏—马来西亚吉兰丹州清真食品与民族用品交易大会暨"康美杯"全国清真小吃和名宴大奖赛上，文胜手抓羊肉获得世界中国烹饪联合会颁发的优秀奖，2013年8月，在酒泉举行的全省名优小吃大奖赛上，文胜手抓羊肉被省商务厅认定为甘肃特色名优小吃。

0149 黄河三峡鱼

产　　地：临夏州永靖县

所属民族：汉族

级　　别：4

简　　介：黄河流经临夏州永靖县107公里很多港湾河汊适合网箱养鱼，并且黄河中有很多野生鱼，黄河永靖段水质优良，所生鱼类绿色天然，故而以黄河及网箱所产的各种鱼类的吃法各种各样，备受青睐。其中红烧生鲤鱼，以黄河野生鲤鱼为原料红烧而成；浆水野生黄河鲤鱼和许多清炖鱼需清水炖成，味道鲜美。

0150 牛羊灌肠

产　　地：甘南州

所属民族：藏族

级　　别：4

简　　介：牛羊灌肠是利用刚宰杀的牛羊的肠等内脏所制作的几种风味小吃。合作地区的牛羊灌肠有四种，一是肉肠。将新鲜牛羊肠冲洗干净，然后将牛或羊的心、肝及少许肉剁碎，连同牛羊油、葱、蒜、姜、盐、胡椒粉、花椒等，用面粉拌和，灌进牛肠、羊肠内，用绳子扎紧两头，放入锅内烧煮。这时要把握火候，煮的时间不宜过长，血水干后即成。吃时切成段，蘸以食醋、蒜泥、辣子调和的汁。二是面肠。在面糊中拌入一些牛羊油、盐、葱、花椒等，面糊稠稀要适度，用漏斗灌入肠子内，用绳子扎紧两头。煮熟后切成段，用醋、蒜泥、辣子调的汁蘸着吃。三是血肠。在还没凝固的牛羊血中加入少许面粉、油脂、盐、花椒、葱等，用勺子舀入漏斗，灌入肠子的一头，然后用绳子扎紧两头煮熟即成，吃法与肉肠、面肠相似。四是油肠。将新鲜牛羊油剁碎，揉进面粉、盐、花椒、葱，灌入牛羊肠中，上笼蒸半小时，出笼后切成段趁热吃。

0151 蕨麻猪

产　　地：甘南州迭部县

所属民族：藏族

级　　别：2

简　　介：迭部县蕨麻猪也叫藏香猪、山猪，以放牧采食为主，是高原小型瘦肉型猪种，其肉质细嫩，皮薄而膘适度，味鲜美而不腻，具有特殊的香味，故称"藏香猪"。

0152 筋筋有味

产　　地：甘肃省甘南藏族自治州玛曲县工业园区

所属民族：藏族

级　　别：1

简　　介：精选牦牛蹄筋、板筋，辅以佐料，精心调制，是宾朋聚会、友情馈赠之佳品。

0153 牦牛风干肉

产　　地：甘肃省甘南藏族自治州玛曲县工业园区

所属民族：藏族

级　　别：1

简　　介：甄选甘南草原牦牛肉，辅以佐料，通风阴干而成。

0154 伊曲青手撕牦牛肉

产　　地：甘肃省甘南藏族自治州玛曲县工业园区

所属民族：藏族

级　　别：1

简　　介：伊曲青所出售的手撕牛肉干、卤汁牛肉采取多重秘法调制，绝不添加防腐剂、添加剂，最原始的色香味美，回味无穷。

甘肃省文化资源名录 第二十八卷 饮食文化 — 特色饮食

0155 卤香藏羊腿

产　　地：甘肃省甘南藏族自治州玛曲县工业园区

所属民族：藏族

级　　别：1

简　　介：精选地处雪域高原的甘南玛曲欧拉藏系羊羊腿精心卤制而成。

0156 牦牛三文治

产　　地：甘肃省甘南藏族自治州玛曲县工业园区

所属民族：藏族

级　　别：1

简　　介：产品选用生长在海拔3000米以上，世界之巅——青藏高原雪域牦牛肉为原料，经公司科学研发，独特配方加工后，肉质鲜美，味道纯正，清真工艺制作更具民间美食魅力，产品采用真空包装，更有礼盒相配，是您休闲度假，走亲访友，商务交流馈赠之佳品。

0157 酱香牦牛肉

产　　地：甘肃省甘南藏族自治州玛曲县工业园区

所属民族：藏族

级　　别：1

简　　介：精选牦牛部位肉，高温高压，佐料酱制，馈赠尚品。

0158 牦牛肉粒

产　　地：甘肃省甘南藏族自治州玛曲县工业园区

所属民族：藏族

级　　别：1

简　　介：精选上等牦牛肉，严格按照绿色食品制作标准，经高温高压精制而成，其加工工艺先进，保留了牦牛肉的原始自然风味，配以多款时尚口味，口感香软可口，老少皆宜。小袋分装，食用卫生、携带方便、保质期长。

0159 伊曲青卤汁牦牛肉

产　　地：玛曲县甘南藏族自治州玛曲县工业园区

所属民族：汉族

级　　别：1

简　　介：卤汁牛肉采取多重秘法调制，绝不添加防腐剂、添加剂，保证最原始的色香味美。

0160 牦牛肉肠
产　　地：玛曲县甘南藏族自治州玛曲县工业园区
所属民族：汉族
级　　别：1
简　　介：牦牛肉肠肉质鲜美，味道纯正，清真工艺制作更具民间美食魅力，产品采用真空包装。

0161 金味德中国兰州牛肉面
产　　地：兰州
所属民族：汉族
级　　别：1
简　　介：金味德中国兰州牛肉面是选用优质面粉，本地区一种特产绿色植物—蓬草（含有丰富的草木碱），经晒干，用特殊方法烧制、再用水熬制的蓬灰水（草木碱水）、加入用水和好的面团揉匀，采取手工艺拉制的形状不同的面条。再配以"金味德"特制的牛肉清汤和奶色骨汤，将面、蔬菜、肉、鸡蛋、汤有机的结合，满足了现代人们每餐饮食营养的均衡需求。

0162 兰州浆水漏鱼
产　　地：兰州
所属民族：汉族
级　　别：4
简　　介：浆水是西北地区当地人用芹菜等原料和沸水制作的浆水菜，浆水成淡白色，微酸，直接舀出饮用时若加以少许白糖，酸甜可口，营养丰富，消暑解渴。漏鱼是将淀粉溶水，倒入开水锅中煮成糊状，用漏勺滴珠，侵入冷水，成小鱼状，然后捞出放入凉水中浸泡，再用开水煮沸。如果把浆水用辣椒和葱用油炝过，再加进漏鱼，就成了一碗地道的浆水漏鱼。

0163 破皮袄
产　　地：兰州
所属民族：汉族
级　　别：4
简　　介：破皮袄是兰州的特色小吃，主要以烫面配以小葱等用油煎出，口感酥脆。

0164 兰州玉米面疙瘩
产　　地：兰州
所属民族：汉族
级　　别：4
简　　介：玉米面煮疙瘩，是用热水把玉米面烫熟，揉成面团，摘成小面团拍成圆饼状，锅里放小米或玉米渣熬煮成稀饭，做好的玉米饼放入米汤里煮熟。

0165 兰州蛋糕
产　　地：兰州
所属民族：汉族

级　　别：4

简　　介：以牛奶、果汁、奶粉、香粉、色拉油、水、起酥油、泡打粉为辅料。经过搅拌、调制、烘烤后制成一种像海绵的点心。

0166 辣糊糊

产　　地：兰州

所属民族：汉族

级　　别：4

简　　介：辣糊糊是将面粉、海带丝、百叶丝、肉丁、嫩豆腐，水开时把这些东西放进去，然后葱、姜末辣椒粉、油盐放齐，淀粉加水搅拌稀一点倒入锅中，水沸腾就好了。

0167 一锅子面

产　　地：兰州

所属民族：汉族

级　　别：4

简　　介：煮面程序正常，锅里加水，待水开下面，面熟后放菜，可起锅。拿碗，放盐、味精、鸡精、酱油香菜，面起锅时倒入搅拌，拿汤勺，倒入油，放火上，待油热，放入蒜末烹香，然后快速放入起锅的面里，盖上盖子，等到没有喷溅的声音，可起盖搅拌面，保证香喷喷的。

0168 旋饼

产　　地：兰州

所属民族：汉族

级　　别：4

简　　介：面粉500克，净猪肉750克，葱50克，韭菜50克，花椒盐10克，芝麻油15克，花生油100克。具体做法是：①将面粉放入盆内，加适量水和成面团（软一点）。猪肉切丁，葱剁碎，韭菜切碎，把肉丁、葱、韭菜加花椒盐、芝麻油一起拌成馅。②面团分成5份，逐个擀成三角形，把肉馅分摆在三角形面皮上，卷起并用双手一拧，再用小擀面杖擀成直径约21厘米的圆饼。③圆饼放在鏊子里烙至黄色后，取出，在饼里放一层干净碎瓦块或石子，把饼放在上面，在饼上刷一层花生油，盖好盖，通过碎瓦块或石子传热烘烤，共翻4次，每次都要刷油，烤熟取出。

0169 兰州酥饼

产　　地：兰州

所属民族：汉族

级　　别：4

简　　介：酥饼系有特制的脂烙酥而得名。脂烙酥用上好的猪油，拌以适量蒸好的面粉，化油时加适量花椒、桂皮，油化后剔出已炸酥的花椒、桂皮，再和面成馅。火烧皮用香油和面，包制好入炉，用文火烘烤而成。其特点是皮酥，瓤有异香而不腻。

0170 兰州肥肠面

产　　地：兰州

所属民族：汉族

级　　别：4

简　　介：锅里捞出煮好的肥肠，用刀切成小块；然后拿起盛好面条的碗来，用铁勺将锅里的热汤舀到碗里，再将汤倒出来，一遍一遍地冲泡好几次，才把热汤盛进碗里；加上切好的肥肠，泼上辣椒油蒜泥，撒上香菜蒜苗子等。兰州肥肠面肥而不腻，爽而不滑，热而不烫，简而味丰，鲜而香美，食而养富，真是色香味意形养俱佳。

0171 兰州排骨面

产　　地：兰州

所属民族：汉族

级　　别：4

简　　介：排骨面是家常面食，特点是排骨香酥，面条滑润。主料是排骨，面和青菜。排骨洗净后，两面拍松，用酱油、糖、酒、盐、胡椒粉少许。腌约15分钟后油烧热，将排骨用中火炸至表面呈金黄后转大火捞出。面煮熟，青菜亦烫熟捞出，置于碗内。面碗内加入葱花、高汤，再加上排骨即可。

0172 河州包子

产　　地：兰州

所属民族：回族

级　　别：4

简　　介："河州包子"是甘肃临夏（即古河州）特产，很早时就以面皮好、馅子考究而驰名，并有包子、合子、角馍之分，以馅子外露者为合子，多以糖、核桃仁为馅；形状为三角、半月形而有角者谓之角馍，有糖角子、枣角子、菜角子等；面上捏有褶者为包子。河州包子以牛羊肉和韭菜或胡萝卜或白萝卜混合剁碎搅匀为馅，装笼蒸熟，盛入盘中，淋以椒油，看上去油黄面白，晶莹剔透，吃起来更是清爽可口，味美实惠。河州包子皮薄、馅鲜、形美、实惠价廉、鲜美可口。可蒸可烤，用辣椒、酱油、醋佐食。加工原料：秋冬用红萝卜、羊肉、香葱作馅，春夏用韭菜、韭花、羊肉作馅，精粉做皮。

0173 兰州韭饼

产　　地：兰州

所属民族：回族

级　　别：4

简　　介：把和好的面擀成圆形的两片，一大一小。把拌好的韭菜放在大一片的面上。再把小片的面放在上面用捏饺子的手法把它们连在一起。把韭菜铺在擀好的面上，等两边都上色，就可以起锅切成块装盘上桌了。

0174 兰州糖酥饼

产　　地：兰州

所属民族：回族

级　　别：4

简　　介：糖酥饼是在中国流传甚广的民间小吃，各地都有特色。糖酥饼应该起源于油酥饼，后来有糕点师傅在油酥饼中加入馅料，逐渐形成糖酥饼。

0175 兰州卤面

产　　地：兰州

所属民族：回族

级　　别：4

简　　介：卤面的特点是用油炸冻豆腐和土豆、芹菜、菜花、胡萝卜等混以牛肉面原汤勾芡，文火慢煮，浇到新出锅的面条上，配以几大块牛肉及蒜苗香菜辣椒油，是兰州常见的主食之一。

0176 兰州羊肉面片

产　　地：兰州

所属民族：回族

级　　别：4

简　　介：羊肉面片味道鲜美，爽滑适口，营养丰富，易于消化，老幼皆宜。全手工的羊肉面片。和面，拉面，揪成指甲盖大的面片，加上羊肉丁、豆腐丁、胡萝卜、香菜、蒜苗，淋上香油，入口爽滑细腻。

0177 兰州糖包子

产　　地：兰州

所属民族：回族

级　　别：4

简　　介：糖包子的种类很多，比较多的就是三角包，也有圆的，形状可以随意的变化，外面的皮可是是白面也可以是玉米面和南瓜面，里面的馅可以是白糖也可以是红糖，也可以根据自己的喜好添加别的调料。

0178 兰州风味凉皮

产　　地：兰州

所属民族：回族

级　　别：4

简　　介：先将优质面粉加水揉成硬团，在清水中反复搓洗，使面粉中的蛋白质与淀粉分离，分离出来的蛋白质俗称"面筋"，将它蒸熟，切成薄片待用。洗出的淀粉溶于水中，待其沉淀在盆底后，把上面的清水倒掉，加入稍许碱，调成稀糊，舀入平底盆中，上笼蒸几分钟即熟。吃时，只需将作好的一张张凉皮子切成条状，配上面筋，加入适量酱油、香醋、蒜汁、盐、芝麻油、香菜、黄瓜丝、辣椒油调拌即可。

0179 兰州油香

产　　地：兰州

所属民族：回族

级　　别：4

简　　介：油香有普通油香、糖油香、肉油

香三种，有的地方把油香叫香气、香香锅。回族各地制作油香的方法和用料大同小异，以面粉、盐、碱、植物油为主要原料，具备这几种原料就可以做出味道鲜美的油香了。也可根据不同的口味或需要而选择辅料的种类，辅料主要有红糖、鸡蛋、蜂蜜、香豆粉、薄荷叶粉、肉馅等。制作油香时首先要和面、醒面。回族人和油香面讲究"三光"——面光、手光、盆光。也就是说，面和好后，面团要筋道光亮；手上不能沾很多面粉；面盆里外也要干干净净。和好的面揪或切成小面团，每个小面团擀成直径约10厘米，厚约1厘米的饼坯，在擀的过程中一般不需要翻过来擀，变换面杖的滚动位置擀一面即可。擀成碗口大小的圆饼，表面划二三条刀纹，然后放在锅内用香油炸熟，色红松软，味美醇香。炸制过程中的火候不宜过大，油温太高，油香表皮容易炸焦，所以有"慢火炸油香，两面都发亮"、"爆油炸油香，里生皮焦不发亮"的说法。

0180 糖油糕

产　　地：兰州
所属民族：回族
级　　别：4
简　　介：白面粉适量，稍加些白糖，用开水烫面，一边倒入开水一边用筷子搅拌，越软越好，然后摊在案板上晾一小时左右，现在才正式和面，把烫好的面撒上干面粉揉和，一边揉一边加干面粉，这样炸出的油糕才外面起脆皮，面和好后醒一会就可以炸制了。油糕的做法：把面分成若干个小面团，擀成面饼加入适量红糖，捏严口，拍成薄薄的扁圆形，放入油锅内炸至金黄色捞出，即可食用。炸油糕的关键在和面，面软些才好吃，再就是炸油糕的油温要掌握好，小火炸制才能外焦里嫩。

0181 兰州牛肉面

产　　地：兰州
所属民族：回族
级　　别：4
简　　介：兰州牛肉面是兰州地区的清真风味小吃，始于光绪年间，系回族老人马保子首创。它以"汤镜者清，肉烂者香，面细者精"的独特风味和"一清二白三红四绿五黄"，赢得了国内乃至全世界顾客的好评。一清（汤清）、二白（萝卜白）、三红（辣椒油红）、四绿（香菜、蒜苗绿）、五黄（面条黄亮）。被中国烹饪协会评为三大中式快餐之一，得到美誉"中华第一面"。

0182 兰州韭菜盒子

产　　地：兰州
所属民族：汉族
级　　别：4
简　　介：韭菜盒子表皮金黄酥脆，馅心韭香脆嫩，滋味优美，色泽洁白、美观，吃着鲜嫩、清香。

0183 水洗酿皮

产　　地：兰州

所属民族：汉族

级　　别：4

简　　介：制作时加食碱或蓬灰水将优质面粉和成面团，然后在清水中用手捏洗，使面粉中的蛋白质和淀粉分离。待面团洗成粉汁后，取出洗不掉的粗质部分另外放置，俗叫面筋。粉汁澄清，滤去多余的清水，搅和均匀，舀入抹过油的大平底盘中，盘浮于沸水锅中蒸熟（或用笼蒸熟），成薄圆片形，待凉后切成细条，便成酿皮。

0184 兰州炸油条

产　　地：兰州

所属民族：汉族

级　　别：4

简　　介：汉族面食，是一种长条形中空的油炸面食，口感松脆有韧劲，是中国传统早点之一，一般与豆浆一起食用。

0185 兰州面筋

产　　地：兰州

所属民族：汉族

级　　别：4

简　　介：面筋是一种植物性蛋白质，由麦胶蛋白质和麦谷蛋白质组成。将面粉加入适量水、少许食盐，搅匀上劲，形成面团，稍后用清水反复搓洗，把面团中的活粉和其它杂质全部洗掉，剩下的即是面筋。营养成分尤其是蛋白质含量，高于瘦猪肉、鸡肉、鸡蛋和大部分豆制品，属于高蛋白、低脂肪、低糖、低热量食物。

0186 兰州包子

产　　地：兰州

所属民族：汉族

级　　别：4

简　　介：包子是中国汉族传统食品之一，相传由三国时期诸葛亮发明。"包子"这个名称的使用始于宋代，《燕翼诒谋录》："仁宗诞日，赐群臣包子。"包子一般是用面粉发酵做成的，大小依据馅心的大小有所不同，最小的可以称作小笼包，其他依次为中包、大包。

0187 油泼面

产　　地：兰州

所属民族：汉族

级　　别：4

简　　介：油泼面是陕西很有特色的一种主食。又叫拉面、拽面、抻面、桢条面、香棍

甘肃省文化资源名录 第二十八卷 饮食文化 特色饮食

面等。油泼面是在周代"礼面"的基础上发展演变而来；秦汉时代称之为"汤饼"，属于"煮饼"类中的一种；隋唐时代叫"长命面"，意为下入锅内久煮不断；宋元时代又改称为"水滑面"。

0188 高担酿皮
产　　地：兰州
所属民族：回族
级　　别：4
简　　介：高担酿皮是一道色香味俱全的兰州回族小吃。主要原料面粉、碱、香油、芝麻酱、醋、芥末、油泼辣子、秘制调味料。面粉加入水搅拌均匀上笼屉蒸熟，取出食用时用刀切成条状调上油泼辣子、醋、香油、芝麻酱、醋、芥末、蒜泥、秘制调料。比起普通酿皮，色泽更黄一些，更厚一些。据说，高担酿皮是添加了鸡蛋后，蒸制而成。口感更厚实、饱满，更有嚼劲，不如普通酿皮爽滑。蒸制好的酿皮均匀的切成条，食用时，调以各式调料，拌上面筋等辅料，搅拌匀实后，酸辣可口，不论冬夏，都是人们喜爱的小吃之一。

0189 浆水漏鱼
产　　地：兰州
所属民族：汉族
级　　别：4
简　　介：兰州浆水漏鱼，是把用玉米面做的面团加热后用一种叫漏勺的器具，漏到凉水盆里，沥出盛放待用，再加入用芹菜发酵后的一种味道很酸的白色液体（浆水）。口感爽滑，尤其夏季有防暑、降温、降火之功效。

0190 兰州炒拉条
产　　地：兰州
所属民族：汉族
级　　别：4
简　　介：在调粉时放些盐或碱水，把面粉团拌来揉去，直到软硬适中，弹性很大，可塑性极强时，然后手轻力匀，反复拉扯四五次，不断一根，而成为宽细、圆扁不同的匀称面条。而且每次拉出的一把，入锅捞出，恰好一碗。圆柱形的叫"鸡肠子"，扁状的称"韭菜叶"，入口柔软光滑，韧而不断。一般家里常吃时，调以炸酱或梢子卤汤佐料，并拌调油泼辣椒、蒜泥、醋等，吃起来非常可口。

0191 兰州担担面
产　　地：兰州
所属民族：汉族
级　　别：4
简　　介：用面粉擀制成面条，煮熟，舀上

炒制的猪肉末而成。成菜面条细薄，卤汁酥香，咸鲜微辣，香气扑鼻，十分入味。此菜在四川广为流传，常作为筵席点心。

0192 兰州扁豆面

产　　地：兰州

所属民族：汉族

级　　别：4

简　　介：扁豆面可以说与一锅子面属于同一个系列，只是其主要食材是扁豆。扁豆加水经过食用碱的炒制几近变黑，然后面条快出锅时放入，别小看这卖相不太好的小小扁豆，它经过炒制后的特殊味道与面条完美结合，就是一碗凝聚着兰州人智慧的美味扁豆面。

0193 盐边羊肉米线

产　　地：兰州

所属民族：汉族

级　　别：4

简　　介：将鲜羊肉在冷水中轻漂半小时。将羊肉置于锅内冷水，加入丁香、草果、山奈、桂皮、生姜和当归等，用文火煮2—3小时。待羊肉熟后，撕下羊肉置于冰箱冷冻，再将羊骨放进锅内煮汤。将干米线用开水浸泡40-50分钟，再进沸水煮熟。在羊肉汤里放上盐和鸡精后，将汤浇在出锅的米线上，放入切片的羊肉，撒上葱花、香菜、油海椒即可。特点是羊肉细腻可口，色鲜味美，营养丰富。羊肉采用当地产的骟羊肉，是天然放牧的绿色食品，加入十多味中草药后，不仅除去了羊肉的腥膻味，而且使羊肉有着独特的香味。羊的头、蹄、肚杂下水入锅煮熟后，要求要汤白味浓、无腥味、肉质脆嫩。《本草纲目》中说："羊肉能暖中补虚，补中益气，开胃健身，益肾气，养胆明目，治虚劳寒冷，五劳七伤。"米线用桂朝米和杂交稻米混合制成，入口细滑爽口、风味独特。

0194 兰州馒头

产　　地：兰州

所属民族：汉族

级　　别：4

简　　介：馒头，汉族传统面食，一种用面粉发酵蒸成的食品，形圆而隆起。味道可口松软，营养丰富，是餐桌上必不可少的主食之一。

0195 兰州花卷

产　　地：兰州

所属民族：汉族

级　　别：4

简　　介：花卷是一种古老的汉族面食，经典很家常的主食，将面制成薄片拌好作料后卷成半球状，蒸熟即可。营养丰富，味道鲜美。

0196 洋芋角角

产　　地：兰州
所属民族：汉族
级　　别：4
简　　介：将洋芋煮熟去皮捣碎作馅，加入葱末、花椒粉、盐搅拌后，用发酵白面擀皮包成10厘米大小的饺子，入沸油炸熟。

0197 兰州臊子面

产　　地：兰州
所属民族：汉族
级　　别：4
简　　介：臊子面是兰州著名的汉族传统面食。据说是由唐朝的"长寿面"演化而来，成为老人寿辰、小孩生日及其他节日的待客佳品。先用猪肉、黄花、木耳、鸡蛋、豆腐、蒜苗及各种调料做成臊子；再用碱水和面，反复揉搓，然后擀成厚薄均匀的面皮，用菜刀切细，在锅内煮熟。食用时，先捞面条，再舀臊子，汤多面少，臊子鲜香，汤味酸辣，面条细长，筋韧爽口，成为营养丰富、老幼皆宜的美味佳肴。

0198 兰州包谷面馓饭

产　　地：兰州
所属民族：汉族
级　　别：4
简　　介：馓饭，兰州特色小吃。将水烧开，然后将包谷面一边撒入锅中，一边搅拌，至糊状，待冒起气泡即可。既能凉吃也能热吃。吃的时候根据个人口味不同调上油泼辣子、醋或咸韭菜或其他菜肴，夏天食用爽口，香而不腻，吃起来回味悠长，比大米营养价值高而且令食欲大增。

0199 兰州西红柿鸡蛋面片

产　　地：兰州
所属民族：汉族
级　　别：4
简　　介：西红柿鸡蛋面片子制作方法：①冷水和面，在面里加一点盐，增强韧度。②将揉好的面一分为二，擀匀成面饼状抹上食用油，放在盘中用保鲜膜或塑料袋包严，放在一旁继续饧（天气干燥时，上面最好盖块湿毛巾）。③烧锅水，将饧好的面饼取出拖长，切成条，取一条用双手大拇指捏成麦穗状，拉长，锅开后，关小火，将拉长的面条揪成小方块用进锅里。④揪面时会粘手，在手指上抹点油就不会粘手。面揪到一半时，放入西红柿，开中火，全部揪完后，放入青菜，开大火。⑤锅大开后，打入鸡蛋，微搅。调入适量的盐、酱油、醋、味精。⑥在另一灶上用舀汤的铁勺放少许油，烧至八成热，炝入葱花，浇在面片锅里，即成。

0200 兰州炒面片

产　　地：兰州
所属民族：汉族
级　　别：4
简　　介：兰州炒面片制作方法：和面下面片，把熟了的面片捞起过清水待用；切好肉片、青椒、洋葱、蒜苔等。以上各种菜和肉下锅翻炒，菜八成熟时下入备好的面片一起翻炒，加入各种调料把味道调好，起锅时淋些香油即可。

0201 兰州拉条子

产　　地：兰州

所属民族：汉族

级　　别：4

简　　介：兰州家常拉条子做法：面粉里加少许盐，边加水边搅动。用力揉成比较硬的面团然后继续往面团里揣水。醒面使面团比之前柔软一些，然后把揉好的面团分成几个剂子，擀成厚厚的饼状，正反抹油摞起来备用。五花肉切片，加料酒，生抽，少量白胡椒，淀粉抓匀。准备菜花，蒜苔，豆芽，尖椒，胡萝卜等蔬菜。锅中放略多一些的油，热锅凉油把五花肉滑熟捞出。锅中油继续下葱炝锅，下菜翻炒。加少许生抽调色，蔬菜略出水的时候，放五花肉，翻炒一小会儿加鸡精出锅。水里下面捞出放进已炒好的菜中。

0202 揪面片

产　　地：兰州

所属民族：汉族

级　　别：4

简　　介：揪面片是兰州的传统面食之一，是用手往下揪的面片，也是当地的一种家常便饭。揪片是将面粉用水和好、揉好，放置一会儿。然后，用擀面杖将面擀开，再用刀将面切成一寸宽的条，拿一条在锅边往锅里揪成一小片一小片的，这样边揪边煮，一会儿后，锅里的面就熟了。汤汁制作随意性大，可以选用时令鲜蔬做炒汤菜，或者用葱花、韭菜等炒汤，调味，然后将做好的揪片混合即可。揪面片主要有五种做法：将煮熟的面片捞出来和炒菜拌在一起干拌；直接在面锅里掺入菜肴，稀稠适度、汤浓味美的烩面；用清油炝葱花，放醋、味精等兑成酸汤后加入熟面片的酸汤面；将马铃薯洗好去皮，切成块状，放在锅里煮，煮到六七成烂，再把面片揪进去，出锅时放盐、酱油、味精等的洋芋面片；把炒好的西红柿放进沸水揪进面片，锅开后打鸡蛋花掺入，放些香菜（芫荽），红、黄、绿、白，色泽鲜艳。

0203 浆水拌汤

产　　地：兰州市西固区达川乡

所属民族：汉族

级　　别：4

简　　介：浆水拌汤的制作方法：先在盆里和点面，倒入适量的水，面和好之后准备给锅里加水，水煮沸了之后往锅里放面疙瘩，面煮熟之后，锅里倒入适量浆水，拌均匀，然后淋上香油，放点盐和葱花即可食用。

0204 长花馍馍

产　　地：兰州市西固区新城镇

所属民族：汉族

级　　别：4

简　　介：长花馍馍是专门用于喜事迎娶、出嫁、迁居、贺寿等场合。现将发酵好的面团擀成圆形，上面抹上清油、姜黄，从中折叠，折叠后再抹上清油、姜黄，再折叠成三角形。从角处横切成四条，然后由长到短依次摞起来，拿筷子在中间压十字，使其粘连，再往两头拉成长形，上笼蒸熟。

0205 面茶

产　　地：兰州市西固区陈坪街道

所属民族：汉族

级　　别：4

简　　介：面茶——先把面粉炒熟，再炒入

化为液态的羊油、牛油即成，山羊油面茶最佳。吃时将其切成末、煮成粥状并泡上馍馍。

0206 马蹄子

产　　地：兰州市西固区陈坪街道

所属民族：汉族

级　　别：4

简　　介：马蹄子——上小下大，形似马蹄。用白面、黑面或白米面分层卷成。

0207 刀把子

产　　地：兰州市西固区陈坪街道小坪社区

所属民族：汉族

级　　别：4

简　　介：刀把子——面揉扯成长条形后，用小刀切成小段。

0208 转包城

产　　地：兰州市西固区达川乡

所属民族：汉族

级　　别：4

简　　介：中间夹谷，尤以包谷面（玉米面）周围转上白面俗称"转包城"。

0209 糖麻花

产　　地：皋兰

所属民族：汉族

级　　别：4

简　　介：糖麻花又叫糖馓子有麻花也有盘馓，更有油香、油炸果等，脆香可口，百吃不厌。糖麻花制作方法，选用精白面，以水拌和使之发酵，然后加入白糖、鸡蛋清和少许白矾水，揉和均匀后拉为细长条，折叠拧成绳索状，投入油锅内炸成，其色金黄，脆而不腻，到口即化，又可作走亲访友的礼品，经济便当，在市场享有盛誉，畅销不衰。

0210 和尚头面

产　　地：皋兰

所属民族：汉族

级　　别：4

简　　介："和尚头"是生长在甘肃永登、皋兰的一种无芒小麦良种，它在秦王川至少有上百年的种植历史。经过长期选择培育，"和尚头"完全适应了秦王川干旱少雨、多风沙、乍寒乍热的气候和土质条件，具有耐旱、耐寒、苗硬、透砂土力强、不掉籽粒等特点。尤其是兰州经营牛肉面的老店主，对"和尚头"面粉偏爱有加，"扯在手里千条线，下在锅里团团转，捞在碗里莲花瓣，吃进嘴里嚼不断"，就是对"和尚头"拉面的称赞。

0211 炒面（干面食品）

产　　地：皋兰

所属民族：汉族

级　　别：4

简　　介：将作物原粮用水淘洗干净，凉晒后炒熟，用石磨或磨面机将其磨成面粉，即为炒面。是一种便于携带的即食品，既能干吃，亦可加水拌和成块状食用，俗称"炒面疙瘩"，还可添加白糖、瓜汁等调制成不同的味道。炒面的品种很多，有小麦炒面、麻麦炒面、黄豆炒面、莜麦炒面等。在皋兰农村，以前人们外出劳动或走远门时都要随身携带炒面，以备食用。如今，人们生活条件变好，炒面不再是主要食品，偶尔加工炒面，当作新鲜品尝而已。

0212 酥盒子

产　　地：皋兰

所属民族：汉族

级　　别：4

简　　介：皋兰特有的点心类甜食。将精选的麦面粉加水、大油拌和，擀成薄片，然后卷成柱状，又从两端挤压成饼，再次擀薄成片，这样反复三至四次，最后卷成柱状并切为一定数量均匀的圆形面块，将花生仁、核桃仁、芝麻、青红丝、白糖等混和在一起做成馅，放到面块中间挤压置入内部，封口后将边缘手工捏成花朵形状，烤熟后即为香甜酥脆的甜食，故而取名酥盒子。

0213 河口疙瘩汤

产　　地：河口

所属民族：汉族

级　　别：4

简　　介：疙瘩汤是由面粉，鸡蛋，西红柿为主要食材做成的一道家常汤品。

0214 麻什

产　　地：河口

所属民族：汉族

级　　别：4

简　　介：将面切成很小的块，大概小指甲盖大小，切法是先擀成厚皮，切成条，再切成块，之后在摩擦力大的地方用大拇指按住面块向前撮，要又薄又卷，麻什做好后，开始调汤，将肉加入葱，姜和料酒，生抽等下锅炒，再加入木耳，黄花，豆腐干粒，土豆粒，豆角粒，香菇，西红柿等等不是一煮就烂的菜，炒后加入汤和水，调味。加入麻什煮，经常搅拌煮熟后打入蛋花，加入味精。

0215 搓鱼儿

产　　地：河口

所属民族：汉族

级　　别：4

简　　介：搓鱼儿是一种面食。是用手搓成似鱼的面食而命名之，搓鱼儿所用的原料有面粉、荞麦、麦、高粱、玉米及杂粮等多种。其形状有长圆条形、螺纹形、中间宽扁两头尖细形等。

0216 旗花子面

产　　地：河口乡

所属民族：汉族

级　　别：4

简　　介：碎面制做方法是：将精白粉擀薄后，切成鸟舌头大小的旗花子，洒上少量干面粉，稍晾片刻，放到簸箕里存放起来。水烧开后即可下锅，面煮熟后，浇上用鸡丝、木耳、豆腐、黄花、海带等作成的臊子。

0217 烧洋芋（锅锅灶）

产　　地：金沟乡

所属民族：汉族

级　　别：4

简　　介：选择在有坎子的地方，挖出一个灶，上面圆圆的，前面挖出灶门，再挖出灶膛。然后灶上面垒上干的小土块，一圈一圈的垒起来，最后成宝塔形，一共要垒两层，就是在原来的外面再垒一层，里外两层。等垒好了，在上面盖上一层绿草或者洋芋秧子，然后就在下面烧火。灶烧火的时候，土块上面盖的绿草就慢慢的燃着了，然后再盖上一层，直到把土块烧红，才把灶门用大土块或石头堵住。拨去上面没燃尽的绿草，用木棍把土块捣下灶膛里，一边捣土块，一边把洋芋一个个的和土块一起放入灶膛。最后把周边的没有烧红的土块盖在上面，再把没有燃尽的上面的绿草盖在上面，有土盖严捂住。算是一"锅"洋芋被烧下了。捂下洋芋以后，大约要等半小时或更长时间后，挖开灶门，用铁锨铲出土块，这时土块和洋芋一起出来了，热气腾腾，香味扑鼻的洋芋使你不住的口水直流。有的烧焦的洋芋更使人食欲大增，一顿纯正的野炊就开始了。在烧洋芋时，如果用拳头大的石块代替土块那就更好不过了，石块吸热快，不必烧太长时间，还和洋芋一起很干净。

0218 西北馓子

产　　地：西北地区

所属民族：汉族

级　　别：4

简　　介：馓子是汉族油炸面食。古称"寒具"，是寒食节食品。历代又有"粔籹"、"细环饼"、"捻头"等名称。馓子用水和面，搓成细条，扭结为环钏形状，油炸而成。酥脆香甜，口感好。现为日常点心。回族、东乡族也做馓子，配料、方法和汉族不尽相同。取面粉500克，加入盐7克、凉水250克，调制成面团，反复搋揉。饧锅中放植物油1.5公斤（实耗半斤左右）烧至八成热，取面团一块，压成圆饼，从中用手指捅一个洞，先拉长，然后搓成筷子粗细的圆长条，再盘成数层，拉细，将长筷子挂好撑开，一端入油稍炸，起小泡后提起一会儿，切成10小块，再分别揉成面团备用再将另一端入油炸至起小泡，然后将中段入，手持筷子来回摆动，稍炸，再全部入油，将两根筷子错开合并起来，抽出筷子，用筷子拢住使之不分开，炸至呈金黄色时捞出，摆在大圆盘中，围摆成多层圆。我国南北各地清明节有吃馓子的食俗。在少数民族地区，馓子的品种繁多，风味各异，尤以维吾尔族、东乡族和纳西族以及宁夏回族的馓子最为有名。其特点是色泽黄亮，形状美观，香脆味咸。

0219 糖角子

产　　地：西北地区

所属民族：汉族

级　　别：4

简　　介：糖角子，又称糖包子或糖三角，其馅是用黑糖、黑芝麻、新鲜羊油、核桃仁、红枣、瓜子仁、花生仁、葡萄干等混合而成，做法也很简单，把揉好的面团揪成均匀的面剂子，如平时包包子时面剂的大小并擀成面皮。把馅挖到面皮上，用手按均等的位置兜起面皮的三个边，使其成三角状，再依次把三条边捏实，防止蒸制时糖汁流出，把包好的糖角子蒸20分钟即好。

0220 西北贴锅粑馍馍

产　　地：西北地区

所属民族：汉族

级　　别：4

简　　介：贴锅粑馍馍是最具有高原特色的饮食。由于当地青稞产量高，营养好，而且这居住的地区最适合青稞的种植，青稞成为主食之一。贴锅粑是把发酵的青稞面或白面团贴在铁锅的四周，锅底加水加热20分钟多就熟了。贴锅粑背脆面软，老幼皆宜。贴锅粑馍馍是由青稞面和白面做成，而青稞面中含有的维生素E则有促进细胞分裂、延缓衰老、降低血清胆固醇、防止皮肤病变的功能，还能减轻动脉硬化和脑功能衰退。

0221 西固荞粉

产　　地：兰州市西固区

所属民族：汉族

级　　别：4

简　　介：荞麦是药食兼用作物，生产上种植的有甜荞和苦荞两种。甜荞又叫普通荞麦，苦荞又叫鞑靼荞麦。荞麦含有丰富的蛋白质、淀粉、脂肪等等，日常食用的多为甜荞，营养价值非常高。荞麦米与大米、黄米、小米的食用方法一样，煮粥、蒸饭都可以，荞麦米进一步加工成为荞麦面粉。许多地方没有条件加工荞麦米，只好先将荞麦加工为荞麦糁子再加工成荞麦粉食用。荞粉是其中的一种食品，将其面粉在开水锅里散成团状，等凉后切成条状调上蒜蓉、油泼辣子、醋等调料，即可食用。

0222 船馍馍

产　　地：兰州市西固区

所属民族：汉族

级　　别：4

简　　介：船馍馍是专门用于喜事迎娶、出嫁、迁居、贺寿等场合。现将发酵好的面团擀成圆形，上面抹上清油、姜黄，从中折叠，折叠后再抹上清油、姜黄，再折叠成三角形。从角处横切成四条，然后由长到短依次摞起来，拿筷子在中间压十字，使其粘连，再往两头拉成长形，上笼蒸熟。这样做出的馍馍像"船"一样，故民间将其叫船馍馍。

0223 拌面汤

产　　地：兰州市西固区河口乡

所属民族：汉族

级　　别：4

简　　介：将面粉徐徐掺水，用手揉搓成絮状，煮进沸水里，可调入绿萝卜、菠菜、西红柿和蛋花、盐、葱花，炝油后加入调料即可食用。

0224 油馃子

产　　地：兰州市西固区新城镇

所属民族：汉族

级　　别：4

简　　介：油馃子是汉民族为了春节期间不开灶的习俗准备的食品。制作方法是以面粉和油脂和鸡蛋，在油锅中炸制而成。油馃子造型多样，也多成为妇女们比巧的项目。

0225 青城干面

产　　地：兰州市榆中县青城镇

所属民族：汉族

级　　别：4

简　　介：青城干面，又称"青城长面"，起源于唐宋时期，已有千年历史。青城干面以青城本地和榆中后北山精制小麦面粉为原料，手工擀制成一尺见方的面张，细切成丝，分成小把，阴干存放。食时调以豆腐、黄花、木耳等勾制的臊子汤，外加八碟地方小菜，专门用于招待客人及婚嫁时食用，以表达主人的热情，象征吉祥如意、常来常往、友谊长存。

0226 钢丝面

产　　地：天水市张家川回族自治县

所属民族：回族

级　　别：4

简　　介：钢丝面是玉米面的一种特有吃法，是用玉米面经过多道工序制作而成的。钢丝面有两种吃法：①在食用前要先泡再蒸，蒸到半熟再泡、过后再蒸，这样蒸出来的面不仅劲道，而且色泽金黄，再拌入辣椒油、麻酱、醋、蒜泥，这样一碗喷香扑鼻的干拌钢丝面就摆在你面前了，很适合老年人或血脂高的人食用。②把"钢丝面"在锅里煮好捞到碗里，浇上荤素臊子汤，再调上油泼辣子、酱醋等调料，上面再撒上一把葱花，一碗热腾腾、香喷喷的钢丝面即可食用。

0227 出汤面

产　　地：天水市张家川回族自治县

所属民族：回族

级　　别：4

简　　介：出汤面是张家川人在婚嫁中不可或缺的美食之一。出汤面分为汤和面两部分，面是选择优质面粉做成细长的面条，汤是用红白萝卜、豆腐、牛肉、黄花、木耳切成丁状炒制成汤料，加入醋和油泼辣子各种佐料，将面条下熟捞入盛有凉开水的盆中，将汤汁舀入碗中端上桌，根据客人的食量将面捞在汤汁中吃。

0228 面果

产　　地：天水市张家川回族自治县

所属民族：回族

级　　别：4

简　　介：面果是张家川具有特色的风味小吃，吃起来酥软，容易消化，老少皆宜。其制作方法简单易懂，也容易传承。选小麦精粉，用文火上锅将面炒熟炒黄，出锅晾凉，用蜂蜜或糖水将熟面拌匀，然后放在面果模子上用手压实，倒出即可食用。打面果的模子是用枣木或梨木雕刻而成的一尺长二寸宽的板子，上面的图案有心形、梅花形、方形或圆形等，倒出的面果也是相应的图案，看起来精美，吃起来可口。

0229 张家川千层饼

产　　地：天水市张家川回族自治县

所属民族：回族

级　　别：4

简　　介：千层饼是在张家川普遍流行的一种烙饼，掰开饼子会看到里面有好多层，因此而得名为"千层饼"。主要做法是：①将面粉200克，酵母1克，温水适量，将面粉揉成光滑柔软的面团，收圆入盆，发酵至两倍大。②将面粉10克，葱花、油和盐混合均匀成"油酥"。③将发酵好的面团取出，揉出多余气泡后，揉成一头略粗的粗条状铺撒薄粉，轻轻擀开擀薄，粗头擀成稍宽大的面片，其余的擀成等宽（边擀边轻轻抻，这样可以使面皮更薄，层次也越多越薄）。④均匀刷上油酥，宽大端的边缘留出不刷（以利后期粘合）。⑤从一端开始叠起，宽度与长条的宽度相等（即叠出接近正方形的面片，边叠边轻轻抻，使层次多且薄）。⑥最后用宽大端的多余面皮儿包住侧面，捏紧。⑦松弛10分钟，轻轻擀开擀薄成饼坯。⑧平底锅干锅倒上油，烧热，将饼坯放入，小火烙至两面金黄上色均匀，熟后出锅，晾一会后切开即可食用。

0230 张家川氽面

产　　地：天水市张家川回族自治县
所属民族：回族
级　　别：4
简　　介：氽面是一种色香味俱全，酸辣醇香、营养丰富、具有张家川民族风味的面食。具体做法是：①将面粉和碱面和水调均，揉制成面团待用（面团不能太硬）。②将肉、青椒、胡萝卜、蒜苗、豆腐、泡好的粉条切好备用。③锅内加水煮沸，将擀好的面条揪成面片入沸水中，然后加入肉丁，等水再次沸腾后，撇去浮沫，加入事先准备好的配料，香喷喷的氽面就出锅了。④浇上油泼辣子，撒上香菜沫，味道会更好。

0231 凉粉

产　　地：张家川县
所属民族：汉族
级　　别：4
简　　介：汉族传统名吃。以植物凉粉胶等原料制成，产品具有品质嫩滑、晶莹透澈、清爽可口等特点，风味怡人，诚为夏季消暑佳品。

0232 张家川油香

产　　地：天水市张家川回族自治县
所属民族：回族
级　　别：4
简　　介：油香是回族对油饼的一种特殊称谓。制作油香时，首先要把和好的面用手揪或用刀切成小面团，每个小面团擀成直径约15厘米、厚约1厘米的饼坯；然后将油上锅烧热，放入擀好的饼坯，待锅中油香略微变黄后，翻一个身儿，当两面鼓起焦黄后，即可捞出。吃油香的时候很有讲究，拿在手中面儿要向上，一块一块掰着吃，而不能用口直接咬。

0233 滴糊儿

产　　地：甘肃省
所属民族：汉族
级　　别：4
简　　介：在早期，滴糊儿主要是用玉米面粉制作的，后来滴糊儿主要是使用小麦面粉做成，工艺相对玉米滴糊儿有很大改进，口感也提升许多。小麦滴糊儿的制作主要步骤有：①和面。和做手擀面一样，先取小麦面粉放入盆中，加入适量碱面，加水搅拌，揉成较硬的面团。②洗浆。在较大的锅或者瓷盆中加水将面团洗成面浆，知道最后剩下纤维状的东西(也可以做成美食哦)。③熬煮。将洗好的面浆倒入锅中，如果面浆太稀的话，可让面浆沉淀一会儿，适当倒去上层的清水，再倒入锅中熬煮至稠糊状(当然得先保证已熟)。前面这三步和凉粉的制作一样。④滴糊儿成型的一步。将"井"字架搁在盛有凉清水的盆子或锅上面，中间放上底部有均匀圆孔的漏盆(也可以拿孔较大的漏勺代替)，那大点的勺子将熬好的稠糊装物舀到漏盆里面，用勺子在漏盆中边滑动挤压让其通过圆孔，这样一条条光滑的面鱼就落入清水中。⑤将醋或者浆水炝一下，炒一些小菜，准备好蒜泥、辣子。⑥待滴糊儿冷却后，用漏勺捞起，控掉里面的水，倒入碗中，加上各种准备好的配料，一碗清凉爽滑可口的滴糊儿就已做成。

0234 莫高酿皮

产　　地：敦煌市
所属民族：汉族
级　　别：4
简　　介：据敦煌莫高窟藏经洞文书记载，在唐代敦煌酿皮子已是市场上热卖的小吃之一了。当时叫作"冷让"。敦煌本地方言，"酿（niang）"称作"酿（rang）"，后演变成今天的酿皮，人称"莫高酿皮"。春夏吃可以降暑祛火，降噪润肺，秋冬吃则可以热汁凉皮，改善口味，享受冰火两重天的感受。

0235 酒泉颐园糊锅

产　　地：酒泉市肃州区
所属民族：汉族
级　　别：1
简　　介：酒泉颐园糊锅在酒泉城区属老字号，是酒泉最具代表性的地方特色小吃，现已列入国家非物质文化遗产保护名录。由于酒泉颐园糊锅特色独具，风味独有，吃起来面筋酥软、麻花香脆、粉皮滑爽，使食者虽不见其形而满口生香，心为之动，神为之牵，情为之系。酒泉人爱吃颐园糊锅，粘稠的糊锅代表着酒泉醇厚的饮食文化风情。

0236 高玉霞特色拨疙瘩

产　　地：酒泉市肃州区
所属民族：汉族
级　　别：1
简　　介：高玉霞特色拨疙瘩是著名的酒泉地方名吃。它源自山西晋中，俗称剔尖；在西北地区被称为"拨疙瘩"，是一种日常面食。创始人高玉霞发挥酒泉面粉优势，结合当地消费者口味，不断探索、改进，使它以全新的面貌成为酒泉地区著名小吃。高玉霞特色拨疙瘩现拨、现炒、新鲜，既像小鱼戏水，又像柳叶舞动，光滑细腻、玲珑生动，美味可口，经济实惠。被评为酒泉市名优小吃和美食名店的荣誉称号。

0237 甘谷韭菜包子

产　　地：甘谷

所属民族：汉族

级　　别：3

简　　介：韭菜包子采用白面、鲜韭菜、鲜猪肉等，用适宜火候蒸成的快餐，特点是皮薄馅软，油大汁浓，刚出笼时手抓食用香味浓郁，油而不腻。操作时须多人配合，形成擀皮、包馅上笼等三道连环工序。制作选料精良，韭菜、猪肉干净，新鲜卫生，所做包子肉大憨厚，其瘦肉带红，肥肉带白，韭菜嫩绿，保持原汁原味，越热越香，食者大多不用辣椒与醋等调料。

0238 椽头儿

产　　地：甘谷

所属民族：汉族

级　　别：3

简　　介：甘谷旧时下四川者携带此食品，据传该食品创始于清朝大像山镇蒋家庄，安远镇的椽头儿名声亦较大。椽头儿，外径10厘米，似椽头形的一种面食品。采用略有酵性的死活硬面，用乌黑油亮，大如馒头一样的泥模子一个个磕成，在二尺铁锅内一个个烙至水份收干后再入锅内（一锅放13个）焖熟最快2小时由于制作工艺复杂，故操作时三人默契配合，一人擂面擀饼磕模，一人翻转烙饼，一人始终供麦草细火。

0239 甘谷凉粉

产　　地：甘谷

所属民族：汉族

级　　别：3

简　　介：甘谷人的风味小食，既能充饥，也可佐餐。《东京梦华录》载，北宋时已有"细索凉粉"面市。甘谷凉粉品种繁多，制作考究，风味各异，白凉粉用豌豆制成，黑凉粉或褐凉粉用荞麦制成，黄凉粉用扁豆、黄豆、蚕豆等制成，洋芋凉粉用洋芋淀粉精制而成。在县内，洋芋、荞麦凉粉最常见。白凉粉晶莹透明，食时，于手内切成一寸见方的大丁，有的还用旋子旋成面条状。甘谷凉粉调料讲究，有芥末、酱油、醋、芝麻酱、油泼辣子，有些人还喜欢加点味精和花椒面，拌几节香菜、胡萝卜丝或嫩芹菜，看起来白红带油亮，吃起来咸、酸、香、辣、鲜五味俱全。

0240 浆水酸饭

产　　地：甘谷

所属民族：汉族

级　　别：3

简　　介：浆水酸饭简称"酸饭"。据《吕氏春秋》载："文王嗜菖蒲菹酸菜，孔子闻而服之，缩额而食之三年，然后胜之。"说明酸菜在周文王时就已被人食用，由于古冀县与周初建国之地陕西岐山相近，这里的人都喜欢吃酸菜与浆水面，故甘谷浆水与浆水面是周朝遗风的继续与发展。李时珍《本草纲目》记述，浆水有"调中行气，宣和强力，通关开胃，止渴消食，利小便，白肌肤，止呕吐，治泻痢"的功效。浆水制作方法简单，先把白菜叶、包菜叶、芹菜、苦苣等新鲜蔬菜洗净切碎，然后在沸水中煮片刻，并配以少量麦粉或玉米面，后倒入缸中，再加上现成浆水数碗作发酵的引子，然后加入适量滚沸的开水，搅拌均匀后用塑料袋、棉布等密封缸口，一二日后启封，其内色白的水曰"浆水"，菜曰"酸菜"。做浆水酸菜面时，先在锅内倒入少许食用油，将葱花盐或蒜片、辣椒丝放入，炸成焦黄，倒入浆水（叫炝浆水），烧开后，浇在煮好的面条上，再加上炒好的葱花和韭菜，便是酸香溜爽的浆水面。在"酸饭"里夹杂一些用沸水煮烂的洋芋块，风味更佳。

0241　甘谷素面

产　　地：甘谷

所属民族：汉族

级　　别：3

简　　介：甘谷素面为经济实惠型大众传统小吃，历史久远，制作时先用冬麦粉调面，适量兑碱去酸，将面加水揉匀揉光后，擀或压制成面页，再切成2厘米左右宽窄，按一碗（约2两）的数量将宽面卷成小卷，放置盘中。下面时，按食客要求数量取面卷绽开下入锅中煮熟，速度快，不误时，可以说是一种中式快餐。甘谷素面的臊子与吃法很独特，一是调味重，多用醋及油泼辣子；二是干拌，味酸辣鲜滋，所用臊子是调配好的干料，有10余种调味品，面煮熟捞出后，在凉开水锅中一淘后，再用滚沸的大卤汁浇淋，调入甘谷油泼辣子、醋及臊子，即可食用。吃完素面后，盛一碗面汤，调上一勺辣椒油与少许干臊子，喝起来香辣有加。

0242　试手面

产　　地：甘谷

所属民族：汉族

级　　别：4

简　　介：在父母之命、媒妁之言时代，会不会做饭，是定亲的一个重要条件，不仅听媒人说，还要派人悄悄的验证。"试手面"过关，新媳妇受到称赞，既为主家争得颜面，又初步奠定了家庭主妇地位的基础。北方无论男女长幼，皆偏好面食。所以，这擀面似乎是女人的"专利"，是北方"女红"必练的基本功之一，是新媳妇必须具备的看家本领，更是家庭主妇的拿手绝活。要作羹汤、试手面。一碗面要经过六道工序：和－醒－揉－擀－切－煮，每一道工序要用心用意用情用力，绝不能马马虎虎。

0243 锅盔
产　　地：甘谷
所属民族：汉族
级　　别：3
简　　介：锅盔源于三国，据说三国关羽驻军博望，因缺水欲弃城，诸葛亮以锦囊贻之，关羽一看，信内写道："多用干面，挼少许水，和成硬块，大锅炕之，得食如盔，以饲将士。"关羽令军士如法炮制，果然得盔，大如盾牌，食之脆酥可口。甘谷的锅盔创始于清光绪末年，品种有干面锅盔和油锅盔两种。制作时，先把精粉发好，加入一定比例的碱水，再填入大量的干粉反复揉制，直至面团揉压成绸子一般绵软，才切成4至6斤重的面基子。面基子反复揉压，使其更加光滑绵软，然后加入有关调料，擀成圆饼形，并在饼面精心旋出箍纹，抹上菜油，上鏊烘烤。油锅盔是把精粉发好后，添加干面揉制时，加入适量蛋清，植物油等，反复揉压，使其与面揉制时完全相融。再上鏊烘烤。

0244 罐罐饺
产　　地：甘谷
所属民族：汉族
级　　别：4
简　　介：饺子的另一种做法，味美汤鲜，色泽鲜亮，驱寒保暖。

0245 甘谷葱花饼
产　　地：甘谷
所属民族：汉族
级　　别：4
简　　介：面粉加少许精盐用温水和好揉匀，稍醒片刻，搓成长条切成剂。将香葱切碎与盐、油拌匀，面剂按扁，擀成薄片，加上葱油，卷起，由两头拧挤起来，用手按扁，擀薄，刷油，平锅烙熟即可。

0246 素饺子
产　　地：甘谷
所属民族：汉族
级　　别：4
简　　介：菇类的清香，豆腐干的豆香，冬

甘肃省文化资源名录 第二十八卷 饮食文化 特色饮食

121

笋的脆香，油菜的馨香，揉合成一缕自然朴实的淡雅芳香。

0247 甘谷韭菜包

产　　地：甘谷

所属民族：汉族

级　　别：4

简　　介：甘谷韭菜包子色泽鲜美，营养价值丰富，老少皆宜，是甘谷人民特受欢迎的特色小吃。

0248 南瓜包

产　　地：甘谷

所属民族：汉族

级　　别：4

简　　介：水晶南瓜包是一道美味可口的汉族名点。

0249 甘谷臊子面

产　　地：甘谷

所属民族：汉族

级　　别：4

简　　介：臊子面是甘谷汉族风味小吃，以薄、筋、光、汪、酸、辣、香等特色，吃口柔韧滑爽，臊子面的特点是面条细长，厚薄均匀，臊子鲜香，面汤油光红润，味鲜香浑厚而不腻。

0250 外婆粗粮窝窝头

产　　地：甘谷

所属民族：汉族

级　　别：4

简　　介：所有粉类掺在一起，加适量水揉成团，不软不硬即可。饧20分钟。取一小块，团成圆球。左手拿着，右手大拇指往里按，做出窝窝头状。做好的窝窝头放入蒸屉，大火蒸20分钟即可。

0251 韭菜盒子

产　　地：甘谷

所属民族：汉族

级　　别：4

简　　介：香煎韭菜盒是一种非常美味的汉族小吃，营养价值较高，韭菜性温，味辛，具有补肾起阳作用，故可用于治疗阳痿、遗精、早泄等病症。

0252 甘谷蒸饺

产　　地：甘谷

所属民族：汉族

级　　别：4

简　　介：饺子一般只是用猪牛羊肉和蔬菜作馅的传统小吃。现在连鸡、鸭、鱼肉、蛋、海味、山珍、鲜蔬、干菜、果品等都可以作馅。但凡是好吃又富有营养的材料通通都可以作馅。蒸饺是中华民族传统节日食品，是每年春节必吃的年节食品。相传是中国东汉南阳"医圣"张仲景首先发明的，在中国许多省市也有冬至吃饺子的习惯。中国南方地区也普遍有饺子这一食品。

0253 王月亮油圈圈

产　　地：甘谷

所属民族：汉族

级　　别：3

简　　介：油圈圈是天水地区的一道传统小吃，由荞麦面里加白糖，入温水揉拉成团发酵，面体拉成圈状，置油锅煎，其色泽金黄晶亮，酥软香甜。如今在甘谷，制作酥圈圈的人很多，有家叫王月亮的可谓声名在外，他家的酥圈圈很是地道。王月亮本名王明玖，在甘谷方言中王月亮代表谢顶的人。他是清朝末年甘谷知名厨师，擅长南式点心酥圈圈的制作。其制作的点心酥圈圈做工精细，流程考究。传说，一名道台大人听闻王明玖的名气之后，中秋节宴请了许多政界名人，并派专人请王明玖在府上置席，大家品尝过其制作的酥圈圈后一致叫好，非常高兴，称赞王家的酥圈圈像中秋节的月亮，从此"王月亮"的美名便传遍整个天水，自此也慢慢形成了字号。

0254 三和园水晶糕

产　　地：甘谷

所属民族：汉族

级　　别：3

简　　介：水晶糕特点：晶莹透亮，色白润滑、糯软耐嚼，食之甘甜。原料：澄面、莲蓉、白糖、炼乳，清油、水。做法：先把澄面放入汤盆中，然后把水烧开，倒入汤盆中，揉好，把白糖、炼乳等揉和在一起，把莲蓉包在里面，上笼蒸十分钟即可。

0255 三合园玉米面发糕

产　　地：甘谷

所属民族：汉族

级　　别：3

简　　介：特点：味甜松软，有浓郁的枣香味。原料：鸡蛋、小麦面、玉米面、黄油、大枣、果脯、白糖、泡打粉、酵母。做法：大枣用水浸泡好，玉米面放入汤盆中，加入以上原料调成糊状，放在温暖处发酵，看到和好的面表面有泡泡而且涨高了就表示发酵好了。然后把红枣洒在上面，轻轻压实，放进蒸锅，大火上水汽后，转中火蒸30分左右就可以了。

0256 甘谷县荞面馍馍

产　　地：甘谷

所属民族：汉族

级　　别：3

简　　介：荞、糜面馍，在继承传统小作坊、手工艺的基础上，以蕴含民族民耕文明情怀为其最大的特色。经济实惠，风味独特，营养价值高。先后荣获第一、二届"蓝天杯"天水名特小吃三等奖及金奖，在"佛慈制药"第四届中国—甘肃美食节上认定为甘肃名小吃。

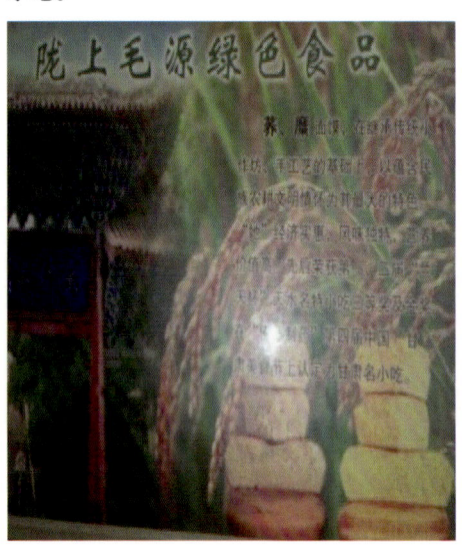

0257 秦安蒜面

产　　地：甘肃省秦安

所属民族：汉族

级　　别：4

简　　介：蒜面可以热吃，也可以凉吃。尤其是酷暑难熬的夏天，当你干完活之后，大汗淋漓、饥肠辘辘时，吃一碗晶莹透亮、黄中带红的蒜面，顿觉凉爽舒适，精神抖擞。蒜面制作简单。首先是和面，用温水将精白面粉拌成软硬合适的拉面团，反复用力揉搓，直到面团光亮时，抹上清油后搁在有盖的盆子里放置一旁。其次是煎油，将清油倒入锅中烧热，去掉生油味，用煎好的热油（注意油的温度）烫蒜泥和姜末，把剩余的煎油舀到碗里晾凉待用。接着是烧面汤，用精白面粉烧成清稠适中的面汤，放入酱油、味精、五香粉等调料。冬天汤热，夏天汤凉。最后是油拌面，把和好的面拉成宽度适中，薄厚均匀的拉条子，放入开水锅中煮熟后，捞出来用煎好的油拌，待晾凉后食用。吃时盛上面，浇上汤，调入蒜泥、油泼辣子、芝麻酱、盐、醋等调料，搅拌后即食。看起来黄中带红，吃起来酸辣爽口。

0258 油酥馍

产　　地：秦安县
所属民族：汉族
级　　别：4
简　　介：油酥馍色泽金黄，香甜酥软，油而不腻，百食不厌。油酥馍的做法是：先用清油、面粉、姜黄、调料粉（用大香、麻椒、干姜等配置而成）拌成面糊。然后把发酵好的面团抻开，拉成长方形条，从右扯开，抹上面糊、清油，再卷起来，边扯边卷，经手压擀成圆饼，表面再涂抹面糊和白糖。最后把鏊坐在火上，底火要稳，提火要旺。把饼放在浇上油的鏊内，烙约十五分钟左右，待香味飘出，就可出锅食用。

0259 秦安荞面馍

产　　地：秦安县
所属民族：汉族
级　　别：4
简　　介：原料是荞面。做法：把荞面用开水烫一下，然后加入酵本儿，发酵8—10个小时左右，夏天发酵时间要短一点。稍微稠点，以筷子能捞起为准。发酵好后，拌入适量食用碱，搅匀后，将拌好的面倒入铺有笼布的蒸笼底上，然后大火上锅蒸，18分钟左右即熟。取出后晾凉，切成小块即可。如果喜欢甜的，可往发好的面中加适量白糖或糖精。

0260 秦安菜（肉）夹馍

产　　地：秦安县
所属民族：汉族
级　　别：4
简　　介：得名古汉语"肉夹于馍"，肉叫腊汁肉，是一种用着锅烧制的肉，但比一般酱肉酥烂，滋味鲜长。由于选料精细，调料全面，火功到家，加上使用陈年老汤，因此所制的腊汁肉与众不同，有明显的特色，人们称赞它是：肥肉吃了不腻口，瘦肉无法满嘴油。不用牙咬肉自烂，食后余香久不散。基本制作工艺是：将肥瘦适度的鲜猪肉，用凉水洗干净，切成1-2公斤的长条，放入陈年老汤于锅内，加入适量的凉水、食盐、料酒、糖色，以及八角、桂皮、花椒、丁香等10余种调味品（用粗布袋装），压上铁箅子，先用大火烧开，撇去浮沫，再改用小火焖煮，保持汤锅小开，煮约2小时后改用微火焖3-4小时，此时肉已完全酥烂，即可捞出拆去骨头，放在大瓷盘内。吃时切腊汁肉少量，夹入刚出炉的"白吉馍"中，此时馍香肉酥，回味无穷。含有丰富的蛋白质、脂肪，和白吉馍一起食用还可以增加碳水化合物的含量。白吉馍和普通烙饼一样，但是操作细节不好掌握，而且需要专用锅、灶，发面的程度也有严格要求。肉一定要白吉馍配，肉里要加些香菜和尖椒的碎末，那样的味道，把土豆丝、辣椒丝，红萝卜丝、豆皮夹进饼子，也实惠可口。

0261 焗馍

产　　地：秦安县
所属民族：汉族
级　　别：4
简　　介：焗馍是用土豆、苜蓿、苹果、洋槐树花等和面为原料做成的，老年人非常喜欢。具体做法是：在锅中放适量植物油，将提前准备好的上述原料中的某一种或两种放入锅中，加入适量水，再在"菜"上面覆盖一层面，然后慢慢加热，注意用文火，直至水干，面粉在"菜"上面蒸熟为止，再将"菜"和面搅拌均匀即可。

甘肃省文化资源名录 第二十八卷 饮食文化

特色饮食

125

0262 秦安罐罐面

产　　地：秦安县
所属民族：汉族
级　　别：4
简　　介：罐罐面是用小瓦罐盛的浆水面条。做罐罐面时，先用葱花炝锅，再倒入浆水烧开，这叫炝浆水。面条煮熟后捞在小瓦罐中，汤多面少，然后浇上炝好的浆水，调盐、油泼辣子、葱花、香菜等，看起来红、白、绿相间，吃起来酸辣可口，真可谓色香味俱全。

0263 秦安清汤面

产　　地：秦安县
所属民族：汉族
级　　别：4
简　　介：清汤面的传统做法是：先擀面，用浓度淡的碱水和面，经过反复揉搓，直至面团光亮，擀成薄厚均匀的大圆面皮，稍晾，切成粗细均匀的面条。然后炒臊子调汤。用瘦猪肉、豆腐切成的小丁块、木耳、黄花、海带丝、鸡蛋、西红柿为原料炒臊子，配以味精、酱油和用大香、花椒、桂皮、茴香、草果制成的调料粉。炒好后加水烧开，调精盐。把煮好的面条捞入碗底，再舀臊子汤，面少汤多，放上油泼辣子、葱、香菜、香醋即可。

0264 秦安炸酱面

产　　地：秦安县
所属民族：汉族
级　　别：4
简　　介：炸酱面酱味醇香软韧筋柔，面长可口。做法是：首先是擀面。用浓度淡的碱水和面，经反复搓揉直至面团细腻光亮，擀成薄厚均匀的大圆面皮，稍晾，切成粗细均匀的面条。然后炒杂酱臊子。把猪肉、豆腐切成小颗粒状，葱、香菜、生姜切碎，锅里放油烧热，放肉末微炒，放甜面酱、花椒粉、食盐、味精、鸡汤，豆腐煸炒，加水淀粉勾芡，撒上葱、香菜、生姜。面条煮熟后捞入碗中，浇上臊子，调上油泼辣子，盐、香醋即可。

0265 秦安搅团

产　　地：秦安县
所属民族：汉族
级　　别：4
简　　介：搅团的做法和馓饭差不多，就是要多搅多撒面，直至稠胶状为好。"搅团若要好，八十四遍搅"。待搅团熟透后盛入大盘中晾凉，再配以菜汤。将搅团夹到碗里，再夹成小块浸汤吃。吃起来滑溜溜的，清爽适口。若要吃干的，用蒜泥、辣椒油、醋、酱油、味精、少许凉开水调成汁，夹饭蘸着吃。

0266 秦安烤馍

产　　地：秦安县
所属民族：回族
级　　别：4
简　　介：烤馍秦安人叫"焌锅子"，是回族人烤制的一种传统风味小吃。它形似碗口大的馒头，色泽金黄，外酥内软，醇香味长，经久耐贮，携带方便。烤馍操作工序简单，关键是烘烤时要掌握好火候。首先用蜂蜜、鸡蛋、清油把精白面粉拌成索状，再用白糖水、酵面和成面团，揉拉发酵好之后，揉成一个个均匀的圆面团。然后将面团放入上下置火的锅内烘烤，火候一定要掌握好，约三十分钟，烤馍即熟。

0267 清水四季凉粉

产　　地：清水县
所属民族：汉族
级　　别：4
简　　介：把优质荞粒拉成荞珍，用清水浸

泡后，用玻璃瓶滚压成泥状，（现用压面机压）。用箩滤渣，将纯净的荞面糊状，倒入锅内，用勺边搅边熟，盛入盆内，晾冷上市。春夏季节，摊点案桌上，经营者用捞儿带上凉水，捞出白嫩柔软的粉状凉粉条，加上各种调味，油泼辣子，清凉可口，寻味悠长。深秋寒冬，摊点和走村串户的营业者，都备一个烤箱，几案上将凉粉切成菱形小块，倒入平底铁锅内，配上十三香调料，香油加炒后的热凉粉，再配上一个备好的油饼，成为独特的美食。

0268 清水莜麦面筋

产　　地：清水县

所属民族：汉族

级　　别：4

简　　介：选优质莜麦炒熟，再磨成粉，用开水搅拌成面团，放入适量碱面，再用力揉成坚柔的面块，擀成薄饼，放入箩里蒸煮4-5分钟，晾冷后上市。因为莜麦种植量少，再加上莜麦香味独特，所以莜麦面筋一直是清水独特小吃。

0269 清水荞面饸饹

产　　地：清水县

所属民族：汉族

级　　别：4

简　　介：选用当年产的荞面，加入荞面面汤，兑进蓬灰搅和均匀，进入木模压成坚而细长的饸饹面坯。煮熟盛碗，吃时加上芫荽、香醋、葱花、蒜苗、香油、辣子等。

0270 武山油圈圈

产　　地：武山县

所属民族：汉族

级　　别：4

简　　介：油圈圈是武山独具特色的一种烤制食品，因其形似轮胎，环状结构而得名。其壁厚约3厘米，内外圈直径各约10厘米和15厘米，底色淡黄，环面纹饰呈橙黄色，断面为层叠圈状。其味香酥脆绵，不油不腻，略带咸麻。其制作工艺和用料都十分考究。主料为优质小麦粉和植物油。先用酵水提前发面，同时用纯正胡麻油和制油面，并熟一碗清油备用。将发好的面团置于案板上，适量揉进干面粉和碱面，用力反复揉压，使面团柔软绵韧而不粘手，再揉入少量清油、花椒粉、姜粉和食盐，也可根据口味不同揉入蛋黄和猪油等，以形成烤饼的层次色泽和口感。烤制前，将揉好的面团均匀等分，再做成璧玉形饼胚，然后给环面揉入些许油面，用铁夹制作简略的花形棱纹，用刷子蘸油刷在上面，即可入屉上鏊，烤制时要掌握火候，火力要适中，时间要适宜，既要避免焦烂，又要透熟，不焦不粘，恰到好处。油圈圈作为地方饮食文化的一枝奇葩，根植于乡村大地，传承于巷陌百姓，其源远流长的历史底蕴，精益求精的品格魅力，必将在新的时代，绽放新的辉煌。

0271 天水麻食

产　　地：天水

所属民族：汉族

级　　别：4

简　　介：麻食是一种面制品，先用大拇指把面搓卷成核形中间空心的面卷，再和炒菜一块制做而成。它的主辅料相融，筋韧爽滑，乡土气息浓郁。制作麻食十分简便，对配料没有严格要求，可精可粗，可荤可素，普通家庭常以此调剂饮食花样。也可在开水中煮熟，捞入碗中，浇上臊子，调入佐料即可食用。特点是入味、滑爽、易消化。

0272 麦积浆水面

产　　地：天水市麦积区

所属民族：汉族

级　　别：3

简　　介：浆水面是浆水作汤，加上葱花、香菜等制作的一种面条。浆水面有清热解暑、治疗疾病之功效，可单独作饮料。在炎热的盛夏，喝上一碗浆水，会使人感到清凉爽快，又能解除疲劳，恢复体力。常食用浆水面还能治一些疾病，有高血压的病患者经常吃些芹菜浆水，能起到降低和稳定血压的作用。对肠胃和泌尿系统的某些病症也有一定疗效。有的医院用浆水配合药物医治烧伤，可大大减轻患者疼痛，取得显著疗效。

0273 麦积打卤面

产　　地：天水市麦积区

所属民族：汉族

级　　别：3

简　　介：先用乌龙头、芹菜、木耳、黄花、豆腐干、大肉、丸子、夹板肉切大块或大片，不带汤炒成臊子，浇上稠糊状芡汁。再用麦粉扯面条，面宽两厘米以上，煮熟面条，捞入大碗中，浇上臊子，调入油泼辣子、醋、盐等佐料即成荤大卤面。臊子中不放肉则为素大卤面。特点是面宽、腰子大、碗大、臊子稠，与面条紧紧粘在一起，味美可口。

0274 麦积搅团

产　　地：天水市麦积区

所属民族：汉族

级　　别：3

简　　介：搅团是中国西北地区著名的特色小吃，定义为"用面搅成的浆糊"，陕甘宁尤好吃。根据主要用料不同，分为荞面搅团、玉米搅团和洋芋搅团，陕北用荞面做搅团，更筋道味美。在西北，有一种说法：谁家娶的媳妇儿贤不贤惠，是要看看她打的搅团光不光或筋道不筋道。搅团的吃法多种，有水围城、漂鱼儿，陕北也有烩搅团、炒搅团和凉拌搅团等多种吃法。

0275 麦积面皮

产　　地：天水市麦积区

所属民族：汉族

级　　别：3

简　　介：面皮是麦积区的地方风味小吃，在夏秋炎热天里最受欢迎。面皮是用面粉制作而成的。其做法是将面粉用凉水和成硬团，然后在清水中揉搓，这样可以使面粉中的蛋白质和淀粉分离。淀粉沉淀后，倒去清水，加放食碱，调成面浆，舀入平底盘上笼蒸熟，凉冷后切成筷子粗细的长条即可。面粉中的蛋白质则另外蒸熟，切成薄片，随碗搭配。一碗黄亮透明的酿皮子，加上油泼辣椒、精盐、酱油、蒜泥、芥末、香醋、芝麻酱等调料，再加一小撮青菜，具有色艳味美、油浓汁足、凉爽利口、喷香解暑之特点。酿皮食法多样，既可当主食，又可当菜看，可凉可热，四季皆宜，深受大众欢迎。

0276 麦积呱呱

产　　地：天水市麦积区

所属民族：汉族

级　　别：3

简　　介：呱呱，是天水著名特色小吃。天水呱呱品种繁多，以原料区分有荞麦呱呱、冰豆呱呱、豌豆呱呱和粉面呱呱等。荞麦呱呱的制作方法是先把陇南盛产的荞麦粉成"荞珍子"，入水浸泡、加工，取其淀粉，然后将淀粉加水入锅，用小火烧煮，直到锅内形成厚厚一层色泽黄亮的呱呱时，方可取出装入盆内加盖，经过回性，即可食用或上市。天水呱呱的吃法也比较独特，先将呱呱撕成小片，再配上辣子油、芝麻酱、食盐、醋、蒜泥等调料即可。天水呱呱可是典型的辣味小吃。若初食者，面对满碗流红的呱呱，定会咋舌、冒汗。而当地人尤喜以呱呱为早点。

甘肃省文化资源名录 第二十八卷 饮食文化 特色饮食

0277 民间叉叉

产　　地：天水市秦州区

所属民族：汉族

级　　别：2

简　　介：主料：土豆、芹菜、胡萝卜。辅料：面粉、红绿辣椒、蒜苗。制作方法：将土豆去皮，切丝，芹菜切小，胡萝卜切丝，洗净，拌入面粉，上笼蒸熟。将红绿辣椒切了备用，放上调料即可。特点：食料用途广泛，营养价值高。该小吃于2011年7月被甘肃省商务厅授予"精品陇菜"称号。

0278 麦积棒棒面

产　　地：天水市麦积区

所属民族：汉族

级　　别：3

简　　介：棒棒面源于扯面，用挂面制作手法，兼容扯面工艺，配小葱、蒜苗、辣子、豆腐丁等作料，鲜红的油拨辣子、翠绿的葱花、泛黄的豆腐丁，吃起来口感独特。制作面条首先选好上等精粉，将食用碱、食盐溶于温水中，摇均后和面。用力揉搓待面软硬适中时，将面揉成小团，成一尺左右长、拇指粗的条子，用油布盖上片刻。棒棒面配料中最主体的是豆腐丁，因为江洛豆腐采用传统手法精制而成，外皮微黄，豆腐细而嫩，炒熟的豆腐香酥味美，保持着原味，口感独特。炒好豆腐，接着就制作油辣子。切好葱或蒜苗备用，待锅中水开将揉好的面棒子再搓细一些后，均匀用力扯开。做棒棒面必须配有当地的金皮豆腐和香醋，离开这两大特色配料，棒棒面就会变味失色。

0279 张家川锅盔

产　　地：天水市张家川县

所属民族：回族

级　　别：4

简　　介：张家川锅盔历史悠久，自晚清以来，就很有名气，是当地回汉群众特别喜爱的特色面饼。张家川锅盔的特点是厚大如盾、保留古俗，不仅火色鲜亮，香味醇厚，而且久不变味，不易破碎，非常适宜长途携带。制作方法是：先用"酵子"和面成团，然后调上胡椒、苦豆、姜黄等佐料，再用棒子压面，把它做成圆形模样，印上各种花纹，放于凹锅，温火满烤，直至烤熟。

0280 武山搅团

产　　地：天水市武山县

所属民族：汉族

级　　别：4

简　　介：搅团是武山农家的家常便饭。搅团制作方法：一手端面粉，一手拿擀面杖，把面粉均匀地倒入开水锅里，同时不停地搅拌，搅至没有干面粉为止，然后注入一定量的开水，用擀面杖划成一团一团的，待烧开冒泡时，用力搅拌，直至均匀无小颗粒。第二次注入开水加热，待熟后，最后一次搅匀，一锅搅团就做成，浇上加入香油、辣椒、蒜泥、姜沫、芝麻的醋汤即可食用。

0281 天祝酥油糌粑

产　　地：武威市天祝藏族自治县
所属民族：藏族
级　　别：1
简　　介：糌粑是藏族的主食。藏族人一日三餐都有糌粑。糌粑，名子听起来新鲜，实际上就是用青稞麦炒熟、磨细、不过筛的一种面食。吃糌粑时，碗里放上一些酥油，冲入茶水，添上糌粑，用手搅拌。拌时，先用中指将糌粑向碗底轻捣，以免茶水溢出碗外；然后转动着碗，并用手指紧贴碗边把糌粑压入茶水中；待糌粑、茶水和酥油拌匀，能用手捏成团，就可以进食了。食时用手不断在碗里搅捏，揉合成团，用手往嘴里送。藏族群众吃糌粑一般不用筷子，只用手抓。

0282 古浪栀子面

产　　地：武威市古浪县
所属民族：汉族
级　　别：4
简　　介：因形似栀子花而得名。栀子面制作工序极为精细，首先是和面，取优质面粉三斤，加二斤温盐水和成面团，再揉上三遍，然后将揉好的面擀成薄薄的面张，切成指尖大小的方片，堆放在案板上或平整的器具中，用稍温的毛巾或布盖上，使其保持一定的温度，以便容易捏制。具体捏法是用左手的姆指和食指挟面片，右手姆指把面片的一对角先捏合，然后再向右或左旋捏半周即成。栀子面的吃法很讲究：用肉丁（羯羊肉最好）、豆腐、洋芋、胡萝卜、豆芽、粉条等做成臊子汤，再将捏好的栀子面放入汤内煮熟，最后配以葱花、香菜、味精即可食用。栀子面吃起来爽滑劲道，香气四溢。

0283 凉州凉粉

产　　地：武威市凉州区
所属民族：汉族
级　　别：3
简　　介：据《东京梦华录》载，北宋时期已有"细索凉粉"应市，距今有近千年的历史。凉州凉粉品种繁多，风味各异，制作考究，用料独特，既能"充饥"，也可"下菜"。一般常见的有豌豆制成的白凉粉，荞麦制成的褐凉粉，扁豆、黄豆、蚕豆制成的黄凉粉，绿豆制成的绿豆粉，沙米制作的沙米粉，洋芋淀粉制成的洋芋粉等。白的透亮似白玉，黄的像蛋黄，黑的青如乌色。白凉粉尤为讨人喜爱，它晶莹透明，手托一寸厚的块子，隔粉能看见指纹。食时可切成薄片细条，或一寸见方的大丁，有的还用旋子旋成面条状，加入调料酱油、醋汁、蒜泥、芝麻酱、油泼辣椒、芥末等。喜欢抖点味精、花椒粉，拌点香菜或嫩芹菜也可享用。看上去白红带油光，诱人食欲大增，吃起来咸、酸、辣、鲜。

甘肃省文化资源名录 第二十八卷 饮食文化

特色饮食

0284 凉州油糕

产　　地：武威市凉州区

所属民族：汉族

级　　别：3

简　　介：凉州油糕是甜食，食者多为老人、妇女和小孩。制作方法是用开水和面（烫面），有的还掺入少许洋芋面，包上白糖、芝麻、红绿丝、玫瑰烊成的糖汁，搁在手心里拍成一两一个的圆形小饼，入油锅一炸，外层炸得酥脆。趁热吸一口，烫、甜、粘，不小心糖汁会溅出来，这时炸糕师傅便打趣道："当心舌头，烫着了可没地方贴膏药。"

0285 麦索

产　　地：武威市凉州区

所属民族：汉族

级　　别：3

简　　介：每到青稞有八成熟时，用镰刀割下半熟不黄的青稞扎成把子，剪去穗头上的芒刺，朝上放在锅里，把水加到刚刚浸过秃穗，生旺火，很快把水烧沸，然后细火慢煮，熟时把青穗从水中捞出，凉冷后，放在簸箕中搓去麦壳，便成青粮食，稍撒点盐，吃起来有滋有味，熟青稞，放到石磨上碾成火柴棍粗细、长短不等的绳索状，就是"麦索"了。将它盛进碗里，浇上酱油、醋汁，拌上清油泼的辣椒、蒜泥等，吃起来柔筋筋的，越嚼越香，别有一番滋味。

0286 甘青荞麦挂面

产　　地：武威市凉州区

所属民族：汉族

级　　别：3

简　　介："甘青"牌荞麦挂面采用甘肃产优质苦荞麦面及甘青面粉为主要原料，采用传统工艺、现代技术，粗粮细作，经过糊化、熟化、烘干、低温冷却精心加工而成，保持了荞麦的各种天然成分及营养元素，产品配方科学，营养合理，口感香纯，滑润爽口，风味独特，具有荞麦特有的清香味，是一种独具特色的粗粮型营养挂面，更是现代人理想的健康食品。

0287 凉州面皮子

产　　地：武威市凉州区

所属民族：汉族

级　　别：3

简　　介：面皮子是武威凉州人十分喜爱的小吃，秋吃到冬，春吃到夏，竟没见有人吃够过。做面皮，俗称"洗面皮"。先把面粉和好，揉成光洁面团，入清水中轻搓轻洗，洗得淀粉和面筋分离，然后沉淀过滤，留下稠浆兑适量蓬灰或碱，舀入平盘上笼蒸熟；面筋亦上笼蒸，一蒸便煊起细孔，如海绵状。吃时把大块面皮切成一指来宽条子，盛海碗，顶上盖几片面筋，浇上醋卤、蒜泥、红油、芥菜，扑鼻儿香。最著名的是凉州古城"纪面皮子"，家喻户晓。

0288 凉州拨鱼子

产　　地：武威市凉州区

所属民族：汉族

级　　别：3

简　　介：凉州拨鱼子，其古拙、简朴，无以复加。制作时舀一碗面粉，倒进凉水，搅拌成软溜溜的一团。使一根竹筷，顺碗沿一蹭、一旋，就拨出一条"鱼"，反复多次，水沸"鱼"乱游。可以捞出配以菜、卤吃，也可连汤吃。做一顿饭只需用一付碗筷一顶锅，凉州人称为"光棍饭"。近年凉州市场上，于家拨鱼子当占上风，给凉州百味小吃增添了一份独特小吃。

0289 满族饽饽

产　　地：武威市凉州区

所属民族：汉族

级　　别：3

简　　介：武成城东北2.5公里有"满城"，此为清代戍边满族人聚居之所。今旗人后裔已散居各处。当年随人流传到凉州的"饽饽"却经蔡氏祖传至今，融入凉州小吃，给当地人民带来口福。饽饽是满族同胞对各种糕点的统称。主要有糖火烧、燕窝酥、牛舌饼、茴香饼、佛手、马蹄等30多样花色。燕窝酥，白面中掺黄米面，加清油、糖水和面。面陷饧好掐成长剂子，剂子上沾油，扯条，折成七八股，盘旋压成饼状，四周高，中心凹，中间撒白糖、青红丝，烤出来香甜松软，形如燕子窝，故名。糖火烧：和好面团，擀饼前，先将奶油裹进去，外面刷上清油，入炉一烤饼便起层，皮酥脆，里边香软。扇子饼：扇子饼的面比较硬，吃起来有嚼头，入炉前先做成扇状，并压上花纹。这种饼可大可小，便于做旅途点心。茴香饼：味咸，和面时揉进盐水和茴香粉。香味很浓，拍成长方形，叠三层到四层，吃时便于中间夹肉，类似汉堡包。每当华灯初上，夜幕降临，便有卖饽饽的食品车跻身于喧闹的夜市，车上挂黑底儿金字招牌，上面是满文，下面大书"满族饽饽"四字。

0290 凉州牛肉菜面

产　　地：武威市凉州区

所属民族：汉族

级　　别：3

简　　介：凉州街头的牛肉菜面馆，无论是面、汤、肉、味、色，还是店面装修都和兰州牛肉面馆风格相媲美，在兰州牛肉面的基础上加入凉州地道的凉粉、豆腐、萝卜、豆角，添加香菜、蒜苗等新鲜佐料，一清二白三红四绿五黄，一清是汤清，二白是萝卜白，三红是辣椒红，四绿是香菜、蒜苗绿，五黄是面微微发黄。味美可口，经济实惠，已成为凉州百姓热衷的营养美味快餐。

0291 肘子行面

产　　地：武威市凉州区

所属民族：汉族

级　　别：3

简　　介：选用优粉、大用肘子、木耳、蒜苗、淀粉，各种调料。用盐水和面，反复揉面，切成积子装入盛器内，下面时搓成条行好，拉成芃叶或园形的面条下入开水锅内煮熟捞在碗内。将肘子肉洗净下入锅内煮熟后捞出切成片待用，肉汤内加调料、酱油、盐、淀粉制成卤，放入糟油、肉片、木耳、蒜苗丝，浇在下好的面上即可食用。

0292 凉州高庄馒头

产　　地：武威市凉州区

所属民族：汉族

级　　别：3

简　　介：高庄馒头（也叫甜水馒头），是用麸酵配以优质精粉揉成发面蒸制而成，是凉州的优秀传统食品之一。其制作一般要经过和面、发酵、再和面成形、上笼蒸制等工序，发酵时需多次掺入精细面粉揉匀，蒸锅时蒸笼不得漏气，蒸出的馒头白、暄、酥、香，外形天圆底方，品味绵软可口，无碱味，且入口即化，极适宜老幼食用，富有地方特色。

0293 家常风味蒸饼

产　　地：张掖市临泽县

所属民族：汉族

级　　别：4

简　　介：家常风味蒸饼是临泽县福荣大酒店特色小吃。选用优质高精粉，用筷子搅成絮状，再加适量凉水揉搓成较软的光滑面团，将面团擀成均匀的面饼，放入蒸锅中蒸熟，切成细条即可。

0294 张掖油泡泡

产　　地：张掖市山丹县

所属民族：汉族

级　　别：4

简　　介：油泡泡又名炸咕嘟，将面粉由沸水烫成硬糊状，再搋进煮熟切碎的黄参（一种野生植物，装如人参，营养丰富，其味甘甜），然后用筷子将其一团一团夹入沸腾的油锅煎炸，呈金黄色时，即可捞而食之。油泡泡酥软香甜，营养丰富，是当地美食之一。

0295 张掖粉皮面筋

产　　地：张掖

所属民族：汉族

级　　别：4

简　　介：在张掖农村，农民秋收后，家家户户要晒粉皮面筋，逢年过节或是喜庆之时，粉皮面筋是不可缺少的招待食品。产妇坐月子时也由娘家赠送一篮粉皮面筋。张掖驰名的粉皮面筋有"马面筋"，每日清晨挑两桶摆摊出售，不到两个小时出售完毕。因为驰名，除经常来吃的人们外，慕名而来者也不少。粉皮面筋做法大致是：先将面粉和在水中，不断的揉洗，待水底有一层完全无法溶于水的胶状面泥，将面水与面泥分离，面水用来煮粉皮，煮到非常粘稠后倒在容器中冷却，然后切成薄长条状晾干即粉皮。而面泥则用来蒸熟，切成块或长条食用即面筋。

0296 甘州小饭

产　　地：张掖市甘州区

所属民族：汉族

级　　别：4

简　　介：甘州面食历史悠久、内容丰富、风情别异、特色鲜明，分布于甘州城乡，它是劳动人民在长期的生产生活实践中，将丰收的喜悦和对美好事物的理解通过丰富的面食加工制作带入人们的生活中。随着历史的发展，不断摸索、创造出品种繁多的面食制品。所说的小，是由于面块小、肉块小、豆腐小、菜丁小，以小料做成，故其名也。

0297 鱼儿粉

产　　地：甘肃张掖

所属民族：汉族

级　　别：4

简　　介：鱼儿粉是甘肃省有名的汉族传统小吃。用精细的大豆粉制作，形状象小鱼，颜色有白有红，配上调料、小菜，活象一条

甘肃省文化资源名录 第二十八卷 饮食文化

特色饮食

135

条小鱼在碗里。吃起来清凉可口，既充饥，又止渴，是一种地道的夏令风味小吃。

0298 民乐青稞面

产　　地：张掖市民乐县

所属民族：汉族

级　　别：4

简　　介：青稞其内外颖壳分离，籽粒裸露。分为白青稞，黑青稞，墨绿色青稞等种类。民乐青稞具有丰富的营养价值和突出的医药保健作用。同时可以做成各种美食，其中民乐的青稞面搓鱼子、麦仁饭和炒面最为出名，是当地百姓最为喜欢的美食之一。

0299 靖远糁饭

产　　地：靖远县

所属民族：汉族

级　　别：4

简　　介：靖远糁饭是靖远著名特产之一，是将米和面混在一起做成的面食，是靖远人发明的传统家常饭。远在唐代，靖远就因盛产糜谷类粮食作物而闻名，贞观八年曾将地名改为粟州。由此可知，糁饭自古以来就是当地的主要食品，历史悠久，源远流长。靖远的干旱、半干旱山区以及高扬程灌区，大面积种植糜子、谷子，经碾磨去皮后称之为黄米、小米。黄河沿岸则以种植水稻为主，水稻去皮后称为大米或白米。因所用米料以及加入面粉的不同，有小米糁饭、黄米糁饭、白米糁饭之别，还有黄米和白米混合做成的糁饭，有麦面糁饭、豆面糁饭、包谷面糁饭等。

0300 洋芋苲苲

产　　地：靖远县

所属民族：汉族

级　　别：4

简　　介：洋芋苲苲就是将土豆洗净削皮。用擦菜板把土豆擦成碎的小细条。拌入面粉。可以一次一次少加一点进去。直到土豆和面粉的混合物变得不干也不粘。上笼屉用水蒸20-30分钟。锅内热油，小火将葱花炒香。将蒸好的洋芋饭倒进锅内炒。放适量盐和花椒粉。翻炒出香味。关火放一丁点鸡精。吃辣的可以放油泼辣子再拌匀。是农家、商旅、居民的特色食品。

0301 华亭洋芋搅团

产　　地：甘肃华亭

所属民族：汉族

级　　别：3

简　　介：洋芋搅团为华亭地方名优小吃，是用华亭地方产的洋芋精制而成。其制作方法是：先把洋芋用清水煮熟，剥去粗皮，晾在案上，待仅存余温时，便倒进特制的木槽或石臼之中，先用木锤慢慢地砸揉，到洋芋成糊状时再举锤猛砸，直至成为一团莹莹放光、韧柔如胶的模样即可食用。分热食、冷食两种食用法。热食，放入酸菜浆水中略煮，连同酸菜浆水盛碗后调以盐、油泼辣子即食；冷食，盛入炝煮的融醋、油泼蒜、辣子为一体的醋汤中入碗即食。其风味独特，口感滑润、清香，是美食养生的理想之选。过去为农家家常小吃，现已成为大众喜食的地方特色小吃之一。

0302 华亭擀面皮

产　　地：华亭

所属民族：汉族

级　　别：4

简　　介：华亭擀面皮具有筋道、柔软、凉香、酸辣可口、四季皆宜之特点，是较有民族风味的食品之一。其面皮选料精良，工艺严谨，调味讲究，以"白、薄、光、软、筋、香"而闻名，凉爽可口，华亭本地消费者对擀面皮情有独钟，擀面皮已然构成了华亭本地人日常饮食的一个重要组成部分。

0303 华亭酿皮子

产　　地：华亭

所属民族：汉族

级　　别：4

简　　介：酿皮子，是华亭广大群众独特的风味小吃之一，以本地回族群众制作的口味最佳，这种小吃味美爽口，经济实惠，既有菜又有饭。食用时，要将涮好的一张张酿皮子切成细条，上面再放上几块蒸熟的、切成薄片的面筋，浇上辣椒油、醋、蒜末、酱油、芥末等佐料，其色悦目，香味诱人，在炎热的夏季，若能吃一盘酿皮子，顿时倍感凉爽提神，食欲大增。酿皮子一年四季都有出售，其特点是色泽橙黄而透明，吃起来柔软又有韧劲，风味特佳。

0304 油炸花果

产　　地：临夏州广河县

所属民族：回族

级　　别：4

简　　介：油炸花果为民间手工技艺，原料为小麦面、食用胡麻油、水、碱、糖、鸡蛋等，通过和面、卧面、揉面、配制、炸锅等工序，同一种原料分别由不同的人做制，结果味道各不相同，这就是"手法"。油炸花果是一种工艺独特、造型奇丽、图案清晰、用料考究、香甜脆酥、颇为可口的传统油炸食品。油炸花果的种类繁多，诸如：菊花、梅花、牡丹、蛟龙、凤凰、麻雀等等，不胜枚举。广河县马清良夫妇传承的技艺，已初具规模，在原传承的基础上有所提升，"手法"独具一格，别具特色，当地很有名气。基本形成了手工生产一条线，产品进行科学分类、包装，以可口、美观、无公害绿色民族食品为特点，赢得了广大群众和消费者的信赖。目前已有西宁、兰州、临夏、东乡、康乐、和政等地的需求订单，逐步形成了一种新形的产业。

0305　脆皮油糕

产　　地：灵台县

所属民族：汉族

级　　别：1

简　　介：油糕又叫炸糕，是灵台县最具代表性的地方风味小吃之一。灵台油糕用上等麦面筛入开水锅，边加边搅拌，至熟透呈硬糊状即可，以此作面皮包红糖做成馅饼下油锅一炸即可。色泽呈黝红色，入口表皮脆，肉酥软，馅儿香甜，让人百吃不厌，经植物油炸后，其味清香细腻、香甜可口。各宾馆饭店均作为地方特色风味有售。油糕一般常见于逢年过节或款待亲朋好友时，特别是婚庆筵席中，盛在碟中，每碟十个，味道甚佳。油糕色泽金黄、细腻柔软，经久而不变色不变质，属天然绿色食品。油糕的做法：取白面、糖、油、水为原料，先将水烧开，然后将白面粉倒入沸水锅中拌匀，待烫面用手摸不粘时，翻倒在面案上。凉却后，500克烫面兑150克干面，揉匀堆放起来，天热时放2小时，天凉时放4小时。然后包糖馅后压扁，投入油锅文火炸制，外皮炸成金黄色后捞出，用刀切成小方块，撒上白糖即可食用。炸油糕用糯米面开水烫好，不要太软。等凉一些，和好做成小面饼，中间放上馅，包好，压成小饼。不要压太薄，不然馅容易漏。上锅蒸10分钟就差不多了，拿出晾凉。起油锅，炸至两面金黄。沥油，装盘，迅速撒白糖。

0306　酥合子

产　　地：平凉市崇信县

所属民族：汉族

级　　别：4

简　　介：酥合子是崇信民间手工特色小吃。主要以本地产优质小麦粉、胡麻油为主要原料，佐以核桃仁、花生米、黑芝麻、白芝麻、葵花仁及青红丝为内馅。外形色泽金黄，外酥里嫩，香甜可口，营养价值高，具有益智、健脑、乌发等食疗养生效果，是人们理想的休闲食品，也是走亲访友馈赠之佳品。崇信酥合子曾获得"平凉名优小吃"称号，在2009年、2010年接受CCTV-2《为您服务－美食走天下》、北京电视台美食记者的采访报道。

0307 酥馍

产　　地：平凉市崆峒区

所属民族：汉族

级　　别：4

简　　介：平凉酥馍精选小麦粉、油、白糖等。制作方法：先用开水将面粉烫后加入酵面发酵，面须和稀，面发好加少量碱水揉匀，再加入清油等做成小饼用鏊烙制即可。风味特色：分为汉民的暗酥馍和回民的明酥、扯酥酥馍三大类。明酥馍表面不见酥，吃到口里才觉酥，有五香味的咸酥馍、包糖馅的甜酥馍两种。明酥馍表面油亮酥脆，吃口酥软，也分甜、咸两种。花样有牛舌头、麻鞋底、一道眉和方块等十多种。

0308 崆峒水饺

产　　地：平凉市崆峒区

所属民族：汉族

级　　别：4

简　　介：饺子是一种历史悠久的风味小吃，民间素有"好吃不过饺子"的俗语，是一种群众喜爱的地方特色小吃，2012年获平凉市地方名优小吃称号。

0309 庄浪县大馍馍

产　　地：平凉市庄浪县

所属民族：汉族

级　　别：4

简　　介：庄浪大馍馍为纯天然冬小麦面粉制做，直径一尺余，高8分许，重达斤二。大馍馍保留了麦子的醇香，口感筋道，营养宜人。造型喜气，过去是办喜事、走亲访友的必备礼品。如今作为健康绿色的美味佳肴，成为日常食物、馈赠亲友的常见食品。

0310 泾川枣馍馍

产　　地：平凉市泾川县

所属民族：汉族

级　　别：3

简　　介：将面粉制成面团，包入枣泥馅，烤制而成。特点：外表美观，枣香味浓郁。

0311 泾川核桃饼

产　　地：平凉市泾川县

所属民族：汉族

级　　别：3

简　　介：核桃饼饼皮金黄，口感绵软、香甜。制作方法：先将面粉、鸡蛋、菜油、泡打粉、酵母加适量水和成面团，分成小剂，包入核桃馅，制成饼状；电饼铛放菜油烧热，入核桃饼生坯，煎成两面金黄即可。

0312 四喜同春面

产　　地：平凉市泾川县

所属民族：汉族

级　　别：3

简　　介：四喜同春面劲道，吃法多样，四种颜色，不同的味道，构成各有所补，各有所长，达到四季如春的特点。具有强身、健体、养血、增加体内蛋白质、维生素B、延年益寿的功效。

0313 泾川核桃包子

产　　地：平凉市泾川县

所属民族：汉族

级　　别：3

简　　介：核桃包子具有健脑益智、补气养血、润燥化痰、温肺润肠作用。制作方法：①酵母粉溶于水中，将酵母水倒入面粉中，揉成稍光滑的面团，用保鲜膜盖上醒5分钟。②先将干核桃破皮，取出仁，用温火煨烤至淡黄飘香，去掉核桃仁上的细皮后擀成泥状，加上红糖拌匀备用。③将醒好的面团擀成圆形。④放上核桃馅，包成包子的形状。⑤将包好的包子排入蒸笼，盖上锅盖发酵25分钟左右，看见包子形状比原来蓬发即可。

0314 泾川火烧子

产　　地：平凉市泾川县城关镇

所属民族：汉族

级　　别：2

简　　介：火烧子又名葱花饼，清同治年间

由四川传入，第一个制售的是县城王家。制作方法是用烫面卷大油，包入有调料的葱花，用大油煎烤。饼色金黄，香味喷鼻，脆而又酥，油而不腻。

0315 罐罐蒸馍

产　　地：平凉市泾川县水泉寺村

所属民族：汉族

级　　别：1

简　　介：罐罐蒸馍因上大下小，形如小罐而得名。色白如雪，皮薄如纸，热柔冷酥，醇香味长，含水量少，长期存放不馊。用开水浸泡，像白莲初绽。在过去被过往旅客视为常备干粮和馈赠亲友的佳品。相传清代康熙皇帝品尝后赞曰："天下扶王之麦在泾州矣"。罐罐蒸馍的原料为精粉；黄酒糟配制的酵面。和面要硬，揉面时间要长。蒸时底层要燃硫磺，以增白提味。出售时用油笼储装。主要产地在城关镇水泉寺、兰家山一带。民国时期制售者达二三百户，70年代后只有国营饭店和少数农民制售，质量有所下降。目前罐罐蒸馍制作工艺濒临失传，市场上已基本绝迹。

0316 合水床子面

产　　地：甘肃合水

所属民族：汉族

级　　别：4

简　　介：床子面又称饸饹面，是一种传统的一种面食，制作者用饸饹床子（做饸饹面的工具，有漏底）把和好的荞麦面团、高粱面团（现多用小麦面团）放在饸饹床子里，并坐在杠杆上直接把面挤轧成长条在锅里煮着吃。这种面，吃着筋滑利口，操作简便，速度快，非常适宜于大一点场面的集体就餐。同时，饸饹的臊子加入用纯羊油熬制的辣椒和百年老锅汤及新鲜味美的羊肉，辅以八角、茴香、辣椒、胡椒、肉桂、葱花、枸杞等十余种佐料，吃起来不仅味道鲜美，香而不腻，而且有暖胃去寒，滋阴壮阳，保健防病的功能。

0317 华池油涮饼子

产　　地：华池县

所属民族：汉族

级　　别：4

简　　介：以沸水烫小麦面，使之稍软，趁热揉团擀饼，卷饼成棒，拧棒成麻花状，再纵向压麻花棒成坨，重新擀即成千层饼，在饼上倒清油，并加入精盐、调料、葱花等，入油锅中焖烙，务必盖严锅盖，以秋秸秆锅盖为最好，不使漏气，保持锅内水分，须臾即熟。其色黄亮，柔软滑润，油香可口，味道绝妙，油涮饼子制作速度极快，档次又高，是农村招待远道来客的最佳方便食品。

0318 华池油炸馓子

产　　地：华池县

所属民族：汉族

级　　别：4

简　　介：以小麦面加水，添少许鸡蛋清及精盐等佐料，揉匀搓条或拉条，做成缠绕环钏形，入油锅炸熟食用，其状如盘丝，油脆咸香，酥松可口。

0319 华池麻食子

产　　地：华池县

所属民族：汉族

级　　别：4

简　　介：将揉好的白面团切成小丁，在刻有花纹的器物或新买的梳子上搓成螺纹状，入沸水锅中煮熟，浇以臊子汤等即成，或在臊子汤中直接煮熟亦可。麻食子造型美观，口感滑润，嚼动有劲，为当地人喜食之家常便饭。

0320 华池糖酥角

产　　地：华池县

所属民族：汉族

级　　别：4

简　　介：糖酥角的制作分做馅、制包皮、捏角、油炸等4道工序：①做馅。即用冰糖、白糖、核桃仁、花生仁及饼干渣等加少许熟油，捣碎和匀备用。②制包皮，即以冷凝猪油加1/3的小麦面和好，称为油酥面；以温水加少许猪油、少许白酒，和2/3的小麦面，称为水油面。再将二者分别揉成软硬适度的面团，然后用水油面将油酥面包裹起来，用擀杖擀成长方形，卷成直径大约3厘米的面柱，切成小面坨，再擀成小圆饼。③捏角，即用上述小圆饼包裹适量甜馅，捏成角状，扭上花边待炸。④油炸，即待清油烧至5—6成热即下锅，炸成金黄色捞出。

0321 华池床子面

产　　地：华池县

所属民族：汉族

级　　别：4

简　　介：床子是一种铁制或木制的由床模和塞子两部分组成的灶具。床模下端有带孔铁板。塞子上有杠杆。将荞面或麦面等面粉和团，调匀后，放入床模内，置于开水锅之上，通过杠杆使劲挤压塞子，从床模底挤出圆形细面条（也有扁形的），煮熟后，调以臊子或酸汤食用，口感劲道，滑韧味美。本地凡过红、白事，均首先伺候客人一顿床子面，也叫"饸饹面"，称之为"喝汤"。

0322 华池油炸果果

产　　地：华池县

所属民族：汉族

级　　别：4

简　　介：将鸡蛋、大油、细面粉和在一起，揉匀擀平，切成长、宽约8厘米、3厘米的长方形，中间顺长割开5刀，不割穿，一头弯回插入中孔翻转，成扭纹状，或捏成佛手、三角等各种形状，入油锅炸熟即成，其色泽鲜亮，香酥可口，是当地农家过春节及红、白事宴席必备之食品。

0323 华池细长面

产　　地：华池县

所属民族：汉族

级　　别：4

简　　介：以纯细白面加适量碱水或盐水拌和，团起，搁置一段时间后反复揉动至匀，手感有劲，再搁置一阵，擀成薄张，折叠切成细长面条，入锅煮熟盛碗食用，若调以浆水、葱花，为"浆水面"；调以葱花、姜粉、醋、味精，称为"酸汤面"；调以清油及煎炒好的豆腐、肉、菜末，称为"炸酱面"；浇上臊子汤(用肉丁、胡萝卜丁、土豆丁、豆腐丁、菠菜、鸡蛋等烹制而成)，称"臊子面"。

0324 环县凉粉鱼

产　　地：庆阳市环县

所属民族：汉族

级　　别：3

简　　介：凉粉鱼是环县当地夏季常食用的一道消暑美食，它的做法同凉粉做法相同，用水把荞麦珍子淘净泡软，揉搓擦扎加水去渣后让其淀粉，再加水成浆，下锅烧火边搅拌，熟后为膏状，趁热用漏勺漏入冷水盆，成小鱼状，称凉粉鱼，冷却后即可食用。食用时加韭菜酸辣汤，其味亦佳。

0325 环县燕麦面柔柔

产　　地：庆阳市环县

所属民族：汉族

级　　别：3

简　　介：燕麦面柔柔是环县独具特色的风味小吃。制作方法是把燕麦入开水锅，煮三成熟，捞出晾干，磨成面，用水搅拌成团或饼状入笼蒸熟，出笼后少晾，切成薄片，配以佐料即可食用。因它筋肉可口，颇得食者好评，成为人们款待嘉宾的美味佳肴。

0326 环县荞面圈圈

产　　地：庆阳市环县

所属民族：汉族

级　　别：3

简　　介：荞面圈圈因其香甜松软的口感深受环县人民的喜爱，它是将荞面用开水烫拌匀后，连同面盆放置于 80 摄氏度水锅中 15 分钟后，取出凉至 20 摄氏度左右，先掺进面粉少许，再加入酵面，用手蘸油做成 1—2 两的圆饼，中间钻一小孔，入油锅炸熟后，色黄褐，光泽闪亮，香甜可口。

0327 米面铜锤

产　　地：庆阳市环县

所属民族：汉族

级　　别：3

简　　介：米面铜锤是环县人民过去常吃的一种面食，色黄形圆，酷似铜锤，顶部狮子纹状，松软香甜。制作原料主要是糜子，就是当地人说的软黄米。取新鲜的黄米，先碾碎磨成面粉，用滚水烫面，反复揉搓，及至揉成硬硬的面团，置于热炕，视当时天气温度情况，捂上 20 小时，待到面团产生甜味，用勺子起出，再用手团成团儿，其状如馒头形，入笼蒸 30 分钟左右，蒸熟即可食用。

0328 环县粘糕

产　　地：庆阳市环县

所属民族：汉族

级　　别：3

简　　介：粘糕是庆阳地区各县区的家常小吃，它是将粘糜子去皮磨粉，用沸水搅拌为硬面团，揉成圆柱形上笼屉蒸熟，晾凉后切片，放入平底锅用少量油煎至金黄即可，食用时可撒上白糖，口感软糯、香甜。

0329 环县荞面煎饼

产　　地：庆阳市环县

所属民族：汉族

级　　别：3

简　　介：荞面煎饼是一道美味的大众面点，制作方法用荞麦去皮播成糁子，加水渗透，用手搓成面筋，再加水和成糊状，用箩过滤后在铁锅内摊烙而成。饼薄如纸，银白透亮，可根据各自喜好卷入炒土豆丝、肉丝、黄瓜丝等食用更佳。

0330 陇原雪粉

产　　地：正宁县

所属民族：汉族

级　　别：4

简　　介：正宁县诚信面粉厂生产的"陇原雪粉"已在邻近的宁县、合水等建立销售网点189个，形成了以正宁县市场为核心较为完善的销售网络体系与服务体系。

0331 新如意面粉

产　　地：正宁县

所属民族：汉族

级　　别：4

简　　介：正宁县新如意面粉加工有限公司年产各类面粉40000吨，为庆阳市大型面粉生产企业。

0332 正宁煎饼

产　　地：正宁

所属民族：汉族

级　　别：4

简　　介：煎饼是中国传统食品之一，以山东为盛，起源甚早。用调成糊状的杂面摊烙而成，各地做法、食法略有变化。煎饼多由粗粮制作，营养价值高。煎饼疏松多孔，可厚（叠层）可薄，便于与其他食品搭配，可在不同场合食用。煎饼从原料上看，有小麦煎饼、玉米煎饼、米面煎饼、豆面煎饼、高粱面煎饼，还有地瓜面煎饼。

0333 正宁烙馍

产　　地：庆阳市合水县

所属民族：汉族

级　　别：4

简　　介：烙馍是用未发酵的面粉（死面）和成柔软的面团，用擀面杖擀成厚度约11-10毫米不等，直径约30-50厘米左右的圆形。在平底锅上烙制而成的。原料：面粉（不需要发酵）。生产流程：和面饧（醒）30分钟左右。饧好的面分成若干小剂，揉均匀、光滑、表面无气泡。为防止面坯和擀面杖粘连，擀时加稍多的面粉。耐心的擀制，刚开始擀时一定要多加面粉。擀至需要大小薄厚时即可（合水当地居民有的喜欢吃小的薄的烙馍，有的则喜欢吃大而厚的类似锅盔的烙馍）。平底锅烧热，什么都不需要放，大火反正面烙熟透即可。烙制时火一定要大，太小的火烙出来的馍一定会非常干，不软和，烙时速度要迅速，烙好的成品需要保温保存。

0334 正宁洋芋糊糊面

产　　地：庆阳市合水县

所属民族：汉族

级　　别：4

简　　介：洋芋糊糊面，用合水生产小麦面粉加水和成比较硬的面团，用面盆在案板上扣放"醒"一会，将其用擀面杖擀成面皮，切成片状待用；把洋芋取皮，切成小块（小条）待用；将大葱扒皮洗净切成段待用；锅中放入少量植物油，烧至七成热，放入葱段爆出香味，再放入切成小块的洋芋轻炒，倒入适量水，熬制到洋芋熟烂，将切好的面皮撒入锅中，轻搅动，烧开即可。

0335 正宁麻食子

产　　地：庆阳市合水县

所属民族：汉族

级　　别：4

简　　介：麻食是用麦粉和成软面团，每次掐一小点，用大拇指搓片后卷成一个个小海螺状，在开水中煮熟，捞入碗中，浇上臊子，调入佐料即可食用。特点是入味、滑爽、易消化。还可做成炒麻食、烩麻食等。

0336 死面饼子

产　　地：庆阳市合水县

所属民族：汉族

级　　别：4

简　　介：死面饼子是先将面粉放入盆中，打入一枚鸡蛋，加入适量的水揉成面团，在面团中间摁个坑，加入少许的花生油，反复揉把油揉到面里面，放在盆子里等一会再取出揉一会，并将揉好的面擀成薄饼，在上面刷上一层花生油，再撒上少许的五香粉，卷起来，再用擀杖擀成饼子放入锅中烙熟即可，因其味道独特、口感好，受当地老百姓的喜爱。面饼的层数就在于卷起时的圈数，所以要想饼做的层层分明，油要涂抹的均匀，卷起时尽量一边将面饼拉薄，一边卷的紧密一些，这样做出的烙饼才会层层酥香；除了在烙饼中加入葱花、盐之外，还可以添加椒盐、肉末等等。

0337 合水酸汤面

产　　地：庆阳市合水县
所属民族：汉族
级　　别：4
简　　介：酸汤面亦称"细长面"。是合水当地的一种特色名吃，人们总结细长面"下在锅里莲花转，捞到碗里一根线。"它柔软耐嚼，汤香扑鼻，做法精细，独具一格。它是用荞灰或碱面对好的水和面，经反复揉搓成面团，放在盆内"回醒"，再揉搓若干次，然后再擀，直擀到薄厚均匀，透亮如纸，再用专用面刀切成细、中（韭叶）、宽三种，放在"净巴"或菜盘上。酸汤面一是面细而长，二是汤酸而辣。味道特别爽口，深受当地老百姓的喜欢。

0338 西峰手工搓搓面

产　　地：庆阳市西峰区
所属民族：汉族
级　　别：4
简　　介：手工搓搓面是庆阳当地比较普遍的家常饭，面的做法比较讲究，用盐水和面，将面揉搓成絮、成团，盘起等待面回性，用擀面杖将面推开至1厘米厚度，再用刀切成细条，手工搓制成长条，水滚下锅，捞到碗里配以做好的鲜汤即食，或干调均可。

0339 西峰饸饹面

产　　地：庆阳市西峰区
所属民族：汉族
级　　别：4
简　　介：饸饹面是庆阳地区用料考究、独具特色的地方风味面食。制作者用饸饹床子（做饸饹面的工具，有漏孔）把和好的麦面、高粱面放在饸饹床子里，并坐在杠杆上直接把面挤轧成长条放锅里煮熟，配以熟羊肉、葱花及茴香，花椒、针金菜等。现以面粉为原料，汤料配有臊子、萝卜、土豆、豆腐、香菜、花椒、金针菜等，讲究面料筋道，汤料色香味俱全。饸饹面是迄今为止陇东一带广为流传的风味面食，常在红白喜事时用来招待客人，汤鲜、味美，深受广大老百姓的欢迎。

0340 西峰手工长面

产　　地：庆阳市西峰区
所属民族：汉族

甘肃省文化资源名录 第二十八卷 饮食文化 特色饮食

级　　别：4

简　　介：手工长面多为庆阳农村待客家常上等便饭。讲究擀面，"擀成纸，切成线，下到锅里莲花转；捞到碗里挑不断"。面的做法尤为讲究，用碱和水、水和面、揉搓成絮、成团，盘起等待面回性。反复多次揉、搓，然后擀薄如纸，细切如线，水滚下锅，捞到碗里配以做好的鲜汤即食。做饭时，前锅下面，后锅煎汤，臊子为荤，酸汤为素，佐料不同，风味各异。农家长面，具有薄、细、长、筋、光、煎、汪、酸、辣、香的特点。细长面浇汤，宽面干调。

0341　西峰凉粉鱼

产　　地：庆阳市西峰区

所属民族：汉族

级　　别：4

简　　介：在陇原地区凉粉鱼也是以荞麦仁儿（不是荞麦面粉）为原料。基本制作方法是，将荞麦仁儿用水泡软，再装在干净的布袋中，放在水盆里搓洗；将搓出的面水倒入锅内烧开，用漏勺作成形似小鱼的面梭儿，后加入凉开水调成汤。滑溜须口、凉爽解渴，吮吸食之。

0342　西峰凉粉

产　　地：庆阳市西峰区

所属民族：汉族

级　　别：4

简　　介：凉粉为汉族食品之一，流行于中国各地。调以酱油、醋、芥末而食，清凉爽滑，为夏季风味食品。在陇原地区凉粉是以荞麦仁儿（不是荞麦面粉）为原料。基本制作方法是，将荞麦仁儿用水泡软，再装在干净的布袋中，放在水盆里搓洗；将搓出的面水倒入锅内烧开，盛入盆内晾凉，白色的面糊就会冷凝成白色半透明，晶莹透亮，且富有弹性的果冻状物。切块，或用特制的凉粉搂子刮成长长的细凉粉条儿，加油盐酱醋、辣椒油、油炸蒜泥等等调料，即可食用，光滑鲜香，清爽可口，是夏季消暑、开胃的最佳食品。

0343 周记大肉酸汤面

产　　地：定西市岷县

所属民族：汉族

级　　别：4

简　　介：周记大肉酸汤面。以汤滋润、面爽滑、肉香酥，自成特色，远近闻名。主味呈酸辣；细品，又透出后味的甜淡与幽香，令人回味无穷。突出"健康营养、口感一流"的特点，成为具有浓郁地方特色的岷州金牌小吃。

0344 岷县哈记面片

产　　地：定西市岷县

所属民族：汉族

级　　别：4

简　　介：上世纪七十年代，哈记的先辈从陇南迁移到岷县，带着祖辈传下来的手艺，顶着"文革"期间批修斗私的政治压力，在家里偷偷地开着饭馆，卖两毛钱一碗的清真牛肉面片。如今，"老哈家的面片"（哈记）在岷县及周边地区已经家喻户晓。哈记面片选用上等纯麦面粉，纯手工制作，揪面时六、七个人围锅灶站立，面叶如秋天的树叶一样，纷纷而落，一会儿，一大锅面片就下好，揪出的面叶如手指甲那么大，薄而匀称，俗称雀儿舌头。面捞出后，再配上哈记特制的汤料和牛肉臊子，色香味美，经常光顾的老食客还会再点上几两风味独特的凉拌牛肚佐餐，食之更添滋味。哈记面片在岷县众多的地方特色饮食中独树一帜，秉承清真餐饮的优良传统，注重健康饮食，用料讲究，坚持传统手工制作，得到众多消费者青睐。

0345 陇西荞粉

产　　地：陇西

所属民族：汉族

级　　别：4

简　　介：荞粉，色酱红，荞粉用荞麦面为主要原料。先说制粉面，将荞麦用水喷湿，搓破皮，倒入盆内清水中揉搓慢洗，然后用细箩滤去黑色的皮，在盆中沉淀，倒去浮水，晾晒干，粉面制成。慢慢品味，酸辣诸味充盈腔齿。

0346 辛店石子馍

产　　地：定西市临洮县辛店镇辛店村

所属民族：汉族

级　　别：3

简　　介：首先要筛选朱家沟站仙庙至祁家河（也叫郭家桥）这段河里的石子，将碎小的筛掉，太大的拣去，只留小豆一样大的石子，麻色有棱角的最好（别处的石子不能用，高温易爆裂，馍的味道也不正），洗净后，放入锅里或鏊中，加热，滴入清油，温度高时，埋入面饼过几分钟，再把上下的石子调换翻动几次，高温烘烤，熟了取出趁热擦点油，饼皮黄亮，这馍就算做好了。待石子冷却后装袋，下次继续使用。大体用3-4个月后，再换新的石子。还要注意的一点是，别的馍和面时，水份较多，石子馍干面多，水份较少。再加长时间的石子烘烤，面饼松脆，香味浓烈，能存放较长时间，不易变霉，所以平常人们喜欢吃，更便于出门走远路用作干粮。

0347 礼县猪油饼

产　　地：陇南市礼县
所属民族：汉族
级　　别：3
简　　介：礼县境内的猪油饼有正宗的适口的咸、酥口味。礼县猪油饼酥的掉渣，口感松脆，虽说猪油饼很酥松，可是它又有嚼劲；虽然加了猪油，可是并不会让人感到油腻，正所谓外焦里嫩，油而不腻。如果你来礼县，一定要尝尝这种名字很俗气但香气四溢、味道不会输给其他名饼的猪油饼，凉了放在电饼铛或微波炉里热一下，和刚出锅时一个口味。

0348 武都面茶

产　　地：陇南市武都区
所属民族：汉族
级　　别：4
简　　介：武都面茶是将炒熟的白面加水煮沸，调以薄荷、藿香等香料，加上大叶绿茶，再调以炒熟的核桃面、鸡蛋丁、豆腐丁、洋芋丁等；成县则泡煮麻花（馓子）。香味浓，口感好，久食养人。

0349 武都漏鱼子

产　　地：陇南市武都区
所属民族：汉族
级　　别：4
简　　介：武都漏鱼子原料有包谷面、荞面、豆粉等，做成搅团后，用专用漏勺挤压过滤成小鱼状，调以醋、盐、油泼辣子，冷食、热食均可。

0350 武都馓子

产　　地：陇南市武都区
所属民族：汉族
级　　别：4
简　　介：武都馓子为两根面条揉搓而成，后置入热油中煎炸。特点香、脆，碎入豆花中，再添些许豆花汤汁，味道更是一绝。

0351 武都面皮

产　　地：陇南市武都区

所属民族：汉族

级　　别：4

简　　介：武都面皮是陇南著名小吃。做法是先和成面团，用温水将面浸泡一会即用手揉捏面团，然后用箩过滤面浆，将面浆与面筋分开。再将面浆粉沉淀2小时后倒出黄水，加入少量碱水搅拌。然后倒入面箩内在开水锅里隔水蒸5分钟，蒸熟后稍晾一会后，刷少许熟植物油，晾凉，待色泽黄亮后，切成条备用；面筋也隔水蒸熟备用。吃时将面皮盛入碗中，加入面筋和配菜、调料，浇上武都特制的的调和醋水即成。配菜、调料、醋水可与凉粉、米皮搭配一碗食用。武都面皮柔韧、香滑，口感独特，行销城乡，形成了武都的品牌小吃，在临近县也有"武都面皮"摊点制作出售。甚至有人从武都购买，将面皮、调料分别打包带往邻县、兰州食用。

0352 红川大麻花

产　　地：红川镇

所属民族：汉族

级　　别：4

简　　介：红川大麻花是成县境内有名的地方小吃，它光泽金黄、香脆可口，油而不腻，深受广大群众喜爱。是当地群众和过客自家享用和赠送亲朋的美味小吃。

0353 西和锅盔

产　　地：陇南市西和县

所属民族：汉族

级　　别：2

简　　介：锅盔又叫锅魁、锅盔馍、干馍，是西和城乡居民喜食的汉族传统风味面食小吃。锅盔源于外婆给外孙贺弥月赠送礼品，后发展成为风味方便食品。锅盔整体呈圆形，直径尺许，厚1寸，重5斤。料取麦面精粉，压秆和面，浅锅慢火烘烤。外表斑黄，切口砂白，酥活适口，能久放，便携带。西和锅盔形如菊花火色匀，皮薄如纸馍膘多，用手掰开是层层，用刀切开如板油。入口越嚼越多，嚼劲十足，下咽回香无穷。

甘肃省文化资源名录 第二十八卷 饮食文化　特色饮食

0354 西和麻花

产　　地：陇南市西和县

所属民族：汉族

级　　别：2

简　　介：麻花是中国的一种特色健康食品，麻花把两三股条状的面拧在一起，用油炸熟即可。麻花金黄醒目，甘甜爽脆，甜而不腻，口感清新，齿颊留香；好吃不油腻，多吃亦不上火，富含蛋白质，氨基酸，多种维生素和微量元素。小麻花热量适中，低脂肪，既可休闲品味，又可佐酒伴茶，是理想的休闲小食品。

0355 临夏油香

产　　地：甘肃临夏

所属民族：回族

级　　别：1

简　　介：俗称油饼，是回族人民的传统食品，每逢开斋节、古尔邦节、圣纪节，家家都要煎炸油香，除了自己食用以外，还要相互赠送，有了红白喜事，也要炸油香以表示尊祖继俗。

0356 临夏馃馃

产　　地：临夏

所属民族：回族

级　　别：1

简　　介：馃馃是回族人民的传统食品，属油炸类食品。每逢开斋节、古尔邦节、圣纪节，家家都要煎炸馃馃，除了自己食用以外，还要相互赠送，有了红白喜事，也要炸油香以表示尊祖继俗。

0357 临夏馓子

产　　地：临夏

所属民族：回族

级　　别：4

简　　介：馓子是一道美味的回族风味小吃，特点色黄，酥脆味香可口。北魏贾思勰的《齐民要术》就详细记载了三国两晋南北朝时期馓子的制作方法，可见馓子的历史源远流长，历代又有"粔籹"、"细环饼"、"捻头"等名称。

0358 临夏玉米面疙瘩

产　　地：临夏
所属民族：回族
级　　别：4
简　　介：玉米面疙瘩是过去劳动人民为了改善玉米食品单一，经过加工、制作而成的一种圆形状的食品，制作是将葱、蒜苗、肉类混合一起，包入玉米面团中，搓成圆形状煮熟即吃，另备有油泼辣子、腌菜等味料，还可以根据口味不同，包入红糖、小菜等各种原料。玉米的清香和馅料的香味混合在一起，咬一口唇齿留香。

0359 临夏荞面搅团

产　　地：临夏
所属民族：回族
级　　别：2
简　　介：荞面搅团是一种制作简单、口味独特的杂粮食品，很受临夏人的喜爱。制作方法与馓饭有点相似。临夏人吃搅团的方法叫"水围城"。用调羹在搅团的中间压出一个窝来，倒上制作好的臊子或酸菜，就这油泼辣子、油泼蒜，还有自腌的咸菜，口味和口感都极佳。

0360 河州瓦罐煨馓饭

产　　地：临夏
所属民族：回族
级　　别：2
简　　介：馓饭是临夏人熟知的一种地方小吃。粥糊状，原料简单，经济实惠，配以洋芋块、酸菜、百吃不厌。河州瓦罐煨馓饭独具匠心，将七成熟粗粮馓饭盛入瓦罐，锡纸封口放进高温中煨30-50分钟，传统馓饭经高温煨制后味道更加香美，调以咸菜、油泼辣椒，暖身、美味又健康。此小吃在2013年"康美杯"中国清真小吃大奖赛中荣获由世界中国烹饪联合会和甘肃省烹饪协会颁发的铜奖。

0361 东乡馓饭

产　　地：甘肃省东乡族自治县
所属民族：东乡族
级　　别：2
简　　介：馓饭搅团，是当地群众非常喜欢的风味小吃，东乡地区的馓饭，多用糜米、苞谷、豆类面粉做成。基本做法是：把洋芋切成方寸大小的块，下入饭水中沸煮。洋芋煮熟后，再调入浆水，而后徐徐撒入面粉，并用叉子快速搅拌，防止结为糊糊。待饭食成稠粥样，再煯片刻，用勺舀入碗中，调上一些腌咸菜和油泼辣子，即可食用。吃下肚去，浑身热气腾腾，有驱寒之功效。

甘肃省文化资源名录 第二十八卷 饮食文化　特色饮食

0362 河沿面片

产　　地：广河县

所属民族：回族

级　　别：4

简　　介：河沿面片，是享誉陇上的饮食精品。它诞生于20世纪70年代，是由解放前留传下来的广河最有名的"炒面片"演变而来的。因这种烹饪技法最早源于广河县洮河西岸三甲集临园河沿一带的面馆，故统称河沿面片。河沿面片柔滑筋道，汤油而不肥，肥而不腻，味道醇厚，原汁原味，却又鲜美无比。河沿面片在制作上，选用精制的优等面粉，用20度左右的温水加少许食盐和制，经人工精心揉制，待面团揉匀，富有弹性后，将其切成若干小面球，涂一层清油于表面，放置于微热处。等面球饧软后，拉成长条，用手揪于沸腾的开水大锅中，待煮熟后用滤勺搭起，放入凉水中漂一下，然后倒入备好的炒锅。在揪面片的同时，由大厨将切好的新鲜优质羊肉（多用后腿肉）碎块，放入已过油的炒锅中大火爆炒，待羊肉褪去血色时再加入葱末和少许粉条，微炒后将漂过的面片倒入炒锅中，再加一点羊肉腥汤，搅拌均匀，加入花椒粉、味精、酱油等各种调料后，炒熟出锅即成。河沿面片在制作上有几个独特的讲究：一是一个面球一碗饭，面片以指甲片大小为最佳；二是炒饭所用的肉全是肥瘦适中的羯羊肉，每碗肉量标准为二两，所用之汤必须是羊肉汤；三是饭中肉、葱、粉条、汤等与面片各占一半。河沿面片因其独特的制作工艺和风味，为广大群众所青睐，百吃不厌。

0363 油泼面

所属民族：汉族

级　　别：4

简　　介：油泼面是一种很普通的面食。制作方法：将手工制作的面条在开水中煮熟后捞在碗里，将葱花碎、花椒粉、盐等配料和厚厚一层的辣椒面一起平铺在面上，用烧滚烫的菜油浇在调料上，顿时热油沸腾，将花椒面、辣椒面烫熟而满碗红光，随后调入适量酱油、香醋即可。也可另外加入腊汁肉、西红柿鸡蛋等搭配食用。

0364 油搅团

产　　地：积石山县

所属民族：撒拉族

级　　别：4

简　　介：油搅团保安语叫"不拉红"，是保安族独特的风味小吃。其做法是：将精面粉用开水搅拌煮熟后加入适量植物油反复搅拌，并先后加入适量的红、白糖，稍稍煎炒后即可食用。特点是滑爽可口、甜香松软。是老年人和产后妇女滋补养生之佳肴。还有碗蒸的油搅团，其做法是：将精面粉与开水、植物油、红糖等以适当比例搅拌后放入碗里，然后将碗放在蒸笼上蒸熟后食用，吃起来爽滑松软，甜而不腻，滋补强身。

0365 酥油糌粑

产　　地：甘南州

所属民族：藏族

级　　别：4

简　　介：酥油糌粑，糌粑的制作比较简单，将青稞淘净，炒熟后磨成面粉即成。糌粑是藏族人民群众的生活主食。在藏族同胞家作客，主人一定会双手端来喷香的奶茶和青稞炒面，金黄的酥油和奶白的曲拉、食糖，摆满一桌。先在小龙碗里放上一块酥油，然后倒上半碗奶茶，等酥油溶化后，再放上曲拉和糖，搅匀，放上炒面，将碗握在左手掌心，并用右手搅拌均匀，然后捏成小团食用。酥油糌粑吃起来有酥油的芬芳，曲拉的酸脆，糖的甜润，十分可口。糌粑在不同的地区还有别样的吃法，一种是将酥油、曲拉、蕨麻、炒面、白糖掺和后做成块，叫做"辛"。吃时在碗内放上一块，用热茶化开，加上炒面拌和。另一种是将糌粑拌好后，用手捏成小酒杯状，舀上预先用辣子和蒜泥、肉沫做成的臊子，拌和着吃，这就是辣子尕勺。

0366 焌锅馍

产　　地：甘南州临潭县

所属民族：3

级　　别：4

简　　介：面粉用老面发酵，充分揉搓；油酥面用菜籽油、碱、五香料等与面粉揉和，在发面团中卷上清油、香豆粉，将面团放在特制的铜、铁或铝罐中，然后埋到炕洞的火灰中闷烤，烤熟馍馍皮色金黄，外脆内柔，好看好吃。烙出的焌锅馍馍，外脆内软，绽开如花，色彩鲜丽，异香扑鼻。它的特点是省时，省事，制作简单，松脆好吃，携带方便，经久耐贮。

0367 藏包

产　　地：甘南州碌曲县

所属民族：4

级　　别：4

简　　介：藏包是藏族人民的传统食品，逢年过节，红白喜事，佛事活动，接待亲友，藏包都是必不可少的。藏包采用高原无公害肉做馅，营养丰富，藏包皮薄肉鲜美，制作时还加了少量葱和动物油。可以为人体提供极高的热量，还含有丰富的维生素A、维生素E。藏包以美味可口著称，大小如婴儿之拳，咬一口满嘴流汁，美味不绝于口。藏包是藏族人民的传承饮食遗产，是挖掘和传承的饮食文化遗产。近年来，藏包逐渐走上餐桌，成为外来游客喜欢的美味佳肴。

0368　舟曲煎饼

产　　地：甘南州舟曲县

所属民族：汉族

级　　别：4

简　　介：多用荞粉制作，将荞粉搅成稀糊状，浇于锅边一圈，使之往下流，再用铲背摸平，烙一两分钟即熟。

0369　边家饺子

产　　地：甘肃省兰州市

所属民族：汉族

级　　别：1

简　　介：边家饺子之所以久负盛名，主要是选料讲究，制作精细，造型别致，口味鲜醇，它的独到之处是调馅和制皮。我国著名的艺术大师侯宝林亲临品尝老边饺子，吃得兴致勃勃，称赞不已，席间余兴未尽，挥毫写了八个大字："边家饺子，天下第一。"

0370　金味德牛肉面

产　　地：甘肃省兰州

所属民族：汉族

级　　别：2

简　　介：甘肃金味餐饮有限公司独立研制开发的"金味德"牌牛肉拉面调汤料、煮肉料、混合辣椒粉、经过长期的实践和广大客户使用、证明了它的质量可以在全国任何地方都可以保证口味纯正的正宗兰州牛肉拉面风味。

0371　陇上味道酒泉糊粕

产　　地：甘肃省兰州

所属民族：汉族

级　　别：2

简　　介：据传说，糊粕是在以前交通不发达的年代，几位来此经商的外地人，因春节到了而无法回家和家人共吃团圆饭，大家就在旅店中拿出各自带的熟食，有油饼、鸡等各种食物，烩了一大锅热腾腾、稠糊糊的年夜饭，吃起来味道还不错，结果被店家学会，逐渐流传开来，被当地人改良演绎成一道风味独特的小吃并取名"糊粕"。糊粕是酒泉最具地方特色的小吃，大众首选的早点。不论是土生土长的本地人，还是外地人来这儿居住过的；不论是老年人还是小孩，城里人还是进城办事的乡下人，一年四季早点都喜欢吃一碗糊粕。

0372 木糖醇饼干

产　　地：甘肃省兰州

所属民族：汉族

级　　别：4

简　　介：黄油室温软化，加入木糖醇和盐搅拌均匀分次加入全蛋液，搅拌均匀直至将其打至颜色稍白的奶油霜状筛入所有粉类用橡皮刮刀稍拌合用手抓捏成团放入密封袋中擀压成0.5cm的薄片，放冰箱冷藏至凝固，约2小时取出冷藏好的面团，月饼花片沾少许高粉，按压在面团上成形取方形模沾少许高粉，将图案取出即可放铺油布的烤盘上，烤箱预热180度，烤15分钟左右，在利用烤箱余温焖5分钟即可。

0373 兰州肉松面包

产　　地：甘肃省兰州

所属民族：汉族

级　　别：4

简　　介：原料配方：瘦肉5斤、酱油1斤、白糖3两、黄酒1两、茴香10克、生姜20克。原料肉除去骨、皮、脂肪、筋腱及结缔组织等，然后将瘦肉顺其纤维纹路切成肉条后再横切成3厘米长的短条。把切好的瘦肉放在锅中，加入与肉等量的水，然后分三个阶段进行加工。第一阶段：把瘦肉煮烂。用大火煮沸后，撇去上浮的油沫，直至肉烂为止。如肉未烂而水已干时，可以酌量加水。当用筷子夹肉，稍加压力，肉纤维即自行分离，则表示肉已煮烂，此时可以把调料加入，并继续煮至汤快干时为止。第二阶段：即炒压阶段。用中等火头，一边用锅铲压散肉块，一边翻炒。注意不要炒得过早或过迟。因炒压过早，肉块未烂，不易压散，工效很低；炒压过迟，肉块太烂，容易焦糊，造成损失。第三阶段：即炒干阶段。火头要小，连续勤炒勤翻，操作轻而均匀，在肉块全部松散和水分完全炒干时，颜色就由灰棕转变成灰黄色，最后就成为具有特别香味的金黄色肉松。

0374 兰州李氏炸酱面

产　　地：甘肃省兰州

所属民族：汉族

级　　别：4

简　　介：虾米泡软，香菇泡软，去蒂切丝。豆腐干、大蒜洗净切末，黄瓜洗净，切丝，锅中倒入油，烧至五成热，爆香大蒜末，放入猪肉馅、香菇丝、虾米、豆腐干及豆瓣酱、甜面酱拌炒，加入酱油、水、白糖和香油焖炸至出味，做成炸酱。把面条煮熟，捞出盛入碗中，加入炸酱及黄瓜丝，拌匀即成。酱香味浓，滑润爽口。

0375 兰州菜拌面

产　　地：甘肃省兰州
所属民族：汉族
级　　别：4
简　　介：热锅放油，放入姜末爆香放入切好的肉翻炒到肉变色，再加入盐加入适量麻辣鲜，再倒入少量酱油，再加入豆芽炒到豆芽变软，再放入菠菜翻炒一分钟。另起锅烧开水下入面条，煮到面条八分熟将面捞到炒菜的锅里翻炒一分钟即成品。

0376 法式奶酥

产　　地：甘肃省兰州
所属民族：汉族
级　　别：4
简　　介：黄油先室温软化，再加入糖粉混合，稍稍打发。加入奶粉搅拌均匀，即为奶酥酱。可以用土司，也可以用其他面包，在面包片上抹奶酥酱，单开上火，160度，4分钟即可。

0377 兰州蝴蝶酥

产　　地：甘肃省兰州
所属民族：汉族
级　　别：4
简　　介：蝴蝶酥是一款流行于德国、西班牙、法国、意大利、葡萄牙和犹太人之间的经典西式甜点。因其外形，在西方又有"棕榈树叶"、"象耳朵"、"眼镜"等形象的说法。在汉语中则被称作蝴蝶酥。做法清酥点心跟葡式蛋挞一样是要包油的，但是要用高筋面粉，虽然没有放发泡剂，但是烤的时候点心会膨胀得很大，吃的时候有很多薄如纸的层，口感非常松脆。

0378 兰州面片

产　　地：甘肃省兰州
所属民族：汉族
级　　别：4
简　　介：面片是西北地区群众最喜爱也最普及的一种面食，兰州人讲究揪面片，那手底下，面叶如秋天的树叶一样，纷纷而落，一会儿，一大锅面片就下好了。

0379 牛角包

产　　地：甘肃省兰州

所属民族：汉族

级　　别：4

简　　介：牛角包顾名思义就是外形酷似牛角的面包，牛角包需要用料：面粉300克，酵母6克，糖15克，盐6克，牛奶180毫升，黄油15克（和面用），黄油150克（包时用）。

0380 椒盐酥饼

产　　地：甘肃省兰州

所属民族：汉族

级　　别：4

简　　介：面粉300克、干酵母10克、芝麻酱30克、白芝麻20克、花椒粉15克、盐10克、鸡蛋1个。把250克温水（不超过35度）溶化干酵母，然后加入到面粉一并搅拌均匀。把芝麻酱里放盐和花椒面，然后用水调好后备用。把发好的面拿出来，放在案板上夹扁，然后压成大片，再把调好的麻酱抹在上面，然后从一面开始卷起。卷成一条。用刀把卷好的面，切成小块，接着抓紧两边，重新卷一下，做成圆饼。在烤盘里抹油，放入面饼，在面饼上刷一层鸡蛋液，再撒上白芝麻。烤箱预热170度10分钟后，把烤盘放入，烘焙20分钟就好了。烤出来的芝麻饼真的很好吃！

0381 奶酥厚片

产　　地：甘肃省兰州

所属民族：汉族

级　　别：4

简　　介：黄油先室温软化，再加入糖粉混合，稍稍打发。加入奶粉搅拌均匀，即为奶酥酱。可以用吐司，也可以用其他面包，在面包片上抹奶酥酱，单开上火，160度，4分钟即可。

0382 炒拉条

产　　地：甘肃省兰州

所属民族：汉族

级　　别：4

简　　介：在调粉时放些盐或碱水，把面粉团拌来揉去，直到软硬适中，弹性很大，可塑性极强时，然后手轻力匀，反复拉扯四五

甘肃省文化资源名录 第二十八卷 饮食文化

特色饮食

次，不断一根，而成为宽细、圆扁不同的匀称面条。而且每次拉出的一把，入锅捞出，恰好一碗。圆柱形的叫"鸡肠子"，扁状的称"韭菜叶"，入口柔软光滑，韧而不断。一般家常吃时，调以炸酱或梢子卤汤佐料，并拌调油泼辣椒、蒜泥、醋等，吃起来非常可口。

0383 甜粑露

产　　地：达川乡

所属民族：汉族

级　　别：4

简　　介：把包谷面和好之后放点发酵粉，等第二天面发酵好之后，把煮好的大红枣放入包谷面里放点白面，撒入适量白糖，开始搅拌，等搅拌均匀后，用手捏成一个个拳头大小的疙瘩，放入锅里蒸熟，等三十分钟取出即可使用，放冷之后食用口感更佳。

0384 黄桥烧饼

产　　地：大城小爱酒店（原皇家国宴）

所属民族：汉族

级　　别：2

简　　介：黄桥烧饼制作的主要原料有面粉，猪油，花生油，芝麻。所用的面粉必须是中筋，强筋和弱筋却不宜制作，所用芝麻必须去皮，去皮的芝麻不得改变它的色泽与形状，一般有咸甜两种口味。

0385 蟹黄小笼包

产　　地：大城小爱酒店（原皇家国宴）

所属民族：汉族

级　　别：2

简　　介：蟹黄小笼包，味道正，汤汁多，甜而不腻，鲜而不肥，它更具有蟹粉的正鲜味。精心制作的蟹黄小笼包是皮薄、汁鲜、肉嫩、馅丰，味美可口。

0386 兰州油果子

产　　地：甘肃兰州

所属民族：汉族

级　　别：4

简　　介：油果子是一道汉族传统面点小吃，属于油炸食品，有甘肃油果子和朔州油果子之分。甘肃油果子是历来就有的一种美食，每逢春节过年之际，几乎每家每户都会做油炸果子。

0387 兰州浆水面

产　　地：甘肃兰州

所属民族：汉族

级　　别：4

简　　介：兰州浆水面是极为讲究的，首先取一盆清浆水，另用炒勺放少许菜油烧热，在油中放花椒数十粒，生姜一两片，炸出香味后去掉花椒生姜，再炝葱花倒入浆水中，加盐适量，撒上香菜末待用。浆水面是以浆水做汤汁的一种面条。浆水面广泛流行于兰州、天水、定西、临夏等地，而以兰州的最为考究，天水的最为味美。浆水含有多种有益的酶，能清暑解热，增进食欲，为夏令佳品。三伏盛暑，食之，不仅能解除疲劳，恢复体力，而且对高血压、肠胃病和泌尿病有一定的疗效。

0388 兰州牛肉面

产　　地：甘肃兰州

所属民族：回族

级　　别：2

简　　介：兰州牛肉拉面是中国的传统名食，色香味美，誉满全国。国内各地的牛肉面与之相比，无论是色、形、味都大相径庭，其主要原因是各地水土差异而造成牛肉面中各种主、辅料成分发生很大的变化，因此，国内大部分地区消费者很难吃到真正的"兰州牛肉面"。兰州清汤牛肉面，不仅具有牛肉烂软，萝卜白净，辣油红艳，香菜翠绿，面条柔韧、滑利爽口、汤汁、诸味和谐，香味扑鼻，诱人食欲等特点，而且面条的种类较多，有宽达二指的大宽、宽二指的二宽、形如草叶的韭叶、细如丝线的一窝丝、呈三棱条状的荞麦棱等，食客可随爱好自行选择。面条不仅光滑爽口，味道鲜美，而且外观也很别致。当地人们描述它是一红、二绿、三白、四黄、五清，即：辣椒油红，汤上漂着鲜绿的香菜和蒜苗，几片白萝卜杂于红绿之中显得纯白，面条光亮透黄，牛肉汤虽系十几种调料配制，但却清如白水。

0389 吉祥斋生日蛋糕

产　　地：甘肃兰州

所属民族：回族

级　　别：4

简　　介：兰州吉祥斋西饼食品有限公司生日蛋糕一直秉承使用清真奶油。

0390 吉祥斋麻辣面包

产　　地：甘肃兰州

所属民族：回族

级　　别：4

简　　介：麻辣面包是吉祥斋西饼打破面包香甜规律，突出面包也可以麻辣诱惑，这款面包主要由牛肉肠，牛肉松，辣椒面及色拉油面包粉精致而成，味道麻辣、香、咸。

甘肃省文化资源名录 第二十八卷 饮食文化 特色饮食

0391 吉祥斋老五仁点心

产　　地：甘肃兰州

所属民族：回族

级　　别：4

简　　介：吉祥斋老五仁点心，馅主要以核桃仁、花生仁、冰糖、腰果、芝麻、瓜子仁及果脯组成。皮主要由亚麻油、精制面粉加工而成。老五仁点心主要突出馅的香甜，皮的酥脆，把各种果仁混在一起满足身体的各种需求，加上皮的酥脆给人味觉的满足感，是一款味觉与健康双重享受极佳产品。

0392 米家凉卤面

产　　地：甘肃兰州

所属民族：回族

级　　别：4

简　　介：米家凉卤面，肯定是凉的，把煮好的面条捞出锅后，放在案板上晾凉，注意要搁点油，再用筷子不断的抖动面条，防止面粘在一块。自己家里做的可以是买来的面条直接下锅煮，外面饭馆里的实际上就是拉好煮熟的牛肉面了。凉卤面关键的就是卤汁，兰州人叫"卤子"，是拿胡萝卜、土豆、豆腐等蔬菜切成块后煮成汤再勾芡做成的。把做好的凉面盛在盘子里，浇上卤子，再放蒜泥、辣椒油、醋，就可以吃了。

0393 兰州馓子

产　　地：甘肃兰州

所属民族：回族

级　　别：4

简　　介：馓子，一种用糯粉和面扭成环的油炸面食品。馓子，用面粉制成，细如面条，呈环形栅状。历代又有"粔籹"、"细环饼"、"捻头"等名称。用水和面，搓成细条，扭结为环钏形状，油炸而成。酥脆香甜，口感好。俗语有"点心香，月饼美，回回的馓子甜又脆"一说。馓子是回族群众的传统食品之一。据史书记载始于北朝，距今已有一千四百多年的历史。每逢开斋节、古尔邦节等民族节日，回族人家都要炸制馓子招待客人，馈赠亲友。

0394 吉祥斋丹麦餐包

产　　地：甘肃兰州

所属民族：回族

级　　别：4

简　　介：吉祥斋丹麦餐包，经过和面醒发、包油赶压折叠、成型等工艺最终形成千层效果，口感酥脆，香甜可口。

0395　吉祥斋一窝红豆面包

产　　地：甘肃兰州

所属民族：回族

级　　别：4

简　　介：这款面包独特的造型，做成盅一样，里面加满红豆，盖上盖子微火烤制，让红豆的香甜渗入到面包里面，一口咬下去满满的红豆香甜让喜欢红豆的胃就此诚服，这款面包独特的造型配上里面艳丽的红豆，是眼睛与舌尖的又一次享受。

0396　兰州炒面条

产　　地：甘肃兰州

所属民族：回族

级　　别：4

简　　介：兰州炒面条（即炒拉条），属清真菜系，通常口感麻爽、微辣，配以凉拌牛腱子肉和面汤，令人回味无穷。兰州炒面条主要以分段的短面条为主（又称丁丁炒面）。部分店面以长面片烹炒。

0397　吉祥斋月球蔓布蛋糕

产　　地：甘肃兰州

所属民族：回族

级　　别：4

简　　介：产品选用乳脂奶油，新鲜鸡蛋、牛奶、上等美国蔓越莓，经多次搅拌烘烤而成，口感丰富绵软，味鲜色美。

0398　兰州菠萝巧克力

产　　地：甘肃兰州

所属民族：回族

级　　别：4

简　　介：产品选用乳脂巧克力与菠萝而成。

0399 东方宫兰州牛肉拉面

产　　地：甘肃省兰州市

所属民族：回族

级　　别：2

简　　介：东方宫·中国兰州牛肉拉面的前身距今已有百年历史，它始于清末民初，是兰州东方宫清真餐饮集团公司董事长马忠先生的祖父马石斋老先生所创。当时称为"热锅子清汤牛肉面"，其特点是手工拉制而成。以一清、二白、三红、四绿著称，独具匠心，别具一格，色、香、味俱佳，吸引食客慕名而至。当年在兰州城里已经是家喻户晓。新中国成立后，1953年，马老先生在兰州中央广场开设了"老马家"牛肉面馆，由其徒弟马尚文先生以鲜羊肝入汤提纯牛肉汤和熟牛肉分开加工的技术，将牛肉拉面首次技术革新，使牛肉拉面具备了批量加工的基础。其牛肉拉面的特点是"汤清者亮，肉烂者香，面细者长"，堪称兰州一绝。东方宫·中国兰州牛肉拉面第二代传人马忠先生带领马栋、马俊两兄弟成立兰州东方宫清真餐饮集团公司，主营清真餐饮。在兰州市政府大力支持下聘请甘肃著名烹饪大师、营养专家、民俗专家、文学专家、牛肉拉面高级技师对兰州牛肉拉面的传统制作工艺、营养结构、调料配方等进行了全方位的革新，使牛肉拉面汤清、味浓、肉烂、色泽鲜亮、香气扑鼻、入口醇香，面条筋道有弹性、柔和滑爽，营养搭配合理，更符合人体对食物中营养成分的需求，真正将兰州牛肉拉面做成了名符其实的中式营养快餐。公司经过多年研发、经营与改良，形成了东方宫·中国兰州牛肉拉面独特的执行标准，从而进一步规范了从采购、验收、调配、制作、督导、出品到销售、回访、信息采集、信息反馈、经验总结等一整套的执行程序，并挖掘结合黄河流域兰州段的文化、民风、民俗，牛肉拉面文化，打造出了具有浓郁兰州文化气息的东方宫·中国兰州牛肉拉面品牌。

0400 德元拉面

产　　地：甘肃省兰州市西固区

所属民族：回族

级　　别：4

简　　介：德元牛肉面是一家成立于1997年的老字号牛肉面馆，它具有"一清、二白、三绿、四红、五黄"的特征，色香味美，深受广大群众的喜爱。

0401 皋兰扁豆面

产　　地：甘肃省皋兰

所属民族：汉族

级　　别：4

简　　介：属皋兰地方传统面食，先用扁豆熬成灰豆汤，再放入面条煮熟即成。因其颜色呈酱红色，民间俗称红豆饭、灰豆饭。灰豆饭具有清热解暑、中和胃酸等功效，不失为一种保健饮食，因而受到大众欢迎。灰豆饭的做法听起来似乎很简单，但要做得地道可口并非易事。有一种独特的做法是，先将扁豆淘洗干净，取适量食用碱面加入少量冷水使其融化，与扁豆一起放入铁锅中煮沸数分钟时间，待水蒸发完后，将已经变为红色的扁豆干炒脱皮，然后再盛入足够的水并用温火慢煮，直到扁豆熟得透烂为止，事先擀好面皮，将其切成菱形状的面条，此时倒入灰豆汤中煮熟，或用白水煮熟面条，然后加入灰豆汤亦可。灰豆饭中，需调配盐、花椒粉、鸡精、香油、葱屑等调味品，但不可调入醋酱之类，喜欢荤食者也可以加入各种肉丁，做成加肉的灰豆饭，可使味道更佳。食用灰豆饭时，佐以咸韭菜或凉拌苦菜等小菜，吃起来赏心惬意，美味香浓无比。

0402 皋兰酿皮子

产　　地：甘肃省皋兰

所属民族：汉族

级　　别：4

简　　介：酿皮子是一种独特的面食，既可作为主食，也可作为零食，清凉可口，开胃解暑。先将优质面粉加水揉成硬团，在清水中反复搓洗，使面粉中的蛋白质与淀粉分离，分离出来的蛋白质俗称"面筋"，将它蒸熟，切成薄片待用。洗出的淀粉溶于水中，待其沉淀在盆底后，把上面的清水倒掉，加入稍许碱，调成稀糊，舀入平底盆中，上笼蒸几分钟即熟。吃时，只需将作好的一张张酿皮子切成条状，配上面筋，加入适量酱油、香醋、蒜汁、盐、芝麻油、香菜、黄瓜丝、辣椒油调拌即可。一碟香辣可口的酿皮子就作好了。看那色泽晶莹黄亮，半透明如玉，青黄红白色泽鲜亮诱人。入口细腻润滑，酸辣筋斗、柔韧可口，是一种大众化的清凉面食。

0403 皋兰灰豆王

产　　地：甘肃省皋兰

所属民族：汉族

级　　别：4

简　　介：灰豆子是用麻色豌豆煮成的粥状食物。做法是先将麻豌豆洗净，加水煮，加入食用碱，再用小火熬，适当时加入红枣，当红枣煮破时的香甜汁液流入汤内时，一股浓香。吃的时候加入白糖，别具风味，备受大众欢迎。在炎热的夏季，灰豆子也是解暑佳品，冰镇过的灰豆子味道犹佳，清凉解暑。

0404 皋兰浆水面

产　　地：甘肃省皋兰

所属民族：汉族

级　　别：4

简　　介：皋兰人的浆水面做法较为讲究，先取一盆清浆水煮沸，再晾凉。另用炒锅放菜油少许，待油开放花椒数十粒，炸出香味后，再炝葱花。倒入凉浆水中，加盐，调匀，撒上切成碎末的香菜，待用。另锅煮手擀面条，出锅过水，捞入碗中，浇上调好的浆水。皋兰人吃浆水面，还非常讲究配菜和氛围。夕阳西下的农家小院，暑热散去花香宜人。就地铺一些凉席，置矮脚炕桌，摆上蒜拌的拍黄瓜，切丝的鲜莴笋，素炒韭菜苔，油炸虎皮辣椒。四个菜碟齐了，再来一小碗油泼红辣子，剥几头大蒜，捋一把小葱。一家老小席地而坐这就开饭了。虽说浆水面是素食，但和肉类同食却也非常适口，且另有一番美滋味。以卤肉、酱肉，或者炒一盘鸡蛋也好。吃着不肥不腻，清凉爽口，引人食欲大增。夏天的浆水，还常常当作预防中暑的清凉饮料，直接饮用，成为陇上一绝。

0405 皋兰凉面

产　　地：甘肃省皋兰

所属民族：汉族

级　　别：4

简　　介：凉面一边是五颜六色的各色调料，

用高脚大碗盛着至少有七八种，另一边是拉出来的金灿灿的面条，只不过捞出后用凉水过了一下，稍拌了点清油。凉面最大的特色在于它的勾芡过的素汤，里面有各类时应的青菜，加之芥末等凉性调料的应用，特别能勾起夏天厌食的胃口。由于用盘子吃的，调料和汤较多，进食时可先喝点，就可防止洒出来。其实凉面在冬天也是可以吃的，那时的素汤将变成热的。

0406 皋兰臊子面

产　　地：甘肃省皋兰

所属民族：汉族

级　　别：4

简　　介：臊子面是皋兰又一著名的传统面食。据说是由唐朝的"长寿面"演化而来，成为老人寿辰、小孩生日及其他节日的待客佳品，含"福寿延年"之意。臊子面做工考究：先用猪肉、黄花、木耳、鸡蛋、豆腐、蒜苗及各种调料做成臊子；再用碱水和面，反复揉搓，然后擀成厚薄均匀的面皮，用菜刀切细，在锅内煮熟。食用时，先捞面条，再舀臊子，汤多面少，则臊子鲜香，汤味酸辣，面条细长，筋韧爽口，成为营养丰富、老幼皆宜的美味佳肴。

0407 皋兰油炒粉

产　　地：甘肃省皋兰

所属民族：汉族

级　　别：4

简　　介：油炒粉也是一道著名的汉族传统小吃。有卖酿皮的地方就必有卖油炒粉。油炒粉是用卤猪油炒制的凉粉。先在乎底铁锅内烧开卤猪油，再把切成麻将牌大的方块粉分次放入锅内，加糖色、葱花、精盐，不断翻炒，直至金黄烫热，即可盛碗备食。依各人口味，调以辣椒油、麻酱、陈醋、蒜汁、精盐，即可食用。

0408 麻腐包子

产　　地：甘肃省皋兰

所属民族：汉族

级　　别：4

简　　介：皋兰特有的地方风味小吃。将麻子磨碎后去掉皮渣，剩余部分即为麻腐，其中加入葱丝等辅助品，也有加精肉丁者，做成包子馅儿，以上好的麦面做皮，包成圆形或长形的包子，蒸熟食用，味道纯真，别具一格。

0409 皋兰面片

产　　地：甘肃省皋兰

所属民族：汉族

级　　别：4

简　　介：面片是很具有平民性的小吃，在普通家里和街头都可吃到。面片的关键在于揉面，配以少许热水，揉得越匀越好（这是个力气活），加上如果使用西北一年熟日照长的小麦，就会特别筋道，当然越筋道的面片，配以炖得烂熟的土豆、豆芽等菜料和少许瘦肉，这样的面片就越是上品。

0410 皋兰糁饭

产　　地：甘肃省皋兰

所属民族：汉族

级　　别：4

简　　介：将米和面混在一起做成的面食，是皋兰人的传统家常饭。皋兰的干旱半干旱山区以及高扬程灌区，适于糜子、谷子生长，广为种植，经过碾磨去皮后称之为黄米、小米，去皮后称为大米或白米。因所用米料以及加入面粉的不同，有小米糁饭、黄米糁饭、白米糁饭之别，还有黄米和白米混合做成的糁饭，有麦面糁饭、豆面糁饭、包谷面糁饭等。糁饭的传统做法是，先将米料淘净倒入锅中，加入适量的水使其煮沸，待熟烂至七八成时，撒上面粉搅拌融合，盖上锅盖焖一会儿即可。后来人们摸索出仅用米来做糁饭的方法，即在焖米饭时适当增加水量，待米饭焖熟后用力搅拌，使米粒碎化成为糁饭。俗语云："糁饭若要好，三百六十搅。"只要做法地道，搅拌适度，做出的糁饭才具有粘性，吃起来柔软爽口，味道与口感方能俱佳。过去农村生活条件差，糁饭是每日必备的主食，大多用黄米做成豆面糁饭或包谷面糁饭。如今，皋兰糁饭登临大雅之堂，摆上宴会餐桌，成为大众喜欢的时尚面食。

0411 皋兰搅团

产　　地：甘肃省皋兰

所属民族：汉族

级　　别：4

简　　介：杂粮面类食品，多用荞麦面做成，故而又称荞面搅团。荞面分为甜荞面和苦荞面两种，在荞面中掺入极少量麦面，徐徐撒入翻滚的开水锅中，如同做糁饭一样，反复搅拌成团，焖熟即可。搅团为农家快捷面食，以往农村生活条件差，吃搅团时将其盛入碗中，用勺子在中间打压出小窝，中间倒入食醋，放上葱花、辣椒面等，用筷子夹起一块块蘸着吃，或佐以咸菜。如今，人们吃搅团时，配以特制的搅团汤以及各种炒菜等，吃法与过去相比大同。

0412 河口韭菜馅饼

产　　地：甘肃省河口乡

所属民族：汉族

级　　别：4

简　　介：将面团搓成长条后切成小剂子、按扁，擀成圆形面皮，一片面皮上放适量韭菜，中间用筷子拨个小坑，打入鸡蛋，将鸡蛋适当搅拌后撒上盐（最后撒盐可以避免韭菜出水），盖上另一块面皮，两张面皮周围捏成花边，锅内放少许油，放入馅饼，两面小火煎熟。

0413 河口葱花花卷

产　　地：甘肃省河口乡

所属民族：汉族

级　　别：4

简　　介：花卷与馒头相似，但为卷状。花卷营养丰富，味道鲜美，做法简单。将面制成薄片拌好葱花作料后卷成半球状，蒸熟即可食用。

0414 河口炒馍馍

产　　地：甘肃省河口乡

所属民族：汉族

级　　别：4

简　　介：取适量的馍馍，把馍馍先切成均匀的片，把切好的馍馍盛入喽喽当中，取适量实现炒好的菜倒入炒勺中加热，待菜热了之后加入适量的开水，把切好的馍馍倒入炒勺中，用锅盖焖上几分钟，几分钟之后掀开锅盖，用锅铲翻炒几下，翻炒之后即可盛入盘子中食用。

0415 河口枣花馒头

产　　地：甘肃省河口乡

所属民族：汉族

级　　别：4

简　　介：将一个大枣放在蒸馍中间，往下摁，放入蒸屉里蒸熟即可。

0416 河口烙饼

产　　地：甘肃省河口乡

所属民族：汉族

级　　别：4

简　　介：烙饼是以面粉、鸡蛋、葱花等为主要原料烙制而成并深受河口百姓喜爱的面点之一，可以配各种肉、蛋、蔬菜一起食用。烙饼的主要营养成分是碳水化合物、蛋白质、脂肪等，营养充足而丰富。

0417　玉米面薄饼

产　　地：甘肃省河口乡

所属民族：汉族

级　　别：4

简　　介：玉米混合面饼有浓郁的玉米香，由于有大部分白面粉，所以饼还是有弹性的，可以作为杂粮主食。平底锅烧热（用中小火），把面饼放入锅里，盖上锅盖。等饼鼓起来，就翻面，等另一面也变色了，就烙好了。

0418　河口干馍馍

产　　地：甘肃省河口乡

所属民族：汉族

级　　别：4

简　　介：干馍馍由小麦面粉发酵，包裹蒸煮好，再经上好的焦炭慢火烤制而干，具有和胃健脾的功效和香、酥、甜、脆四大特色，手工制作、食用方便、传统工艺。

0419　河口蝴蝶馒头

产　　地：甘肃省河口乡

所属民族：汉族

级　　别：4

简　　介：蝴蝶馒头是一道美味的菜肴。把发好的面团挤净空气后，分成若干小剂，取一个搓成细长条，从细长条的两端同时向内打卷，一直卷到两个圈碰在一起，前端还留少许直条为止。用筷子并在一起的两个圆圈的下端处用力夹紧，成为蝴蝶身体，锅里油炸。

0420　河口窝窝头

产　　地：甘肃省河口乡

所属民族：汉族

级　　别：4

简　　介：窝窝头，过去是穷苦人的主粮。采用天然绿色的五谷杂粮为主要原料，其中的纤维素含量很高，具有刺激胃肠蠕动、加速粪便排泄的特性，其中含有的玉米油，更能降低血清胆固醇，预防高血压和冠心病的发生。

0421　家常油酥饼

产　　地：甘肃兰州

所属民族：汉族

级　　别：4

简　　介：最家常的一款面食，里面加入了清油酥，入口香酥，外焦脆内香软。

0422　金沟凉面

产　　地：甘肃省金沟乡

所属民族：汉族

级　　别：4

简　　介：夏天人们常吃的一种面食。以面粉和灰水揉面，擀切成厚薄均匀、或粗或细、或宽或窄的长面条。大火煮熟捞入备好的凉开水中滤一下，将食油浇上调匀，吃时调以卤子或油泼辣子、蒜泥等。

0423　金沟扁豆面

产　　地：甘肃省金沟乡

所属民族：汉族

级　　别：4

简　　介：做扁豆面时，扁豆是事先用砂锅文火煮好的，煮的时候要稍稍加点食用碱，这样煮出来的扁豆有沙沙的口感；面条是切成细小的菱形旗花形状的，等锅里的水烧开了，把面下进去，再把煮好的扁豆搅拌进去，加点盐，炝点葱花，撒点香菜。金沟扁豆面的特色之处在于，煮好后再加点臊子，味道更加鲜美。

0424 金沟大月饼

产　　地：甘肃省金沟乡

所属民族：汉族

级　　别：4

简　　介：金沟人过中秋吃的月饼，都是自家蒸的月饼，又称"千层饼"，讲究自己发面蒸月饼，把面擀成一张刨冰，每张上面抹上姜黄、苦豆、红曲等香料，层数有十来层，最上面的一层上再放上各式各样面花进行点缀，然后蒸熟。

0425 杂面旗花

产　　地：甘肃省金沟乡

所属民族：汉族

级　　别：4

简　　介：在白面中掺和二三成豌豆面，揉光擀好后，切成菱形小块，将洋芋块先下锅，待洋芋熟时，把切好的小面块下锅，锅沸调入浆水，泼上葱花油后搅匀。吃时按各自口味，调入油泼辣子、蒜泥、咸菜等调味品。

0426 金沟马蹄子

产　　地：甘肃省金沟乡

所属民族：汉族

级　　别：4

简　　介：用发酵后的白面和玉米面、糜面做成。先将白面擀成一指厚、约10厘米宽的长片状，抹油撒上苦豆粉，把烫过和好的玉米面或糜面加倍放置其上摊平，加入少许清油与苦豆粉，卷成圆筒状切成约八厘米的长条形，然后，竖起来放于蒸笼内蒸熟，出锅时底部稍大，形如马蹄，故名马蹄子。

0427 好吉炸酱面

产　　地：陈坪

所属民族：汉族

级　　别：4

简　　介：由菜码、炸酱拌面条而成。将黄瓜、香椿、豆芽、青豆、黄豆切好或煮好，做成菜码备用。然后做炸酱，将肉丁及葱姜等放在油里炒，再加入黄豆制作的黄酱或甜面酱炸炒，即成炸酱。面条煮熟后，捞出，烧上炸酱，拌以菜码，即成炸酱面。

甘肃省文化资源名录 第二十八卷 饮食文化 特色饮食

0428 陈坪面茶
产　　地：陈坪
所属民族：汉族
级　　别：4
简　　介：面茶先把面粉炒熟，再炒入化为液态的羊油、牛油即成，山羊油面茶最佳。吃时将其切成末、煮成粥状并泡上馍馍。

0429 陈坪月饼
产　　地：陈坪
所属民族：汉族
级　　别：4
简　　介：月饼甚大，一屉蒸笼蒸一个。月饼层层抹上清油，撒上姜黄、红曲、玫瑰花，表面在点缀上许多面做的小花，蒸熟后点上"花儿"（用随意做成的类似印章之物加红色食品印成），十分美观大方。吃时切开，层次红黄相间，松软醇香，令人回味。

0430 兰州荞麦面
产　　地：兰州市
所属民族：汉族
级　　别：4
简　　介：首先准备荞麦面专用酱油（超市有售），按比例加入冰水兑成面汁，喜欢的话可以加点芥末；然后将面汁放在冰箱里冷藏备用。鸡蛋1个打散做成蛋皮后切成细丝；黄瓜切成丝，绿豆芽去头和须，用开水焯一下；再准备一些海苔丝和葱花。准备一个干净的器皿，倒入纯净水加入冰块备用；荞麦面如普通面条煮法，煮熟后立即放入冰水中过凉，随后捞出沥干水分盛放在专用竹席（寿司席也可以）上。准备一个小碗，舀入几勺面汁，挑一些面条和配菜浸入面汁里伴着吃，面条和面汁都要趁着冰凉吃才够凉爽筋道。

0431 猴菇五谷饼
产　　地：兰州市
所属民族：汉族
级　　别：4
简　　介：将糯米、小米、燕麦、薏仁米、玉米碎淘洗净混合加少量水（没过其他食用米就行）泡1小时。将混合米倒入锅中加3杯水开大火煮沸后。加入红糖继续煮。当水剩下原来的1/2时开小火慢熬至饭变得很稠为止。将五谷饭盛出待凉。加入面粉，拌匀至稠糊状。以勺为单位舀至铺好锡箔纸的烤盘中。再压扁成小圆饼。放入烤箱上层。200度烤30分钟即可。

0432 徽县麻食
产　　地：兰州市
所属民族：汉族
级　　别：4
简　　介：麻食，也有叫作"麻什"、"麻食子"或者"麻什子"的，是西北地区的一道汉族传统小吃。麻食的历史可以追溯到元代，当时叫秃秃麻失（元代《居家必用事类全集》），也叫秃秃麻食（元代《饮膳正要》）。徽县麻食不同于西安麻食，用麦粉和成软面团，每次掐一小点，用大拇指搓片后卷成一个个小海螺状，在开水中煮熟，捞入碗中，浇上臊子，调入佐料即可食用。特点是入味、滑爽、易消化。还可做成炒麻食、烩麻食等。

0433 蜂蜜核桃酥

产　　地：兰州市

所属民族：汉族

级　　别：4

简　　介：首先制作饼底。低面、软化的30克黄油和10克细砂糖倒入碗里。用手揉搓低面、黄油和细砂糖，使它们彻底地混合在一起。倒入打散的鸡蛋液，用橡皮刮刀翻拌至均匀，成为面糊。在底部边长约为12×12厘米的方形烤碗内壁涂上一层黄油。把面糊铺在烤碗底部，用勺子背压平。将烤碗放在烤架上，放入预热好175℃的烤箱，上下火，中层，烤25分钟左右，直到表面浅金黄色。

0434 烩面片

产　　地：兰州市

所属民族：汉族

级　　别：4

简　　介：面片是北方特色主食，烩面片更是一道家常美味。做法：先将肉片、豆腐片、新鲜蔬菜。如：红辣椒片等在锅中煸炒，放上羊肉汤，加盐、味精、酱油、姜末、胡椒粉等入味，再加进黄花、木耳烧沸，略勾芡汁，撒上蒜苗丝待用。再将面片煮熟，用漏勺捞在碗中，舀上烹调好的烩菜即可食用。

0435 兰州锅盔

产　　地：兰州市

所属民族：汉族

级　　别：4

简　　介：锅盔是西北的一种特色面饼，它的特点是又大又厚，大如锅盖，厚如盾牌，皮脆内柔，香味淳厚，非常适宜长途跋涉时携带。锅盔的制作方法是先用酵子把面发起，待面团发起后，一边往里揉干面，一边加入温水化开的碱水。面团经过反复揉—加干面—再揉的过程，软硬和酸碱度适中了，就放在鏊子上去炕。炕二十来分钟，锅盔就出炉啦！刚炕好的锅盔散发着淡淡的小麦清香，有的还加入了苦豆子（一种西北特有的植物香料）就更加好吃。锅盔就是放干了，也仍然好吃，一口水一口锅盔，就可以维持你在大漠上的基本生存。在西北，锅盔的传说也有不同版本。传说之一是唐高宗李治和

甘肃省文化资源名录 第二十八卷 饮食文化

特色饮食

171

武则天在位时，为他们修建陵墓的民工有三万人之多。吃饭成了问题。监工把面粉发给民工，让他们自己用铁制的头盔烙馍。一天武则天到工地察看，正赶上午饭的时候，工地上飘着香喷喷的馍味，大臣拿一片火候均匀的叫武则天品尝，武则天赞不绝口。后来，这种食品传到了农家，经过改良，就成了现在的锅盔。

0436 核桃包
产　　地：兰州市
所属民族：汉族
级　　别：4
简　　介：核桃包，使用上好裸麦、燕麦，包入核桃仁和玫瑰酱制成馅，捏成核桃形状，其中最主要的一道食材是来自苦水玫瑰酱，其富含营养，润肌肤，养容颜，抗衰老，男女老少皆宜。

0437 西红柿鸡蛋面
产　　地：兰州市
所属民族：汉族
级　　别：4
简　　介：制作西红柿鸡蛋面（也俗称"番茄鸡蛋面"）所需的材料较为简单，顾名思义最主要的材料就是西红柿、鸡蛋和面条，三者皆是日常可见、且容易寻得的食材；而根据个人口味的不同，人们可在面汤里加入其他调味料，烹制出别具特色且营养丰富的西红柿鸡蛋面。

0438 干拌拉条子
产　　地：兰州市
所属民族：汉族
级　　别：4
简　　介：第一步和面。凉水里加盐，一点点地加进面粉中。揉匀，其间饧2—3次，反复揉，揉匀擀圆用油摸匀，再用保鲜膜盖住，饧制。第二步炒拌面的菜。①西红柿切块，土豆和火腿切丁，蒜苗切粒，热锅倒油，先炒西红柿，出红汤后放入土豆火腿丁，调味倒入一碗水调一点淀粉水，倒入。开后即可。②豆芽菜洗净，控干水份，热锅倒油，炝炒调味，即可。③青椒和茄子都切成片或是块，放入蒜苗。热锅倒油，炝炒调味，即可。④将剁椒、青椒、洋葱、蒜苗、盐、糖、醋、味精、香油、酱油放在一个碗里，拌匀，腌制。⑤热锅倒油，炝炒蒜苔。第三步下面。坐锅开水，将面切成条，两头一拉，放入开水锅中，锅开三次，捞出。用上述炒菜，加上醋、油辣椒，拌匀，即可食用。

0439 苦豆子花卷
产　　地：兰州市
所属民族：汉族
级　　别：4
简　　介：苦豆子又称为香豆子，是一款有着异香的香料，是西北主妇做面食不可或缺的香料之一。优良品种有玉门香豆子、新疆香豆子、青海香豆子，而在兰州称为香豆子又被称为苦豆子。用苦豆子做成的花卷，非常的香，香的令人无法抗拒。

0440 兰州油饼

产　　地：兰州市

所属民族：汉族

级　　别：4

简　　介：油饼和油条一样是北方风味，兰州人到过年的时候家家户户都要炸一点。做法是将酵母粉倒入分温水中，调匀静置一会儿。面粉、盐、小苏打拌匀，倒入酵母水，揉成团。在面团中按个坑，将食用油倒入。慢慢揉，让油充分和面融合，最后成光滑的面团。蒙上保鲜膜，室温放置一夜。面板上抹一层油，将发好的面团轻轻擀成圆片，薄些就是薄脆，厚点就是油饼。然后正面中间划一刀，圆片翻过来，在两边各划一刀。油烧热，炸的时候要中火。把圆片平放入油锅。火候合适的话，马上就会起泡，三五秒就翻面，再过三五秒就好了。

0441 兰州马蹄子

产　　地：兰州市

所属民族：汉族

级　　别：4

简　　介：马蹄子其实就是玉米面和白面混合做成的一种杂粮馍馍，因形似马蹄而得名，有的还喜欢放上苦豆子，味道又香，又甜，又糯。

0442 兰州酸汤面

产　　地：兰州市

所属民族：汉族

级　　别：4

简　　介：酸汤面，北方人家里都吃酸汤面，根据地域不同，有的放点西红柿，有的放点虾皮和紫菜，有的还会放一勺臊子，蔬菜，共同的一点，就是酸汤要用醋勾的酸酸的，多放胡椒和花椒面，热乎乎的，去去寒气。西北人家的酸汤面，基本上不放西红柿，但得放生姜，有的也不打鸡蛋，做的素素的，酸酸的，再放些自己泼的油辣椒，香菜。蒜苗。葱花。酸辣的，看着红油泛泛的。这样的酸汤面端在面前，两腮帮子立刻泛起了口水。

0443 兰州麻圆

产　　地：兰州市

所属民族：汉族

级　　别：4

甘肃省文化资源名录 第二十八卷 饮食文化 特色饮食

173

甘肃省文化资源名录 第二十八卷 饮食文化

特色饮食

简　　介：是用牛奶加适量盐水和面（发酵的面为佳），然后搓成条状，用刀将和好的面切成菱形，再用煮沸的牛、羊、骆驼油或植物油炸成黄色的一种食品。有的地方也叫"油果子"。做法：首先糯米粉放点糖（少许）、水、发酵粉混起，发酵，至少要放一晚上。然后手沾油，像包汤圆一样把糖心包进去，再将包好的"汤圆"扔进生芝麻里面，裹一层生芝麻，最后锅内倒大半锅的油，将裹了芝麻的"汤圆"放进去，用漏勺翻滚炸至金黄色起锅现在油果子做法和口味也很多，有滚糖、罩蜜、夹心、包馅、擦酥、渗糖品种多样，美味可口，益气胃，享誉四邻。

0444　兰州刀削面

产　　地：兰州市

所属民族：汉族

级　　别：4

简　　介：刀削面，汉族面食，流行于北方。操作过程：将面粉和成团块状，左手举面团，右手拿弧形刀，将面一片一片地削到开水锅内，煮熟后捞出，加入臊子、调料食用。刀削面全凭刀削，因此得名。用刀削出的面叶，中厚边薄，棱锋分明，形似柳叶；入口外滑内筋，软而不粘，越嚼越香，深受喜食面食者欢迎。

0445　陇上味道沙葱韭菜盒子

产　　地：兰州市

所属民族：汉族

级　　别：4

简　　介：沙葱是一种宿根植物，其根的生命力极强，极耐高温干旱，不是"春风吹又生"，而是逢雨就能生。沙葱在我国有着悠久的食用传统，以食用叶为主，其不仅清香可口，营养丰富，而且具有防疾祛病的保健功能，常吃能增强儿童智力、提高免疫功能，能有效地预防老年性痴呆症的发生，还能抑制和逆转癌细胞的异常增殖，故有助于健康长寿。

0446　久禾子乌龙面

产　　地：兰州市

所属民族：汉族

级　　别：4

简　　介：乌龙面在中国大陆及港澳地区也被称为乌冬，是一种以小麦为原料制造的日本面，在粗细和长度方面有特别的规定。现行的日本农业规格（JAS）中，圆面的截面直径要在1.7毫米以上，角面的宽度在1.7毫米以上的作为"乌龙面"，以下的则为"日式凉面"以此区分。除此以外，社会上通用的观念里，还有细面的"细乌龙面"和"日式凉面"的明确区别。

0447 缸炉饼

产　　地：兰州市

所属民族：汉族

级　　别：4

简　　介：缸炉饼是太原市的一种传统面饼。做法是将面粉对入清水（水温：夏季用凉水，其余季节用温水）和成较硬的死面团，揉匀揉光后盖温洁布稍饧。面团稍饧后，上案擀开抹匀食油，卷成长条，再揪成10个剂子。逐个将剂子擀成面片，折起成长方形，再擀开，再折成长方形，如此连续三次成27支。然后在饼上抹少许清水（来回搓抹至面皮出浆）粘满芝麻，把饼子翻过来按一按，以防止芝麻掉落，饼背面抹点水贴置在缸炉壁上，盖住烤约15分钟左右即成。特点色黄、脆香、筋韧。缸炉即用瓷水缸，底朝上，口朝下，制成的一种烧饼炉。

0448 碱水面包

产　　地：兰州市

所属民族：汉族

级　　别：4

简　　介：碱水面包的面团制作不需要特殊的材料，普通的面包粉就可以。但在制作配方上，和普通的面团完全不一样。其特点是加很少比例的水，搅拌的面团很干，所以后工序的成型较费劲，也是普通食客或者初学者难制作和掌握的。咸面团，不加奶油的。

0449 兰州年馍馍

产　　地：兰州市

所属民族：汉族

级　　别：4

简　　介：在兰州市郊区县的西固、红古、永登等地的人们，在腊月二十六至大年三十这段时间里，家家户户都要蒸"年馍馍"，做各种饭菜，还要擀好能吃到正月初五的长面。农家还有个讲究，腊月二十七忌蒸馍馍，说这天蒸馍馍家里就会着气吵架云云。兰州人蒸的"年馍馍"，样数子很多。有象征喜庆，长有尺余的长花馍馍，也有小不足寸的小花卷、刀把子（小馍头）、荷叶子等等，在这些花馍馍上，还点上梅花瓣似的小红点点，不仅看起来美观，而且还显得格外喜庆。兰州人过年蒸的花馍馍，是一种集工艺和食用为一体流传久远的年节食品。据说，民间制作花馍馍的习俗是从上古女娲娘娘"抟土

甘肃省文化资源名录 第二十八卷 饮食文化 特色饮食

造人"时流传下来的。千百年来，人们通过手口相传、眼观心记的方法，把制作花馍馍的技艺传承了下来，至今在市郊广大农村兴盛不已。

0450 枣糕

产　　地：兰州市

所属民族：汉族

级　　别：4

简　　介：枣糕其味香远，入口丝甜，含有维生素C、蛋白质、钙、铁、维生素等营养成分，既能补脾和胃、益气生津；还有保护肝脏、增加肌力、养颜防衰之功效。因为红枣糕口味正宗、价格合适，红枣含有人体所需的很多营养成份，所以广受现代消费群体的喜爱，在民间有"常品红枣糕，体健精神爽"和"一日食三枣，百岁不显老"的说法。

0451 丹麦手撕面包

产　　地：兰州市

所属民族：汉族

级　　别：4

简　　介：制作丹麦面包面团不要揉的面筋过强，因为在手工杆压时要经过折叠面筋会自然增强。面团的温度要和黄油的温度相符，否则面团或油脂会断裂。在叠被子时注意松弛到位。注意三折两次时一定要放入冰箱冷冻松弛，否则面团会断裂。醒发时不要用太高的温度，因为丹麦面包的黄油比较多，还有这个黄油属于低温油。在烘烤丹麦面包时注意要用高温烘烤至面包定型，再用小火烘烤。

0452 大胡子羊肉面片

产　　地：兰州市

所属民族：汉族

级　　别：4

简　　介：特点：面香汤浓，一点膻味没有。

0453 豆角焖面

产　　地：兰州市

所属民族：汉族

级　　别：4

简　　介：面条最好购买筋道的新鲜面条，这样焖熟后口感比较好，千万不要将面条提前煮熟，或者使用挂面，这样做很容易烂在锅里；豆角加入清水后焖的时候要稍长一点，如果最后感觉豆角还是有点硬，再淋入一点清水。可以提前将豆角焯烫一遍。汤汁淋入的多少最后决定面条的软硬程度，柔软点的焖面利于消化，而且吃剩的焖面再次加热后也不会变硬，口感仍然很好；最后撒入生蒜末、加入香油有画龙点睛的妙用，最好不要省略。即便做其它蔬菜的焖面也是一样好吃。大蒜稍稍切碎即可，不要切的很细，这样之前加入的蒜末容易糊，而最后撒的生蒜也没有口感和香气；焖面是利用水蒸气将面条、豆角焖熟，所以一定要保持小火，焖的过程中要注意观察剩余的汤汁，还要不时地转动一下锅，让周围的面条也能吸收汤汁，确保面条均匀的成熟。

0454 兰州鸡汤刀削面

产　　地：兰州市
所属民族：汉族
级　　别：4
简　　介：鸡汤刀削面是一道菜品，主料是高筋面粉，辅料是鸡汤、小青菜、香菜、清水。

0455 烩面片

产　　地：兰州市
所属民族：汉族
级　　别：4
简　　介：烩面片是一款美味面食食谱，主要原料有豆腐片、羊肉汤等，菜肴烩制的烹饪手法制作而成，口感爽滑。

0456 兰州芝麻薄饼

产　　地：兰州市
所属民族：汉族
级　　别：4
简　　介：芝麻薄饼，是一道由芝麻、面粉制作的菜肴。

0457 蜜三刀

产　　地：兰州市
所属民族：汉族
级　　别：4
简　　介：蜜三刀是由"里子面"和"皮子面"组成。先将1/4的面粉加饴糖放入盆内，加水和面肥，揉搓成团，发足成大酵面，掺入碱水去酸，调成"皮子面团"；再将余下的面粉一次放缸盆内，加水拌和均匀。调制成"里子面团"。把两种面团都放在案板上，分别用擀面杖擀开。将"皮子面"擀成两块长方片；将"里子面"擀成一块长方片，大小相同，用一块"皮子面"片作底，中间铺上"里子面"片，然后把另一块"皮子面"片盖上，即成为3层，厚度约5厘米。叠好后，用刀切下一长条，将长条面擀薄，切成长小块，将宽边4角对齐折上，折边中间顺切3刀，成为4瓣，即为蜜三刀生坯下入另一锅锅内油为七八成热，炸至金黄色。随炸随在饴糖锅中过蜜。金黄透亮，松软香甜。

0458 榆钱饼子

产　　地：兰州市

所属民族：汉族

级　　别：4

简　　介：榆钱饼子就是把玉米面或高粱面或白面掺上榆钱，做成饼子状或窝头型，也有混和面的，放锅里蒸熟食之。面有生面和发面两种，生面即把白面、玉米面或高粱面调好后，往里掺榆树钱；发面即把白面、玉米面或高粱面发酵后，再往里掺榆钱。有人也许提出把面和榆钱放一起调和还省事，殊不知，榆钱和面放一起调和，形不成面团，像一盆散沙，揉和不到一起。

0459 快手起司焗面

产　　地：兰州市

所属民族：汉族

级　　别：4

简　　介：方便面不加调料包用白水煮开就关火，面不要煮太软，七成熟就行。面捞出放入烤碗，把方便面的调料撒入，拌匀。面上可以随便铺食物：火腿肠片、芝士片、青椒、玉米，家里有啥放啥，最后别忘记铺厚厚一层马苏里拉芝士。送入烤箱，中层，210度，20分钟即可。

0460 兰州鸡丝面

产　　地：兰州市

所属民族：汉族

级　　别：4

简　　介：鸡丝面是一种简单而美味的特色面食，制作原料主要有鸡蛋面、鸡脯肉、雪里蕻等，色香味俱全，面筋味美，适用于虚损羸瘦，病后体弱乏力等。

0461 兰州肉夹饼

产　　地：兰州市

所属民族：汉族

级　　别：4

简　　介：肉夹饼就是把普通的白饼扎几刀，用油浇一下，然后洒上调料，在火上烤成酥脆的饼，里面一般夹10串羊肉串在里面，尤其要趁热吃。

0462 兰州炒面片

产　　地：兰州市

所属民族：汉族

级　　别：4

简　　介：在面片已下锅的同时用炒锅炒好肉丁或肉片及辣子、笋片、菜瓜等蔬菜或粉条、木耳，待面片开锅，即用漏勺捞出面片，放到炒好的菜中翻炒，略炒片刻，即可出锅食用。

0463 陇上味道张掖小饭

产　　地：兰州市

所属民族：汉族

级　　别：4

简　　介：张掖小吃源远流长，品种之多，不胜枚举。小饭中"饭"指的是面块，而非米。将面切成饭粒大小，过水煮熟后，浇上勾好味的汤卤配料，汤中的面宛如饭粒，粒粒分明，浇上一大勺醇厚的汤卤。"小饭"里的汤，是用牦牛骨汤熬制而成的，加入胡椒粉和姜粉调味，里面配以牦牛肉片、粉皮（当地产的粉皮，看相特别好，表面晶莹，口感好，润滑又有嚼头）、豆腐片，热乎乎地往"饭"上一浇，浓浓的胡椒香味，色香诱人，营养丰富。

0464　陇上味道锁阳油饼

产　　地：兰州市

所属民族：汉族

级　　别：4

简　　介：锁阳油饼，采用纯天然绿色原料锁阳粉、小麦粉，经过六道工序精制而成。锁阳蕴含锌、铁、胺等多种营养成份。

0465　油泼辣子面

产　　地：兰州市

所属民族：汉族

级　　别：4

简　　介：油泼辣子面是一道色香味俱全的汉族面食小吃，属于陕西美食。材料有面条、辣子、姜粉、醋、盐、味精、葱花末等。辣子面以面条煮熟后泼上油辣子而得名。油泼扯面的做法有点象拉面，揉好醒好后做成油条那么大小的，一根一根地整整齐齐地码放好，吃的时候拿面杖稍微擀一下，擀成两、三指宽，即一般人的裤腰带那么宽，然后像拉面一样拉开，但不像拉面那么细，拉成两指宽，一到四毫米厚，然后用手随意地扯开，扔到水里，煮后捞起，上面盖上一些白菜之类的蔬菜。

0466　拉条子

产　　地：兰州市

所属民族：汉族

级　　别：4

简　　介：拉条子是兰州人最喜欢吃的面食之一，所谓拉条子，其实就是兰州人自己家手工做的拉面条。首先是和面。拉条子拉得好不好，关键在和面。夏天和面直接用凉水，天凉时要改用温水，而且水里还要少许放点盐。和面、跷面和揉面，面要和得硬，再放水经过反复地跷和揉，直到切开面的断面没有空隙，才能算和好了。之后要将面团或搓成条放在盆里醒一会，这样便于拉得更好。其次是拉面。面和得好拉起来就容易，也就拉得细拉得均匀。拉起来面要在手中悠悠抖动，在面板上摔打，两手将面来回交差重叠，一会儿工夫，一大碗拉条子就

甘肃省文化资源名录 第二十八卷 饮食文化　特色饮食

拉好了。面条的宽细由个人的喜好而定，有人喜欢吃鸡肠子（把面拉的又细又圆），有人要吃又宽又厚的长面片子，有人却要吃着爽口的薄叶叶儿（非常的薄）。第三是汤和佐料。有人喜欢浇臊子汤的，有人喜欢放肉臊子，有人则喜欢拌着炸酱吃，还有人喜欢与炒菜拌在一起的，这完全根据自己的口味。热气腾腾的拉条子煮好后，浇上醋和油泼辣子，拌上油呛蒜和其它佐料，色、香、味、形都"亮豁"（兰州方言，好看又好吃），山珍海味都不换。

0467 兰州糖油糕

产　　地：兰州市

所属民族：汉族

级　　别：4

简　　介：兰州糖油糕外酥内嫩，甜香爽口，价廉物美，为小吃佳品。由于糖馅呈流动状，又称"烫面油糕"，该小吃应热吃。产品特点圆如饼，形似鼓，色如铜，香味扑鼻。油糕方法：白面粉适量，稍加些白糖，用开水烫面，一边倒入开水一边用筷子搅拌，越软越好，然后摊在案板上晾一小时左右，现在才正式和面，把烫好的面撒上干面粉揉和，一边揉一边加干面粉，这样炸出的油糕外面起脆皮，面和好后醒一会就可以炸制了。油糕的做法：把面分成若干个小面团，擀成面饼加入适量红糖，捏严口，拍成薄薄的扁圆形，放入油锅内炸至金黄色捞出，即可食用。

注意：炸油糕的关键在和面，面软些才好吃，再就是炸油糕的油温要掌握好，小火炸制才能外焦里嫩。

0468 红糖桃酥

产　　地：兰州市

所属民族：汉族

级　　别：4

简　　介：将所有粉类和糖混合，如果有结块，过筛或者用手搓开，保证面粉足够细腻不要有疙瘩。将鸡蛋液和油倒入到面粉混合物中用手揉成光滑面团，松弛一会。再分成12个小圆剂子用手按扁，置于烤盘中，刷上鸡蛋液，撒上芝麻烤箱预热175度，烤12-15分钟即可。

0469 红豆酥饼

产　　地：兰州市

所属民族：汉族

级　　别：4

简　　介：红豆酥饼是一道口味甜的食品，主要食材是油皮、低粉。油皮，油酥分别和成面团。醒面20分钟。分成等量的小分，油皮裹上油酥收口擀长。卷起来醒一会，再擀开。重复两次擀圆，包上红豆。收口用手掌压扁，刷上鸡蛋液，放入预热200度的烤箱，烘烤30分钟。

0470 开口笑

产　　地：兰州市

所属民族：汉族

级　　别：4

简　　介：主料：蜜枣(350克)，汤圆(150克)，调料：冰糖(20克)。把枣割个口，然后把做好的小汤圆塞进去；锅里加水放冰糖，做好的枣，煮到浮起来就好了；也可以放入冰箱冰一会，甜软可口。

0471 兰州白皮面

产　　地：兰州市

所属民族：汉族

级　　别：4

简　　介：白皮面其实就是拉条子，和大盘鸡是绝配，白皮面比较爽口。薄薄的面片儿爽滑入口，拌上肉丁和青椒丁，用白萝卜调味很香。面很软爽口好消化。

0472 椒盐油酥饼

产　　地：兰州市

所属民族：汉族

级　　别：4

简　　介：面粉中央用手弄出一个小空间，放入食用油30克，放三分之一的水，放入白糖、椒盐；边揉面边加水，直到把面粉揉成光滑的柔软的面团，醒15分钟，做成饼皮。把70克油慢慢放入低筋面粉，揉成一个团，做成酥油。把先前醒好的面团分成小剂子，把油酥也分成等量的小块，把油酥包在面皮里，收口，把收口朝下，用擀面杖擀开；向右折叠三分之一左右，向左折叠三分之一左右，再对折；收口朝下用擀面杖再擀开重复三次上述的步骤；用同样的办法处理剩余的小剂子和油酥，放入预热好的烤箱，190度，25分钟左右，香喷喷的油酥饼就烤好了。

0473 兰州搓鱼子

产　　地：兰州市

所属民族：汉族

级　　别：4

简　　介：搓鱼子是当地人的叫法，是搓鱼面的俗称。是甘肃特有的经典面食小吃。搓鱼子将面粉用盐水和成面团，擀成0.5厘米厚的面张子，切成四楞面条，左手拿面条子，右手在面板上将面条子分段搓成一寸长的、两头尖的面鱼，叫搓鱼子。因其成品的形状中间粗、两头尖，酷似小鱼而得名。

0474 兰州韭菜盒

产　　地：兰州市

所属民族：汉族

级　　别：4

简　　介：韭菜盒子表皮金黄酥脆，馅心韭香脆嫩，滋味优美，色泽洁白、美观，吃着鲜嫩、清香，在韭菜鲜嫩的早春季节吃着更为理想。做法：①韭菜洗净，凉干水分备用。②面粉放大盘子里，洒点盐，拌匀后，放1碗水和鸡蛋，用筷子搅拌均匀然后揉成光滑的面团，盖上盖子醒半小时。③醒面的时候准备馅料，把韭菜切成细末，放碗里，倒点花生油，几滴麻油，胡椒粉，拌匀。④猪肉剁成肉末，下盐，少许酱油调味。起锅把油烧热后，把猪肉末放进锅里划散，炒熟后盛起。等凉后放进韭菜末里拌匀即成馅料。⑤把醒好的面团分成4分，案板洒上干面粉，取一小分放案板上擀薄，成圆形的面皮。⑥把韭菜末放在面皮里，然后象包油角一样，把边折成好看的花，片的一边，洒点盐，然后对折，把边压实（以防漏馅）。⑦起锅把油烧热，把韭菜盒子放下锅里，两面煎成金黄色后就可以出锅了。

0475 快手炒面

产　　地：兰州市

所属民族：汉族

级　　别：4

简　　介：大锅烧开水，撒点盐，水开，放面，稍微沸一下就好，面芯子应该大部分白色，因为还要炒来加热。立刻捞入冷水，拨松。过滤去掉冷水。油锅热油到手距离锅上十厘米，感受到热浪。打散鸡蛋。划散蛋，加入香肠翻炒到香肠发白。加入洗干净沥干水的青菜秧翻炒。在青菜出水之前，倒入面条、一勺盐翻炒，淋入酱油。小心翻动，保持加热，直到所有面条都均匀裹色，出锅享用。

0476 兰州炸油果子

产　　地：兰州市

所属民族：汉族

级　　别：4

简　　介：材料：面粉，清油，鸡蛋，牛奶，白糖，红糖，小苏打。做法：①发面。头一天先用牛奶、鸡蛋混和后加入面粉和成面团放置暖气边一晚，面的面积膨大到一倍就好了。加入碱水揉匀。②和面。先取一个盆放入面粉，里面放鸡蛋、牛奶、白糖、小苏打和成白色硬面团，盖上布在暖气边放置。再取一盆放入面粉，将鸡蛋打入然后把掺了红糖、蜂蜜的牛奶倒入面粉里和成黑色硬面团，不要忘了放小苏打（一点就行）盖上布在暖气边放置。再取一盆放入少量面粉，把熬好的熟油倒进去和成油酥面。取一点发面、油酥面和白色硬面团一起揉匀分成若干小块盖上布在暖气边放置。③擀面。取两块白色面团用大擀面杖把面团擀成面片，在把黑色面团也擀开。④在白面片上刷上水把黑面片放上面，再刷上水把白面片放在上面。就是中间是黑色的上下是白色的，然后用刀切成长条状，在中间用刀拉道口子，做成花式果子。下油锅炸。⑤取一片白色面片上面放一片黑色面片卷成筒状，切面片做成各种花样。⑥将做好的面团放入油锅中炸至金黄即可。

0477 兰州盖浇面

产　　地：兰州市

所属民族：汉族

级　　别：4

简　　介：盖浇面是属于汉族面食的一种另类吃法，它区别于其它面食的特征是：盖浇面是将煮好的面单独盛放，把作为配菜的炒菜另外盛放，上桌后食客可将两者混拌在一起食用，或者干脆将炒菜一股脑儿盖在面上，故而叫做盖浇面。

0478 蓝莓面包

产　　地：兰州市

所属民族：汉族

级　　别：4

简　　介：选料高筋面粉200克，水100克，酵母2克，盐2克，白砂糖40克，黄奶油15克，全蛋11克，奶粉5克，改良剂0.8克。雪山油配方：奶粉50克，黄奶油500克，细糖200克，玉米淀粉120克，水50克，蓝莓适量。制法：将配方原料低速搅拌3分钟，然后高速搅拌5分钟，搅拌完成面团的温度28度。让面团松弛20分钟，然后分割、滚圆，再松弛15分钟。将分割好的面团作成环状，然后醒发100分钟，醒发温度35度，相对湿度75%。将醒发的面包沿环状喷上雪山油，在中间挤入耐高温蓝莓果馅。烘烤温度：上火200度，下火190度。

0479 兰州炸酱面

产　　地：兰州市

所属民族：汉族

级　　别：4

简　　介：一般老兰州吃的时候都用切面，高级些的要用手擀面，区别不大，主要是口感上，只不过是手擀面更筋道。现在不少地方在卖类似手擀面的切面，也是做炸酱面的不错选择。面说完了再来说配菜，一般讲究人家的规矩就多了，至少要有6个小菜以上。通常的有黄瓜、时令菜（芹菜、大白菜之类）、青蒜、青豆、黄豆、萝卜、豆芽菜、豆腐干等等。有喜欢吃蒜的当然少不了再来上几瓣大蒜。

0480 搅饭
产　　地：兰州市
所属民族：汉族
级　　别：4
简　　介：跟搅团用料差不多，只不过用豌豆面加少许白面做成，做工也跟搅团相似只不过稀了一点。舀到碗里，调点青绿的葱花或韭菜萝卜丁臊子。等饭凉了以后切成方块，名曰："豆面饭块"。既能凉吃也能热吃。调上花菜、油泼辣子、醋蒜或韭辣，夏天食用爽口，香而不腻，吃起来回味悠长，比大米营养价值高而且令食欲大增。

0481 干拌面
产　　地：兰州市
所属民族：汉族
级　　别：4
简　　介：细面煮熟，面碗内先放入葱末及所有调味料拌匀。将煮好的细面捞出放入，拌匀即可。

0482 豆沙酥饼
产　　地：兰州市
所属民族：汉族
级　　别：4
简　　介：外观色白间有红点，有豆沙及酥香味，皮酥馅软，老幼皆宜。

0483 馍片
产　　地：兰州市
所属民族：汉族
级　　别：4
简　　介：馍片又叫馍干（香馍片），是以面粉、酵母、水为主要原料，辅以奶粉、盐、糖、棕榈油、鸡蛋等原料，经发酵、蒸制、烤制（油炸）而成的，营养丰富、口感香酥、色泽诱人、风味独特、老少皆益的大众休闲食品。馍片可以加入不同的辅料和配比制作，可生产淡、咸、甜风味不同的产品。其中咸味可为鸡味、虾味、五香、麻辣、孜然、椒盐等，并且可以加入各种五谷杂粮制成一系列具有保健功能的营养馍片。馍片的品种多样，方便实惠，迎合了现代人的消费时尚。馍片的生产工艺是结合了馒头生产工艺和饼干生产工艺，既保留了蒸制面制品的特色，又突出了烤制面制品的特色，具有自己独特的风味。馍片细密多孔、膳食纤维丰富、进入人体内能充分吸收唾液和胃液，使得消化酶功效显著，胃肠的蠕动加快，胆固醇、热能的吸收减少，长期食用对于胃肠虚弱、食欲不振、消化不好、食后涨腹的消费者具有良好的保健作用。

0484 千层酥

产　　地：兰州市

所属民族：汉族

级　　别：4

简　　介：鸡蛋打好，与高筋面粉、低筋面粉、糖、水一同放入碗中，顺同一方向慢速搅拌2分钟，再快速搅千层酥拌10分钟，搅至面团表面光滑。面团室温静置醒发30分钟。将面团擀开，三折后擀平，再四折后擀平，如此重复几次，最后擀平成15厘米厚的饼，切成6厘米x12厘米的规格，并在上面扎些小孔。放进烤盘室温醒发30分钟。烤箱180℃预热10分钟，将烤盘放进去烘烤25分钟即成。

0485 玫瑰酥饼

产　　地：兰州市

所属民族：汉族

级　　别：4

简　　介：玫瑰酥饼是用面粉、白糖、玫瑰等制坯烤制而成。具有甜香酥脆，花香气浓的特点。

0486 米家牛肉面

产　　地：兰州市

所属民族：汉族

级　　别：4

简　　介：米家牛肉拉面是兰州面食里的经典之作，并将超越经典而规模化传承，其源自米家传承的传统工艺，米家牛肉拉面精选特等精面，经过挑选、融入秘方、独特工艺、调试、品尝等十几道工序的严格检查，使得面食本来与众不同，汤汁原料也不同于一般牛肉面，每一份米家牛肉拉面，浓缩百年米家人传承经典与不断超越经典的文化，堪称兰州面食的传奇。

0487 米家凉面

产　　地：兰州市

所属民族：汉族

级　　别：4

简　　介：米家凉面是在米家凉卤面的基础上研发的新产品，经过挑选、融入秘方、独特工艺、调试、品尝等十几道工序的严格检查，使得面食本来与众不同，成为特色的米家凉面这一品牌。

0488 吾穆勒牛肉面

产　　地：兰州市

所属民族：回族

级　　别：4

0489　马有布牛肉面

产　　地：兰州市

所属民族：回族

级　　别：4

简　　介：马有布牛肉面馆以其特有的风味和扎实的经营作风，在牛肉面业界里独领风骚。

0490　达姆牛肉面

产　　地：兰州市

所属民族：回族

级　　别：4

0491　苍鹰蓬灰牛肉面

产　　地：兰州市

所属民族：回族

级　　别：2

0492　占国牛肉拉面

产　　地：兰州市

所属民族：回族

级　　别：2

简　　介：占国牛肉拉面是马而力先生于2005年4月在兰州市城关区金昌南路创店开业时创立的品牌，目前在兰州市区开设了近20家分店及加盟店，如今已发展成为知名连锁品牌。

0493　海味馅饼

产　　地：兰州市

所属民族：回族

级　　别：2

简　　介：主料：发面、虾仁、香菇、鱿鱼、马蹄。口味香酥、酱香。特点：外酥内嫩，香气四溢，营养丰富，男女老少皆可食用。

0494　有德牛肉面

产　　地：兰州市

所属民族：回族

级　　别：2

0495　家乡煎锅贴

产　　地：兰州市

所属民族：回族

级　　别：3

简　　介：主料牛肉、鸡肉、韭菜，口味咸香，成品灌汤流油，色泽焦黄，鲜美溢口。

0496　古河州包子

产　　地：兰州市

所属民族：回族

级　　别：3

简　　介：河州包子是甘肃临夏（即古河州）特产，以面皮好、馅子考究而驰名。甘肃国际大酒店"古河州包子"以精选的牛羊肉和胡萝卜混合剁碎搅匀为馅，装笼蒸熟，盛入盘中，淋以椒油。油黄面白，晶莹剔透，吃起来清爽可口，味美实惠。

0497 笼灌汤包

产　　地：兰州市

所属民族：回族

级　　别：4

简　　介：元末明初，朱元璋揭竿而起攻打天下。朱元璋率领起义军打到浙江中部的金华城下，由于守城元兵早有防备，把城墙加高了七尺，另外还给城门加上了万斤闸。起义军攻打了九天九夜，还是破不了城，只得在城外江边安营。朱元璋和他的麾下大将常遇春、胡大海等十分焦急，白天夜里商议破城之法。一天深夜，常大将军难以成眠，在帐外来回踱步，思忖着破城计策。忽然，他发现城门悄悄地开了，万斤闸慢慢地升起，只见元兵押着一批民夫偷偷到江边挑水。常遇春连忙唤醒胡大海和起义士兵，冲向城门。常大将军用肩膀顶住万斤闸，高喊到："弟兄们，冲进城去啊！"顷刻间，起义军似千军万马，以排山倒海之势，一批接一批向城里冲去。常遇春肩顶万斤闸，时间长了，肚子饿得慌。这时，恰好营里送来包子、菜汤等点心，常遇春就叫胡大海抽身给他喂包子和菜汤。常遇春真是饿慌了，一面狼吞虎咽地吃着包子，一面仍不停地催促："汤，包子，汤，包子……"胡大海看着肩负万斤闸，汗流浃背的战友，喂着喂着顿生一计，令一士兵先将菜汤灌进包子，再把包子喂到战友嘴里。常遇春吃着，觉得喉咙湿润了，灌汤包力量倍增。直到士兵们都冲进了城里，他才放下万斤闸。后来，常遇春问胡大海："你那天给我喂的什么好吃的，使我力量倍增？"胡大海笑着说："就是你叫的'汤包'呀！"常遇春也笑着说："如果没有你的汤包，我早就被万斤闸压趴下了。"后来，这个动人的传说传开了，人们也就借着这个传说做出了灌汤包，并迅速流传开来。

0498 兰州素凉面

产　　地：兰州市

所属民族：回族

级　　别：4

简　　介：煮熟面条，然后用凉水漂洗使之冷却。在一个大碗中倒入芝麻油，酱油和辣椒面一起打散，然后放入凉面，红椒和香菜抖几下，直到混合均匀。

0499 兰州牛奶吐司

产　　地：兰州市

所属民族：回族

级　　别：4

简　　介：将除黄油以外的所有原料投入面包机，启动"发面团"程序，运转20分钟后停止。加入黄油，重新启动"发面团"程序，运转20分钟后停止。将面团放在温暖湿润处进行基础发酵。当面团膨胀至原来的2倍大，手沾高粉插入后小洞不回缩，基础发酵结束。将面团取出，滚圆后松弛15分钟。将松弛过后的面团擀成长椭圆形，再整成宽度与吐司模长相当的长方形。自上往下卷成卷，接口处捏紧，放入吐司模，送入烤箱或微波炉进行最后发酵（烤箱或微波炉里放一碗热水以增加湿度）。当面团发至盒子的9分满时，最后发酵结束，面团表面刷蛋液，用利刀在中间割一道裂口。放入预热180度的烤箱，下层，上下火，30分钟。

0500 水车坊炸酱面

产　　地：兰州市

所属民族：汉

级　　别：4

简　　介：水车坊炸酱面味道浓而鲜。

0501 源盛牛肉面

产　　地：兰州市

所属民族：汉

级　　别：4

0502 奶油圆蛋糕

产　　地：兰州市

所属民族：汉

级　　别：4

简　　介：奶油圆蛋糕特点在于其用一种中空螺旋纹形的模子作成皇冠形蛋糕。原料：面粉、奶油、白砂糖、葡萄干、酵母、鸡蛋、牛奶、杏仁。

0503 河州老干炒

产　　地：兰州市

所属民族：汉

级　　别：4

简　　介：筋道的面片，配以炖烂熟的土豆、豆芽等菜料和少许瘦肉，炒出的面片就是上品。

0504 曲奇饼

产　　地：兰州市

所属民族：汉族

级　　别：4

简　　介：食材准备：黄油120克、糖粉40克、细砂糖30克、盐1/4小匙、鸡蛋一个、牛奶15毫升、奶粉15克、低筋面粉120克、杏仁粉50克、香草精毫升。工具准备量匙、电动打蛋器、橡皮刀、裱花嘴、裱花袋、心形圆形模、烤箱。制作步骤：①将室温软化的黄油在大盆里打发，分次加入细砂糖、糖粉、盐，继续打至糖溶解。②分次加入蛋液和牛奶，用电动打蛋器搅拌均匀。③面粉、奶粉、杏仁粉过筛后，一点点加入，均匀搅拌。④加入香油精、葡萄干均匀搅拌。⑤烤盘铺上油纸，裱花或盖模把曲奇定型。⑥放入预热180℃烤箱，大概烤15分钟，具体还需看情况而定。各家烤箱温度不同，请按自家烤箱温度调整。同时各自打发黄油的程度不同，加面粉的时候油面的成型度也不相同，以能团成面团为标准。

0505 河沿面片

产　　地：兰州市

所属民族：回族

级　　别：4

简　　介：河沿面片，是享誉陇上的饮食精品。它诞生于20世纪70年代，是由解放前流传下来的广河最有名的"炒面片"演变而来的。因这种烹饪技法最早源于广河县洮河西岸三甲集临园河沿一带的邓家饭馆和麦苏热饭馆，故统称河沿面片。现在，兰州、临夏等许多地方都可以看到打着"河沿面片"字样的餐厅。

0506 水车坊卤面

产　　地：兰州市

所属民族：回族

级　　别：4

简　　介：所谓卤面，一般是和牛肉面一块儿卖的，面条自然也是拉出来的，特点是用油炸冻豆腐、和多种素菜混以牛肉面原汤勾芡，文火慢煮，浇到新出锅的面条上，配以几大块牛肉及蒜苗香菜辣椒油；而干拌面就是汤较少的牛肉面，在兰州曾一度流行，近来少见了。以上两种面条特适合于喜吃干饭和饥饿感较强的人们，当然为防噎食，配有煮面的汤供享用，另外也因有"原汤化原食"的说法。

0507 兰州特产江米条

产　　地：兰州市

所属民族：汉族

级　　别：4

简　　介：无任何食品添加剂的江米条，口感酥脆，入口即化，甜而不腻。

0508 炮仗子

产　　地：兰州市

所属民族：汉族

级　　别：4

简　　介：一种将比较粗的拉面弄成一段一段的面食。俗话说"三天不吃炮仗子，心里干揪揪的"，制炮仗子很讲究，它是边城饮食文化中的佼佼者，可与抓饭、拉条子相媲美。做法原料有羊肉、蘑菇、青萝卜、土豆、西红柿、菠菜等。将面粉和好后挫成圆条面剂子，用手揪成长约3厘米的小圆条（形状就像放鞭炮的小炮仗似的）随揪随放入汤锅里。只能用手揪。揪炮仗子的技术熟练者一分钟能揪100个，大小粗细都一样，最后加入菠菜等即成。

0509 清汤面片

产　　地：兰州市

所属民族：汉族

级　　别：4

简　　介：西红柿清汤面片配料：洋葱丁，小葱丁，西红柿丁。做法：清水加入锅里，下入西红柿丁。把面片捏扁，水开后，揪成小片下入锅里。揪好面片后，加一点凉水，放入配料。喜欢吃酸辣的，最后放小葱，加醋，胡椒粉，关火加香油，开锅要趁热吃特爽，尤其是感冒吃更好。

0510 水车坊牛肉面

产　　地：兰州市

所属民族：回族

级　　别：4

简　　介：水车坊牛肉面的品牌发源地是甘肃，主要从事水车坊牛肉面加盟服务，是一家具有服务至上特色的代理加盟企业。

0511 春台羊肉面片

产　　地：兰州市

所属民族：回族

级　　别：4

简　　介：材料羊肉300克，西红柿2个，胡萝卜3根，豆角300克，蘑菇200克，西红柿酱1汤匙，面粉300克，葱1根，蒜2头。做法：将面粉中加入1/2杯水，和成软硬适中的面团，盖上醒着。所有原料切成小块或小段。汤匙油加热，放入葱花爆香，放入羊肉煸炒，加入花椒粉1茶匙，炒熟后盛出。锅中热油，放入豆角，胡萝卜，西红柿一起炒，加入2茶匙盐，待所有原料都炒软后加入两杯水成汤。汤中放入事先炒好的羊肉，再放入西红柿酱搅拌均匀，最后放入蘑菇，尝尝汤的味道，如果不够咸可以再放盐，看个人口味，之后关小火保温。醒好的面放在面板上和均匀，用擀面杖擀成厚度为1厘米的面饼，用刀切成长条。取另外的锅放入水，把切好的长面条用手压扁，然后揪成面片下到锅里煮半熟。把半熟的面片捞出放入有肉有菜的汤中，开大火继续煮，并加入蒜提味，2-3分钟即好。

0512 兰州芝麻酥

产　　地：兰州市

所属民族：汉族

级　　别：4

简　　介：芝麻酥，是用黄油、低筋面粉、糖粉、全蛋、黑（白）芝麻为材料烤制的一种甜品点心，是常见的传统特色小吃。黄油和糖粉混合均匀（用电动打蛋器打发至羽毛状），分次加入蛋液，继续混合均匀，加入过筛的面粉和黑白芝麻，混合成团后，放置醒半小时，将面团擀成薄片，用模具压出饼坯，预热175度的烤箱，放中层，烤10—15分钟。

0513 百合酥（点心）

产　　地：兰州

所属民族：汉族

级　　别：4

简　　介：百合酥是一道汉族名点，属于苏式糕点。形似百合花，香酥甜适口。原料配方是面粉500克、猪油175克、澄沙馅200克。把干油酥包入水油酥中，稍按，擀成长方形面片，从上、下两端向中间对卷，呈双筒状。靠拢后，用刀顺条分开，按每个12.5克的面剂揪完，用手按成面皮（中间厚、边缘薄），打入馅心，包捏成馒头状，擀成4厘米的圆饼，再用刀在四周对称切八刀，中间不切，用右手的食指把酥瓣拧立起来，即成生坯。待烤炉烧热，把生坯摆入烤盘，推入烤炉，待酥呈金黄色即熟。产品是零食类目，开袋即食型。

0514 中江八宝油糕

产　　地：兰州

所属民族：汉族

级　　别：4

简　　介：制作方法：①拌料：将鸡蛋打入钵内，用手将蛋黄挤烂后，再将川白糖、花生油、面粉、蜂蜜、鲜玫瑰泥投入钵内拌合均匀。②装料：用专用梅花形铜皮糕盒。装料时，将盒洗净、烘干，排入专用平锅之中，并擦抹少量植物油。再将钵内拌好的坯料用调羹舀入盒内，其分量为糕盒体积的1/2。然后将混合的碎桃仁、蜜瓜片少许撒于其上，中间要放一颗蜜樱桃。③烘制：用拗炉烘烤时，底火应略大于盖火。烘至糕体膨胀，糕面呈谷黄色时起锅。冷却后进行包装。

0515 清真陇鼎斋传统糕点

产　　地：兰州

所属民族：回族

级　　别：4

简　　介：兰州特产绿豆糕色泽浅黄，口味清香绵软不粘牙，口感松软、细腻。绿豆性味甘寒，无毒，有清热解毒，祛暑止渴、利水消肿、明目退翳、美肤养颜之功效，是很好的消暑小食。

0516 毛毛虫面包

产　　地：兰州市

所属民族：汉族

级　　别：4

简　　介：毛毛虫面包是一种食品，主要材料有高筋面粉等，辅料有鸡蛋、牛奶、奶粉、白糖、黄油、食盐等，口味偏甜，适合于大众，是一种面包。

0517 兰州羊肉泡馍

产　　地：兰州市

所属民族：回族

级　　别：4

简　　介：兰州的羊肉泡馍是将煮好的羊肉切成大片，放上粉丝、蒜苗、香菜，浇上羊汤，即可食用，原汁原味。馍是当地一种发面饼，保持了面粉的原始香味，任何佐料不放时都很可口。兰州泡馍只管做好汤、放好肉，然后给你一个大饼，就可以自便了。你可以一股脑儿将饼揪开丢进汤里，享受羊汤泡馍的滋味。或一口汤一口饼，再夹大块的羊肉慢慢咀嚼，吸溜两口粉丝，大口的馍，大块的肉，那感觉没得说。

0518 兰州凉面

产　　地：兰州市

所属民族：回族

级　　别：4

简　　介：兰州凉面浇了胡萝卜、芹菜等卤子，配芥末调味，每份凉面还配一碗带着芹菜香味的素面汤，夏天吃非常能勾起胃口。冬天时也能吃，面汤会换成热的。

0519 羊肉炒面片

产　　地：兰州市

所属民族：回族

级　　别：4

简　　介：和面然后将面团搓成一根根的粗面条，用手指沾少许清油把粗面条压扁，一层层放在盘内，用湿布盖好，醒一会儿，即可揪面片了。将揪好的面片煮熟捞出备用。在煮面片之前，另锅炒菜。一般是爆炒的细羊肉（或牛肉）丝，内加蒜苗、粉条、花椒粉等佐料；也可加点菜瓜、茄子、白菜等青菜丝。将煮好的面片放到炒好的菜中，同炒片刻，加上酱油，即可食用。

0520 过油肉拌面

产　　地：兰州市
所属民族：维吾尔族
级　　别：4
简　　介：过油肉拌面是在我国西北具有民族风味的维族、回族面食，色泽鲜亮，汤口红油，面条筋道，有浓郁的番茄和羊肉的香气。原料为羊肉、西红柿、鲜辣子、洋葱、大蒜、干红辣椒、花椒、芹菜、茄子、豆角、姜豆、圆白菜、盐、酱油、白糖、番茄酱等。做法：将面粉用淡盐水和成面团，切成面剂子刷油，用保鲜膜包好醒1小时备用。坐锅点火倒油，下羊肉煸炒，加酱油、盐炒散，放入扁豆、洋葱、西红柿翻炒，加白糖、番茄酱调味炒熟。将制好的面剂子做成拉条，煮熟捞出浇上菜即可食用。特点：筋道爽滑，咸鲜可口。

0521 兰州手抓饭

产　　地：兰州市
所属民族：维吾尔族
级　　别：4
简　　介：手抓饭是新疆食品，主要的原料是新鲜羊肉、胡萝卜、洋葱、清油、羊油和大米。做法是先将羊肉剁成小块用清油炸，然后再放洋葱和胡萝卜在锅里炒，并酌情放些盐加水，等20分钟后，再把洗泡好的大米放入锅内，不要搅动，40分钟后，抓饭即熟。做熟的抓饭油亮生辉。味香可口。维吾尔族群众把抓饭视为上等美餐。"抓饭"，维吾尔语叫"粕罗"，是维吾尔、乌孜别克等兄弟民族招待宾客的风味食品之一。逢年过节、婚丧嫁娶的日子里，都必备"抓饭"待客。他们的传统习惯是先请客人们围坐在炕上，当中铺上一块干净餐布。随后主人一手端盆，一手执壶，请客人逐个淋洗净手，并递给干净毛巾擦干。待客人们全部洗净手坐好后，主人端来几盘"抓饭"，置餐布上（习惯是二至三人一盘），请客人直接用手从盘中抓吃。故取名为"抓饭"。现在有些家庭接待汉族客人，一般都备有小勺。典故关于抓饭还有一段动人的传说。相传在一千多年前，有个叫阿布艾里·依比西纳医生，在他晚年的时候，身体很虚弱，吃了很多药也无济于事，后来他研究了一种饭，进行食疗。他选用了羊肉、胡萝卜、洋葱、清油、羊油、葡萄干和大米加水加盐后小火焖熟。这种饭具有色、味、香俱全的特点，很能引起人们的食欲。于是他早晚各吃一小碗，半月后，身体渐渐地恢复了健康，周围的人都非常惊奇，以为他吃了什么灵丹妙药。后来，他把这种"药方"传给了大家，一传十，十传百，便成为现在的维吾尔族人普遍吃的抓饭了。

0522 兰州月饼

产　　地：兰州市
所属民族：汉族

甘肃省文化资源名录 第二十八卷 饮食文化

特色饮食

级　　别：4

简　　介：兰州的月饼，是中秋赏月必不可少的美食。也称之为"千层饼"。做法是：将面用酵母发酵，然后将发好的面擀成薄薄的圆饼，在上面涂上一层桂花糖、姜黄或者苦豆子等调味品后，再放一层面饼，然后涂上调料，层层叠加，并且在每层之间都放入姜黄、苦豆等调味品。在千层饼的表皮再饰以面塑的动植物图案，放入锅内蒸熟即可。这样蒸制后的千层饼体积较大，人们将其切割分食，不但好看，吃起来还入口松软，香而不腻，回味无穷。色香味俱全。

0523　金鼎牛肉面

产　　地：兰州市

所属民族：回族

级　　别：1

简　　介：金鼎牛肉面是兰州牛肉拉面创始人马保子先生的正宗传承，拥有第三、四代拉面传人，在《舌尖上的中国》纪录片中，第四代拉面传人马文斌先生应邀表演兰州牛肉拉面绝活，金鼎牛肉面参赛被国家商务部评为"中国十大面条"。

0524　马子禄牛肉面

产　　地：兰州市

所属民族：回族

级　　别：1

简　　介："马子禄牛肉面"创立于1954年，是商务部2010年认定的"中华老字号"品牌。"马子禄牛肉面"传承、创新和发展了兰州传统牛肉面的制作技艺，以独创的秘制配方及独特工艺，形成了汤汁清香浓郁、萝卜洁白爽口、辣油红艳香浓、蒜苗青翠悦目、肉味浑厚不膻等别具一格的风味。是兰州市具有代表性的牛肉拉面知名品牌，1992年就被授予"金城一绝"的称号，先后被评为甘肃省"名优小吃"、"甘肃省著名商标"、"陇上名吃"称号。

0525　兰州牛肉拉面

产　　地：兰州市

所属民族：回族

级　　别：1

简　　介：兰州牛肉面，又称兰州清汤牛肉面，是兰州具有地方特色风味小吃。也是兰州最有代表性的一个品牌和城市名片，在全国各地以及海外享有广泛的知名度。享有"中华第一面"的美誉。

一、历史传说

兰州牛肉面起源于唐代，据史料记载，兰州牛肉面创始于清朝嘉庆年间，系东乡族马六七从河南省怀庆府清化人陈维精处学成带入兰州的。1915年，马保子始创挑担经营牛肉面，当时马保子家境贫寒，为生活所迫，他在家里制成了热锅牛肉面，肩挑着在城里沿街叫卖。后来，他又把煮过牛、羊肝的汤兑入牛肉面，其香扑鼻，当时称为"热锅子面"。1919年他开了自己的店，推出免费的"进店一碗汤"，客人进得门来，伙计就马上端上一碗香热的牛肉汤请客人喝，汤爽，醒胃。马保子的清汤牛肉面名气大振。经后人陈和声、马宝子等人以"一清（汤清）、二白（萝卜白）、三红（辣椒油红）、四绿（香菜、蒜苗绿）、五黄（面条黄亮）"统一了兰州牛肉面的标准，更名为兰州牛肉面，广泛流传于西北东乡族、撒拉族、保安族等民族中。

二、兰州牛肉拉面的发展经历四个阶段

第一阶段从1915年至20世纪80年代初，从创始直到改革开放前，都没有普及。新中国成立后最多时也就十多家面馆。第二阶段从20世纪80年代初至20世纪90年代中期，数量激增，品质差异大。有了品牌认识，单店的知名度开始影响销售，经营大量向外地扩展。当时在牛肉面馆座位不足的情况下，地点狭窄不舒服、卫生差，食客也只有蹲在街边品味拉面，这也是兰州旧时的一大景观。90年代初期开始牛肉面连锁店，店内面积增大，座位基本能满足食客的需求。第三阶段20世纪90年代中期，连锁特许经营开始出现，企业化标准经营逐渐成为共识。第四阶段从20世纪90年代中期至今，企业文化建设和标准化工业流程开始建立并发展。兰州牛肉拉面在数量的裂变式增长中迅速实现了从地方小吃向大众快餐质的转变。

三、独特工艺

兰州牛肉拉面制作的五大步骤从选料、和面、饧面、溜条、拉面，巧妙地运用了面筋蛋白质的延伸性和弹性。拉面师可根据顾客的各种需求拉制出圆形、扁形、棱形三大类。圆形面指面条的横截面呈圆形，按照由细到粗，可分为"毛细"、"细面"、"三细"、"二细"、"一细"和"二柱子"等几种，其中"毛细"面粗直径约0.5-1mm，"细面"面粗直径1-2mm，"二细"面粗直径2-3mm，"二柱子"面粗直径约5-7mm。扁形面，指面条的横截面呈扁平状，按照由窄到宽，可分为"韭叶"、"薄宽"、"宽面"、"大宽"和"皮带宽"等几种，其中"韭叶"宽约5mm，"皮带宽"宽约30-40mm。棱形面，指面条的横截面呈三角形、四边形等独特形状。常见的棱形面有"荞麦棱子（三棱子）"、"四棱子"等。另外还有比较独特的空心面。最受欢迎的当属"细面"、"二细"、"三细"、"韭叶"等形状。

四、现状

兰州牛肉拉面经过百年的传承与发展，以味美可口、肉烂汤鲜、面质精细、经济实惠而蜚声中外、享誉天下。兰州牛肉面不仅在兰州比比皆是，而且在全国各省乃至世界许多国家和地区都有兰州牛肉面馆。近年来，在市委、市政府的正确领导和大力支持下，兰州牛肉拉面坚持规模化生产、规范化经营，开展等级评定，培育龙头企业，不断改善经营环境，提升经营理念，创新经营模式，打优势牌，走品牌路，经营品种日益丰富，经营网点大幅增长，品牌形象显著提升。全市现有牛肉拉面店1200多家，营业面积6.2万多平方米，从业人员1.5万多人，年营业额15.36亿多元。兰州拉面已成为兰州市的三大名片之一，目前已被列入了省、市级非物质文化遗产名录，1999年被国家商务部确定为"中式三大快餐"之一，被中国烹饪协会誉为"中华第一面"、"中国十大面条"之一，2010年3月在国家工商总局正式注册了"兰州牛肉拉面"商标，2010年7月4日，兰州牛肉拉面商标特许使用单位授牌仪式在中国兰州牛肉拉面东方宫馆举行，为兰州市100家知名牛肉拉面示范店经营企业授牌；2010年7月13日，中国烹饪协会命名兰州市为"中国牛肉拉面之乡"，兰州市于2007年7月、2012年8月、2014年相继举办"中国·兰州牛肉拉面节"。

0526 砂锅面

产　　地：兰州市

所属民族：汉族

级　　别：4

简　　介：砂锅面的做法其实很简单，用一只小号的砂锅放水开小火煮沸，然后先把想要加的配菜放进去，比如说小油菜、豆腐皮、海带、蘑菇等，根据个人的喜好而定。等这些配菜煮熟后捞出，再下面进去，等面完全煮好后再把配菜和之前炒的肉丝酱放进去，再加盐、白胡椒、香油、醋，最后撒上香菜末就可以吃啦。当然还有一种做法就是把水换成高汤，这样做出来的砂锅面味道会更好。

0527 黄金大饼

产　　地：兰州市西固区

所属民族：汉族

级　　别：4

简　　介：黄金大饼发面用豆沙做馅，做成一个圆圆的大饼形状，但是上面必须加上白芝麻，再下锅油炸，炸得外焦里软的，看着金黄金黄的，所以就叫黄金大饼。黄金大饼，大饭店、小餐厅都有，就是普通的家宴、喜宴或者逢年过节等等都会作为主食上来的，看着特别的喜庆，厚厚的金黄色大饼包裹着香甜软糯的红豆沙，咬上一口，香到胃里，甜到心里，喜气而美味。

0528 可乐饼

产　　地：兰州市西固区

所属民族：汉族

级　　别：4

简　　介：肉馅放入10克葱花、1个鸡蛋、适量盐、味精、1勺生抽、1勺香油、适量油搅拌均匀。洗净的土豆切片上锅蒸好晾凉，控干水分的土豆片用刀碾成泥。碾好的土豆泥放到肉馅中，放入1勺黑胡椒粉搅拌均匀。搅拌好后用一次性手套，把土豆泥团成一个全球，然后压成小饼状。做好的土豆饼均匀的蘸上淀粉，裹上蛋液。裹完蛋液再蘸上面包糠，做好可乐饼。锅中倒油，放入可乐饼，小火煎好的可乐饼放在吸油纸上之后装盘，蘸上番茄沙司，酸酸甜甜又夹杂着肉香软糯，很可口。

0529 热晶糕

产　　地：西固区

所属民族：汉族

级　　别：4

简　　介：将糯米用水烫透，捞入软布或粽叶上，铺3层米、2层枣，然后抱紧用绳捆扎入锅，加水煮熟，冷却后切块撒白砂糖。

0530 卤汁肉夹馍

产　　地：兰州市西固区

所属民族：汉族

级　　别：4

简　　介：卤汁肉夹馍是一款小吃，主要材料有五花肉600克、面粉300克、盐1茶匙。卤汁肉、白吉馍为一体，互为烘托，将各自滋味发挥到极致。馍香肉酥，回味无穷。

0531 鸡蛋炒拉条

产　　地：兰州市西固区

所属民族：汉族

级　　别：4

简　　介：芹菜切段，红萝卜切丝，蒜苗切段，火腿切片锅中放油，鸡蛋煎好盛出放油，炒芹菜、红萝卜、蒜，蔬菜炒好放火腿肠翻炒，加适量豆瓣酱倒入煮好的面条翻炒，出锅前放孜然即可。

0532 西固揪面片

产　　地：兰州市西固区

所属民族：汉族

级　　别：4

简　　介：兰州人以吃面食为主，"揪面片"是最普通、最常见的饭食。先和面。面要和得筋道。要反复揉、揣、搓，把面和成"绕指柔"，然后醒一会儿，再将面团分解成一指多粗的条状，用拇指和食指双手挤压，而后抻开，拉长，在案板上甩两下，把长长的面皮放在左手并搭在手臂上，等锅里的水沸腾了，右手开始揪。揪的时候，离锅不能太近，否则水蒸气会打湿面皮，形成粘连，使你手感不爽；另外，溅起的水珠也会烫着你。揪的速度要快，面片如雪花般飘落在锅里，而且大小均匀。几个人吃的面，往往立等可取。兰州的姑娘媳妇，几乎人人都是揪面片的高手，她们身怀此等"绝技"。揪面片有几种不同的吃法：一曰干拌。将煮好的面片捞出来，和炒菜拌在一起，吃着盈实、爽快。二曰烩面。直接在面锅里掺入菜肴，稀稠适度，汤浓味美，吃着清爽。三曰酸汤面。用清油炝一些葱花，然后放入醋、味精等，勾兑成酸汤，吃起来别有风味。四曰洋芋面片。将洋芋洗好去皮，切成块状，放在锅里煮，煮到六七成烂，再把面片揪进去，出锅时放盐、酱油、味精等调味品，最好放些炝锅的葱花油，吃起来香甜可口。五是西红柿鸡蛋

甘肃省文化资源名录 第二十八卷 饮食文化

特色饮食

面片。这是最常见的一种吃法。面下好后，把炒好的西红柿放进去，锅开后再打鸡蛋花掺入，然后放些香菜（芫荽），红、黄、绿、白，色泽鲜艳，逗人食欲，而且富于营养。这种饭最能体现兰州人的饮食风格和品味。

0533 西固砂锅面

产　　地：兰州市西固区

所属民族：汉族

级　　别：4

简　　介：做法是将鸡肉切成2厘米见方的块，放冷水锅内煮开焯熟，捞出，洗去血沫。油菜心切成两半；葱打成结；生姜拍松。炒锅上火，放入花生油，下葱结、姜、蒜、陈皮、干辣椒，炸出香味后，下肉煸炒，出香味时加黄酒、酱油、精盐共炒。然后放高汤或清水3000毫升，放入大料、桂皮、生姜、白糖、糖色、豆瓣酱烧开，盛入大号砂锅中，用文火煨烂。面条放沸水中煮熟，捞出。将油菜心、面条、味精放入砂锅，翻拌几下，连砂锅上桌。

0534 甘家包子馆

产　　地：兰州市西固区

所属民族：汉族

级　　别：4

0535 寿桃包

产　　地：兰州

所属民族：汉族

级　　别：4

简　　介：如若老人做寿，除了吃长寿面之外，就是吃寿桃包了。寿桃都是选用发酵面团制作，馅心多为甜馅。

0536 巴蜀崽火锅

产　　地：四季青街道

所属民族：汉族

级　　别：4

简　　介：巴蜀崽火锅位于西固城，风味独到、菜品新鲜，选用优质食材，力求为消费者带来完美口感，让人"品之不能忘，食之日日想"。

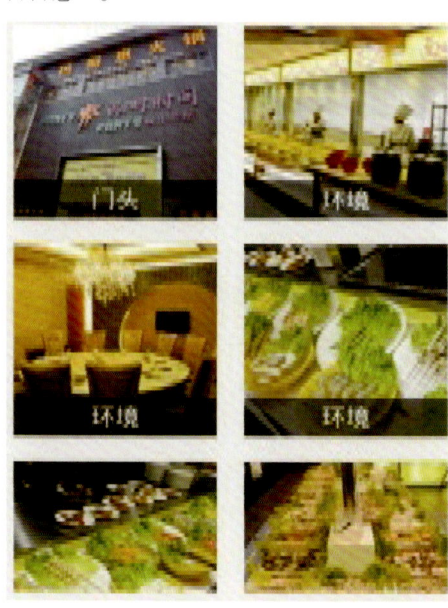

0537 马老六牛肉面

产　　地：四季青街道

所属民族：回族

级　　别：4

简　　介：兰州马老六餐饮有限公司经营的牛肉面，汤清味鲜，质劲面滑，放上牛肉葱花，再加上一勺红辣椒油，感觉爽。

0538 五味一品牛肉面

产　　地：四季青街道

所属民族：回族

级　　别：4

简　　介：五味一品店址就在西固北街，牛肉面光滑筋道有弹性，汤清香味四溢，萝卜洁白软烂，辣子油红亮香辣，吃起来很有回味感。

0539 伊鼎香牛肉面

产　　地：四季青街道

所属民族：回族

级　　别：4

简　　介：牛肉面清淡、爽口、实惠、价廉。牛肉烂软，萝卜白净，辣油红艳，香菜翠绿，面条柔韧，有滑利爽口，汤汁与诸味和谐，香味扑鼻，诱人食欲等特点。

0540 黑麦蓬灰牛肉面

产　　地：四季青街道

所属民族：回族

级　　别：4

0541 阿曼丹纯汤牛肉面

产　　地：四季青街道

所属民族：回族

级　　别：4

0542 舌尖尖牛肉面

产　　地：四季青街道

所属民族：回族

级　　别：4

0543 烫面油香

产　　地：兰州

所属民族：回族

甘肃省文化资源名录 第二十八卷 饮食文化 特色饮食

199

级　　别：4

简　　介：油香有普通油香、糖油香、肉油香三种，有的地方把油香叫香气香香锅。现在回族穆斯林把油香做为礼品，馈赠给亲友或阿訇。油香现已成为团结、友谊、幸福的象征。

0544　西固浆水面

产　　地：西固区

所属民族：汉族

级　　别：4

简　　介：浆水面多以莲花菜、芹菜、苦菜榨取。苦菜是野生植物，先将采挖来的苦菜在清水中浸泡、洗净，加水煮熟，连汤带菜盛入缸、盆内，然后加少量浆水头子，盖严缸、盆口约一天至三天后，有酸味时就可调饭食用。浆水可清热解暑，清肠利尿助消化，解酒除油腻，常吃浆水有益健康。

0545　枣儿甜馍馍

产　　地：西固河口

所属民族：汉族

级　　别：4

简　　介：先将红枣洗净煮烂，再把发酵的包谷面或谷糜面掺入煮好的枣及汤汁搅拌后，做成窝头状上笼蒸熟便可食用，是河口地区的地方食品。

0546　韭菜角子

产　　地：西固河口

所属民族：汉族

级　　别：4

简　　介：将韭菜切碎，加入食盐，生鸡蛋，清油，调料等拌匀，将发面团擀成圆形，放入拌好的韭菜，这场半圆形，用铁锅烙烤，待熟拿出食用，是端午节河口人的节日食品。

0547　西固扁豆面

产　　地：西固区

所属民族：汉族

级　　别：4

简　　介：将扁豆淘净后放入锅中加水温火煮，待扁豆裂口变软为止，把面团擀好，切成碎棱形下锅，再倒入煮好的扁豆，油炝后加入调料即可食用。

0548　西固臊子面

产　　地：西固河口

所属民族：汉族

级　　别：4

简　　介：将揉好的灰面团擀好，要厚薄适度，几张面叠起来用切刀"犁"成细长面条，面条细如挂面，然后均匀分把。臊子汤料是用肉丁、土豆丁、红萝卜丁、豆腐丁、黄花菜、菠菜、木耳、粉条、鸡蛋和淀粉调配而成。食用时把面分把下锅，捞出后浇上臊子汤，再铺以油泼辣子和香菜、蒜苗，色香味俱全。

0549 好吉炸酱面

产　　地：西固区

所属民族：汉族

级　　别：4

简　　介：用新鲜大肉，搅成肉末，加适量面酱、调料加工好炸酱。用兰州手工面煮熟，拌炸酱即可。

0550 西固烤地瓜

产　　地：西固区

所属民族：汉族

级　　别：4

简　　介：卖烤地瓜所用的炉子，几乎约定俗成地是用圆柱形的大汽油桶做成。上面开圆口，再做成盖子。炉膛里一般放两层箅子，都是用铁条做成。下面的一层用以将生地瓜烤熟，上面的一层中间留出空间，把烤熟的地瓜拿到这层箅子上保温。炉的下层是煤炉。也有的把煤炉和上面的"笼屉"分开，生好火之后再把上层坐上去。因为地瓜本身就含有很高的糖分，既不用去皮切块，也不用放任何佐料或预备碗筷，只要洗净烤熟就可以吃。

0551 西固过桥米线

产　　地：西固区

所属民族：汉族

级　　别：4

简　　介：过桥米线英文名，所属菜系滇菜。凡是到云南昆明的人，都十分喜欢品尝驰名中外的云南风味"过桥米线"，它用料考究，制作精细，鲜美可口，细嫩香醇，颇受人们欢迎。过桥米线汤是用大骨、老母鸡、云南宣威火腿经长时间熬煮而成的，具有浓郁鲜香味的一类高汤。过桥米线由四部分组成：一是汤料覆盖有一层滚油；二是佐料，有油辣子、味精、胡椒、盐；三是主料，有生的猪里脊肉片、鸡脯肉片、乌鱼片，以及用水过五成熟的猪腰片、肚头片、水发鱿鱼片；辅料有来过的豌豆尖、韭菜，以及芫荽、葱丝、草芽丝、姜丝、玉兰片、氽过的豆腐皮；四是主食，即用水略烫过的米线。鹅油封面，汤汁滚烫，但不冒热气。

0552 佳和尚品剪刀面

产　　地：西固区

所属民族：汉族

级　　别：4

简　　介：剪刀面是山西省的面食小吃。因制面工具用剪刀而名，又因剪出的面条呈鱼形，亦叫剪鱼子，其制法起源于隋末。民间相传，太原公子李世民读书练武、聚才谋义，武士彟慕名拜访，时值晌午，李世民私留书房用餐。正在裁衣的长孙氏来不及备饭，急和面团用剪刀细细剪下，煮后呈食。后来李世民父子起兵大唐故地晋阳，以"剪面"之势攻取长安，统一了山河。

0553 西固面疙瘩
产　　地：西固区
所属民族：汉族
级　　别：4
简　　介：面疙瘩是中国北方很普及的一种汉族风味面食。在面盆里将面粉兑水和成面块后，加水继续和，使面块变软，放置30分钟左右。锅内炒菜后加水煮沸，再将已经很有粘性的面块一点一点揪入沸腾的汤中。做好的面疙瘩面筋道，汤香浓，是不可多得的美食。

0554 西固南瓜饼
产　　地：西固区
所属民族：汉族
级　　别：4
简　　介：南瓜饼主要以南瓜为原料做成的饼，各个地方的制作方法都不太一样。有解毒、保护胃粘膜、帮助消化、防治糖尿病、降低血糖、消除致癌物质、促进生长发育的功效。

0555 西固羊肉面片
产　　地：西固区
所属民族：回族
级　　别：4
简　　介：羊肉面片味道鲜美，爽滑适口，营养丰富，易于消化，老幼皆宜。全手工的羊肉面片。和面，拉面，揪成指甲盖大的面片，加上羊肉丁、豆腐丁、胡萝卜、香菜、蒜苗，淋上香油，入口爽滑细腻。

0556 金强牛肉面
产　　地：西固区
所属民族：回族
级　　别：4
简　　介：金强牛肉面历史悠久，绝对正宗，价格不贵，非常筋道，汤也鲜美醇厚。

0557 烫面饼子
产　　地：西固区
所属民族：汉族
级　　别：4
简　　介：将面粉用开水烫成面团，搓揉后，加入苦豆或玫瑰花等香料，做成薄饼放入锅内边翻边烤，待熟后撒上食盐食用。

0558 长花馍馍
产　　地：西固区河口乡
所属民族：汉族
级　　别：4
简　　介：专门用于喜事，如婚娶、出嫁迁居、贺寿、送满月等。先将发酵好的精面团用力揉匀揉光，擀成圆形，上面抹上清油、姜黄，从中折叠，折叠后再抹上清油、姜黄，再折叠成三角形，从角处横切成四条，然后由长到短依次摞起来，拿筷子在正中央压十字，相互粘连。并用手往两头拉成长形，上蒸笼。

0559 洋芋角角子
产　　地：西固区
所属民族：汉族
级　　别：4
简　　介：将洋芋煮熟去皮捣碎作馅，加入葱末、花椒粉、盐搅拌后，用发酵白面擀皮包成10厘米大小的饺子，入沸油炸熟。

0560 黑油疙瘩
产　　地：西固区河口乡
所属民族：汉族
级　　别：4
简　　介：先将胡麻、芝麻洗净炒熟后倒入石臼中捣碎，拌入清油、葱花和调料作为辅料待用，再将杂粮面粉用开水烫后揉好在面案上擀成薄饼，然后将薄饼卷起来切成2厘米长的小块，撒上面粉以免粘连，最后把这些小块逐个放在手心团成小圆疙瘩，入锅煮熟捞出，拌入油泼辣子和醋即可食用，随后喝面汤。

0561 穹锅子

产　　地：西固区金沟乡

所属民族：汉族

级　　别：4

简　　介：将发酵的面加些适量的碱和干面粉，揉成面团，卷进菜油，抹上红曲、姜黄、香豆粉等食用色素，再层层叠叠地卷成红、黄、绿各色交织的面团，揉成圆柱状，放入抹上油的铜、陶模锅内，埋在用麦草为燃料的灶膛或炕洞内的火灰里烧。半小时后即可出锅。烙出的穹锅馍馍黄灿灿，吃起来外脆里软，香甜可口，异香扑鼻，夏日不馊。

0562 油胡旋

产　　地：西固区金沟乡

所属民族：汉族

级　　别：4

简　　介：油胡旋是一种葱油饼，它是用烫面制作的，面饼里卷上葱花、苦豆子、胡麻油，切成段，然后用手"旋"成剂子，压扁，擀薄，在平底锅里烙制而成。油胡旋好吃就在"胡旋"二字，烙好的饼表皮呈金黄色，从旋好压扁的剂子的头上用筷子提起，整个儿葱油饼就一圈圈旋下来，脆薄透亮，嚼起来脆柔相济，回味无穷。

0563 麦香锅贴水饺

产　　地：西固区西柳沟街道

所属民族：汉族

级　　别：4

简　　介：饺子经油煎炸后就变成了所谓的"锅贴"，是极好的美味。

0564 浆水面片

产　　地：西固区新城镇

所属民族：汉族

级　　别：4

简　　介：浆水面片是西固区新城镇三福源餐厅的特色面食，以当年的新面粉为主要原料，手工揪制成指甲盖大小的面片，在兰州特产浆水中煮制而成。面片莹润薄透，入口爽滑弹润，辅以浆水特有的酸味，令人胃口大开，实是夏季佳品。

0565 西固豆杂面

产　　地：西固区新城镇

所属民族：汉族

级　　别：4

简　　介：豆杂面是新城镇三福源餐厅的招牌面点。做法是以特定豆类磨粉，和以白面，手工擀制成宽扁面条，配合秘制汤料，使面条满含杂粮特殊香味。在崇尚健康饮食的现代社会，深受人民群众喜爱。

0566 吉祥如意灌汤包
产　　地：西柳沟街道
所属民族：汉族
级　　别：4
简　　介：咬一口灌汤包，鲜美的汤汁流出来，是一道极好的美味。

0567 西柳沟饸饹面
产　　地：西柳沟街道
所属民族：汉族
级　　别：4
简　　介：饸饹面，一种面食，制作者用饸饹床子（做饸饹面的工具，有漏孔）把和好的荞麦面、高粱面（现多用小麦面）放在饸饹床子里，并坐在杠杆上直接把面挤轧成长条在锅里煮着吃，这种传统独特的饮食制作方式，不知从何时一直延续至今，成为我国北方地区独特的风味名吃。

0568 金马鸡汤刀削面
产　　地：西柳沟街道
所属民族：汉族
级　　别：4
简　　介：鸡汤与刀削面美味的结合。

0569 杭州小笼包
产　　地：西柳沟街道
所属民族：汉族
级　　别：4
简　　介：杭州小笼包的特色是各种馅的美味小笼包和粥。杭州小笼包子馅的做法：精肥肉比例约为7：3，加入少量生姜末，加黄酒、盐、味精，较少量的糖（不要很甜），略加一些水（小笼最好吃的部分就是里面的汤汁），充分搅匀上劲，即可。

0570 扈记牛肉面
产　　地：西固区先锋路
所属民族：汉族
级　　别：4
简　　介：扈记牛肉面，创于1975年，由扈生玉一手创办，到现在已经有四十多个年头。

0571 油馃子
产　　地：西固区新城镇
所属民族：汉族
级　　别：4
简　　介：油馃子是汉民族为了春节期间不开灶的习俗准备的食品。后来虽然大部分地区已经没有春节期间不开灶的习俗了，但是油馃子因为口味多样，口感酥脆，做为春节期间餐间招待亲友的休闲食品而一直流传下来。制作方法是以面粉和油脂和鸡蛋，在油锅中炸制而成。

0572 烧锅子
产　　地：永登县
所属民族：汉族
级　　别：4
简　　介：永登流传久远的食品，以携带方便、宜储存、味道香脆而著称。主要是西部历史上兵旅行军、田间劳动时的便捷食物。用当地筋骨好的小麦面粉和好，待发酵后和成面团，加入清油、苦豆叶、姜黄等。将铁鏊提前在燃烧的灰中埋入，加热，拨开灰火，挑开盖子，将面团放入其中，盖上盖，用灰火埋上，一个时辰，冒出热气，拨开灰火，挑开盖子，金黄饱满的烧锅子就热气腾腾地呈现出来了，让人们尽享其美味。

0573 酿皮子

产　　地：永登县城关镇

所属民族：汉族

级　　别：4

简　　介：传统食品，历史悠久，深得群众喜爱。加工技艺特殊，饮食方便。

0574 丁娃烧饼

产　　地：永登县中堡镇

所属民族：汉族

级　　别：4

简　　介：丁娃烧饼是永登地区流传年代久远的地方风味饮食，包含着丰富的农耕文化和民间文化因素。是永登当地人在传统加工技艺的基础上利用本地原生态农家作物加工的特色礼品。在永登及周边地区已成为饮食品牌，在省内外都有很好的影响。打造全国面点食品，争创一流品牌。

0575 月泉浆水面

产　　地：敦煌市

所属民族：汉族

级　　别：4

简　　介：浆水在敦煌至少有1200多年以上的历史。近现代浆水面是敦煌民间大众喜食的民间小吃。据传，月牙泉之水与羊奶蔓蔓（一种沙山野生草本植物）发酵制成的浆汁，品味最佳。味美爽口、清凉解暑，与面条同食别具味道，因而得名"月泉浆水面"。

0576 长寿碱面

产　　地：敦煌市

所属民族：汉族

级　　别：4

简　　介：敦煌生长的一种胡杨树，当地人称"梧桐树"。树上流出的一种能食用的树液碱，和面的时候加入适量，制作成面条，特点是柔韧精到，爽口舒胃，面条细长，厚薄均匀，汤汁鲜香，俗称"碱面"。人们每当老人过寿、小孩满月、家人出远门、正月初七日等都要做上这种长面，象征着人们长寿，称"长寿碱面"。碱面是在唐代就有，具有一千多年的历史。敦煌碱面也是自古以来敦煌人的待客佳品。

0577 宽心抒面

产　　地：敦煌市

所属民族：汉族

级　　别：4

简　　介：敦煌有一种习俗，从古代传承至今，就是新婚当晚娘家人送去给新娘吃的一种面食，寓意"安心、宽心"。选用精细面粉加盐水和成面团，反复揉醒，搓成小玑再醒，醒好后捏宽扁拉长下锅煮熟，后与其他炒菜拌匀食用，俗称"宽心面"。古时称"索饼"，敦煌俗话又称"宽板子抒面"，也是有一千多年历史渊源的古老食品了。喜食抒面，也从另一个方面反映了敦煌人的性格，即朴实豪放，不拘小节。

0578 泡儿油糕
产　　地：敦煌市
所属民族：汉族
级　　别：4
简　　介：敦煌文书P3231卷平康乡官斋籍中即有"锤子头"的记载。锤子又叫锤饼。其中，糖锤就是我们今天所称的"糖油糕"。油糕，在敦煌至少有1200多年以上的历史了。油糕的表面上以前并没有什么泡儿，吃起来也没有哪么酥嫩爽口，上世纪八十年代，敦煌宾馆经过挖掘创新，制作出风味独特的"泡儿油糕"。

0579 飞天水饺
产　　地：敦煌市
所属民族：汉族
级　　别：4
简　　介：饺子是敦煌人的日常食品。

0580 鸿福枣卷
产　　地：敦煌市
所属民族：汉族
级　　别：4
简　　介：枣卷是花卷的一种。在唐五代时和"馒头"有一个共同的名字"蒸饼"。敦煌盛产红枣和沙枣，当地人采用它制成枣泥再用发好的面制成卷子上笼蒸熟食用，称为"枣卷"。原来主要用于祭祀，因含"早生贵子"寓意，常被新娘和不生小孩的妇女偷吃。

0581 胡羊焖饼
产　　地：敦煌市
所属民族：汉族
级　　别：4
简　　介：古代敦煌为少数民族游牧之地，习惯上统称他们为"胡人"。隋唐以来汉文化和胡文化（少数名族）相融合，胡羊焖饼成为敦煌饮食文化发展的典型代表。该小吃以胡人的膳食习俗做法而演变得名，煮羊肉和面饼的焖炖相煎，实属一道敦煌美食，是敦煌特有的民间小吃。

0582 阳关煎饼

产　　地：敦煌市
所属民族：汉族
级　　别：4
简　　介：最早出现在唐代敦煌的启蒙教材中，说明敦煌人在很早的时候就食用煎饼。煎饼的起源较早，在《俗务要名林》和《类书》中即有记载。敦煌阳关为汉唐边塞要地，境内有很多天然食材（如：锁阳、沙葱、甜萝卜等）切成细泥后，直接搅入精面汁内，调味后用勺摇摊锅底均匀，以文火煎熟成薄饼食用。因其制作简单，快捷方便，用作军粮，俗称"阳关煎饼"。

0583 红柳拨疙瘩

产　　地：敦煌市
所属民族：汉族
级　　别：4
简　　介：古时敦煌地大滩广，林草茂密，红柳是主要生活燃料之一，为了生火取暖和烧锅做饭，每家每年必须到戈壁、湖滩刨挖红柳根枝，俗称"刨梢子"，用以解决生活燃料。打柴人自带面粉取现场水和面，用红柳枝条拨面下锅，形如"小鱼儿"，人称"拨疙瘩"。敦煌民间的一种便捷小吃，制作简单，方便实惠。它是敦煌人民在长期的生活实践中，独创的一种特色小吃，有干拌、烩、炒多种吃法。

0584 烫面油饼

产　　地：敦煌市
所属民族：汉族
级　　别：4
简　　介：据敦煌莫高窟文书P2040卷子记载，唐五代时称为"水饼"。由于"烫"好的面，经过擀薄，撒上香豆末，抹上油，烙熟。所以，口味略带甜香，酥软可口。有别于温水和面，故称"烫面油饼"。

0585 驴肉黄面

产　　地：敦煌市
所属民族：汉族
级　　别：4
简　　介：当地人们以驴肉为副食料、黄面为主食料的一种配套吃法，吃起来美味可口，俗称"驴肉黄面"。据传，来之于唐代敦煌的民间美食，具有补气养血，保健益神的功效。开凿于公元十世纪晚期的莫高窟

甘肃省文化资源名录 第二十八卷 饮食文化　特色饮食

256窟宋代洞窟中就有拉面的壁画，敦煌民间谚语有云："天上的龙肉，地上的驴肉"，"要长寿，吃驴肉；要健康，喝香汤"。

0586 红粟饦哆

产　　地：敦煌市

所属民族：汉族

级　　别：4

简　　介：红粟饦哆俗称"高粱米节节"。"粟"在晚唐以前是敦煌人的主食。自宋以后，小麦磨的面粉渐渐代替"粟"成为主食。红粟饦哆由面粉和高粱粉制作而成，红白相间，别有风味，属于低糖的健康食品。

0587 包谷面墩墩

产　　地：敦煌市

所属民族：汉族

级　　别：4

简　　介：又称"玉米面发糕"，跟敦煌唐五代时的"糕糜"相类似，也是有一千多年的历史了。由于是先"烫"后"发"，所以吃起来香甜酥软，加之杂粗粮营养丰富，是一种健康食品。因玉米面没有粘度，只能在底部衬托面饼上笼蒸熟，出锅后用切刀切成一墩一墩的，当地人就称为"包谷面墩墩"。

0588 敦煌手擀面条

产　　地：敦煌市

所属民族：汉族

级　　别：4

简　　介：手擀面条和"拉条子"并列齐名，属于敦煌人的主要面食。擀面条一定要做到精细、筋道，面切得匀称、舒散。煮面要掌握好时间和火候，面条要软硬适度，入口滑溜。因手擀面条有别于机器压制，口味地道。

0589 敦煌花灯俭儿

产　　地：敦煌市

所属民族：汉族

级　　别：4

简　　介：花灯，为农历正月十五观赏。俭，勤俭。敦煌民间又称"老鼠子"，一般在农历正月十五蒸制。因有"正月十五闹花灯"的习俗，所以又称"花灯俭儿"。外形酷似"小老鼠"，活灵活现，十分逼真，是一种带馅的食品，勤俭节约象征。

0590 金塔臊油子

产　　地：甘肃省酒泉金塔县

所属民族：汉族

级　　别：2

简　　介：金塔臊油子，原料：金塔面粉、纯胡麻油、大枣。制作方法：将大枣包入烫面，放入开的油里炸黄即可。

0591 锁阳油饼

产　　地：甘肃省酒泉金塔县

所属民族：汉族

级　　别：2

简　　介：色泽金黄、外焦里嫩、香甜可口。制作方法：以精制面粉和锁阳粉2:1均匀混和（加少许酵母），加90度开水做成烫面醒发待用。锅中添入纯胡麻油，等油温烧至七层，将醒好的烫面揪成均匀面团，擀成小饼入锅炸熟即可。

0592 枸杞菊花饼

产　　地：甘肃省瓜州

所属民族：汉族

级　　别：4

简　　介：菊花对治疗眼睛疲劳、视力模糊有很好的疗效；枸杞则含丰富的维他命A，能养阴补血，益精明目。菊花枸杞饼有明目清肝的作用。

0593 枸杞牛肉煎饼

产　　地：甘肃省瓜州

所属民族：汉族

级　　别：4

简　　介：首先，在面粉中打一只鸡蛋，根据口味放入适量盐，拌匀，再慢慢加入适量水，使面糊成为流动的糊状，再将葱花拌入备用；其次，平底锅中倒入少许油，抹匀，倒入适量面糊摊成薄饼，两面煎黄后，出锅。最后，将肉沫枸杞卷入其中。

甘肃省文化资源名录 第二十八卷 饮食文化

特色饮食

0594 瓜州韭菜盒子

产　　地：甘肃省瓜州

所属民族：汉族

级　　别：4

简　　介：烫面团一份（面粉：热水：凉水=5：2：1），80度的热水烫面，然后放置5分钟，再加入凉水揉面成团，盖着醒面20分钟。韭菜洗净切碎。鸡蛋烙成饼，切碎。韭菜、鸡蛋、虾皮拌入盐、鸡精、花生油，最后加入一大勺香油，香油多放点才好吃。

0595 烫面油饼子

产　　地：甘肃省瓜州

所属民族：汉族

级　　别：4

简　　介：用稍烫手的水（也不能太烫了，否则面就烫熟可不好了）将面和成面团（面团要软点）将和好的面团醒5分钟。将面团擀成圆形，锅里热油倒入适量的面粉（加入少许盐）炒熟（这里的面粉量够涂到刚才的面饼上即可）。将涂好的面饼卷成卷，切成小段，再将小段擀成小饼，放入平底锅中两面金黄即可（如果喜欢吃油大点的就在平锅里多放着油）。

0596 锁阳酥

产　　地：甘肃省瓜州

所属民族：汉族

级　　别：4

简　　介：锁阳干片适量，研磨成粉。锁阳粉中加入适量清水搅拌成较干的馅状。面和好擀开。将锁阳馅均匀地抹在面皮上，然后卷起切段。扭几下后压扁，搓成饼。将饼放入预热抹油的烤箱中，约5分钟后即可翻面。两面金黄后即可取出切块享用。烤好的糕点软软的，锁阳的味道很独特，很香。

0597 香豆死面饼子

产　　地：甘肃省瓜州

所属民族：汉族

级　　别：4

简　　介：用清油煎的薄饼。有只加一点酵子的"半死面"和不加酵子的"死面"两种。将小麦面和好揉匀、摊开，撒上香豆粉，浇少许清油抹匀，卷成长卷。在烧热的烙馍锅中倒上约半两清油，将饼放进，沿锅边浇上一圈清油，并不停转动薄饼，使其入色均匀。待饼上了火色，立即翻过来，再沿锅边浇一圈清油，并不断转动饼子，煎熟即可食用。

0598 春晖包子

产　　地：酒泉肃州区

所属民族：汉族

级　　别：1

简　　介：春晖包子精选的面粉，经过发酵后蒸出包子的色泽才会更好，让客人看见后才更有食欲；肉馅的原料是新鲜猪肉的五花肉，肥瘦相宜，太油就过腻，太瘦就发干。调料精选当年新鲜的当地产的胡麻油。新鲜的五花肉配以大白菜，及有防癌作用的大葱和酒泉本地产的具有降压作用的胡麻油；再配以油泼辣子和老醋，味道就出来了。

0599 金瓜小刺猬

产　　地：玉门宾馆

所属民族：汉族

级　　别：4

简　　介：金瓜性温、味甘无毒，入脾、胃，能润肺益气、化痰排毒、止咳止喘、沙枣有止泻镇静、治疗神经衰弱、失眠的功能。金瓜小刺猬，选用精制高筋面粉、金瓜、沙枣面等为原料，将金瓜蒸熟捣成泥，面粉和成面团，沙枣面调成馅料，用金瓜面团包入馅料，制作成生胚，入烤箱制成即可，入口干脆留香，回味无穷。

0600 腊味薄饼

产　　地：玉门市金合大酒店

所属民族：汉族

级　　别：4

简　　介：薄饼分皮、馅两部分，皮是用面粉拌水搅成黏糊状，在热锅中烙成一张张圆形的熟面皮，薄如纸。馅分咸、甜两种，咸馅由腊味、香菇以及豆芽等熟料混合而成。食用时用薄饼皮包住馅，卷成圆筒状即可。

0601 香豆饼子

产　　地：玉门赵花子农家饭庄

所属民族：汉族

级　　别：4

简　　介：香豆饼子，是具有农家特色的一道风味小吃，选取优质面粉，精制胡麻油，配以香豆，先和面，面要不软不硬，将面饼擀的像纸一样薄，像盘子一样圆，经平底锅烙制而成。上桌就可以闻到香豆的清香，饼子入口酥软幽香，加上自制的咸菜辣椒等小菜，卷起来味道更是地道。

0602 永昌月饼

产　　地：永昌县

所属民族：汉族

甘肃省文化资源名录 第二十八卷 饮食文化

特色饮食

级　　别：4

简　　介：永昌城乡民众对中秋节历来特别重视，在中秋节前几天就开始做月饼。永昌月饼别具特色，它不同于市面上卖的月饼，也不像用模子扣出的月饼那么小气，一块永昌月饼可以说是用半袋面粉蒸出来的，一层蒸笼（蒸笼的直径一般有80厘米左右）里只蒸一块月饼，一块月饼小户人家够吃一个月，是实实在在的一月之饼。永昌月饼其特点是松软香甜、色泽鲜艳、造型美观、图案精致、花纹清晰。永昌月饼在永昌城乡有悠久的历史，它既是民间传统应节食品，也是人们在中秋节送礼的佳品，在永昌、乃至金昌的特色饮食中具有代表性，极具保护价值。

0603 永昌灰面

产　　地：永昌县

所属民族：汉族

级　　别：4

简　　介：永昌灰面是永昌城乡的传统面食。永昌农村有这样的习俗，孩子过生日，或是老人做寿，男女定婚等都要吃长面，"长面"音同"长命"，有期望长命百岁、顺畅之意。灰是蓬灰，秋霜过后，在沙生蓬草黄熟后，将干未干之时，采集起来，投入洼地或预先掘好的燃烧坑内燃烧，待灰烬熔为半流质状态时，在上面压土，使其质地紧密，自然冷却，次日取出，即烧成粗陶质地的蓬灰。灰面是用永昌优质小麦面粉和蓬灰溶液和面，反复揉压，形成20厘米见方大，待醒透后，擀成面块，再切成细长面条，然后，用擀杖挑起面条，用手轻轻捏拉，直到行成柔软而细长的面条，这就是灰面，又叫手工面。下锅水煎，即成黄亮如金的灰面。吃饭时，可浇上臊子、素炒茄辣等，佐以陈醋与蒜泥，酸辣滑爽，诱人食兴，食后上瘾。永昌灰面面条柔软细长，劲道十足，色泽金黄，口感极好，是传统面食的精致加工方法。近年来，压面机的普遍使用，半成品面食加工行业的增加，这种手工的传统技艺正在走向消失，必须采取措施加以保护。

0604 永昌糖花子

产　　地：永昌县

所属民族：汉族

级　　别：4

简　　介：永昌糖花子，是永昌人民群众传统的年节饼食。其做法是用红糖（或白沙糖）溶于水中，置文火上，水雨箭子（水温在开沸前）时，撒搅上加红曲末的粗麦面，插入筷子倾而不倒，为糖面软硬的适度，挖出凉冷，擀成约六毫米厚的糖面饼，夹入已擀好的两片发好的麦面饼中，切成宽约六厘米，长约九厘米的长方形，中间再切通三道裂缝，用手翻成图案花状，即下油锅缓煎。上下面饼遇热后会向外发开，中间的糖面饼遇热后即均匀地粘贴在上下面饼上，整个糖花黄中透红，如涂口红的笑嘴，所以又叫它"张嘴子"。看去很像雕刻的图案画模型，酥脆香甜，是逢年过节的头等饼食。永昌糖花子在永昌城乡有悠久的历史，它既是民间传统年节食品，也是人们日常生活的饼食，在永昌、乃至金昌的特色饮食中具有代表性，极具保护价值。

0605 永昌卜拉子

产　　地：永昌县

所属民族：汉族

级　　别：4

简　　介：永昌卜拉子是当地风味小吃，分布于全县城乡。卜拉子是蒙古语译音，意即甘甜食品。自元代传入本县，因其食材多样，制作简单，方便食用，色香味俱佳，深得城乡群众喜爱。不仅民间家庭日常食用，还是饭店、羊肉馆的一道特色风味美食。永昌卜拉子的食材广泛，香豆叶、艾叶、榆钱叶等天然植物的花叶以及胡萝卜、甜菜等植物茎块掺优质精细面粉蒸制而成。制作工艺为：①以甜菜卜拉子为例，先将甜菜洗净切碎，放在砂锅或者铁锅里，添适量的水，以水淹过甜菜约二寸为宜，待水开后，在上面撒一层面粉，面粉多少以食量多少确定。在面粉上面用筷子戳几个小洞，以便透气。用文火焐约40分钟，将熟面和甜菜搅拌均匀，淋少许滚开的食用油，再搅拌一次，即可使用。食用时，将卜拉子盛在碗里，用小勺子或筷子吃，也可用手捏食。②蒸以香豆子（当地常食用的一种植物香味食材）为例，先将香豆子的叶和嫩茎头摘下来，洗净切碎，和干面搅拌在一起，以香豆叶子沾满面粉为宜，

盛在蒸篦上入锅蒸，中火蒸30至40分钟，出锅后撒适量咸盐，沥少许滚开的食用油，搅拌均匀，即可食用。

0606 永昌油饼子卷糕

产　　地：永昌县

所属民族：汉族

级　　别：4

简　　介：永昌油饼子卷糕是永昌特别诱人的风味小吃。吃的时节一般在端午节，所以也称之为北方粽子。油饼子卷糕的做法主要有两步：一是用主料糯米和大米、红枣、蕨麻、莲子、葡萄干、红糖等辅料，经过煮、蒸、拌等若干道工序做成粘糕。二是用面粉做成圆圆的薄饼，在油锅里炸熟，做成油饼子（特别喜欢甜食的，还可以在油饼子上撒上白糖）。将油饼子对折，中间卷上粘糕，就做成了油饼子卷糕。做成后，油饼子金黄金黄，糯米糕白中透红，油而不腻，香甜可口。目前，由于善于做油饼子卷糕的老年人越来越少，在传统的端午节时，做油饼子卷糕的人家也越来越少，这种手工的传统技艺正在走向消失，必须采取措施加以保护。

0607 永昌烤饼

产　　地：永昌县

所属民族：汉族

级　　别：4

简　　介：永昌烤饼由永昌传统农家烤饼发展而来。随着城市化进程的加快和人们生活水平的提高，永昌的农家烤饼也逐渐市场化。永昌烤饼种类较多，有烤制月饼、卷卷子、炉馕子、锅盔、千层饼等。口味有原味、甜味、胡萝卜味、玫瑰味、香豆子味等。近年来，由于经营者较多，各具特色，五花八门的新做法不断引进，而传统工艺却在逐步消失，亟待进行保护。

0608 永昌窝窝饭

产　　地：永昌县

所属民族：汉族

级　　别：4

简　　介：永昌窝窝饭是当地民间传统饮食品牌之一，历史源远流长，是清代以来农历冬至节的传统饮食，有着深厚的文化内涵和广泛的群众基础。其特点是荤素皆宜，口感爽滑、细腻，色香味俱佳，营养全面，绿色健康，是当地城乡群众喜爱的特色美食。每到农历冬至节，家家户户都要做窝窝饭，而且要在早上吃窝窝饭，各家各户攀比谁家的窝窝饭吃的早。永昌窝窝饭的做法是：①做面蛋儿。和好面团，把面团擀成0.5公分左右厚度的面饼，切成和厚度相同的宽面条，再把面条切成正方体的面丁，在面丁上撒少许干面粉，双手轻揉轻搓，呈圆圆的小面蛋，相互不粘连。②刺窝窝子。用筷子的圆头将一个个小面蛋搗成窝窝状，中间凹陷，边缘薄厚均匀，民间俗称刺窝窝。把刺好的窝窝摊在面案板上晾，目的仍是相互不粘连。③配置汤料。按照各自喜好的口味，做素窝窝饭时，一般选用豆芽、豆腐、洋芋丁及其它蔬菜，洗净后切成和窝窝大小的菜丁，炝锅后依次加入菜丁、添水、做饭汤。待饭汤滚沸一会儿，把窝窝下锅，滚熟即可。做肉窝窝饭时，除以上步骤外，把肉切成和窝窝大小的肉丁，最先炝锅，其它步骤同上。做肉窝窝饭一般首选用羊肉、牛肉，大肉次之。

0609 甘谷韭菜包子

产　　地：甘谷

所属民族：汉族

级　　别：3

简　　介：面粉用酵母和温水和成絮状揉好光滑的面团，覆好放温暖处发酵，肉馅放入各种调料，往一个方向搅动。韭菜择好、洗净、切成细末，放入肉馅中。面发好了分成小剂擀皮，放入适量的馅料包好、放入蒸锅中蒸二十分钟就好了。

0610 甘谷酿皮

产　　地：甘谷

所属民族：汉族

级　　别：3

简　　介：选用优质面粉加水并少许蓬灰（一种青绿色食用碱），用凉水和成硬团，然后在清水中揉搓，使面粉中的蛋白质和淀粉分离，分离出的蛋白质装入平底容器入锅蒸熟，俗称面精。游离水中的淀粉，待其沉淀于容器底，清去上面的黄水，再加入纯净水及适量蓬灰水，调和成稀糊状，随即舀入大平底盘中，上笼入锅蒸熟。吃时切成长条，加上油泼辣椒、精盐、酱油、蒜泥、芥末、香醋、芝麻酱等调料，再加一小撮青菜、胡萝卜或黄瓜丝，色艳味美、油浓汁足、柔韧酸辣、凉爽利口。酿皮既可当主食，又可当菜肴，可凉可热，四季皆宜。

0611 甘谷浆水面

产　　地：甘谷

所属民族：汉族

级　　别：3

简　　介：古冀县与周初建国之地陕西岐山相近，这里的人都喜欢吃酸菜与浆水面，故甘谷浆水面是周朝遗风的继续与发展。李时珍《本草纲目》记述，浆水有"调中行气，宣和强力，通关开胃，止渴消食，利小便、白肌肤、止呕吐、治泻痢"的功效。浆水中饱含乳酸，亦有抵制腐败菌和抗衰老的作用。浆水制法简单，先把白菜、萝卜、包菜叶、芹菜、苦苣等新鲜蔬菜洗净切碎，然后在沸水中煮片刻，并配以少量麦粉或豆面、玉米面，后倒入缸中，再加入现成浆水数碗或发酵的引子，然后加入适量滚沸的开水，搅拌均匀后用塑料袋、棉布等密封缸口，一二日后启封，其内色白的水曰"浆水"，菜曰"酸菜"。做浆水面时，先在锅内倒入少许食用油，将葱花、盐或蒜片、辣椒丝放入，炸成焦黄，倒入浆水，叫炝浆水，烧开后，浇在煮好的面条上，再加上炒好的葱花或韭菜，便是酸香溜爽的浆水面。在"酸饭"里夹杂一些用沸水煮烂的洋芋块，则风味更佳。

0612 血馍馍

产　　地：甘谷

所属民族：汉族

级　　别：4

简　　介：营养价值丰富，色泽鲜亮，有补血补气之功效。

甘肃省文化资源名录 第二十八卷 饮食文化

特色饮食

215

0613 甘谷油锅盔

产　　地：甘谷

所属民族：汉族

级　　别：3

简　　介：①发面。用发酵粉将面发起。②将苦豆粉洒在发面上，量要稍微多一点。然后，热锅倒油，油热至八九成时，浇在苦豆粉上。③放凉后，再撒上适量的盐和食用碱，充分揉匀。要揉的时间长一点，中间饧至二三次。④揉好后，将面团平均分成三分，揉圆擀薄。取一平底锅，用纱布或厨房纸薄刷上一层油。开中火预热。⑤将面饼放入，开中火两面烙黄即可。

0614 烫面油饼

产　　地：甘肃省秦安县

所属民族：汉族

级　　别：4

简　　介：面粉两碗。浇上开水，用筷子搅匀。少加点凉水，和成面团，面盆盖上盖子放在一旁饧十五分钟。饧好的面团分成五等分。取一个面团擀成薄片，上面抹上油和盐，像折扇子一样把面片折好。首尾相连成一圆团，摁扁，擀成饼。锅里抹上油，然后把饼下到锅里两面煎黄。

0615 米黄馍

产　　地：甘肃省秦安县

所属民族：汉族

级　　别：4

简　　介：米黄馍又称米黄甜馍。用糜子碾米成面，过度发酵，入笼蒸熟，其块如蜂巢，色如黄蜡，味甜适口，柔酥刚好，富于养分。

0616 麻腐馍

产　　地：甘肃省秦安县

所属民族：汉族

级　　别：4

简　　介：秦安麻腐馍的做法历史悠久，是很有特色的甘肃特色小吃。秦安麻腐馍以面为主要材料，馅料用麻子磨制而成，以五香粉、食盐、葱花等佐料拌入并适当加入猪油，用发酵好的面团擀成薄饼做包皮。成品馍洁白松软，香味独特。

0617 秦安煎饼

产　　地：甘肃省秦安县

所属民族：汉族

级　　别：4

简　　介：将荞面用适量凉水搅拌成糊状，稠稀适中，反复搅拌，直至搅拌均匀，以没有面疙瘩为准，搅得越细越好。在锅上涂点油，以免粘锅，舀一勺均匀地从上往下倒，或者倒入电饼铛中抹均匀，待面糊凝固后揭起翻个过儿，稍候即可。煎饼可炒热吃，也可卷菜吃，如卷土豆丝、炒辣椒、肉等。味道独特，惹人喜爱。

0618 甜醅

产　　地：甘肃省秦安县

所属民族：汉族

级　　别：4

简　　介：秦安甜醅是一种美味香甜、酒味甘醇的甜食品。它的制作过程是将优质冰糖色白小麦在石碾上舂皮后，淘净煮熟、晾干，在不同的季节，掌握一定的温度，用名酒曲配合发酵约36小时后即可食用。发酵工艺以曲子为主，关键在于掌握温度，发酵时所反应生成的甜醅酒，不仅味道特美，而且营养价值极高。在炎热夏季，农村的群众习惯于将发酵好的甜醅加水烧开，再放入中草药，如甘草，置阴凉处降温，每当收割、扶犁归来喝上一大碗清凉香甜的甜醅汤，不仅可以消除疲劳，还有活血健胃、止渴解暑之功效。

0619　酸菜饼

产　　地：甘肃省秦安县

所属民族：汉族

级　　别：4

简　　介：酸菜切末、挤干些水份。锅入油，放入酸菜煸炒，把酸菜炒出香味，出锅前放少许香油即可。面粉加温水、十三香和少量盐，搅拌揉成团，擀成薄皮。在面皮上均匀的放一层酸菜。周边面皮往中间收，揉成面团，用擀面杖轻轻擀扁。锅内放油，不需太多，大火烧热后转为小火，放入酸菜饼，不断换面煎，颜色变成深色，香味飘出，控油出锅可食。

0620　秦安玉米面馍

产　　地：甘肃省秦安县

所属民族：汉族

级　　别：4

简　　介：把玉米面用开水烫一下，然后加入酵本儿，发酵8—10个小时左右，夏天发酵时间要短一点。稍微稠点，以筷子能捞起为准。发酵好后，拌入适量食用碱，搅匀后，将拌好的面倒入铺有笼布的蒸笼底上，然后大火上锅蒸，18分钟左右即熟。取出后晾凉，切成小块即可。如果喜欢甜的，可往发好的面中加适量白糖或糖精。

0621　牛头山三角油饼

产　　地：甘肃省清水县

所属民族：汉族

级　　别：4

简　　介：解放后，身居小华山西南山顶上的牛头山人，创摸出三角形油饼，独具一格。选优质菜籽油熟透，将发面用手掌推成三角形下油锅炸，上好色后，装在油笼里，靠人背，在清水红堡一带出售，深受人们青睐，经常供不应求。县城客商尝到后经常到红堡购买，是独特的佳品。

0622　麻腐包子

产　　地：甘肃省清水县

所属民族：汉族

级　　别：4

简　　介：选用清水特产太石优质大麻籽去皮，滤制成麻仁，加入葱花、蒜片、姜末、食盐、香油和香料搅拌均匀起锅成馅。包子皮采用上等优质面粉调成面团，一半加酵母成大发面，另一半和成水面，两半面揉在一起，放碱揉拌均匀擀制。吃时把包子放在碟内，将香醋、香油、酱油、油泼辣子灌入即食。另外，清水民间还有多种吃法，在麻仁馅内不加荤油，叫麻仁包子；在麻仁馅内加入地木耳，叫地木耳包子等。

0623 米黄

产　　地：甘肃省清水县

所属民族：汉族

级　　别：4

简　　介：选用清水黄门等地当年生产的谷子或糜子、大麦、脱去外皮、碾成米面，放入酵母发酵，再拌入适量的新黄豆面，作成坨坨馍，用中火蒸熟。酥软香甜，倍受人们喜爱。泡在黄酒内作早餐，有保健作用。

0624 秦安麻腐饼

产　　地：秦安县

所属民族：汉族

级　　别：4

简　　介：馅料用麻籽磨制而成，以五香粉、食盐、葱花等佐料拌入并适当加入猪油，把开水烫好的面团擀成薄饼做包皮，馍金黄香脆，香味独特。

0625 土豆饼

产　　地：天水武山

所属民族：汉族

级　　别：4

简　　介：土豆饼是武山县的一道特色美食。主要食材是土豆、面粉、清油或猪油。特点是细糯香浓，焦黄嫩白，不涩不腻，香酥可口，具有浓郁的乡土气息和原始风味。做法是：土豆洗净去皮，切成细丝，放入清水中浸泡10分钟后滤干。将滤干水分的土豆丝放入一小盆内，加入适量食盐、味精拌匀，腌制片刻。将腌过的土豆丝再次滤干水分，加入适量干生粉拌匀。将拌匀的土豆丝分成一个个小饼。平底锅上火，放入少量食物油，将饼胚放入锅内烙煎，适时翻转，两面金黄后起锅。豆饼以热吃为佳，既可直接食用，亦可再配以蔬菜肉品佐料煎炒食用，无论怎么吃，风味不减。土豆饼制作简单，食用方便，不避城乡，四季咸宜，男女老少，皆大欢喜，地域奇葩，一枝独秀。

0626 麦积锅盔

产　　地：天水市麦积区

所属民族：汉族

级　　别：3

简　　介：锅盔，是一种独具特色的面食，形状为圆形，主要原料为小麦面粉。有干面锅盔和鸡蛋锅盔两种。干面锅盔用面粉直接做成；鸡蛋锅盔用鸡蛋和面粉拌和制成。锅盔既厚且大，入口酥嫩，口感细腻，便于携带，是出门旅游、馈赠友人的佳品。

0627 猪油盒

产　　地：天水市麦积区

所属民族：汉族

级　　别：3

简　　介：猪油盒最早虽然来自于清朝宫廷的"猪油饽饽"，但在其后数百年的岁月里，却与麦积当地的生活习俗有机融合，逐渐成为了麦积人餐桌上的一种美味，成为了麦积饮食文化中的一个新亮点，并多次被评为甘肃名小吃。猪油盒的做法先是制作猪油面饼，即把精面粉发酵待用；另取油、面以1∶3的比例制酥；再把大葱嫩蕊切成细末；把发酵好的面团加碱揉制，直至揉到有较强韧性时，拉成长条，抹上胡麻油，揪成1两重的面剂；再把面剂按扁，包入生油酥卷拢，按扁，包进生猪板油、大葱末、精盐等，捏拢收口即成圆形猪油面饼。在做好猪油面饼之后，再把鏊子放在火上抹上少许胡麻油，烧热后，将饼坯放入鏊内稍烙一会，即在鏊内倒人适量胡麻油，把生饼坯半煎半炸至金黄色时，从鏊内取出，下炉中烘烤。

0628 盛祥斋羊肉火烧

产　　地：天水市秦州区

所属民族：汉族

级　　别：2

简　　介：盛祥斋烹饪面点坊位于秦州区光明巷东口，创始于清朝，是一家个体经营户。羊肉火烧系该店传统地方面点之一，皮酥肉嫩，深受当地群众喜爱，该面点于2012年9月被中国烹饪协会评为"中华名小吃"。特点：皮酥肉嫩。制作方法：鲜肉馅加入调料拌好，放入酥皮，包好后放入烤箱，烤大约15分钟。

0629 迎宾馆天水锅盔

产　　地：天水市秦州区

所属民族：汉族

级　　别：2

简　　介：将面粉兑碱加入发酵粉，水和面团，电饼铛加热，将面团揉圆，擀薄，在电饼铛里烙熟即可。外酥内软，香甜可口。该面点已于2011年7月被甘肃省商务厅认定为"精品陇菜"称号。

0630 迎宾馆小笼地软包

产　　地：天水市秦州区

所属民族：汉族

级　　别：2

简　　介：将面粉入盆加入发酵粉，和成发面团待用。地软清洗干净，加葱花、豆腐调料拌匀即可。将面团揪成大小均匀的剂子，干薄加入馅料，包成上笼蒸熟即可。特点：包子从很早以前的馒头演变而来，其历史悠久，口味独特，地软营养价值高。该面点已于2011年7月被甘肃省商务厅认定为"精品陇菜"称号。

0631 盛祥斋猪油盒

产　　地：天水市秦州区

所属民族：汉族

级　　别：2

简　　介：猪油盒系盛祥斋传统地方面点之一，深受当地群众的喜爱，该面点于2012年9月被中国烹饪协会认定为"中华名小吃"称号。

0632 钱吊水饺

产　　地：天水市秦州区

所属民族：汉族

级　　别：2

简　　介：将菠菜、南瓜榨汁备用。将南瓜汁、菠菜汁、白面粉、荞面粉和成四包面团备用。将猪肉剁碎，加入调料、葱花。把和好的各种面团包入肉馅，然后把4种颜色拼成圆形锁边即可。特点是形状似铜钱，味美色好。该菜品已于2011年7月被甘肃省商务厅认定为"精品陇菜"称号。

0633 迎宾馆迎宾三台面

产　　地：天水市秦州区

所属民族：汉族

级　　别：2

简　　介：将胡萝卜、菠菜榨汁，和面团擀成面条煮熟，凉拌待用。将肉臊子炒熟，加上葱花香菜，将西红柿、鸡蛋炒成另一种臊子装盘待用。特点：色泽鲜艳，营养丰富。该菜品已于2011年7月被甘肃省商务厅认定为"精品陇菜"称号。

0634 迎宾馆鸳鸯面鱼

产　　地：天水市秦州区

所属民族：汉族

级　　别：2

简　　介：将锅中加入开水，把面粉加入水中散熟，盛满漏勺中漏入水中呈鱼状即可。韭菜炒熟，把红辣椒、蒜片、葱花加入锅中炒香，倒入浆水即可。特点：来自民间的传统小吃，形似小鱼，入口滑爽。该面点已于2011年7月被甘肃省商务厅认定为"精品陇菜"称号。

0635 盛祥斋花月饼

产　　地：天水市秦州区

所属民族：汉族

级　　别：2

简　　介：盛祥斋天水花月饼被中国烹饪协会评为"中华名小吃"。

0636 盛祥斋油炸盒子

产　　地：天水市秦州区

所属民族：汉族

级　　别：2

简　　介：油炸盒子系盛祥斋传统地方面点之一，皮酥肉嫩，深受当地群众喜爱，该面点于2012年9月被中国烹饪协会认定为"中华名小吃"称号。

0637 迎宾馆庆丰枣花馍

产　　地：天水市秦州区

所属民族：汉族

级　　别：2

简　　介：庆丰枣花馍，又名天水花馍主料：面粉辅料：胡萝卜、菠菜、荞面、肉臊子、西红柿、鸡蛋。制作方法：将面粉加湿水和成适中的面团，制成各种动物状，蒸至10分钟即可。特点是口味香甜松软。该菜品已于2011年7月被甘肃省商务厅认定为"精品陇菜"称号。

0638 复兴茂糕点

产　　地：天水市秦州区

所属民族：汉族

级　　别：4

简　　介：天水陇香食品有限公司的前身是天水食品厂，生产的产品有各种糕点、红方腐乳、酱油、食醋、豆酱、面酱、香辣酱等，主要销往天水市的两区五县、陇南、武都、康县、成县、兰州、陕西等地。现已形成了以甘肃市场为主，向陕西、新疆、内蒙、西藏等各地辐射的营销网络，产品多次荣获省、市优质产品称号。复兴茂牌糕点系天水陇香食品有限公司生产，其生产糕点从配料到成品一直使用老的传统工艺配方，很好地保证了"老字号"品牌，具有较高的知名度和影响力，深受老百姓的喜爱。

0639 盛祥斋糕点

产　　地：天水市秦州区

所属民族：汉族

级　　别：4

简　　介：盛祥斋糕点品种繁多，形式多样，制作方法精细，用料考究，深受当地居民的认可和喜爱，是走亲访友所带之佳品。

0640 盈麦香糕点

产　　地：天水市秦州区

所属民族：汉族

级　　别：4

简　　介：天水盈麦香食品有限责任公司是以生产蛋糕、面包中西式糕点、粽子、月饼为主的民营企业，是天水市于2008年首批获得QS认证的食品企业。

0641 回苑民俗糕点

产　　地：天水市秦州区

所属民族：回族

级　　别：2

简　　介：天水杨师傅清真糕点坊有限公司位于天水市秦州区，属股份制企业，前身为始创于1948年的"杨记"糕点铺，是专业从事清真食品挖掘、研发、生产、销售的民族企业。

0642 伊品星月清真糕点

产　　地：天水市秦州区

所属民族：回族

级　　别：4

简　　介：天水伊品星月清真食品有限责任公司产品主要有清真水晶饼系列、清真月饼系列、油炸盒子、绿豆糕、桃酥、蜜三刀、椒盐咸点等各种糕点。主要供应专营店及各大超市。

0643 张家川油糕

产　　地：张家川县

所属民族：回族

级　　别：4

简　　介：张家川油糕选料精细，制作考究。制作时，将面粉一半发面，一半烫面，然后合起来揉制，以手捏不粘为宜，这样的糕皮爽口而不粘牙。其馅选用上等玫瑰糖，加入核桃仁、葡萄干、芝麻、枣泥等。先把揉好的面团揪成小剂子，用手掌压成圆形皮，然后包入馅料，再用手旋成完整无缝的圆球后压扁，入油锅文火炸制。张家川油糕以香、甜、软著称，色泽鲜亮、小巧精致。馅子糖饱汁足，油而不腻，味道可口，颇受群众欢迎。

0644 油饦

产　　地：张家川县
所属民族：汉族
级　　别：4
简　　介：油饦是张家川特有的风味小吃之一。原材料主要选用荞麦面和小麦二面（黑面），先把适量的荞面放入容器内，用60-70°的热水，一点一点搅烫成软面状。然后在上面盖上小麦二面粉，放到温热处捂严实，使其发酵，产生出甜味，然后倒入酵面搅均匀，再放入少许小苏打搅拌均匀，将做好的面放在专做油托的碗口大小的木板上，制成形状如手镯的面圈圈，放入锅内滚烫的胡麻油中，炸熟后夹出即为油饦。油饦小巧精致，风味独特，具有酥软、清香甜美的特色，也是赠送亲朋好友的佳品。

0645 张家川柿子面

产　　地：张家川县
所属民族：回族
级　　别：4
简　　介：柿子面饦，是张家川人用柿子肉和面粉做的的一种小吃，一般在柿子上市的时候人们就开始制作柿子面饦。它色泽鲜艳、柔软多汁、香甜可口、味香醇厚、营养丰富、成为张家川老少皆宜的一种名小吃。制作过程：柿子剥皮去子，与面粉混合揉均匀待用；将大枣、核桃仁、花生仁、枸杞子、红糖、放在一起切碎加入少量香油与植物油搅拌；取少量揉好的面团擀成片状，面团中心加入适量配制好的馅料，然后慢慢将馅料包在面团里，双手将面团压平整；最后将包好的柿子面饦放入油锅中烤制，等两边上色取出即可食用。柿子面饦有清热去燥，润肺化痰之功效，对于老年人是一种极好的养生食品。

0646 天水呱呱

产　　地：甘肃省天水
所属民族：汉族
级　　别：4
简　　介：呱呱，是天水的一种特色美食，呱呱也有"秦州第一小吃"的美誉。相传呱呱曾为西汉末年天水割据政权隗嚣时期的宫廷食品，隗嚣的母亲对呱呱有着特别的嗜好，并用御用厨师专为其烹制呱呱，之后当隗嚣被刘秀打败投走西蜀之际，这位御用厨师便留在了当地，并开了一家经营呱呱的店面，呱呱由此也得以流传下来，成为天水人的最爱。呱呱是天水土话锅巴的意思。荞麦粉成"荞珍子"，入水浸泡、加工，取其淀粉。然后把荞麦淀粉加上水，在锅里煮，一边煮一边搅拌，直到荞麦粉煮得黏黏乎乎成半凝固状态并在锅底结成一层厚的锅巴。待到要吃时，店家要把已做好的一盆盆呱呱全部搅拌碎裂，抓一些出来，再用手给捏碎放到碗里，再浇上辣椒油、芝麻酱、酱油、醋、蒜等十几种调料后，才能是一碗真正的天水呱呱。天水呱呱的营养价值很高，因为其低糖、低脂肪，常食之还可预防高血压、糖尿病等病。也有人说，天水呱呱是一种用手指捏出来的特色小吃。唯有这样用手指缝捏出来的呱呱，才最地道、最入味。也许正是这样的传统吃法，才让呱呱声名远扬。

0647 天水素扁食

产　　地：甘肃省天水

所属民族：汉族

级　　别：4

简　　介：天水素扁食讲究清淡味鲜，入口滑爽，是老天水一道风味独特而最受人们青睐的面食小吃。在外地人看来，扁食与馄饨"长像"一样。但素扁食要比馄饨大，包的馅也要比馄饨更多。而且一般的馄饨都是肉馅的，而扁食则是荤素都有，尤其以素馅居多。至于素馅的配菜，则是根据季节不同有所变化。天水扁食的吃法分为干拌和带汤两种，带汤的也可做成荤的，也可做成素的，这就看你的喜好而定了。捞在碗里的扁食已有几样配菜，仔细瞧瞧：里面就有菠菜、海带丝、鸡蛋丝、木耳、香菜等，带汤的还有一点肉臊子。当然了，配菜上面一定少不了红红的油泼辣子。就这样，一碗有红有白有黄有黑有绿，味道香浓，色、香、味、形俱佳，辣味却很温柔的天水素扁食已呈放在你面前。你只需调上少许醋、盐即可食用。

0648 天水素面鱼

产　　地：甘肃省天水

所属民族：汉族

级　　别：4

简　　介：面鱼是天水的风味小吃之一，天水人也称它为"锅鲰"。因这种面食外形像小鱼儿，故有了"面鱼"这个好听的名字。"锅鲰"（天水方言）是面鱼的别名，取此名大概是源于其制作方法。天水面鱼其制作主料是玉米面粉（现在也使用小麦面粉），当开水沸腾时，一手抓面粉从手缝里细细的一点一点的将面粉撒入水中，一手不停的用筷子搅拌，逐渐的调成糊状，直到面糊变得筋道，但不能太干，火候一定要掌握适度，否则锅底就会烧糊而面夹生，这一过程全靠手腕用力。当面糊搅匀烧到坚柔滑道颜色透亮，此时找一较大器皿盛入凉水，用木勺将面糊舀到天水特制的面鱼膜具"锅鲰马勺"里面，顺势用力挤压，面鱼就会顺着马勺的小眼一条条的落入水中凝固，其间，面鱼堆积时要用筷子在清水中拨动一下，防止热面鱼结在一起。之后，为了使面鱼尽快的冷却定型，还得换三次凉水。面鱼做好后就开始做浇汤，铁锅加油炒葱姜辣椒及洋芋、豆角、豆腐、西红柿等，加水制成汤烧开，起锅时放入香菜蒜苗味素等，外加干炒绿辣椒和韭菜，最后别忘了泼一碗诱人的芝麻油泼辣子哦！这样整个面鱼的配套餐就完成了。当然了，盛夏时节，也可做成浆水的。做好后"锅鲰"盛在碗里就像一条条小鱼一样，单是看，就令人生津。

0649 天水打卤面

产　　地：甘肃省天水

所属民族：汉族

级　　别：4

简　　介：打卤面是一种典型的天水地方面食，它讲究的是宽面、大臊子、大碗，讲究在配料里面勾芡。天水打卤面最大的地方特色在于"卤"，其浇头菜种类较多，如果要吃到传统正宗的天水打卤面浇头大概需要十一种原料，目前常见的也有八九种。一般在制作时先用乌龙头、芹菜、木耳、黄花、肉皮、豆腐干、大肉、丸子、夹板肉切成块、条、片，不带汤炒成臊子，浇上稠糊状芡汁。再用麦粉扯面条，面宽两厘米以上，煮熟扯面，捞入大碗中，浇上臊子，调入油泼辣子、醋、盐等佐料即成荤打卤面。臊子中不放肉则为素打卤面。天水打卤面的臊子稠，与碗中的扯面紧紧粘在一起，味美可口，充分体现了大西北人粗犷豪放的个性。

0650 武威面皮

产　　地：武威市
所属民族：汉族
级　　别：1
简　　介：武威面皮子与其它地方的不同，武威面皮子是一种面粉制作、色泽晶莹黄亮、透明如玉的食品，独特之处就在于它是把面粉中的蛋白质浸泡洗净过滤后，剩下的淀粉搅成糊状，放入笼屉蒸制而成，而蛋白质则蒸成了气孔充足，松软可口的"面筋"。吃时切成条状或块状，加上酱油、香醋、蒜汁、辣椒油、胡萝卜丝、精盐等调料，供人们凉吃。在夏秋炎热天气，面皮子极受人们喜爱，食用者非常普遍。

0651 凉州大月饼

产　　地：武威市凉州区
所属民族：汉族
级　　别：3
简　　介：凉州是古代边塞要地"凉州府"的核心区域，有着深厚的历史文化背景，人们在每年的八月十五前后都会捧出自制的大月饼来敬献月亮，庆祝中秋佳节，由古至今，月饼也是越做越有文化。凉州大月饼，除了千层饼变形的色泽花纹十分漂亮外，最大的特点就是大。下雨天，小孩子常叫："天爷天爷大大下，月饼蒸上车轮子大，小伙子吃上把房跳塌"。大的月饼，足有十来八公斤，像小汽车轮子似的。每逢中秋佳节，家家蒸大月饼以示全家团圆，并馈赠亲友，表达祈盼风调雨顺、五谷丰登的美好愿望。

0652 天水烩麻食

产　　地：甘肃省天水
所属民族：汉族
级　　别：4
简　　介：烩麻食是一种传统的天水小吃，制作起来颇有讲究，用面粉加水调和成面团，揉透略饧，搓成条状每次掐一小点，用大拇指搓片后卷成一个个小海螺状。最初人们是巧妙利用了草帽边上的花纹，搓出的麻食有一种很纯朴的农家气息。再下来把（对配料没有严格要求，可精可粗，可荤可素，普通家庭常以此调剂饮食花样）黄花、猪肉、豆腐、萝卜、鸡肉、火腿、青菜等配菜皆切成小丁，葱、姜切成丝。锅内加入少许清油，烧热用葱姜丝爆香，加入黄豆、木耳、黄花、猪肉、豆腐、萝卜、鸡肉、火腿、青菜等各种原料，煸炒至七成热，加入肉汤、精盐、酱油、醋、味精，烧开后加入麻食生坯一同烩煮至汤浓时即成。食时可加些辣椒油、蒜头等。天水烩麻食它的主辅料相融，菜食合一、筋韧爽滑、鲜咸适口、色泽美观、易消化。

0653 沙米凉粉

产　　地：甘肃省民勤县
所属民族：汉族
级　　别：1
简　　介：沙米凉粉系民勤传统纯天然无

污染美食珍品，选用腾格里沙漠和巴丹吉林沙漠野生沙米为原料，浸水6—8小时，用太阳射线消过毒的麦秸揉搓粉碎，置瓷器内揉搓取汁三次，然后用草木文火加热成浆，盛于瓷器中冷却，至清秀晶亮时翻转倒取，或摊凉于案上制成粉皮。食用时，切成条状，配以葱、蒜、盐、辣椒、芝麻、民勤陈醋，芳香扑鼻，令人口舌生津。食之，酸辣滑爽，香留口腹。如果佐之以酒，便令人兴味大增。

0654 古浪月饼

产　　地：甘肃省武威市古浪县
所属民族：汉族
级　　别：4
简　　介：古浪月饼形似车轮，由数十层颜色、风味不同的薄面张叠加而成，最上层为黄色，上面有象征吉祥意义的红色印记。制作时先将发面发酵好，此时可加入白糖，也可不加，看个人喜好，然后擀成薄张，涂上清油，上面撒上姜黄、红粬、香豆沫、玫瑰花等各种颜色，一层层叠制而成，上锅蒸约两小时，蒸熟的月饼厚约20厘米，直径约60厘米，食用时将月饼切成约20厘米的方块。色香味俱全，是人们在中秋节探亲访友的馈赠礼品。

0655 米汤油馓子

产　　地：甘肃省武威市
所属民族：汉族
级　　别：4
简　　介：米汤油馓子是凉州的特色小吃之一，制作时先将黄米和少量扁豆入砂锅用旺火熬煮成稀粥，再将少许面粉打成糊状兑入。食前炝清油、葱花、花椒即成。特点是味咸色黄，入口绵细香甜。进食时将炸好的油馓子撅成小段，泡入扁豆米汤中。是经济实惠、大众化的风味食品。

0656 凉州凉面

产　　地：甘肃省凉州区
所属民族：汉族
级　　别：3
简　　介：凉州优质面粉能够制作出各式各样的花样来，凉面就是其中的一种。凉州凉面誉满河西走廊。凉面的制作用精粉兑蓬灰（一种绿色食用碱），掺入少量的清油，反复的揉揣，揉好后要"饧"三四个小时。根据需要拉成各种形状，或细、或粗、或宽等。煮好，放进凉水激两遍，然后用熟清油"犀"两遍，挑起来筋道，落在碗里松松散散，黄澄澄的一窝金丝，浇一勺醋卤，更是锦上添花。凉州郭氏，祖传此业，当占凉面榜首。

0657 云晓月饼

产　　地：甘肃省凉州区

所属民族：汉族

级　　别：3

简　　介：甘肃凉州益民有限责任公司始建于1981年，是西北大型调味品酿造企业之一。主要生产以"云晓"为品牌的熏醋、酱油、养生保健醋、中秋月饼、食用油等。现已形成年产熏醋3万吨，养生保健醋1万吨，酱油酱制品2万吨、中秋月饼500吨、食用菜籽油、胡麻油、大豆油2万吨生产规模。产品历获甘肃名牌、陇货精品、绿色食品、国家行业名牌、两届国家免检食品及著名商标等100多项荣誉称号。

0658 灰面

产　　地：民勤县

所属民族：汉族

级　　别：2

简　　介：灰是蓬灰，秋霜过后，在沙生蓬棵黄熟将干未干之时，采集投入洼地或预先掘好的燃烧坑内，点燃，待灰烬熔为半流质状态时，在上面加压，使其质地紧密，自然冷却，次日取出，即成粗陶质地的蓬灰。面是用民勤硬粒高筋质小麦磨制而成的精粉，用蓬灰溶液和面，反复揉压，待醒透后，擀成金黄泛绿的面片，切成细长面条，下锅水煎，即成黄亮如金的灰面。下饭菜首选之素炒茄辣。炒菜时，加少许西红柿取汁，佐以麦麸陈醋与蒜泥，酸辣滑爽，诱人食兴，食后上瘾。

0659 糖花子

产　　地：甘肃省山丹县

所属民族：汉族

级　　别：4

简　　介：山丹糖花子的制作始于何时已无考，在城乡都比较普及，甚至于成了山丹馍馍的最具代表性的油炸面食。过去一般在过年时节才做，现在成了最为普及的食品。其制作过程为先发面，发面的过程是一道必不可少的程序，也是关键。用自家备用的酵头子发面，发的面要柔软圆润，这是山丹馍馍好吃的主要原因。同时还要在发好的面里掺一点油面，油面用加热七成熟的清油拌好，再掺杂在发面里，反复多次揉匀。然后制作糖面，糖面是摊在上下发面中间，它是一种承接和调和，至关重要。糖和水的比例大概是2：1，水温是30到40度左右。将做好的糖面挟持在上下白面饼中，面饼是正方形的，要经过多次分割，成四方的小块，一边留一方寸，一边切成梳状，双手捏长梳齿，然后方向相反卷成云头样，祥云成阵。摆在案板上，最后烧热清油，把做好的糖花子轻轻放入油锅，在风云翻滚的油锅里，气定神宁的糖花子节次开花，颜色也是依次变得金黄鲜亮。出锅，沥尽浮油，香甜酥脆的糖花子就做好了。

甘肃省文化资源名录 第二十八卷 饮食文化

特色饮食

0660 羊肉垫卷子

产　　地：甘肃省山丹县

所属民族：汉族

级　　别：4

简　　介：羊肉垫卷子是山丹地地道道的招牌菜，发源地就在祁连山下、焉支山旁的一望无际的大草原。这道脍炙人口的名菜，制作起来一点也不复杂。将羊羔肉剁成碎块，用清油爆炒，辅以葱段、蒜片、干椒，佐以姜粉、花椒粉、盐等调味品，加水焖至八成熟。将和好的面擀成薄饼抹上清油，撒上葱花香菜，卷成筒形，切成寸段，放在肉上。焖炖到面熟肉烂，即可上桌。羊羔肉垫卷子，以面香、肉嫩、味美、营养丰富而著称。炒菜的油用马场的菜籽油，面要上好的精制面粉，羊肉与精面，刚柔并济，有羊肉之鲜美，更有河西优质面粉的地道嚼头，相得益彰。与手抓羊肉不同之处，它既有手抓羊肉的豪放，又有河西面食的精美，两样表现得淋漓尽致。游牧民族的生活方式与农耕文明的交融体现在一道民间美食里。

0661 窝酥子

产　　地：甘肃省山丹县

所属民族：汉族

级　　别：4

简　　介：窝酥子和糖花子是山丹馍馍最具代表性的食品。烙窝酥子工序更是繁复，做起来很讲究，发面，揉面，看灰碱的合适，拌油面。把揉好的面揪成大小相等的小积子，摊成小圆饼，里面包上油面馅，外形像过年包的老鼠饺子，再把包好馅的饺了用擀面杖擀开，抹油，卷起来，用刀等份切开，把两等平放在一起，捏住两头来一个三百六十度的旋转，然后向下揿下来，用面杖摊开就好。发面，揉面，还要用熟油拌一定数量的油面馅，加糖或不加都可以。做好的窝酥子整齐有序的摆放在铁鏊子里，最复杂的就是垒火鏊子。垒时要把煤砖砌成小方块，在大铁鏊子最低层先码一层，每一块中间稍有间隙，然后在空隙上方再码一层。依次而上，直到最上面码一块砖，呈金字塔形。然后用柴火从中空的地方引着起火，慢慢其他煤砖也燃烧起来，外表看不出火势，内里已是熊熊烈焰。火鏊子是面火，还要凑底火的，两面夹击，火势要一样，烙的馍成色也相同。用鏊子烤出的窝酥子金黄闪亮，散发出麦香悠长的味道。

0662 高台面筋

产　　地：甘肃省张掖市高台县

所属民族：汉族

级　　别：4

简　　介：高台面筋是高台县历史悠久的地方特色小吃。其工艺独特、味美爽口，为待客佳品，可热吃，可冷吃，也可晾干储存，在制作过程中自然将面粉中的麦芽糖分离了出来，是无糖食品，适合糖尿病患者食用，是理想的保健食品。食用时将晾干的面筋团投入配好的肉汤中可成为快餐，是最原始的方便面。加工方法为本县农村少数中老年妇女所掌握，深受四方宾客喜爱。制作方法：采用本地农家自产的面粉，按照3斤面25克盐的比例，和面并揉至不沾手为度，称之为"揣面"。将"揣"好的面团投入冷水中反复揉洗，称之为"洗面"。把分离出的面筋团揪成小块，另化盐水，分别取干面粉和到一起，揉光后，用瓦盆覆盖放置片刻，待其行开，用擀面杖擀薄，绷扯于"撒子"上，入锅蒸熟即成"面筋"。蒸熟的面筋切成细条装碗食用。或盘成拳头状的小盘，晾干后即可储存。与此同时，面筋另有一种食用方法：即将晾好的干面筋团直接下入烧开的水中，同时下入本地的手工粉皮、洋芋、西红柿、肉片、生姜等副料，煮熟根据自己口味调味后即可食用，味道十分鲜美，称之为"面筋汤"。高台面筋在第四届中国甘肃美食节上荣获"甘肃名小吃"，在2011年金张掖餐饮业五名一星评选活动中荣获"金张掖名点"。

0663 枣乡小米饼

产　　地：临泽县
所属民族：汉族
级　　别：4
简　　介：枣乡小米饼是临泽县金福源礼宴酒店的特色小吃，其选用临泽红枣和优质小米制作而成，香酥爽口，兼有红枣和小米之特性，是一种民间美味佳肴。

0664 安氏炸面团

产　　地：临泽县
所属民族：汉族
级　　别：4
简　　介：安氏炸面团是临泽县脆香四合院的特色面点。炸面团是临泽民间群众常吃的面食，安氏炸面团的制作方法是将面粉加水，调成糊状，加入鸡蛋、葱花等调料，分散放入油锅，待面团表面变硬呈金黄色时捞出，等油温上升时再炸一次，面团就会变得外脆内嫩。

0665 烟林水煎包

产　　地：临泽县
所属民族：汉族
级　　别：4
简　　介：烟林水煎包是临泽县黑河烟林金

叶大酒店的特色面点。烟林水煎包制作工艺源自临泽民间,烹制过程融煮、蒸、煎于一体。刚出锅的水煎包,因兼得水煮、汽蒸、油煎之妙,色泽金黄,水煎包形状如柿饼,上下呈金黄香脆状,外酥里鲜,其脆而不硬,香而不腻,味道鲜美极致。

0666 沙枣猪蹄卷

产　　地:临泽县
所属民族:汉族
级　　别:4
简　　介:沙枣猪蹄卷是临泽县福荣大酒店特色面点,对传统猪蹄卷的制作工艺进行改良,加入了鸡蛋、牛奶和西北特有的沙枣面,烤制而成,沙枣猪蹄卷色泽金黄,酥软可口,营养价值丰富。

0667 肃南糌粑

产　　地:肃南县
所属民族:裕固族
级　　别:2
简　　介:制作时先将青稞(属大麦类,有白色、紫黑色二种)晒干炒熟,磨成细面,不去皮。然后把糌粑放在碗里,加点酥油茶,用水不断搅匀,直到把糌粑捏成团为止("粑"就是成团的意思)。

0668 肃南羊肉面片

产　　地:肃南县
所属民族:裕固族
级　　别:2
简　　介:把羊肉切碎煮烂,调入姜粉、花椒面等调料,再把和好的面擀薄,揪成面片下到羊肉锅里,煮熟时放点食盐、葱花就可以食用了。

0669 金瓜小刺猬

产　　地:肃州区
所属民族:汉族
级　　别:1
简　　介:金瓜小刺猬是酒泉小天鹅餐饮有限公司的特色面点食品,属于精品主食,主要原料是特级小麦粉、优质南瓜、红豆、胡麻油、鸡蛋、白糖等。主要做法是将南瓜泥拌入面粉,再加入胡麻油、鸡蛋和白糖,反复揉和,取两粒红豆放在两边当眼睛,然后用剪子剪出刺猬的形状,用文火20分钟即可,口味甘甜,香酥可口,回味悠长。

0670 卷子鸡

产　　地:张掖
所属民族:汉族
级　　别:4

简　　介：卷子鸡是张掖特色美食的又一道代表性食物，其特点是口味浓郁、面卷筋韧，色香味俱佳。张掖卷子鸡做的最好的属市区东大街什字苗氏卷子鸡，已有16年历史，历久弥新，顾客络绎不绝。做卷子鸡首先要将洗净的鸡切成小块，放入锅内加生姜、葱段、红辣椒等调料爆炒至二成熟，捞出后带油装入小盆。紧接着和面，切成大团，擀面呈大饼状，摊开刷清油，撒入葱花，卷成圆筒状，切成1厘米宽面卷。按照顾客需要，再将不同分量的鸡肉放入锅内，大火炖至八成熟，将面卷覆盖在鸡肉上再炖，待熟后出锅，敷以青椒丝、洋葱丝即可上桌入口。

0671　青稞面搓鱼子

产　　地：张掖市民乐县

所属民族：汉族

级　　别：4

简　　介：民乐青稞面搓鱼子就是把青稞面用适量碱水调匀，反复揉成面团，揪成红枣大的面剂子，用手掌在案板上来回搓动，逐向两边捋抻，搓成两头尖细而长的圆条，下锅煮熟后凉冷置盘中，辅以陈醋、油辣、芥末、蒜泥、葱韭。青稞面搓鱼子是盛夏消暑之美食，吃起来滑溜爽口，鲜香可人，别有一番风味。现在已成为各餐馆招待贵宾时的一道美食。它不但富含矿物质、维生素、天然叶绿素、抗氧化酶、黄酮等活性物质，还富含功能奇特的营养素——β-葡聚糖。

0672　民乐酿皮子

产　　地：张掖市民乐县

所属民族：汉族

级　　别：4

简　　介：民乐酿皮子就是将精细的白面和好，放在清水盆中反复挤捏淘洗，洗下的淀粉澄清后，舀去黄水，兑入适量清水，加碱或蓬灰，盛入专制的铁笼内，放入沸滚得开水锅中，动笼粉平，凝固后蒸五六分钟。每次一张，循环往复。食时加陈醋、油辣、蒜泥、芥末等调味品，清凉爽口。酿皮子是用优质面粉精制而成的食品，色泽晶莹黄亮，透明如玉，吃起来柔软又有韧劲，风味特佳，既可作为主食，也可作为零食，清凉可口，开胃解暑。尤其是在炎热的夏秋季节，备受广大群众的青睐。

0673　烧盒子

产　　地：张掖市民乐县

所属民族：汉族

级　　别：4

简　　介：民乐烧盒子就是把面粉用冷开水调匀，揉成面团，发酵后擀成椭圆形薄饼，抹油，撒红曲、姜黄或香豆、油菜籽粉，卷成圆筒，切成段，将面卷直立拼接成型，放在用生铁铸造的专用"烧盒子"里加盖，埋入煨烧的草木灰文火中烘烤而成。外表烧成硬壳，皮厚1厘米以上，颜色金黄，形似团花，酥脆喷香。若加入油面和糖，其色、香、味更佳。烧盒子外壳橙黄颜色，硬而酥脆，香而不焦，很适合年轻人的口味；硬壳里面洁白的面团被烤的蓬松发软，入口即化，有点象面包的味道，很受老年人的欢迎。

0674 民乐县拉条子
产　　地：张掖市民乐县
所属民族：汉族
级　　别：4
简　　介：民乐行面拉条子就是将白面加适量盐水和好，再将和好面团擀成块状，切成大小基本相等的条块后压成薄厚均匀，宽窄适宜的条形，抹上植物油，有次序地排放在方盘中，上面盖上塑料膜，置于常温中半小时左右，这就是"行"的过程。然后将醒好的面用两手掌悬空对搓成浑圆细长条。用开水煮出来之后，和肉食、蔬菜炒在一起，是人们非常喜欢的一种美食。

0675 糊餺
产　　地：张掖市民乐县
所属民族：汉族
级　　别：4
简　　介：民乐糊餺就是在羊肉汤或牛肉汤中加入羊肉或牛肉薄片，加豆腐、粉皮、面筋，用淀粉勾芡，加盐、葱花、蒜片调成汤。再将麻花掰成小块放入汤内，泡软搅匀，就是糊餺。边吃边烩，清香可口，是民乐百姓喜爱的风味小吃。

0676 靖远油酥馍
产　　地：甘肃省靖远县
所属民族：汉族
级　　别：3
简　　介：靖远油酥馍，相传始于明代，距今已四百余年。至清朝，靖远油酥馍制作作坊就达到好几家，然而，白家油酥馍味美艺精，久负盛名。靖远油酥馍是靖远系列风味小吃之一。是以面粉为主料，香油、葱花、食盐等作佐料，于铁鏊烙制加火烧而成。其制作工艺独特，操作方法古老，风味别具一格。传承至今，传承人白振勤善于经营，独创风格。其外形圆满，细丝盘绕，色泽鲜艳，拿起即碎，酥脆甜香，十分可口。

0677 水川长面

产　　地：白银

所属民族：汉族

级　　别：3

简　　介：水川长面在西北地区就像兰州拉面一样有名，此面由来已久，宋仁宗天宝年间，秦州刺史狄青戍边来此，到黄河南岸在原鲜卑西秦政权建都的废墟上建筑一条城，此后两岸居民安居乐业，休养生息，喜食面食的土民就以长面作为逢年过节改善生活和招待客人的最佳食品。

0678 白银大肉面

产　　地：白银市

所属民族：汉族

级　　别：3

简　　介：白银大肉面的起源，最早应该归功于上世纪七十年代的白银公司等本地大型企业，单位的职工食堂或白银区属国营食堂。白银的大肉面之所以独特，一是因为它的面条是借鉴了兰州牛肉拉面的作法，面是像牛肉面一样加入蓬灰由拉面师傅双手拉出来的，而不是像其他地方的大肉面那样是用擀出来的面皮再用刀切出来的。二是白银鸡汤大肉面中所放的是猪肉臊子，而不是像其他地区的大肉面那样放的是大块的红烧猪肉块或大片的卤制猪肉片。三是因为白银大肉面的汤汁，标准作法是用整只鸡进行炖煮熬制，再配上一定比例的猪骨汤配置出来的，不像是其他地方的大肉面那样是完全由猪肉或猪骨熬制的。四是白银的大肉面中所放的辅料，一般只有葱花和香菜末，再加上红油辣子，不像其他地方的大肉面那样工艺复杂，辅料繁多，还要放青菜、黄花菜、以及其它的时令蔬菜。白银的大肉面讲究的是简单实惠，追求的是鸡汤、猪骨、和面食本身的自然清香。

0679 华亭地软包子

产　　地：甘肃华亭

所属民族：汉族

级　　别：4

简　　介：地软是华亭农村一种比较常见的野菜，每年春夏季节野地里都会生出这种地软，雨后人们会去野外采集很多回来包地软包子，特别好吃。"地软"是华亭人的叫法，其余各地有叫地皮木耳，也有叫地木耳、地达菜等名称。

0680 华亭核桃包子

产　　地：甘肃华亭

所属民族：汉族

级　　别：4

简　　介：华亭自古盛产核桃，所以核桃的吃法在华亭可以说是五花八门了。核桃包子再也不是过年才能吃上的奢侈品了，以前核桃包子是当主食来吃的，现在是当点心来吃的，因为它已经从百姓家中走向了华亭的各大酒店，包子造型也被酒店的面点师做成了足以以假乱真的核桃模样，味道让人回味无穷。

0681　灵台手工面

产　　地：甘肃省灵台县

所属民族：汉族

级　　别：1

简　　介：灵台手工面又叫"龙须面"，相传周文王伐灭密须国，在灵台县城筑台祭天之后，发现天空盘着一条恶龙。他带领大军射杀了恶龙，用大锅煮熟了龙肉，准备用来犒赏大军，但军队人数很多，龙肉数量又很少，为了让大家都能吃到龙肉，喝到龙汤，他决定擀一些长面，与龙汤下在锅里，分给军队吃。那长面味道十分鲜美，大家都叫它龙须面。灵台手工面柔软耐嚼，做法精致，独具一格。面的做法尤为讲究：用碱和水、水和面，揉搓成絮、成团，盘起等着面回性。反复多次揉、搓。然后擀薄如纸，细切如线，水滚下锅，捞到碗里兑以做好的鲜汤即食。灵台手工面因配色不同，可做成白、绿、黄、红四色面，俗称"福禄寿喜"面。灵台手工面因吃法和场合不同，也有讲究。老年人过寿吃的面叫"长寿面"，正月初一吃的面叫"过年面"，麦子割完吃的面叫"挂镰面"，姑娘结婚第四天做的面叫"试刀面"，用酸汤做的叫"酸汤面"，用大肉臊子做佐料的叫"臊子面"。

0682　崆峒四喜包子

产　　地：平凉市崆峒区

所属民族：汉族

级　　别：1

简　　介：四喜包子是取"四"这吉祥偶数，四以四季、四方的时空之取意，即包容天地四方，包容四时四季，四是双数，以阴阳谐和相济有"四"才完满，有容乃大。

0683 崆峒饸饹面
产　　地：平凉市崆峒区
所属民族：汉族
级　　别：4
简　　介：用纯碱对好的水和面，反复揉搓成面团后放盆内"回醒"，然后用饸饹床子压制到开水中，煮熟即可。汤浓味鲜，面细而精，透亮，筋道，富有弹性。有荤素之分。素的，品一碗清淡之香、面的原味，喝汤地道；荤的讲究油香，挖一大勺臊子，肉香入面，油而不腻。

0684 崆峒核桃酥饼
产　　地：平凉市崆峒区
所属民族：汉族
级　　别：4
简　　介：精选小麦粉、核桃仁、佐料等。核桃为馅，香甜酥软。

0685 崆峒麻食
产　　地：平凉市崆峒区
所属民族：汉族
级　　别：4
简　　介：用小麦粉和成软面团，每次掐一小点，用大拇指搓片后卷成一个个小海螺状，在开水中煮熟，捞入碗中，浇上臊子，调入佐料即可。风味特色：色泽艳丽，入口淳香，入味、滑爽、易消化，还可做成炒麻食、烩麻食等。

0686 崆峒一口酥
产　　地：平凉市崆峒区
所属民族：汉族
级　　别：4
简　　介：精选小麦粉制作，酥脆可口，甜味适中。

0687 崆峒手工面
产　　地：平凉市崆峒区
所属民族：汉族

甘肃省文化资源名录 第二十八卷 饮食文化　特色饮食

级　　别：4

简　　介：用纯碱对好的水和面，反复揉搓成面团后放盆内"回醒"，此间在揉搓若干次，然后擀至薄厚均匀、透亮如纸，再用专用面刀切成细、中、宽三种。具有"薄、精、光、煎、稀、汪、酸、辣、香"之特点。

0688　崆峒葱花饼
产　　地：平凉市崆峒区
所属民族：汉族
级　　别：4
简　　介：精选小麦粉、大葱、佐料等。风味特色是传统小吃，葱香浓郁。

0689　崆峒黄金玉米饼
产　　地：平凉市崆峒区
所属民族：汉族
级　　别：4
简　　介：精选玉米粉，玉米粒。风味特色是色泽金黄，传统食材，粗粮细作，营养丰富。

0690　花花面
产　　地：平凉市崆峒区
所属民族：汉族
级　　别：4
简　　介：小麦面、高粱面、佐料。风味特色为颜色光亮独特，口感筋道，爽滑。

0691　平凉炒面
产　　地：平凉市崆峒区
所属民族：汉族
级　　别：4
简　　介：精小麦粉，牛肉、时令蔬菜、佐料等。风味特色是酱香浓醇、口味甘爽。

0692　馓子
产　　地：平凉市崆峒区

所属民族：回族

级　　别：4

简　　介：面粉、糖、油、鸡蛋。以面粉为主料，加入糖、油、蛋、适量水和制成面团，饧半小时，在下挤子，搓成条状，拉制成细条，入油锅炸制而成。风味特色是以股细、条匀、焦酥、香脆甜为美。

0693 平凉锅盔

产　　地：平凉市崆峒区

所属民族：汉族

级　　别：4

简　　介：精选小麦粉。风味特色是外形厚大，一般一个锅盔直径可达40-50厘米，看似坚硬实质柔软，口味别具一格，具有便于携带、不易变质的特点。

0694 地龙包子

产　　地：崆峒区

所属民族：汉族

级　　别：4

简　　介：精选小麦粉，地软、佐料等。风味特色是造型逼真，咸鲜可口。

0695 泾川玉米饼

产　　地：泾川县

所属民族：汉族

级　　别：3

简　　介：玉米粒加入白糖、水，用搅拌机打碎，注意将玉米中的杂质耐心剔出，不然影响口感。拌入2勺半的面粉，搅匀，能感觉玉米糊开始变得粘稠，搅拌时有阻力即可。再添加鸡蛋，可以增加香味。搅拌好的玉米糊应该略为浓稠，下锅煎时不宜散，可以先煎一个试试，如果感觉稀了适量在加点面粉，但别多了，不是摊煎饼。平底锅煎比较好，倒层底油，烧热后下玉米糊，尽量团成圆饼状，该小火慢慢煎熟一面，一面变黄后再轻轻翻面，煎黄另面儿。快出锅时，可以将锅里多余的油倒掉，用干锅、大火再微烤一下，这样煎饼时吸入的多余油份会吐出，吃的时候不会太腻，大家可以把所有饼煎熟后，再集体做这一步，时间不宜太长，别糊了。特点是色泽金黄，底面酥脆，暄软香甜。

甘肃省文化资源名录 第二十八卷 饮食文化 特色饮食

0696 泾川死面饼

产　　地：泾川县

所属民族：汉族

级　　别：3

简　　介：将面粉用温水加盐揉成面团，分成若干份小面团。将小面团用擀杖推开，抹上清油，折卷成三层，再擀再折两次后，推擀成圆形。锅热后倒油少许，均匀，饼子入锅用手轻轻旋转至上色，翻转数次，待上策均匀后出锅，用湿毛巾包严3-5分钟即成。特点是柔软层多，口感筋道，味香纯正。

0697 泡泡油糕

产　　地：泾川县

所属民族：汉族

级　　别：3

简　　介：将水烧开把菜籽油少量倒入锅内。将小麦面倒入锅内用手擀面杖将面拌匀直到将小麦面烫熟即可。将烫好的面加入少量的生小麦面粉将其揉成大块面团。取下如手心大小的面团将其在手内推开，把红糖等调料放入，用手把口压平放入油锅，炸成两面金黄色即可。特点：外酥内软，香甜可口，油糕应趁热吃，里面的糖像水一样是流动的，所以又叫"活油活糕"。

0698 皇朝生煎包

产　　地：泾川县

所属民族：汉族

级　　别：3

简　　介：酵母粉中加入少许清水搅拌至溶化，倒入面粉中，再将剩余的清水分次加入面粉中，揉成光滑的面团放温暖处发酵约40分钟。在肉馅中加入姜末、一半的香葱末、酱油、绍酒、鸡精、盐、香油、花椒粉和少量清水，顺一个方向搅拌至上劲。将发好的面团取出，搓成条状，切成剂子，揉圆后按扁，擀成比饺子皮稍大的皮，放入肉馅包好后静置20分钟。在平底锅中加入油烧热，放入包子中火煎至包子底部呈金黄色时加入适量清水，约至包子1/3处为宜，加盖煎至水干后将包子翻面再煎一会即可。在煎好的包子上撒香葱末和少许芝麻。特点是底酥、皮薄、肉香。一口咬上去，肉汁裹着肉香、油香、葱香、芝麻香喷薄。

0699 泾川寿桃包

产　　地：泾川县

所属民族：汉族

级　　别：3

简　　介：将酵面入碱，饧后均匀的分成若干小块，擀成皮，包入豆沙，收口成球形。在球形上捏成尖，用骨板侧压一道缝成桃形。用少量面和菠菜汁混合成叶子，贴在桃底部。上笼蒸制15分钟后，给表面撒上红色素。特点是形似寿桃，松软甜香。功效为润肠通便、降血压、降血脂、调节血糖、解毒抗癌、预防结石、健美减肥的作用。

0700 合水麻花

产　　地：甘肃合水

所属民族：汉族

级　　别：4

简　　介：将面粉放盆中倒入油，400克面粉放40克油、5克盐，用手将面粉和油搓均、搓透后加水揉成面团（面团不可太硬）盖湿布饧20分钟。将饧好的面团拿出再次揉均、搓成长条切出小剂子、盖湿布再饧10分钟。饧好后均匀的搓成细长条、两头向不同方向搓上劲、合并两头捏紧。再重复一次、做成麻花生坯。依次做好所有的小剂子、成麻花生坯。锅内放多油烧至2成热时下入麻花生坯（两成热的油温变化不大，用手置于油锅上面微微感觉有点热）。

0701 合水糖果果

产　　地：甘肃合水

所属民族：汉族

级　　别：4

简　　介：①先取一个盆放入面粉，里面放鸡蛋、牛奶、白糖、小苏打和成白色硬面团，盖上布在暖气边放置。②在取一盆放入面粉，将鸡蛋打入然后把掺了红糖、蜂蜜的牛奶倒入面粉里和成黑色硬面团，不要忘了放小苏打（一点就行）盖上布在暖和的地方放置。③在取一盆放入少量面粉把熬好的熟油倒进去和成油酥面。④取一点发面和油酥面和白色硬面团一起揉匀，分成若干小块，盖上布在暖气边放置。⑤取一点发面和油酥面和黑色硬面团一起揉匀分成若干小块盖上布在暖气边放置。擀面时取两块白色面团用大擀面杖把面团擀成面片，再把黑色面团也擀开。在白面片上刷上水把黑面片放在上面，再刷上水把白面片放在上面。就是中间是黑色的上下是白色的，然后用刀切成长条状，几个长条上下堆放，在中间用刀拉几道口子，做成花式果子。下油锅炸，要密切注意火候，不然果子会被炸黑的。一般第一盘果子很可能会炸黑，以后就有经验了。出锅之后可以撒点儿糖，非常爽口。

0702 玉米面"黄儿"

产　　地：甘肃合水

所属民族：汉族

级　　别：4

简　　介：玉米面黄儿，又叫斜斜、发糕、黄黄。一般用玉米面或糜子面和成面团，有的还给里面加入大枣、葡萄干、核桃干等。面团发酵后，蒸成大圆形或者方形等形状的糕，端出放于案上，晾凉后切成菱形或长方形块，色泽铿亮，酥甜可口。

0703 合水油条

产　　地：甘肃合水

所属民族：汉族

级　　别：4

简　　介：油条长条形，中空，色泽亮黄，与豆浆搭档，是合水当地人民无法抵抗的一道美味早点。主要制作方法如下：把水称好放在盆里，加入3个鸡蛋，三两色拉油搅拌均匀。将面放进盆里。把油条粉（安全无毒膨松剂）放进面盆里完全搅拌开。和面，自然醒发4小时即可使用。炸制时把案板上放好干面、刀、不锈钢摁条、大擀面杖。打开一包油条面，把面擀成长50厘米左右，宽18-20厘米，厚0.9-1厘米，然后用刀把面切下来，一条一条用手重叠顺好油条面切成宽2-2.5厘米，厚度0.9-1厘米，再用刷子轻轻的在面上刷一下干面，将两条面坯相对重叠，用压条摁住，两头从中间捏住，再把面拉长拉直下锅，油温必须控制在200度。放入油锅炸制2分钟即可。

0704 合水油糕

产　　地：甘肃合水

所属民族：汉族

级　　别：4

简　　介：油糕是甘肃合水根据民间传统方法创出的一种汉族风味食品，其色泽黄亮，表面膨松如轻纱，它是由面粉配食糖、猪油、桃仁、芝麻、玫瑰等制成的松糕，酥松香甜，味美可口。用木棍将枣、红糖、果仁等捶成茸泥状，加面粉和化猪油揉匀成馅；沸水中慢慢加入面粉，充分搅制成熟为热水面团，起锅晾冷，加适量面粉揉匀，扯成50克一个的剂子，剂子压成面皮，包入红糖馅心，搓成长8厘米、宽5厘米的条，压成牛舌形，入油锅炸至金黄色时起锅。

0705 合水油饼

产　　地：甘肃合水

所属民族：汉族

级　　别：4

简　　介：油饼是合水人民喜欢的一种特色面点。早餐人们喜欢油饼夹菜配一碗稀饭。油饼的做法如下：将面粉、盐、小苏打和发酵粉放入盆中，徐徐加入冷水，先用筷子搅动均匀，再用手和面，要使面团达到最柔软又不沾盆内壁的状态。最后于面团表面刷一层油防止干皮。放在室温下醒2-3小时（冬天可以提前一夜制作面团）。取一个大平盘刷油，用手揪出一小团面，放在盘子中用手指擀平压薄。并在面饼中心划开3道口子。大火加热炸锅中的油，至冒烟。把生面饼平放入油锅，先炸透一面，再翻炸另一面。两面焦黄即可捞出沥干油分。

0706 粘面

产　　地：甘肃合水

所属民族：汉族

级　　别：4

简　　介：粘面也称粘面糕，把当地生产粘糜子碾成面粉。制作时，根据适量所需，先将一半面粉倒入开水锅中，用擀面杖搅熟后，舀出放在案上，再将剩余的一半面粉掺入，揉搓均匀后，撕成拳头大小疙瘩，用小火在锅内蒸6个小时，俗称发酵。发至有甜味时，放于案上，揉搓成柱状，晾凉放置。食用时切成片，用油炸或锅烙后，撒上白糖或蜂蜜食用，粘而又甜，老少皆宜。

0707 羊肉荞面饸饹

产　　地：甘肃庆阳市环县

所属民族：汉族

级　　别：2

简　　介：俗称羊肉"床子面"，农村家里红白喜事招待客人时，一般在从席之前吃"床子面"，相当于早餐。羊肉饸饹的做法，大致分两道工序，一是制做羊肉臊子和羊油辣子，二是压制饸饹。制做羊肉臊子，韩城人称之为"溇（Lán）臊子"，溇，自古就是菜肴的一种加工工艺，与"炒"有别，其做法是将羊肉切成1公分小块，先用武火炒，后加入十全调料，再用文火炙，羊肉饸饹的主要调料羊油辣子，也是事先将上等辣椒面放入烧热的羊油中制作，然后置入盆中冷却待用。羊油辣子制做水平的高低也是决定羊肉饸饹质量高低的主要因素之一。饸饹的制做是现吃现压，内行人吃饸饹时要所谓的"新面饸饹"，即刚压制出来的饸饹。因为刚压制出来饸饹特别"筋"，吃起来爽口，为了增加饸饹的筋度，环县人在荞麦面中，要加入一定比例的小麦面，就是为了压制出来面筋。食用前，支两口锅，一置热水，一烩羊肉臊子汤。将在冷水中涮去粘汁的饸饹在热水中回热，置入碗中，浇上臊子汤，调上醋，再放点香菜韭菜，即可食用了。羊肉饸饹，从营养学的角度看，配置也比较科学。荞麦性凉，羊肉、辣子性热，热凉互克互补，保持了阴阳平衡，吃一碗羊肉饸饹，既享了口福，也吸取了各种营养，故羊肉饸饹面馆在环县到处可见，成为当地风味小吃主要品种之一。

0708 环县搅团

产　　地：甘肃庆阳市环县

所属民族：汉族

级　　别：2

简　　介：环县搅团原料以荞麦面为主，其工序是先将部分面和好倒入开水锅，待锅再次沸腾加入剩余的面，用擀面杖在锅里来回搅动，搅时锅内的面成为一团，所以叫搅团，有七十二搅之说，当然搅动的次数越多越好。做熟之后舀到碗里，用勺背压成窝状，在窝里放上醋、蒜、辣椒等调料，也可浇上调制好的酸汤，更是味美形佳。搅团是一种制作简单、口味独特的杂粮食品，很受环县人的喜爱。搅团这个东西吃多了很难消化，加之荞面性凉，还是不宜吃太多，适可而止。但适量食用会对高血压、高血脂、糖尿病患者大有益处。

0709 合水臊子面

产　　地：甘肃合水县

所属民族：汉族

级　　别：4

简　　介：臊子面品种多达数十种，有薄、筋、光、汪、酸、辣、香等特色，吃口柔韧滑爽，合水臊子面的特点是面条细长，厚薄均匀，臊子鲜香，面汤油光红润，味鲜香浑厚而不腻。以酸辣著称，要求宽汤，即汤多面少，并突出酸辣味。所谓煎、汪即面条要热得烫嘴、油要多，才能体现此面的特色。

0710 合水煎饼

产　　地：甘肃合水县

所属民族：汉族

级　　别：4

简　　介：准备适量的面粉，加少许的盐，然后分次少量的加水，直到搅拌成糊状，想增加煎饼的口感，打一个鸡蛋进去，这样吃起来很有嚼头，还可以切点韭菜碎放进去，又好看又好吃。顺着一个方向，直到搅得没有小面疙瘩为止，平底锅只需薄薄的抹一层油，然后就开始摊了，煎饼很容易熟，翻两次就可以了。可以卷菜吃，还可以蘸着又酸又辣的蒜汁吃，十分美味。

0711 合水凉粉鱼

产　　地：甘肃合水县

所属民族：汉族

级　　别：4

简　　介：合水农家，不分地域偏僻与否，家家总备有一瓦盆，盆底全是指头粗细的漏眼，这是几元钱就可买得的黄泥烧的器物，是祖先发明的最简单的炊具之一，却有不简单的作用和价值。凉粉除豆面粉以外，还有洋芋粉。泾川主要是荞粉，荞麦拉成糁，叫荞糁，荞糁经水浸软后，用双手搓成粉状，这是多么艰辛的劳动，双手起着石磨的作用，除此法外，别无他法。后将搓细的糊状加水装入布袋，又用全身力气压挤，使粉汁白白的从布眼渗出。烧熟后，盛在脸盆碗里凉了，搂条切块即是。将烧好的凉粉，趁热舀入漏盆，用木勺蘸上水一下一下的研，那上大下小尾儿长长的、如一尾尾蹦蹦跳跳的小鱼就落在凉水盆里了，这么一直漏下去，便是一碗又一碗凉粉鱼了。大小均匀，形如小鱼，尾儿长长，浇上盐醋酱芥末蒜泥辣子油，扑撩撩地逗人，不动已动，不吃已吃，诱人食欲。

0712 洋芋卜拉

产　　地：甘肃合水县

所属民族：汉族

级　　别：4

简　　介：洋芋卜拉是庆阳地区的一个著名特色小吃。用不起眼的土豆做成的洋芋卜拉，色泽金黄的土豆泛着淡淡的油光，土豆的清香洋溢开来，吃上一口，既有薯条的口感和嚼头，又有肉末红椒的鲜香。这是用土豆裹荞麦粉蒸了后再炒出来的美味，遵循了西北菜少油不少盐的风格。它是将土豆切成稍粗的丝，再拌以干面粉，使每一根丝上都均匀地裹上一层面衣，然后上屉蒸熟。食用时，盛入大碗，调入蒜泥、辣面、酱、醋、葱油或香油，在拌上自制的西红柿酱。若用炒锅快火炒出，其味更佳。属天然绿色食品，一年四季均可食用。

0713 合水搅团

产　　地：甘肃合水县

所属民族：汉族

级　　别：4

简　　介：搅团为西北一特色吃食，定义为"用杂面搅成的浆糊"，陕甘宁青尤好吃。在水滚时，一手握一棍子搅动，另一手均匀撒各样杂面，否则杂面会结块，不能和水分充分结合，以至于结块部分久煮不熟，既影响视觉，又影响味觉，也造成不必要的浪费。棍子顺时针搅几下，逆时针搅几下。搅团是西北地区的农家饭。搅团要360搅。做搅团一手端面粉，一手拿擀面杖，把面粉均匀地倒入开水锅里，同时不停地搅拌，搅至没有干面粉为止，然后注入一定量的开水，用擀面杖划成一团一团的，待烧开冒泡时，用力搅拌，直至均匀无小颗粒。第二次注入开水加热，待熟后，最后一次搅匀，一锅搅团就做成了。醋水好，搅团香，吃搅团做醋水也挺讲究的，醋水要有香油、辣椒、蒜泥、姜沫、芝麻等。搅团，在60-70年代可以说是农家的救命饭。那时，农民的口粮标准低、粗粮多。农家几乎每顿饭不离搅团。原因是搅团含水量大，少量的面粉可以做出大体积的食物，用以充饥；搅团是用高粱面、玉米面做的，与醋水一块吃，掩盖了粗粮的缺陷，口感好，又增强食欲。搅搅团大都是由家中主妇来搅,搅一阵小歇时,舀一勺向空中一提,欻地,在气雾中就会看到一条溜滑溜滑的蛇线穿雾直下,在旁观者的感觉中,那"蛇线"好似一种劳动成果的展示,而实际上呢,那只是妇人在试看搅团的"软硬"。只要软硬稀稠合适,这搅团嘛,才越搅越光越搅越筋道。所以,在那时,有一种说法:谁家娶的媳妇儿贤不贤惠,是要看看她打的搅团光不光或筋道不筋道。

0714 荞面圈圈

产　　地：甘肃省华池县

所属民族：汉族

级　　别：4

简　　介：将荞面置盆中,用沸水烫成半熟,入热锅微火发甜,然后兑入酵母发酵成的软面团,用手捏成直径5～6厘米大小的圆圈,入油锅炸熟食之。其软甜适口,油香味美,是当地一种独具特色的风味食品。

0715 华池猪灌肠

产　　地：甘肃省华池县

所属民族：汉族

级　　别：4

简　　介：将猪血、荞面加葱花及调料和成稀糊状,灌入翻过洗净的猪大肠内,绑口,盘圈,入笼蒸熟,切成薄片,加葱花炒食。其味美喷香,肥软不腻,营养丰富,常吃常香。

0716 华池搅团

产　　地：甘肃省华池县

所属民族：汉族

级　　别：4

简　　介：将荞面、玉米或高粱等面粉倒入沸水锅中,用擀面杖反复搅拌成团,待熟后舀入碗中,浇上臊子汤或酸汤食用,或配以蒜泥、醋、酱、青椒、熟油等调成汁蘸食。搅团做法十分简便,故本地人称之为"懒饭"。每年农历二月初二,一般农家都要吃搅团,俗称"二月二,油搅团"。

0717 华池洋芋卜拉

产　　地：甘肃省华池县

所属民族：汉族

级　　别：4

简　　介：洋芋卜拉用洋芋丝（即土豆丝）拌面粉，蒸制而成，食用时可添加多种调味品，亦可炒热食用。洋芋卜拉具有中和养胃、健脾利湿、宽肠通便、降糖降脂、美容养颜、利水消肿等功效，食用口味清爽可口，深受当地广大群众喜爱。

0718 华池炒猪血

产　　地：甘肃省华池县

所属民族：汉族

级　　别：4

简　　介：猪血加荞面及调料搅拌成稀糊状，用平底锅摊平烙熟，切成面条状待用。食时锅内倒油少许，用葱花炝锅后，将切好的猪血条入锅翻炒，再加少许调料搅拌出锅，即可食用。其色泽鲜红，香气四溢，味美无比。

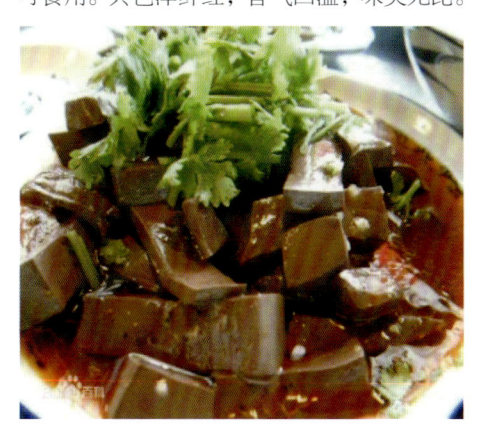

0719 华池凉粉

产　　地：甘肃省华池县

所属民族：汉族

级　　别：4

简　　介：先将荞麦粗磨至破，簸去荞皮粉尘，俗称"拉珍子"；再给珍子加水反复搓擦，过滤出粉浆，入锅，边烧火边搅拌，熟透成膏状后舀出，平摊于案板或置之盆中，待冷凝后切细或用特制的带齿孔铁勺搂成细条，调入酸汤或以炒韭菜、油泼辣面、蒜泥、盐、醋、酱油、芥末等调制食用。其色泽亮白，清凉柔滑，是消暑的极品。膏状凉粉出锅时也可用漏勺漏入盛有凉开水的盆中凝固，称"凉粉鱼"，加酸汤或浆水食之，其软嫩滑爽，口感美妙，尤可消暑。

0720 华池荞面煎饼

产　　地：甘肃省华池县

所属民族：汉族

级　　别：4

简　　介：将荞面加水调成糊状，在平底锅上刷油，将面糊均匀摊于锅底，以文火烙凝，翻过烙熟，色亮质柔，薄如纸翼，卷成筒状，蘸蜂蜜食之，或者裹以炒土豆丝、炒韭菜、蒜泥等食用，其味鲜美，妙不可言。

0721 华池米面馍馍

产　　地：甘肃省华池县

所属民族：汉族

级　　别：4

简　　介：米面馍馍是当地面食中制作工艺最复杂的一种，大约需要9道工序：将新鲜黄米用沸水浇烫，不断搅动，直至冷却后捞出，谓之"浆米"；晾干表面水分，炒米至有香味（也可在磨粉后炒面粉）；碾磨炒米，箩出米粉；在开水锅中撒入少量米粉，使其成稀米浆，俗称做"面芡"；用滚面芡烫米粉成硬面团；将硬面团置热锅或热炕约2—12小时，使之产生甜味，俗称"发面"；移出发面，稍降温，加入酵母，继续保温，发酵5—10小时（视温度而定），谓之"起面"；面起后加入适量灰水或碱水（碱水质量稍次）和匀，凉冷，可长时间搁置；用时将冷起面做成团状，上笼蒸30分钟即成米面馍馍。米面馍馍是当地最具特色的风味面食，金黄酥软，糜香浓郁，入口甜美，食后回味无穷。

0722 华池荞剁面

产　　地：甘肃省华池县

所属民族：汉族

级　　别：4

简　　介：以温水和荞面，反复揉擦，称"撬面"，待面团表面均匀光滑后，置于锅台小案板上，撒面粉，用擀杖将面团近锅的一边擀薄，双手持长约40厘米的特制双柄刀，将擀薄的面页，剁成韭叶宽的面条，拨入沸水锅中，煮熟捞出，配以荤、素汤或干调食用，味道鲜美，口感滑软，久食不厌。其操作紧凑简便，边做边吃，速度快，效率高，一人操作，可供数位客人现场就餐，为当地待客的一种上佳食品。

0723 华池粘面

产　　地：甘肃省华池县

所属民族：汉族

级　　别：4

简　　介：用当地特产的软糜子，也叫粘糜子，碾成细粉，用开水烫粉不断搅动，使其成搅团状，然后装入盆中，置于热炕发面8—12小时，使之产生甜味，移入笼中摊开，或做成不规则形（便于透气），大火蒸40分钟即为粘面。旧时在粘面蒸熟后加入少许猪油、辣子油食用，现则待熟面稍冷后搓棒保存，食时将面棒切成薄片用清油文火炸成金黄色，出锅后撒一层白糖，或涂抹蜂蜜食用，其色泽亮黄，细腻滑软，香甜津口。另外，给甜粘面中加入酵母发酵后，做成面圈，入油锅炸熟即为"粘面圈圈"，味道亦粘软香甜，十分可口。

0724 华亭凉粉

产　　地：甘肃省华池县

所属民族：汉族

级　　别：4

简　　介：华亭凉粉是用土豆淀粉加工制作的，华亭凉粉又白又细又利口，像猪皮冻似的"筋颤"，拿在手中"滑溜溜"。食用时调以酱油、醋、辣椒油而食，清凉爽滑，为夏季风味食品。凉拌的时候并不用刀子切凉粉，而是用一个特制的圆形的象浅勺般上面布满圆孔的的铁皮——锞子一圈圈在凉粉上盘旋，粉条就从那一个个圆孔中出来了，然后装在碗里，加上红色的辣椒油、麻油、香醋、细盐、大蒜汁等调料。

0725 华亭洋芋粉

产　　地：甘肃省华池县

所属民族：汉族

级　　别：4

简　　介：每年腊月，华亭农家群众杀年猪前都要做洋芋粉。把洋芋洗净，找个瓷盆，将"洋芋粉擦子"架在盆上，拿洋芋在擦子上磨细，呈糊状。磨有一盆时，把洋芋粉中的水分用衬布虑掉。向锅中倒少量油，加热，开始摊烙。烙前也可以在洋芋糊中加少量面粉。烙成的洋芋粉呈饼状，比一般的面饼更大、更薄，呈焦黄，口感酥软。杀了猪，将洋芋粉切成条与猪肉合炒，洋芋自身的酥软带着猪肉的香味，令人馋涎欲滴。

0726 华亭饸饹面

产　　地：甘肃省华池县

所属民族：汉族

级　　别：4

简　　介：饸饹面（hé lé miàn），华亭本地又叫作 huo luò miàn，是一种传统特色面食，制作者用饸饹床子（做饸饹面的工具，有漏孔）把和好的荞麦面、高粱面(现多用小麦面)放在饸饹床子里，并坐在杠杆上直接把面挤轧成长条在锅里煮着吃，成为华亭独特的风味小吃。华亭饸饹面吃着筋滑利口，操作简便，速度快，非常适宜于大一点场面的集体就餐。同时，饸饹的臊子加入用猪肉炒制的臊子和精心调制的酸汤，辅以八角、茴香、辣椒、胡椒、肉桂、葱花、枸杞等十余种佐料，吃起来不仅味道鲜美，香而不腻，而且有暖胃去寒，滋阴壮阳，保健防病的功能。

0727 燕面窝窝

产　　地：甘肃省庆阳市环县

所属民族：汉族

级　　别：2

简　　介：选用环县北部山区的优质燕面磨成面粉，和成面团，捏成窝窝，入笼蒸熟调拌而成，是民间小吃一道。营养丰富，也是糖尿病人和高血压患者的理想之食品。2012年在甘肃省商务厅举办的全省"名优小吃"认定会上获"甘肃名优小吃"奖。

0728 麻腐包子

产　　地：甘肃省庆阳市环县
所属民族：汉族
级　　别：2
简　　介：选用优质麻子磨细，置于箩中冲水过筛入锅，加温至沸，即可见状如豆腐脑之物浮于水面，然后用笊篱捞出，将水略挤，便是麻腐，然后切些土豆条，加以五香粉、食盐、味精、葱花等佐料，制成包子馅，包子皮用精面粉发酵后擀制。成品包子洁白松软，营养丰富，味道鲜美，特别是在数九寒天，吃起来热气腾腾，香味四溢，堪称一绝。

0729 地软包子

产　　地：甘肃省庆城县
所属民族：汉族
级　　别：2
简　　介：面粉、地软、葱、姜、粉条。面粉发制好擀成皮，地软水发后加入葱、姜、粉条等调制成馅料，面皮包入馅料上笼蒸二十分钟即可。地软包子营养丰富、口味清香。含有丰富的蛋白质钙磷铁等，具有清热明目、收敛益气等功效，是庆城县特色面点。

0730 庆城酥盒子

产　　地：甘肃省庆阳市庆城县
所属民族：汉族
级　　别：2
简　　介：面粉、植物油、猪油、白糖、青红丝、花生沫等。先用面粉和猪油做成酥皮待用，白糖、青红丝、花生沫、面粉等制成馅料，用酥皮包入馅料做成半月状，捏花料，放入六成油温炸制而成。酥盒子外皮酥脆，甜儿不腻，老少皆宜。

0731 狗舌头馍

产　　地：宁县新宁镇
所属民族：汉族
级　　别：4
简　　介："狗舌头馍"是宁县早期特有的一种小吃面食，以优质面粉、姜黄、鸡蛋、清油为原料，配以小茴香、食盐，用特制烤锅烧烙而成。饼色淡黄，厚不过一指，香甜可口，脆而酥，是待客之佳品。

0732 宁县粘面

产　　地：宁县新宁镇

所属民族：汉族

级　　别：4

简　　介：粘面，宁县乡村特有的小吃，采用宁县优质粘糜子制作而成，现将糜子碾成面粉，用水和好后，揉成拳头大小的疙瘩，放入锅中蒸，蒸熟后端出放于案上，趁热将其搓成圆柱形，放凉后切成薄片，用油炸或油锅烫烙后，撒入白糖或蜂蜜食用，粘而又甜，老幼喜食。

0733 黄煎鏊

产　　地：庆阳、合水

所属民族：汉族

级　　别：4

简　　介：用硬糜子去壳，用水浸泡、沥水、磨粉、过箩，四分之一面粉用开水烫成糊放在锅中蒸熟，将蒸熟的面糊和剩余的面粉和在一起，放入盆中发酵，发酵好后加适量碱水，用水和成面糊待用。将黄煎鏊（黄煎鏊呈圆形，锅底中部向上凸起，以便面糊自动平铺锅底）放到火上，在锅底摸适量的食用油，以防粘锅，待油热后，舀一小勺和好的面糊倒入热锅中，然后加上锅盖，约三分钟左右后便可熟，揭开锅盖，用铲子将此对折取出即可食用。做好的黄煎色泽金黄，边缘厚中部薄，味甜而可口。

0734 西峰馒头

产　　地：庆阳市西峰区

所属民族：汉族

级　　别：4

简　　介：馒头，又称之为馍、馍馍。汉族传统面食，一种用面粉发酵蒸成的食品，形圆而隆起。本有馅，后北方称无馅的为馒头，有馅的为包子，制作成花型的为花卷。是一种把面粉加酵母（老面）、水、或食用碱等混合均匀，通过揉制、醒发后蒸熟而成的食品，成品外形为半球形或长方形。味道松软可口，营养丰富，炎黄子孙最亲切的食物之一。

0735 玉米面黄

产　　地：庆阳市西峰区

所属民族：汉族

级　　别：4

简　　介：用上等细玉米面取温水边浇边和，筷子搅拌至糊状，用双手用力揉搓，来回反复，直至揉成筋道的面团。然后将脸盆反扣面团于案板上行面，待面行好之后，做成小面团放在笼屉上蒸熟即可。

0736 西峰搅团

产　　地：庆阳市西峰区

所属民族：汉族

级　　别：4

简　　介：搅团是庆阳地区的农家饭。搅团要好，七十二搅。做搅团不难，只是很费劲，一手端面粉，一手拿擀面杖，把面粉均匀地倒入开水锅里，同时不停地搅拌，搅至没有干面粉为至，然后注入一定量的开水，用擀面杖划成一团一团的，待烧开冒泡时，用力搅拌，直至均匀无小颗粒。第二次注入开水加热，待熟后，最后一次搅匀，一锅搅团就做成了。盛入盘中放凉，即可食用。

0737 西峰窝窝头

产　　地：庆阳市西峰区

所属民族：汉族

级　　别：4

简　　介：窝窝头是用玉米面或杂合面作成的，大个儿的有半斤来重，小的也有二三两。窝窝头的外型是上小下大中间空，呈圆锥状。为了使它蒸起来容易熟，底下有个孔（北京俗语叫窝窝儿），它是和馒头一样的主食。

0738 洋芋擦擦

产　　地：庆阳市西峰区

所属民族：汉族

级　　别：4

简　　介：洋芋擦擦在庆阳地区称为"洋芋不拉"、"洋芋库勒"，周边地区又被叫做"菜疙瘩"。洋芋擦擦是菜疙瘩中的一种。洋芋其实就是土豆，擦擦是一种工具，用来擦土豆丝的。其以土豆为主料，加少许白面加工制成，深得老百姓喜爱。洋芋擦擦起源于某个困难时期，连年饥荒，饥饿的陕北人民盯住了这片土地上盛产的土豆，于是就产生了洋芋擦擦。洋芋擦擦是陕北、山西晋西，甘肃陇东等地的汉族传统面食之一，是用土豆做的。制作原料和程序都很简单，它是将土豆切成稍粗的丝，再拌以干面粉，使每一根丝上都均匀地裹上一层面衣，然后上屉蒸熟。食用时，盛入大碗，调入蒜泥、辣面、酱、醋、葱油或香油，在拌上自制的西红柿酱。若用炒锅快火炒出，其味更佳。洋芋擦擦属天然绿色食品，一年四季均可食用。

0739 陇上双喜牌岷县点心

产　　地：定西市岷县

所属民族：汉族

级　　别：3

简　　介：岷县点心至今已有200多年历史，是当地特色传统美食。岷县双喜食品有限责任公司通过自身的不断发展与创新，结合传统工艺与现代生产技术，生产出了独具特色口味的岷县酥皮点心。产品主要有两大类种：一是大油点心，传承了传统的岷县点心制作方法和创新配方精制而成，用优质食用大油和面配料，馅料中加入核桃仁、芝麻、花生米、玫瑰花、桔皮等原料精工细作而成，口感香酥爽口，油而不腻，绿色健康。二是清油点心，是近几年来的创新品种，使用当地优质菜籽油和面，馅料中加入核桃仁、芝麻、花生米、玫瑰花、桔皮等原料精工细作而成，特点是香气诱人，口感松脆，吃后意犹未尽。

0740 岷县千层筒筒糕

产　　地：定西市岷县

所属民族：汉族

级　　别：4

简　　介：千层筒筒糕作为岷县传统美食之一，制作精巧、口味独特、形制美观，是岷县当地及周边群众非常喜食的糕点。逢年过节、走亲访友中美味可口、寓意吉祥的的千层筒筒糕必不可少。千层筒筒糕制作以纯手工为主，卷入玫瑰花、苦豆儿、姜黄、红山丹等，以它们为佐料，分层转圈卷动，做法非常细致，看起来似一种精美的艺术品。筒筒糕不但做法精巧，而且还重视形状的切法。切法有方块、斜角、牙牙子三种，方块是春节时用的，斜角是九九重阳节切的，牙牙子随便家常食用，以上几种切开的都要先剥去糕皮。还有些情况下是不剥糕皮的，如八月十五中秋节，送亲戚的一般不切，叫做"一团儿"，取吉祥团圆之意。不剥皮的花糕，糕皮上用竹签夹成"花好月圆"、"富贵牡丹"、"龙凤呈祥"，寓意深刻，表达着美好的愿望。

0741 岷县漫漫点心

产　　地：定西市岷县

所属民族：回族

级　　别：2

简　　介：岷县漫漫清真食品有限责任公司始建于2000年，开办之初为岷阳镇回族青年何维忠开办的一家家庭小作坊加工店，多年来以靠过硬的产品质量和灵活的市场营销，发展到今天初具规模的点心生产企业。多年来，漫漫点心以其独有的民族特色，加工生产的清真点心馅原料以上等清油、绿红丝、黑白芝麻、核桃仁、花生仁、白砂糖、玫瑰等为主，具有酥脆、香甜、美味可口等特点，是岷县独具民族特色的清真食品，生产的清真酥皮点心完全符合《岷县酥皮点心地方标准》DB62/T1674-2007要求。

0742 临洮花馍馍

产　　地：甘肃临洮

所属民族：汉族

级　　别：4

简　　介：花馍馍品种多样，既有普通圆馍，圆馍顶或周围点缀上各种花草，再配以喜鹊、小鸟、蝴蝶等小动物或小昆虫；也有用面做成花鸟鱼虫、飞禽走兽、花树、圆形神盘等等，一花一木，一鸟一兽，无不寄托着人们的美好心愿和祝福。制作出来的花馍馍能保存数月之久。

0743 通渭荞圈圈

产　　地：甘肃省通渭县

所属民族：汉族

级　　别：4

简　　介：通渭人喜欢吃荞圈圈。通渭荞圈圈以开水烫荞面，拌少量小苏打，调成糊状，旋入特制的木勺或铁勺中，用八成热的油炸至棕红色捞出。瞬时香气四溢，其形如镯环，色如蟹肉，入口松软香酥，口感丰润细腻，加之天然的甜味，让人垂涎，咀嚼时别有风味。通渭人喜欢吃荞圈圈有一段美丽的传说。传说先祖时期牛谷河畔土地肥沃，各种粮食都是多穗的。一年收的粮食当年吃不完，好多人不敬天道，暴殄天物，懒惰不思农事。玉皇大帝一天下界游玩，看见有人随意糟蹋粮食。玉帝很生气，便要惩罚百姓，命牛神将五谷杂粮在三个时辰内全部捋为单穗。牛神奉命行事，用了足足三个时辰才拔完了所有五谷。牛神见荞麦似乎不是什么正经庄稼，便不想劳神了。看看时辰已到，便顺手捋了一把，不想捋破了手指，牛神便匆匆去复命。荞麦染了牛神的血，茎秆、叶脉都变成了红颜色，长得特别快，一旬一收，牛谷河畔的通渭百姓靠吃荞麦才免于饿死。牛神也因为没有完成玉帝的命令被罚永远到人间劳作。从此以后，百姓都一心向善，但老天的惩戒不可不记，荞麦有活命之恩，用荞麦面做成圈圈意在让百姓完完全全记住不能随意糟蹋粮食。荞圈圈中间做成空的就是告诉后代不勤俭持家就是坐吃山空。

通渭荞圈圈含有其它食品所不具有的芳香甙味，吃起来清香可口。荞面含有对人体有益的钙、磷、铁、镁、钾和微量元素等，以及丰富的维生素 B_1、B_2、E、P、C，其含量都高于其它粮食作物。人体必需的赖氨酸、精氨酸、烟酸、油酸和亚油酸含量也很高。荞面含有其它主食中所没有的叶绿素和卢丁。卢丁有软化血管、保护视力和预防脑血管出血的作用。荞面中所含的苦味素，有清热、降火、健胃之功效。所以，荞面被人们誉为"益寿食品"、"长寿食品"。荞面食有杀肠道病菌，消积化滞，凉血解毒，解湿，治肾炎，禁口痢疾，绞肠痧，汤火灼伤的功能。在临床上还可用荞麦治高血压、糖尿病、视网膜炎、心脏病、肥胖病以及预防微血管脆弱等症。荞面还有较好的抗癌作用，特别对老年疾病具有很好的医疗功效。因此，油炸的荞圈圈以其营养丰富，口外香甜，老少皆益成了通渭的一道美食。

目前，通渭荞圈圈以其独特的魅力传遍了大西北。虽然是一种地方小吃，通渭荞圈圈又成了地域文化。这种文化，靠汲取地方人文的土壤，靠通渭荞圈圈美丽传说的力量，靠通渭荞圈圈的营养和医疗功效，不懂通渭荞圈圈的文化内涵，绝难知道通渭荞圈圈的价值。近年来通渭荞麦面的进一步开发，给通渭荞圈圈赋予了新的生命，通渭荞圈圈真正成了通渭的品牌饮食。

0744 猪油合儿

产　　地：甘肃省漳县

所属民族：汉族

级　　别：2

简　　介：猪油合儿，先取一些炼好的猪油，融于锅内，伴以干面烘炒，加入盐和调料，炒熟后作陷。再用开水烫白面后揪成小团，擀开，包馅成大小如茶杯口样的小饼，置于锅内翻动烙熟，表面搽食用油，出锅即成。趁热食之，醇香不腻，饶有风味，是人们喜爱的家常面食。

0745 破布油饼

产　　地：甘肃省漳县

所属民族：汉族

级　　别：2

简　　介：破布油饼是用开水烫白面后擀成直径一尺来许的薄饼，摊以葱末、清油，调料与盐，卷成柱状，从顶端压实，再擀成尺来许的薄饼，置于热锅内翻烙，敷以胡麻油，不待出锅，在锅内已自碎，形同破布（油多面软之故），故得名"破布油饼"，抄与盘中，色香味美，令人经口难忘。

0746 礼县扯面

产　　地：甘肃省陇南市礼县

所属民族：汉族

级　　别：3

简　　介：选用上好面粉，用温水将面糁和成面团，制成约长五寸的小面棒，涂上清油，盛放于相对封闭的容器或用塑料纸包裹住，使面饧一会儿。扯时将饧好的面棒用手压扁，再用小擀面杖向两边将面棒擀开，将中间轻轻压成凹形，然后两手捏住两头轻轻提起拉开，撕开中间压薄处，放入锅中煮熟，捞入碗中浇上臊子或拌上佐料干食。县内各地均有，但以永兴扯面最负盛名。

0747 荞麦饸饹面

产　　地：甘肃省陇南市礼县

所属民族：汉族

级　　别：3

简　　介：荞麦饸饹面是将用水和好的荞麦面在饸饹床子上挤压加工而成。古老的饸饹床子都是木制的，先将木头雕凿成圆形或椭圆形的凹槽，其深度在10到15厘米，凹槽底部布满了密密麻麻的漏孔，漏孔直径约2.5到3毫米左右，孔数多达150到200个；其上有一个与凹槽大小相对应的压锤，用连杆连接在可以上下活动的固定支点上。一般情况下，整个饸饹床子是悬空并固定在煮面铁锅的上方。当面和好后，放入饸饹床子的凹槽内，用人的手臂操作压锤，则在床子的底部就压出了无数条滑溜溜、亮晶晶的饸饹条子，然后用刀截成20到25厘米长的条子，放入锅中煮熟即可。这里和面和的好坏是个关键，面和的太软，压出的饸饹条易断，成型不好；面和的太硬，不仅压起来吃力费劲，而且压出的饸饹条坚硬易断，口感不好。一般都是在前一天晚上将面和好，放置到第二天凌晨压制为最好。饸饹面煮好捞出后，趁热用熟透的胡麻油浇拌均匀，放冷后盛入碗内，浇上汤，放上各种调料，就可以食用了。讲究面要筋、光、亮，汤要香、辣、麻、酸、稀。由于饸饹面是用杂粮荞麦做的，荞麦含糖低，是糖尿病人的辅助降糖食品。因此，颇受这类人群的欢迎。

0748 豆花子

产　　地：甘肃省陇南市武都区
所属民族：汉族
级　　别：4
简　　介：使用武都黄豆为原料，磨制为豆浆过滤后去掉豆渣，煮开加入酸菜浆水或卤水使其凝固成坨，盛在碗里。另以带鸡肉丝的鸡汤调制粉面糊，加武都花椒、武都豆豉、安化辣椒、胡椒、老葱等调料做成的粉汤浇在上面，撒上榨菜丁、蒜苗、香菜末既可食。豆花子是武都的地方特色小吃之一，常作为早点食用。还可泡入馍子或与凉粉、米皮、面皮搅拌食用。香滑可口，营养丰富，有健脑和保健作用，能补充身体所需的钙及各种微量元素，是老年人早点的首选。

0749 阶州凉粉

产　　地：甘肃省陇南市武都区
所属民族：汉族
级　　别：4
简　　介：阶州凉粉是武都著名的传统小吃，因武都气候较热，当地人喜吃凉食，即使冬季也不太冷，故有"三九天吃凉粉"的独特风俗。做法是先将带皮荞麦（营养丰富独特，性凉清火）泡数小时，然后用擀面杖、玻璃瓶碾压成糊状（现多用压面机碾压成），加水搅拌后用笊篱或细漏勺捞出荞皮，做成荞粉生糊。然后在开水锅中边旋转边搅入荞粉糊煮熟，盛入盆晾凉凝固后反扣案上备用。再把洋芋丝焯熟，绿叶菜（以野生灰菜为最好）焯水（半熟，清香、口感脆）备用。吃时用搂子搂成条盛入碗中，加入洋芋丝和绿菜，调入油泼辣子、蒜泥、盐等佐料，浇上武都特制的调和醋水即成。调料、醋水做法同洋芋搅团。可与面皮、米皮搭配一碗食用。现多用豆粉、洋芋粉撒成粉糊制成。阶州凉粉做法及其饮食习惯已列入县级非物质文化遗产保护项目。阶州凉粉营养独特，香滑凉爽，口感极佳，在城乡集市、街巷常有出售。

0750 洋芋搅团

产　　地：甘肃省陇南市武都区
所属民族：汉族
级　　别：4
简　　介：洋芋搅团为武都最具特色的风味小吃。做法是：选用武都鱼龙镇特产的洋芋，煮熟剥皮晾冷，在木槽中用木榔头砸柒成糍粑。吃时铲入碗中，调入炝葱热油泼辣子（武都特产的"安化红"辣椒，香而不太辣）、蒜泥、盐等佐料，浇上武都花椒、草果、大香等十余种调料煮成的调和醋水即成。也可加入武都特色的酸菜洋芋丝浆水略煮，调入油泼辣子、武都花椒面、盐热吃。武都洋芋搅团柔软、粘韧、香滑，口感独特，行销城乡，是武都风味小吃的"金字招牌"，在临近县甚至兰州也有"武都洋芋搅团"摊点制作出售。武都洋芋搅团做法及其饮食习惯已列入县级非物质文化遗产保护项目。

0751 热面皮

产　　地：甘肃省陇南市礼县
所属民族：汉族
级　　别：2
简　　介：选用上等小麦面粉，用水和成面团后，放入大盆用水不断搓洗，使面水（淀粉）与面筋（蛋白质）完全分离，然后将面水、面筋分别盛放待用。蒸时将面水舀入面皮专用盘内，放置于盛满热水的大锅内，大火蒸3分钟，面筋约需30分钟左右即熟。食用时将刚出锅的热面皮配少许面筋，调以醋、红油辣椒、盐、芝麻糊、蒜泥、味精等即可。热面皮爽滑筋道，辣味十足。

0752 文县油茶

产　　地：甘肃省文县
所属民族：汉族
级　　别：4
简　　介：油茶是文县的一种传统面食小吃，深受当地城乡群众喜爱，不少家庭都有喝油茶的习俗。文县人做油茶有独到之处，做得十分精细，既讲究配料用料，又非常注重熬法。正宗做法是：先把适量的清油倒进铁锅里，待油烧热以后，把面粉放在铁锅里，用文火慢慢地翻炒，炒到面粉颜色微微发黄为止。炒面粉时，一定要掌握好火候和时间，面粉若炒老了就会有一股焦糊气，若是炒嫩了又有一股生面气，一定要炒到恰到好处。面炒好后晾冷，然后装入土罐或瓷盆里，等煮油茶时随用随取。正宗的煮油茶，事先还要将上好的茶叶倒进锅里，用文火慢慢地翻炒一下，或是用清油稍稍炸一下。茶叶炒好或是炸好以后，从锅里取出，晾冷后装入瓦罐里，等熬油茶时随用随取。煮油茶时，先往锅里添上适量的水，然后放入适量的炒好的茶叶，再放入炒好的炒面。有的家庭煮油茶，将茶叶煮成茶水，然后放入适量的炒好的炒面。值得一提的是，往锅里放炒面时，不可一下子全部倒入，要一把一把地往锅里面撒，一边撒一边用竹筷搅拌，这样锅里的油茶汤才均匀，不至于起面疙瘩。油茶煮好后，舀进碗里，然后放上调料，油茶的香与否，在某种程度上完全取决于调料的好坏。调料除了食盐、味精、胡椒粉外，还有生姜、葱花、蒜苗、鸡蛋、瘦肉丁、豆腐丁、核桃仁、花生米、籽麻等。除此而外，油茶里还要放入清油炸的馓子。这种馓子，有时是手工擀的面，有时是压面机上擀的面，放在油锅里炸。油茶，是文县居家人的饭食，除了当早点，也可当午餐或晚餐。油茶当汤，锅盔、蒸馍当主食，再配上几碟小菜，舒舒服服地饱餐一顿，其乐融融，妙不可言。

0753 文县豆花面

产　　地：甘肃省文县

所属民族：汉族

级　　别：4

简　　介：豆花面是文县碧口一带有名的风味小吃，营养丰富，质地洁白鲜嫩，调料精致，吃起来细腻爽口，麻辣鲜香。豆花面做工上非常讲究。首先是选料，需选择颗粒饱满的上好黄豆，洗干净后，在温水或冷水中泡胀，用石磨磨成豆浆，滤去豆渣。再把豆浆水倒入锅内，用文火慢煮，火功很讲究，火不能太大，不然点出的豆花不鲜嫩，这个完全要靠经验来掌握。豆浆煮好后，用酸菜浆水或卤水点豆花，凝结成块状的豆花漂浮在锅里，如朵朵银花绽放。煮好的豆花从锅中捞出，放在碗里或盆中，再在锅里煮上面条，白面、荞面、黄豆面均可，煮好后捞入碗中，加入少许酸菜，不放亦可，根据各自口味取舍。最后，将豆花放在上面，再放上红油辣子、大蒜、花椒、葱叶等，一碗鲜香可口的豆花面就呈现在你的眼前了。

0754 文县卷饼

产　　地：甘肃省文县

所属民族：汉族

级　　别：4

简　　介：文县卷饼也称为卷膜，味道独特，做法讲究，既是主食作为小吃，近年来城里都有卖的。

0755 周家凉粉

产　　地：西和县

所属民族：汉族

级　　别：2

简　　介：凉粉是一种深受人民喜欢的小吃，

在西和，很多人家也都会做凉粉。西和县十里乡十里村周家凉粉铺别具特色，周家凉粉的制作已有百年的历史，自清朝末年，周根生的祖父就开始制作凉粉，到他已经是第三代了。周根生在传统工艺的基础上，改进了做法，又配制出了特制的调料，现在做出的凉粉在当地和周边地区深受欢迎，常常供不应求。特殊的做法，独特的切法和秘制的调料是它的独到之处。制作选用上好的本地荞面，加水和适量的明矾水调匀，入锅用微火搅熟倒入盆内冷却成荞凉粉，其独特之处在于冷却方式，将做好的热凉粉用竹篮放在一口数百年的老井中，利用井中的阴寒之气使凉粉冷却，故周家凉粉有"古井"凉粉的美誉，做好的凉粉雪白光滑，入口清爽。切法：周家凉粉在切法上很有讲究，做好的凉粉，用一把两尺多长的大刀，将凉粉根据顾客的要求，切成片状或条状，因而周家凉粉也有"大刀凉粉"的叫法。调料：秘制辣椒油、醋、味精、姜汁、蒜水。特点：辣香爽口，生津解暑，清凉降火，经济实惠。

0756 西和点心

产　　地：西和县

所属民族：汉族

级　　别：2

简　　介：点心的制作在西和县历史悠久，品类繁多，滋味各异，在各式各样的点心中尤以老字号惠兰斋制作的点心最为出名，具有面精、皮酥、馅饱、个圆、味鲜、分量足、轻糖等特点。形成了以白糖、豆沙、枣泥、芝麻、五仁等为馅心，外裹以含食油的面，放在各种图案的印模里精心烤制而成。形状小巧玲珑，入嘴酥松适口，油而不腻，香味纯正，价格便宜。是男女老幼百吃不厌确很难得的早点美食，也是作为喜庆大宴、招待宾客和逢年过节必备的首道美食，同时，也是作为馈赠亲友的上品。

0757 菜豆腐

产　　地：陇南两当县

所属民族：汉族

级　　别：4

简　　介：菜豆腐又称菜豆腐粥，制作历史悠久，原在当地是招待宾客的佳肴，是两当的名小吃，吃起来口味清爽，不油不腻，做起来菜豆腐却是一门绝活。它制作的第一道工序就是把泡胀的豆子磨成浆，磨好了浆，再细细滤过渣，之后倒进锅里，把豆浆烧开，用提前准备好的酸浆水缓缓倒进锅里，慢慢形成豆腐，如果想吃硬一点的，可以捞起来用棉布包起来，在上面放一小盆水，压数分钟便可。它质地细嫩，色泽清白如玉，只见豆腐中夹着青色的菜，清香扑鼻，煞是喜人。一碗热面皮，一碗菜豆腐成为当地人早餐的标准配置。菜豆腐质量的好坏全在这"点"的功夫上，这里的人家都有吃酸浆水菜的习惯，用上好的酸浆水点出的豆腐白、活、细、绵、精、嫩，豆腐的绵甜，汤粥的酸香，小菜的麻辣，那种难言之妙令人回味无穷。菜豆腐之所以受到人民的喜爱，除了有独特的风味外，它还含有丰富的营养成分，并具有帮助消化、增进食欲、解酒除腻、养颜润肤等功效，既经济又实惠。如果你到两当来，吃上一顿菜豆腐，不仅是在享受一种美食，而且是在感受一种文化。

0758 西和面皮

产　　地：西和县

所属民族：汉族

级　　别：4

简　　介：面皮是西北较有民族风味的食品之一，也是西北人非常喜爱地方特色小吃，具有筋道、柔软、凉香、酸辣可口、四季皆宜之特点，其面皮选料精良，工艺严谨，调味讲究，以"白、薄、光、软、筋、香"而闻名，凉爽可口。如今是西和的重要名吃。有筋道耐嚼、酸辣醇香、清爽可口的特点，是老少皆宜、早晚皆宜、冷热皆宜的大众美食。

0759 康乐搅团

产　　地：甘肃康乐

所属民族：汉族

级　　别：4

简　　介：搅团的制作有许多讲究，所用面粉必须是粗粮，豆面、玉米面、荞麦面均可，万不能用小麦面，否则，就会做成浆糊，正好应了前面的话。河州人最喜欢吃用豆面做成的"搅团"，白豆面被视为上乘。做时，先在锅中倒入水，等烧开了加入少许精碱，一边搅和，一边将豆面均匀撒入，直到把面搅作一团，不沾锅底为适中，然后尽力搅拌，谨防面团藏在其中，再倒入适量的开水，盖上锅盖，用温火慢慢闷烧，让面全部熟透，再行搅拌，令其柔韧，至此，搅团就算做成了，舀入盘中，用勺背抹得薄而平滑。浇上陈年老醋、辣油、蒜泥，便可受用。吃起来光滑如鱼，酸辣可口，有一股淡淡的豆香味，萦绕口中，让人回味无穷；吃着盘中的，想着锅里的，也有人喜欢浇上酸菜水吃。还有人在吃搅团时，浇上用土豆丁和羊肉末做的臊子，其味儿甚绝。

0760 康乐酿皮子

产　　地：甘肃康乐

所属民族：回族

级　　别：4

简　　介：酿皮子是一种面粉制成的食品。将优质面粉加水合成硬团，然后在清水中揉搓，使面粉中的蛋白质和淀粉分离。面粉中的蛋白质，俗叫面筋，被分离出来后，另外放置。游离于水中的淀粉，待其沉淀于容器底部后，调成稀糊状，随即舀入大平底盘中，上笼蒸熟，成薄圆片形，待凉后切成条即成。面筋则另外蒸熟，切成薄片，随碗搭配入内。食用时，将切好的酿皮，上面放几块面筋，再伴上青蒜、椒盐、芥末、辣油、醋等佐料。看起来色泽鲜亮吃起来质地柔筋，咸、酸、香、辣、鲜五味俱全，使人食欲大振，愈嚼愈香。酿皮子价廉物美，其味独特，既可当零食小吃，也可当作主食来用。这种凉食的面制品，在夏秋炎热天气，极受人们喜爱。

0761 馓饭

产　　地：甘肃临夏

所属民族：汉族

级　　别：1

简　　介：馓饭用玉米等杂粮做成。先将水烧开，再把玉米或其它杂粮细细撒入开水中，边撒边搅，用温火熬煮，待结成团状即成馓饭，吃时配以小菜，清香可口，如果在碗中盛入清汤臊子，调入油泼辣子、盐等佐料，再把馓饭放在碗中，用筷子夹成小块，浸泡入味。

0762 河州包子

产　　地：甘肃临夏

所属民族：回族

级　　别：1

简　　介："河州包子"很早时就以面皮好、馅子考究而驰名，并有包子、合子、角馍之分，以馅子外露者为合子，多以糖、核桃仁为馅；形状为三角、半月形而有角者谓之角馍，有糖角子、枣角子、菜角子等；面上捏有褶者为包子。"河州包子"以牛羊肉和韭菜或胡萝卜或白萝卜混合剁碎搅匀为馅，装笼蒸熟，盛入盘中，淋以椒油，看上去油黄面白，晶莹剔透，吃起来更是清爽可口，味美实惠。

0763 麟翔油炸馃馃

产　　地：甘肃临夏

所属民族：回族

级　　别：2

简　　介：麟翔油炸馃馃是独家祖传秘肴的民族特色小吃，以白糖、黑糖、蜂蜜、鸡蛋、面粉，用油干炸而成，具有丰富的营养价值，鲜美爽口，历史悠久，名扬西北。麟翔油炸馃馃在2013年中国临夏——马来西亚吉兰丹州"康美杯"全国清真小吃大奖赛中荣获金奖。

0764 糖盒盒

产　　地：甘肃临夏

所属民族：回族

级　　别：2

简　　介：糖盒盒，原料和做法与糖馍不同，只是形状小巧美观，一般直径约五公分，有时在宴席比较多的情况下，用专用木质模具打压，表面有喜字等花纹，一般代替糖饺子，以示隆重。糖盒盒也有比较大的，直径约十八公分，在馅内加精粉、菜籽油、冰糖、玫瑰泥等等，色泽黄亮、体小美观，外脆内酥，味美爽口，深受广大群众的喜爱。

0765 河州灌汤包子

产　　地：甘肃临夏

所属民族：回族

级　　别：2

简　　介：灌汤包子，早在北宋市场上已有售卖，当时称灌浆馒头或灌汤包子。灌汤包子早在清朝的祖辈们从南京迁址河州，开始售卖灌汤包子。当时称为薄皮包子。后来因各种原因举家迁往四川岷江边（都江堰），在民国期间世事多变。祖辈在四川松潘归真留下灌汤包子配方，当时无人去料理餐饮这块，所以配方就一直放在后代身上。后因为信仰等各种原因家族开始又一次迁移。有的去了临潭，有的留在四川，有的就来到了临夏，因为生计就开始做灌汤包子生意，当时没招牌。因为时代在进步，包子铺也就有了名字"岷州第一笼"的全称（岷江之子大河之洲），这就是店的名字和河州灌汤包子的历史。成品特色：灌汤包子皮薄馅大，灌汤流油，软嫩鲜香，洁白光润，如景德镇细瓷，有透明之感。包子上有精工捏制约褶23道，均匀得不行。搁在白瓷盘上看，灌汤包子似白菊，抬箸夹起来，悬如灯笼。这个唯美主义的赏析过程，不可或缺。内有肉馅，底层有鲜汤。其内容精美别致，肉馅与鲜汤同居一室，食之，便就将吃面、吃肉、吃汤三位一体化，是一种整合的魅力。吃灌汤包子，汤的存在列第一位，肉馅次之，面皮次次之。灌汤包讲究汤不能漏，包子又要不粘笼屉，这全看大师傅的手艺了。

0766 河州老炒

产　　地：甘肃临夏

所属民族：回族

级　　别：2

简　　介："老炒"是临夏颇具代表性的一道特色面食，流传至今将近一百多年历史。"老炒"做法独特，品味醇香，油而不腻，吃起来美味可口，远近闻名。因其独特手艺代代相传，现临夏正宗老炒属于"清雅斋老炒专卖馆"，老炒制作原料独特，过程讲究，要求火旺、锅煎、油多、急炒、颠翻，成品味道醇香肥美可口。

0767 河州锅盔

产　　地：甘肃临夏

所属民族：回族

级　　别：2

简　　介：锅盔并非陕甘宁独有的食品，河南的博望锅盔及油酥锅盔也相当有名。甘肃锅盔是古河州地区的古老食品，是用酵面团与冷面团经揉合、揪剂、盖花纹烙制而成，吃起来酥香甘甜，美味可口。锅盔表面焦黄，刻以各种图案，样子相当美观。锅盔的制作也是及其讲究技术的，其设备是靠上下两面均匀加热的吊炉来上烤下烙，如此的操作，其特点有整体升温，受热均匀的效果。即使内部熟透，外部也不致于发焦，火色重者，黄里透棕红，火色轻者，白里见乳黄，一刀切开，柔韧雪白，那酥软程度犹如弹性很好的海绵一般，喷香可口，美观大方。有人又将烙锅分为三层。最上叫"鳖盖"，中间叫"火盖"，其下叫"镳"。旁备设一"烘锅"，烘锅口内置一铁网。烙前，将三层锅置于锅圈上，在炉膛里生些许香砟子炭火，待炭火着到七八成时，用夹剪将大炭火夹于"火盖"之上，中号炭夹到"烘锅"锅膛里，碎炭留在"镳"底下，最后重新将三层锅放到原处，即烙便可。此时，还要讲究勤翻勤转，俗称"三翻二转"，烙到火色均匀，皮面微鼓，皮底呈金黄时即熟。锅盔的用料也是及其精致的。将小麦磨碎后提取精粉，故而面粉白而韧，所含蛋白质高，香味诱人食欲；可谓察之让人垂涎三尺，食之使人贪得无厌，闻之让人清香扑鼻。

0768 河州煎饼

产　　地：甘肃省临夏市

所属民族：回族

级　　别：2

简　　介：河州煎饼以玉米面、高精粉、鸡蛋、白糖、菜籽油为原料，用平底锅煎制而成。其特点有，油黄面酥、香气四溢、降糖降脂、色泽鲜亮、老少皆宜。河州煎饼曾在甘肃省烹饪协会举办的首届和第二届清真食品大奖赛中荣获银奖一枚、优秀奖一枚。

0769 河州玫瑰花糖包

产　　地：甘肃省临夏市

所属民族：回族

级　　别：2

简　　介：玫瑰花糖包，是在早期古河州清真传统美食食品之一。糖包通常是用面做皮，用糖等做馅儿。玫瑰糖、玫瑰花瓣能缓解脑部葡萄糖供养不足而出现的疲惫、易怒、头晕、失眠、夜间出汗、注意力涣散、健忘、极度口渴、沮丧、紊乱，甚至出现的幻觉。补血益气：适宜肤色没有光华，失去红润、手脚冰冷的人群。糖包如此丰富的馅料，如此之多的营养价值，吃起来更是果香浓郁。

0770 糖油糕

产　　地：甘肃省和政县

所属民族：回族

级　　别：4

简　　介：皮脆里嫩，甜粘适口。传统小吃，多作为早点使用，在和政县有较大影响。可包入什锦糖馅、枣豆馅等。

0771 和政包子

产　　地：甘肃省和政县

所属民族：回族

级　　别：4

简　　介：以面皮好、馅子考究而驰名，面上捏有褶者为包子，以牛羊肉和韭菜或胡萝卜或白萝卜混合剁碎搅匀为馅，装笼蒸熟，盛入盘中，淋以椒油，看上去油黄面白，晶莹剔透，吃起来更是清爽可口，味美实惠。特点包子皮薄、馅鲜、形美、实惠价廉、鲜美可口。可蒸可烤，用辣椒、酱油、醋佐食。

0772 和政油香

产　　地：甘肃省和政县

所属民族：回族

级　　别：4

简　　介：回民油香分为起面油香、蒸油香和烫面油香。烫面油香，就是用开水烫过的面，先捂后和，等面完全凉下来，开始揉面。揉好的面团，再擀得薄饼越薄越好，下油锅炸即可。现在油香已经成为好多家庭里的早餐食品，而都喜欢做发面油香，一般加香豆子的少，直接醒好面就炸。

0773 糖瓜

产　　地：甘肃临夏

所属民族：回族

级　　别：1

简　　介：河州糖瓜所用的原料，主要有核桃、红枣、芝麻、胡麻、花生米、杏仁等。把优等面粉、鸡蛋、清油和在一起，加工成面条状再蒸熟，就成了糖瓜的大宗原料——面仁（也叫面酥）。制作糖瓜的技术要求很高，要求糖瓜的色、香、味俱佳。拿"核桃仁"来说，首先要挑选上等核桃，去皮取仁，蒸煮过油，按比例掺入饴糖，放在锅里加热，掌握火候，反复翻炒至饴糖溶化，乘热放在模子盒里加压成形，又乘热切成条状，再切成薄片，待到凉透变脆，才能变成色黄如姜，香甜酥脆，越嚼越有味的"核桃仁"。照这种方法，还可生产出枣仁糖、芝麻糖、花生糖、面酥糖等等花色品种来。

0774 糠糠

产　　地：甘肃省和政县

所属民族：回族

级　　别：4

简　　介：以脆、干、香而著称。面粉、清油、鸡蛋、白糖为主原料。制作方法：用热水把面粉搅匀；把鸡蛋打碎放入碗内搅匀后，与白糖一起倒在面里反复揉，直至把面揉嫩；把揉好的面用保鲜膜包好放10分钟，再把面撕成几份，揉成团用擀杖擀薄成圆形，放如热锅内烙熟。

0775 和政酿皮子

产　　地：甘肃省和政县

所属民族：回族

级　　别：4

简　　介：酿皮子，是回族独特的风味小吃之一，味美爽口，经济实惠，既是菜又是饭，同时又是"快餐"，深受群众的喜爱。食用时，要将涮好的一张张酿皮子切成细条，上面再放上几块蒸熟的、切成薄片的面精，浇上辣椒油、醋、蒜末、酱油、芥末等佐料，其色悦目，香味诱人。在炎热的夏季，若能吃一盘酿皮子，顿时倍感凉爽提神，食欲大增。特点：色泽橙黄而透明，柔软又有韧劲，酸辣凉爽柔韧可口。

0776 和政馓饭

产　　地：甘肃省和政县

所属民族：回族

级　　别：4

简　　介：嗅之香气浓郁，口感醇厚鲜辣，风味卓异而开胃。制作原料：杂粮、洋芋、水、盐。制作方法：先将水烧开，再把玉米或其它杂粮细细撒入开水中，边撒边搅，用温火熬煮，待结成团状即成馓饭，吃时配以和政风味小菜，清香可口。

0777 发面疙瘩

产　　地：甘肃省和政县

所属民族：回族

级　　别：4

简　　介：先发好面，然后把发面揉好，揪一块直接放在面粉里用刀剁，一边切一边放面粉，防止切好的再黏连。大概成可进口的颗粒状，然后用小筛子筛去干面粉，晾晒，

甘肃省文化资源名录 第二十八卷 饮食文化 特色饮食

晒干了封起来，吃多少倒多少煮熟即可。再配以喜欢的佐料就可以食用。

0778 拾格子满通

产　　地：甘肃省积石山县

所属民族：保安族

级　　别：4

简　　介：拾格子满通（保安语，青麦包子）。做法是将即将成熟的绿麦穗收割后，扎成小把儿，放在锅里蒸或煮熟，取出晾干，去皮后即成青麦。再将青麦蒸煮加工成馅，放入剁碎的羊肉中拌入葱末，加入佐料，再放些清油，拌成馅子，包成包子。蒸熟后蘸辣椒油、蒜泥、陈醋享用。

0779 积石山炕锅馍馍

产　　地：甘肃省积石山县

所属民族：保安族

级　　别：4

简　　介：保安族喜睡热炕，取其便利，用特制的炕锅在炕洞内烤馍，故称炕锅馍馍。做法是：在发酵后的面团中加入适量干面、碱水、菜油、食盐或白糖，反复搓揉后，捏卷出牡丹、月季等花式，放入炕锅内，再把炕锅埋入热炕洞内烤熟。烤好的炕锅馍馍外黄脆、内松软，别有风味。炕锅有铜锅、铸铁锅和铝锅等。根据炕锅的大小，炕锅馍馍小的约有250克，大的约有5千克，薄的约5厘米，厚的15厘米。

0780 黄河三峡浆水拌汤

产　　地：临夏州永靖县

所属民族：回族

级　　别：1

简　　介：浆水拌汤以豆面为主要原料，先将豆面拌成不黏手的面团，在沸腾的开水锅中下即可，再加入浆水，其味清爽，吃后易消化，是夏季滋补的佳品。2014年9月，在第二届中国·临夏—马来西亚·吉兰丹州—伊朗·库姆市清真食品与民族用品暨"清河源"杯全国清真名优风味小吃展销会上，永靖县清真浆水拌汤获得小吃铜奖。

0781 蕨麻米饭

产　　地：甘南藏族地区

所属民族：藏族

级　　别：4

简　　介：蕨麻米饭是藏族地区特有的饭食。蕨麻也叫人生果，做蕨麻米饭时，先将蕨麻、大米分别蒸熟，将酥油化成汁液，然后将几样东西盛在碗中食用。盛饭时，先将大米饭盛入碗中，上面加盛蕨麻，撒上白糖，再浇上酥油汁液。食用时用小勺子从碗边舀着吃。蕨麻米饭做起来方便，吃起来香甜可口，不亚于八宝饭。

0782 卓尼鸡蛋糕

产　　地：甘南州卓尼县

所属民族：藏族

级　　别：4

简　　介：鸡蛋糕中西式均有制作，主要用蛋，糖经搅打(充入气泡)后与面粉调制成糊，浇入印模，经烘焙或蒸制而成的海绵状形体。其品种繁多，中式或西式蛋糕品种中又有不同类型和特点。

0783 卓尼桃酥

产　　地：甘南州卓尼县

所属民族：藏族

级　　别：4

简　　介：桃酥是一种南北皆宜的食品，以其干、酥、脆、甜的特点闻名全国，桃酥主要成分是面粉、鸡蛋、奶油等，含有碳水化合物、蛋白质、脂肪、维生素及钙、钾、磷、钠、镁、硒等矿物质，食用方便，尤其是得到老年人和孩子的喜爱。桃酥外型美观、味醇厚香甜、独具特色。

0784 卓尼藏包

产　　地：甘南州卓尼县

所属民族：藏族

级　　别：4

简　　介：藏包，藏族饮食。藏包的馅以搅碎的牛羊肉为主，掺合少量葱、盐、花椒、清油、肉汤拌合而成。用不发酵的死面包好蒸熟，其形一个个如宝瓶，又似莲花盛开，造型考究，不腥不腻，令人称绝，被誉为"水晶包子。

0785 血肠

产　　地：碌曲县产地

所属民族：藏族

级　　别：4

甘肃省文化资源名录 第二十八卷 饮食文化 特色饮食

简　　介：血肠是藏族食谱中的上等食物，贵客临门，能以血肠待之，那是主人的荣耀。血肠是由切碎的肉丁、板油、调料和血拌匀后灌进肠衣。吃时放在开水锅里一涮两滚，不等肠衣内的血完全凝固就捞出，捏住两端边吃边吮，味道极其鲜美，而且具有很高的营养价值。主要功能是清排积污，对从事受尘埃污染等的人士有保健作用。血肠中含铁量较高，而且以血红素铁的形式存在，容易被人体吸收利用，处于生长发育阶段的儿童和孕妇或哺乳期妇女多吃些有动物血的菜肴，可以防治缺铁性贫血，并能有效地预防中老年人患冠心病、动脉硬化等症，还能促使血液凝固，因此有止血作用。

0786　糌粑

产　　地：碌曲县
所属民族：藏族
级　　别：4
简　　介：糌粑是藏族的主食。藏族人一日三餐都有糌粑。糌粑，名子听起来新鲜，实际上就是青稞炒面。糌粑是用青稞同洗净的细沙混合经火炒熟，再将细沙筛除后磨成粉而成。糌粑主要成份有蛋白质，其含量约为13.5%，脂肪为2%，碳水化合物为75%，十七种氨基酸为14%左右；无机盐类富含有钙、铁、锌等多种微量元素；还富含维生素Bl等，营养丰富，发热量大，充饥御寒。

0787　辣子尕勺

产　　地：碌曲县
所属民族：藏族
级　　别：4
简　　介：辣子尕勺是碌曲县农牧区及川甘边界藏族家庭的传统美食之一。辣子尕勺以其辛辣爽口著名，传统的食法是将团制的糌粑配以秘制的辣椒蘸料，关键在于选用青藏高原富含矿物质营养元素的青稞，以水磨加工制面，和以藏牦牛奶精制而成的新鲜酥油，再选用天然青红小椒，辅以花椒、姜等料起味，配置成香辣爽口的蘸料。独特的搭配食法，既中和了糌粑中的奶味，又突出油而不腻，辣而不腥的口感，成为游牧家庭招待远方贵客的重要食品。目前，辣子尕勺在藏民族喜庆节宴及待客会友时随处可见，也成为藏餐馆招揽生意的招牌主食。

0788 热豆腐

产　　地：舟曲县

所属民族：汉族

级　　别：4

简　　介：热豆腐制作，选料→浸泡→清洗→磨浆→滤浆→煮浆→过80—10目细滤网→清除微量杂质→食品豆浆→稍加点凝固剂。热豆腐是利用大豆蛋白制成的高营养食品。人体对其吸收率可达92—98%，豆腐除蛋白质外，还可为人体生理活动提供多种维生素和矿物质，尤其是钙、磷等。特别是用葡萄糖酸内脂作凝固剂，不仅制出成品多，而且含钙量有所增加，对防治软骨病及牙齿发育不良等病有一定的功效。同时，热豆腐不含胆固醇，有防止动脉硬化等功效。

0789 洋芋搅团

产　　地：舟曲县

所属民族：汉族

级　　别：4

简　　介：洋芋搅团很是独特，把土豆煮熟，去皮后放在一个大木槽里，由强壮的男人用木槌用力反复敲打，过程像南方做糯米糍粑的样子，最后原本松松散散的土豆会变的很粘，粘到木槌和木槽粘连在一起要很大的力气才能分开，这样子就是做好了。然后用特制的金属小铲子盛在碗里，可以热吃或凉调。热吃是在一种酸菜做的酸菜汤里微煮，盛出来放些许油泼辣子即可，凉调基本和凉皮的吃法是一样的。

0790 舟曲荞面搅团

产　　地：舟曲

所属民族：汉族

级　　别：4

简　　介：在沸腾的饭水中一边加荞面，一边用竹筷迅速搅拌，一直拌到稠糊状便不再往里加荞麦面，但搅拌还得继续，直到拌匀了，再盖上锅盖焖两三分钟，即可舀来食用。食用前，须得调上炒好的酸菜汤。食用时，将搅团放入酸菜汤中，调入油泼蒜泥、辣子，即可。

0791 舟曲炒麻食

产　　地：舟曲县

所属民族：汉族

级　　别：4

简　　介：将黄花木耳山珍蘑用温水泡发，洗净备用。所有材料豆洗净后切成丁，拉条子面擀薄一点，横切成条竖切成剂子，炒麻食的面剂子要稍微大一点，比'猫耳朵'的

甘肃省文化资源名录 第二十八卷 饮食文化 特色饮食

面剂子大一点就可以了。然后，将面剂子放在帘子上，使劲用大拇指的力量一捻，即可，水开后，开始煮捻好的的麻食，滚水后，捞出浸入凉水之中，热锅倒油，先炒鸡蛋，滑散后捞出。锅内留底油，炒西红柿放入生姜末，西红柿炒出红汤后，放入其他蔬菜。用盐、酱油、五香粉调味。炒均匀，将麻食捞出控干水份放入菜锅内，关小火。调入鸡精，翻炒均匀，再炒少许时间，即可。

0792 金城羊肉泡馍

产　　地：兰州

所属民族：汉族

级　　别：1

简　　介：羊肉泡馍简称羊肉泡、泡馍。古称羊羹，西北美馔，北宋著名诗人苏轼留"陇馔有熊腊，秦烹唯羊羹"的诗句。烹制精细，料重味醇，肉烂汤浓，肥而不腻，营养丰富，香气四溢，诱人食欲，食后回味无穷。因它暖胃耐饥，素为西北地区各族人民所喜爱，外宾来陕也争先品尝，以饱口福。

0793 皇室小米辽参

产　　地：大城小爱酒店（原皇家国宴）

所属民族：汉族

级　　别：2

简　　介：本店选用高品质的关东参，肉质实，质地滑嫩，口感富有弹性，可以补肾益精，养血润燥，再加上鲜鸡汤煲制的小米粥，营养价值极高。

0794 鸿运牛头

产　　地：大城小爱酒店（原皇家国宴）

民　　族：汉族

级　　别：2

简　　介：鸿运牛选用黄牛头为原料，去皮后放入由十余种名贵药材熬制的卤汁里烹煮而成，口味浓香略带辣味，肉质鲜嫩爽口。菜品上桌时，把卤制好的牛头上的肉切割成片围盘摆放，并配有六种蘸料让食客自选食用。味道相当不错，吃过的客户都赞不绝口！

0795 山药炖羊肉

产　　地：甘肃兰州

所属民族：汉族

级　　别：1

简　　介：陇上味道，选用的羊肉来自山丹红寺湖乡，所产羊肉含有丰富的蛋白质和维生素，多吃羊肉不会增加脂肪，味道对刺激食欲和味蕾都有绝对一流的功效。

0796　兰州烩菜

产　　地：甘肃兰州

所属民族：汉族

级　　别：3

简　　介：烩菜，大多为许多原料一起炖、煮制作而成。上等称"海烩菜"，配有海味，中等的称"上烩菜"，一般的称"行烩菜"。更大众化的还有"全汤豆腐菜"、"扁粉菜"，"酥肉皮渣烩菜"等。原料荤素、肥瘦兼有，粗细搭配。主料有蹄筋、肚片、酥肉、肉方、肉条、肉丸、皮渣、油面筋、腐竹、青菜、豆腐等。中档加鸡丸、肥肠、氽丸、玉兰片、木耳等。高档加海参、鱿鱼、海米等。烩菜也可用火锅形式现场制作。烩菜的特点是蔬菜品种丰富，多种多样，但是又各有各的味道，各有各的色彩，各有各的形状，尽管都掺杂在了一起。烩菜还很好看，不是色彩单一，而是五彩缤纷。虽不前卫，但很敦厚实在。

0797　酿白兰瓜

产　　地：甘肃兰州

所属民族：汉族

级　　别：4

简　　介：酿白兰瓜为称雄兰州名馔的夏令佳肴，由50年代的"西瓜灯"和"西瓜盅"演变而来。以瓜藏八宝、汁味香甜、色彩绚丽、莹美如玉而著称。其做法是：先用文火蒸熟2两糯米，在开水锅中烫透2两猪板油丁，在盆内加2两果脯、2两瓜脯、1两葡萄干、5两白糖和4两玫瑰搅拌成馅。将白兰瓜洗净去皮，切平两端，从瓜尾四分之一处切开，取出内籽，装入馅品，盖上瓜盖，放凹盘内蒸半小时即可。食用时，在炒勺内加若干瓜汁、清水、白糖、玫瑰糖等，炒热后淋浇白兰瓜，则吃起来软烂爽口，风味独特，妙趣横生。

0798　兰州暖锅子

产　　地：甘肃兰州

所属民族：汉族

级　　别：4

简　　介：兰州暖锅子，是兰州人家在春节期间精心准备的一种大烩菜，它既不像涮羊肉那么单一，又不同于一般的砂锅那样粗陋，它是用铜制的暖锅将做熟的菜肴加入高汤煮沸后食用的大烩菜，其中物料丰富，荤素搭配，是一种老少皆宜，方便实惠的全家福菜肴。

甘肃省文化资源名录 第二十八卷 饮食文化

特色饮食

269

0799 雪山驼掌

产　　地：甘肃兰州
所属民族：汉族
级　　别：4
简　　介：雪山驼掌是远近有名的汉族传统佳肴，属于甘肃菜。是用统掌、鸡腿、猪蹄、火腿、鸡蛋、冬菇等多种原料烹制而成的。用高丽糊做雪峰置于盘中，再把煮熟去骨的驼掌切成片放入雪峰之间，入桌，色、香、味、形俱佳。

0800 金鱼发菜

产　　地：甘肃兰州
所属民族：汉族
级　　别：4
简　　介：金鱼发菜是甘肃兰州的汉族传统名菜，属于甘肃菜。此菜是用发菜烹制的高档名菜，因形如金鱼而得名。将发菜泡软，揉成12个小球；将剔去筋骨的鸡脯肉同肥猪肉一起剁成细泥，加食盐、蛋清、味精、香油、淀粉和料酒调成鸡茸，即可用鸡茸包发菜，捏成金鱼形，并以海米作鱼尾，改火腿作鱼脊，樱桃作鱼眼，上笼蒸熟后即可入盘。如加高级清汤，则"金鱼"飘游汤中，活灵活现，观之鲜汤清澈，鱼形逼真；食则外酥内嫩，鲜美爽口，可为别具特色的下酒佐料。

0801 黄焖羊肉

产　　地：甘肃兰州
所属民族：汉族
级　　别：4
简　　介：黄焖羊肉用羊肉和白菜烹制，口味香酥，肥而不腻。肉质香酥，卤汁浓厚入味。具有香气扑鼻，汤白如奶，鲜美异常，回味无穷的特点。

0802 兰州手抓羊肉

产　　地：甘肃兰州
所属民族：汉族
级　　别：4
简　　介：手抓羊肉，相传有近千年的历史，原以手抓食用而得名。吃法有三种，即热吃（切片后上笼蒸热蘸三合油）、冷吃（切片后直接蘸精盐）、煎吃（用平底锅煎热，边煎边吃）。特点是肉味鲜美，不腻不膻、色香俱全。在甘肃，东乡族的手抓羊肉是名物，深受人们的喜爱。甘肃手抓羊肉尤以临夏制作最为著名，已有上百年的制作历史。过去由于多在沿街摊点售，吃者向以手抓之，这便是"手抓"一词的来历。现已不用手抓着吃了，但仍用"手抓"这个词。

0803 兰州砂锅

产　　地：兰州
所属民族：汉族
级　　别：1
简　　介：传统砂锅是由不易传热的石英、长石、粘土等原料配合成的陶瓷制品，经过高温烧制而成，具有通气性、吸附性、传热均匀、散热慢等特点。依靠砂锅的菜谱有砂锅鸡、砂锅豆腐、砂锅鱼头等。近十年，经过研发改良后，在原料上加入了锂辉石，制造出耐高温砂锅，使得砂锅保持原有优点的情况下，还能够承受数百度高温干烧而不裂，大大提高了砂锅的实用性。成为金城的又一大特色餐饮。

0804 火燎鸭心

产　　地：兰州
所属民族：汉族
级　　别：1
简　　介：火燎鸭心是鸭席名菜，烹制独具特色，有原野风味。鸭心呈伞状，焦香透嫩，有浓郁的茅台酒香味。

0805 陇上味道醋溜野蘑菇

产　　地：兰州
所属民族：汉族
级　　别：2
简　　介：祁连山野蘑菇生产于祁连山平山坡一带无污染地区，海拔1700-3600米左右，因其资源丰富而闻名。祁连山天然野蘑菇，以其肥硕、鲜嫩、香浓色丽、气味纯正、芳美可口而备受人们的青睐。该蘑菇蛋白质中含有异常丰富的氨基酸和维生素B、C、铁、钙等多种元素，性味甘平，无毒，素有"健康食品"之美称。

0806 井冈山烟笋

产　　地：兰州
所属民族：汉族
级　　别：4
简　　介：八百里井冈是竹的海洋，不同品种的竹笋易制成笋干，将煮过的笋干再用炭火焙烤干，则成了烟笋。烤过后的烟笋因颜色为黑褐色，因此也被称为乌烟笋。乌烟笋煮好，切成丝，翻炒即可。

甘肃省文化资源名录 第二十八卷 饮食文化

特色饮食

0807 金瓜百合

产　　地：兰州

所属民族：汉族

级　　别：4

简　　介：天下百合，推兰州产为尊。其色、香、味、型俱佳，有"百年好合"之意，被视为"幸福果"。果实洁白如玉、味醇香甜，是"菜中人参"。"金瓜百合"自然是兰州年菜的特色菜，金瓜金黄诱人、香甜软绵，有开胃、补脾、润气色的功效。百合色泽如玉、肉厚香醇，养生价值不用多说，此菜更寓意着"金玉满堂长富贵"。

0808 兰州回锅肉

产　　地：兰州

所属民族：汉族

级　　别：4

简　　介：回锅肉是中国川菜中一种烹调猪肉的传统菜式，川西地区还称之为熬锅肉。四川家家户户都能制作。回锅肉的特点是口味独特，色泽红亮，肥而不腻。所谓回锅，就是再次烹调的意思。回锅肉作为一道传统川菜，在川菜中的地位是非常重要的，川菜考级经常用回锅肉作为首选菜肴。回锅肉一直被认为是川菜之首，川菜之化身，提到川菜必然想到回锅肉。做时冷水下肉，旺火烧沸锅中之水，再改中小火煮至断生（刚熟之意），捞起用帕子搭在肉上自然晾凉。煮肉时应该加入少许大葱，老姜，料酒，精盐，以便去腥。青蒜苗的处理：将其蒜苗头（白色部位）拍破（利于香味溢出），白色部位切马耳朵型，绿色叶子部位切寸节（约3厘米）。肉的刀工成型：肉切成大薄片（一般长约8厘米×宽5厘米×厚0.2厘米）。回锅时锅内放少许油，下白肉，煸炒，肥肉变的卷曲，起灯盏窝。下豆瓣酱和甜面酱，炒香上色，先下青蒜苗头（白色部位），略炒闻香再下蒜苗叶（绿色部分）同炒。调味加入少许豆豉（需剁碎）、白糖、味精即可。

0809 兰州腌韭花

产　　地：兰州

所属民族：汉族

级　　别：4

简　　介：韭花又名韭菜花，是秋天里韭白上生出的白色花簇，多在欲开未开时采摘，磨碎后腌制成酱食用，农家多称之为"韭菜花"，在北方城市尤为流行。腌韭菜花微辣中韭香四溢，是秋季的必备小菜。韭花的制作方法大都是磨碎成酱状，磨制过程中加辣椒似乎也是古法，元人耶律楚材《鹿尾》诗道："韭菜酷辣同葱薤，芥屑差辛类桂姜。"腌制韭花方法：①挑选韭花嫩的部位，把梗子去掉。②准备辣椒，最好是朝天椒，普通辣椒也可以。③准备葱和蒜。④然后把葱蒜和辣椒弄在一起捣碎，放盐。⑤把舂好了的所有东西都放到一个罐子里，把韭花装进去，装实，淋上一层上等的香油。密封，盖好，压紧。大概一周就可以啦。

0810 香炸沙丁鱼

产　　地：兰州

所属民族：汉族

级　　别：4

简　　介：在做沙丁鱼前，先将沙丁鱼在60度的温水解冻，解冻后将沙丁鱼进行腌制，放入食盐，胡椒粉，料酒等。腌制3分钟后，将色拉油的油温烧到8成，先给腌制好的沙丁鱼定型，炸熟，上色。最后将炸好的沙丁鱼放入番茄酱、豆瓣酱、食盐、白砂糖翻炒后，出锅即可。

0811 腌花花菜

产　　地：兰州

所属民族：汉族

级　　别：4

简　　介：土生土长的兰州人都可能吃过兰州地道的花花菜，肯定会回味它的味道，腌花花菜呀，就是把包心菜，胡萝卜，且连，芹菜切成丝，在把盐和花椒均匀拌上就可以了，不要放太多了，放在瓶子里压实。喜欢吃辣的还可以放一些辣椒丝。一两天就可以吃了。

0812 芫爆散丹

产　　地：兰州

所属民族：汉族

级　　别：4

简　　介：准备好羊肚（散丹）250克，净香菜50克，料酒25克，味精3克，葱丝15克，姜米5克，蒜米10克，白胡椒粉5克，香油、盐、高汤各适量。制作方法：①将散丹洗净切条，香菜切段。②用开水将散丹焯透。③炒勺上火放高汤，再放料酒、盐、散丹，锅开后改微火煨入味，大火收汁，加入胡椒粉、味精、葱丝、姜米、蒜米、香菜段翻炒均匀，淋香油出勺装盘。

0813 兰州漏鱼

产　　地：兰州

所属民族：汉族

级　　别：4

简　　介：漏鱼是汉族传统名小吃之一，漏鱼并非鱼或是跟鱼有关的食物，是用地瓜粉揉成的半透明状物，因其长得像小鱼而得名，吃时洒榨菜、辣椒油、油炸的花生米，添加熬制的大料水，可以适当的放醋和糖水。味道爽滑鲜美，入口就滋溜一下滑入腹中。制作方法：①将淀粉用水调成水淀粉。锅内加清水（每500克淀粉加3500克水），把白矾压成面放入溶化，然后一次倒入水淀粉，用木棍搅拌均匀。②芝麻酱用凉开水调开，胡萝卜用擦成丝。③盆内加凉水，把搅匀的熟淀粉糊倒入盆内漏勺上（也可购买专用漏勺），用木棰往上按撅，使淀粉糊自然流下，入水成鱼形，称漏鱼。吃时捞入碗内，浇上芝麻酱、酱油、醋，放上胡萝卜丝、芥末油、蒜泥及辣椒油。如愿意吃凉的，可多过几次凉水，或冰镇后再浇佐料食用。

0814 煨鱿鱼丝

产　　地：兰州

所属民族：汉族

级　　别：4

简　　介：①将水发鱿鱼身用平刀法片成0.3厘米厚的薄片，再切成细丝。取瓷盆，盛5%浓度的碱水1000毫升，放入鱿鱼丝，浸泡2小时。再倒入汤锅中，用小火烧沸。待鱿鱼丝卷曲时，汤锅离火，又待鱿鱼丝伸展时捞出将水倒掉。原汤锅内加清水（以淹没鱿鱼丝为度），放入鱿鱼丝，小火烧沸捞出。依此法连做三次，最后滗干水，加入精盐少许腌制。②猪肉切成4.5厘米长的细丝，加咸面酱50克拌匀。葱、姜切成细丝，熟火腿切成末，鸡腿入开水锅中余过。③炒锅放熟猪油，用旺火烧至五成热，投入肉丝煸炒，待肉丝散开后，喷入黄酒，加酱油、精盐、鸡汤，再放入鸡腿、桂皮、葱丝，即成"垫底菜"。④取砂锅一个，倒入"垫底菜"，用小火煨约1小时，待菜熟透，把鸡腿取出，切成细丝，仍装入砂锅中，与肉丝搅匀，将鱿鱼丝放入砂锅的一边，另一边放"垫底菜"，用小火煨1小时，取一汤碗，先将"垫底菜"放入，再将鱿鱼丝放在上面，倒入原汁，撒上火腿末即成。

0815 红烧大裙翅

产　　地：兰州

所属民族：汉族

级　　别：4

简　　介：大裙翅取自大鲨鱼的全鳍。粤菜

的大裙翅分作三围，鱼背近头部的前鳍称头围；近尾部的后鳍称二围；尾端的尾鳍称三围。裙翅是鱼翅中之上品。

0816 虾米粉丝紫菜汤

产　　地：兰州

所属民族：汉族

级　　别：4

简　　介：①紫菜用水先泡开，用手抓洗几次，换水几次，以防有沙。②粉丝用水泡软。③虾米洗干净后与姜片一起放锅里大火煮，水开后放入洗干净的紫菜，煮10分钟后放粉丝，5分钟后，敲一个鸡蛋进去，用筷子把鸡蛋弄成蛋花，2分钟后，放盐调味即可。

0817 冰镇木瓜百合

产　　地：兰州

所属民族：汉族

级　　别：4

简　　介：冰镇木瓜百合，水果类冷菜菜谱，此菜式色泽清爽，冰块给人阵阵凉意，且具有养颜美容的功效，很适合夏季食用。甜香爽滑。烹饪操作时木瓜要熟透，百合飞水不能太狠。

0818 金橘百合

产　　地：兰州

所属民族：汉族

级　　别：4

简　　介：金橘、鲜百合、芹黄。调料为碘盐、鲜味汁。制法：将金橘切成两半，百合切成瓣。芹黄心洗净。油150℃左右时，将原料过油后清炒即可。特点：色鲜味纯。

0819 金牌肘子

产　　地：兰州

所属民族：汉族

级　　别：4

简　　介：吃"风味"、尝"特色"，金牌扣肘子可谓驰名金城，口味特点是肥而不腻，粑而不烂，兼有赣菜与陇菜两种菜系的特长。佐料十分讲究，由十几种原料组成，具有鲜明的特点，且适合各地客人的口味，有人称其为"美容食品"。许多老兰州都会在年节之时将这道"大牌"菜请上桌，既解馋，又借"肘""有"谐音，表情达意。

0820 兰州烧锅子

产　　地：兰州

所属民族：汉族

级　　别：4

简　　介：烧锅子是一种汉族面食小吃，属于甘肃永登地区农家经常食用的干粮之一，因它有自己的独特风味，故备受人们欢迎。

做法：烧锅子一般选用良好小麦面制作，若用秦王川砂地小麦面，则风味更佳。做烧锅子先用温水把一块发面浸泡成糊，倒进面里，然后加水搅和，把面揉和均匀，软硬适度后，置于盆中，捂盖严实，放置温暖的炕头或阳光下，使其发酵。待面发好，再掺和少量干面，兑入适量的蓬灰（或碱）水，揉匀，去其酸味。揉好后，切成大小适宜的面团，揉和成形，装进烧锅，在上面打菱形刀花，盖上顶盖，埋进烧旺的火堆内。煨火堆的燃料多为骡马粪，以羊粪最佳。20多分钟起锅，一个皮色黄亮，外脆里暄的烧锅子便做成了。这是制作最简易、最常吃的一种。若专为串亲戚、探月子、看病人做的烧锅子就更为讲究，要在发面中兑和花椒和小茴香水，把发面擀薄，在上面涂抹清油，撒上苦豆或花椒叶末，卷成小口杯粗细的圆柱体，横切成三寸许的小段，之后用六个面段竖立组连成一体，装入烧锅内烧烤。这样做出的烧锅子，犹如重瓣莲花，好看好吃，味道更为醇香浓郁。若看月子，娘家人和亲戚们一定不会忘记在面里加兑红花水，卷上红花丝儿。"月婆子"吃了这香味十足的烧锅子，不但可以补养身子，而且可以化瘀、活血、通经。故而永登有"发白面、摘红花，做个烧锅子去姐姐家。姐姐家里干什么？姐姐生了外甥娃"的童谣。

0821 兰州剁椒鱼头

产　　地：兰州

所属民族：汉族

级　　别：4

简　　介：鱼头洗净，从中间剁开两半，但不要完全剁开，稍微连在一起点儿，使鱼头能平铺摆盘为准，把葱姜段，料酒，生抽均匀抹在鱼头内外，腌制10分钟。剁椒均匀铺在鱼头上，锅内烧开水，上鱼头大火蒸10分钟，蒸好的鱼头撇去盘子内的水，上面撒上葱末，油放在勺子内，放在火上烧热，趁热浇在鱼头上即可。

0822 兰州百合桃

产　　地：兰州

所属民族：汉族

级　　别：4

简　　介：用兰州特产百合烹制成的风味佳肴，因状如仙桃而得名。其作法是将新鲜百合分瓣洗净，笼蒸15分钟，然后将百合瓣拢成桃状，内包豆沙馅，即成"蟠桃"。外摆青梅片为叶，用山楂泥制成桃尖，再上笼蒸 20 分钟许，即可入盘。食用时，淋浇少许白糖水沉淀勾芡，则青梅浓绿，山楂鲜红。

0823 土豆酱烧鸡

产　　地：兰州

所属民族：汉族

级　　别：4

简　　介：鸡切小块儿，土豆切粗一些的条儿，鸡肉皮朝下，煎至鸡肉收紧，鸡肉盛出。放进土豆条儿煎至金黄，锅里放底油，8 分热放入辣椒、蒜末儿、花椒、葱段儿、姜片儿。炒出香味，放入煎好的鸡块，继续放入料酒、酱油、糖、盐，翻炒最后，放入煎好的土豆条儿，不停地翻炒，10 分钟左右装盘。

0824 百岁鸡

产　　地：兰州

所属民族：汉族

级　　别：4

简　　介：百岁鸡前身是品元鸡，又名状元鸡。传人王西野 1985 年来兰，继承祖业，将其更名为百岁鸡，一图此业兴盛百年，长久不衰；二喻此鸡可使人延年益寿，长命百岁。百岁鸡以火烤鸡为主，外表金黄，皮脆骨酥，肉质洁白鲜嫩，香气四溢。目前，百岁鸡的制作已达到数十个品种，其中以火锅鸡最为绝佳。

0825 兰州菜花干

产　　地：兰州

所属民族：汉族

级　　别：4

简　　介：夏季的菜花吃不完，大家就把菜花晾在竹簸箕里阴干，等到冬季的时候，又是一道美味了。

0826 兰州百合酥

产　　地：兰州

所属民族：汉族

级　　别：4

简　　介：百合酥是一道汉族名点，属于苏式糕点。形似百合花，香酥甜适口。把干油酥包入水油酥中、稍按，擀成长方形面片，从上、下两端向中间对卷，呈双筒状。靠拢后，用刀顺条分开，按每个 12.5 克的面剂揪完，用手按成面皮（中间厚、边缘薄），打入馅心，包捏成馒头状，擀成4厘米的圆饼，再用刀在四周称切八刀，中间不切，用右手的食指把酥瓣拧立起来，即成生坯。烤炉烧热，把生坯摆入烤盘，推入烤炉，待酥呈金黄色即熟。

0827 兰州大盘鸡

产　　地：兰州
所属民族：汉族
级　　别：4
简　　介：大盘鸡已成为金城兰州家喻户晓的一个餐饮品牌。大盘鸡选用检疫检验合格的新鲜鸡为主料，辅以秘传三十多种精选辅料为配方，经多道工序烹制而成，具有色、香、味、形、营养的特色美食，食之香辣爽口、余味袅袅、香辣过瘾。

0828 兰州腌酸菜

产　　地：兰州
所属民族：汉族
级　　别：4
简　　介：酸菜又称泡菜、渍菜，是选用大白菜或圆白菜及其他调料等，经过渍泡，在乳酸杆菌的作用下进行发酵而成的。酸菜味道咸酸，口感脆嫩，色泽鲜亮，香味扑鼻，开胃提神，醒酒去腻，不但能增进食欲、帮助消化，还可以促进人体对铁元素的吸收。

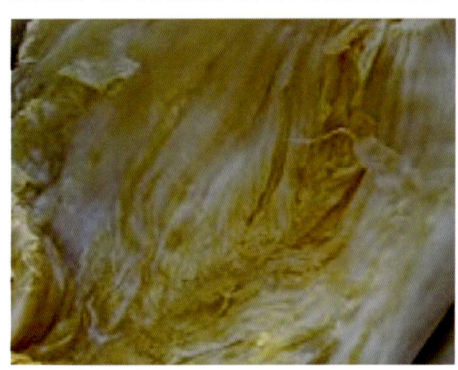

0829 兰州腌韭菜

产　　地：兰州
所属民族：汉族
级　　别：4
简　　介：咸韭菜其实也可以算是泡菜的一种，北方人吃的多一点。韭菜洗净之后晾一会，要把上面的水晾干了。将晾干后的韭菜切碎，然后撒少许的盐用手反复揉搓一下。将揉好的韭菜放到坛子里，一边放一边撒盐，一定要多撒点盐，而且要把韭菜压得实实的。盖上坛子的盖子，然后放置3-4天就可以了。最后在吃的时候可以加点醋、油辣椒，味道会更好。

0830 千层牛肉饼

产　　地：兰州

所属民族：汉族

级　　别：4

简　　介：牛肉饼是一道美味可口的汉族名点，属于陕西菜。在西安也称"千层牛肉饼"，已经有1200多年的历史。在唐代，此饼曾为宫廷御点，传说安史之乱时，宫中御厨们流落到民间，在长安城内出售牛肉饼，大有名气。唐代著名诗人白居易《寄胡麻饼与杨万州》一诗中写道："胡饼样学京都，面脆油香新出炉。寄与饥馋杨大使，尝香得似辅兴无"。诗中所指的胡麻饼就是如今的"香酥牛肉饼"。制做时，将牛肉剁成细泥，切碎葱，加以适量食盐、味精、豆汁油、花椒和姜末、草果等。用温纯碱水和面，反复揉搓后，抹上清油，从右端扯开，越薄越好；然后从右端开始放入肉馅，从右向左，边扯面边卷曲，并用手压成圆饼，即可在平顶锅内烙烤。烧上油，烙约15分钟，即可上桌食用，味形交辉，堪称佳绝。

0831 凉拌小芹菜

产　　地：兰州

所属民族：汉族

级　　别：4

简　　介：芹菜切段，芹菜木耳加上辣椒油，香油，日本酱油，陈醋，盐，味精，拌好就可以了，味道非常不错的。搅拌均匀即可使用。

0832 金菊百合

产　　地：兰州

所属民族：汉族

级　　别：4

简　　介：菜谱特色：百合，其性甘、微寒，归肺、心经，可润肺止咳、清心安神。主要用于治疗肺热咳嗽、劳嗽咯血、虚烦惊悸、失眠多梦等症。经常食用可抗癌和增强免疫功能。

0833 清氽丸子汤

产　　地：兰州

所属民族：汉族

级　　别：4

简　　介：猪肉洗净，切碎，剁成茸，放入小盆内。盆内放入葱姜末、精盐、绍酒、鸡蛋清、淀粉、清水拌和均匀，搅拌上劲备用。沙锅中倒入清水，放在火上，烧至八成热。把肉茸挤成核桃大小的肉丸，放入水中继续加热至熟。撇去浮沫，放入菜心，放入精盐、味精，待菜心熟，盛入汤碗内即成。

0834 天水杂烩

产　　地：兰州

所属民族：汉族

级　　别：4

简　　介：天水被誉为"陇上小江南"。报

甘肃省文化资源名录 第二十八卷 饮食文化

特色饮食

人范长江先生《中国西北角》写道："甘肃人说到天水，就等于江浙人说道苏杭一样，认为是风景优美，物产富裕，人物秀美的地方"。在天水呱呱、天水浆水、天水猪油盒、秦安麻腐馍、秦安肚丝汤等小吃之外，还有更受欢迎的天水杂烩。把鸡蛋清和蛋黄搅匀，摊成薄饼。取鲜五花肉剁碎，放入盐、粉面、花椒后拌匀，加在两层薄蛋饼中间压平，上笼蒸熟，切成条形，便做成夹板肉。以夹板肉为主，配以响皮条、丸子，浇上鸡汤，撒上葱花、香菜、木耳等，盛入汤盆，量足汤多，荤素搭配，边喝边吃，不油不腻，味道鲜美。

0835 韭菜鸡蛋饼
产　　地：兰州
所属民族：汉族
级　　别：4
简　　介：韭菜切成小粒。鸡蛋打碎放进深碗里，打散均匀后加入一点酱油、蚝油、淀粉、几滴米醋，然后再次打均匀（加入米醋是为了去蛋腥味和煎的时候更蓬松、更有鸡蛋香味，淀粉会让鸡蛋和韭菜在煎的时候不容易散掉）。把切碎的韭菜倒进打均匀的鸡蛋液里，加入适量的盐和一点十三香，拌匀。锅红下油，油5-6成热的时候，调小火，倒一汤勺量的鸡蛋韭菜液进锅里煎，可以不时的把没熟的鸡蛋韭菜液往外摊，这样成饼形，也容易熟，煎好一面后，翻转另一面再煎。直到把全部的鸡蛋韭菜液煎成饼。

0836 凉拌肘花
产　　地：兰州
所属民族：汉族
级　　别：4
简　　介：将熟肘花顶刀切成薄片。把黄瓜洗净，切象眼片。把木耳洗净，大的撕成小块。将黄瓜片，木耳块摆盘内垫底，上面摆上肘花，呈圆形，加酱油、香油、味精；芥末另装碟上桌即可。肘花美观，味道醇正。

0837 苞芋大餐
产　　地：兰州
所属民族：汉族
级　　别：4
简　　介：苞芋大餐是将苞谷洋芋一起放，蒸熟，粘咸盐或韭菜花，相当好吃。

0838 兰州凉粉
产　　地：兰州
所属民族：汉族
级　　别：4

简　　介：凉粉，汉族食品。凉粉的吃法一般有两种：一是凉拌，二是煎粉。制作时将绿豆粉泡好搅成糊状，水烧至将开，加入白矾并倒入已备好的绿豆糊，放凉即成。白色透明、呈水晶状。调以酱油、醋、芥末而食，清凉爽滑，为夏季风味食品。在西北地区是指用米、豌豆或各种薯类淀粉所制作的凉拌粉。

0839 清汤银耳素鸽蛋

产　　地：兰州
所属民族：汉族
级　　别：4
简　　介："清汤素鸽蛋"最早是由清末开封名厨、民乐亭饭庄掌柜高云桥研制的，后由其子、现开封中兴楼饭庄特级烹调师高寿椿继承，逐渐成为高级宴席的一道名菜，至今已有近百年的历史。此菜以选料精细、形象逼真、汤鲜味醇、风味独特而驰名，堪称豫菜烹饪中的一绝。

0840 兰州自制臭豆腐

产　　地：兰州
所属民族：汉族
级　　别：4
简　　介：臭豆腐，又名臭干子。其名虽俗气、却外陋内秀、平中见奇、源远流长，是一种极具特色的汉族传统小吃，古老而传统，一经品味，常令人欲罢不能，一尝为快。把豆腐切块放入容器。准备臭豆腐乳三块，用少许水将臭豆腐乳化开，搅拌均匀。倒入高度数的白酒，将调好的臭豆腐液倒入豆腐中。容器盖盖，放在阴凉处保存。24小时后即可食用，很臭的哦。放入油锅中炸至两面金黄，出锅，洒上辣椒面和孜然粉即可食用。

0841 客家酿豆腐

产　　地：兰州
所属民族：汉族
级　　别：4
简　　介：传说酿豆腐源于北方的饺子，因岭南少产麦，思乡的中原客家移民便以豆腐替代面粉，将肉塞入豆腐中，犹如面粉裹着肉馅。因其味道鲜美，于是便成了客家名菜。相传很久以前，一个五华人和一个兴宁人是结拜的好兄弟，后来因为在点菜的时候出现了矛盾，一个要吃猪肉，一个要吃豆腐，后来，聪明的饭店老板想出了一个两全其美的办法，制作出了酿豆腐。

甘肃省文化资源名录 第二十八卷 饮食文化　特色饮食

281

0842 兰州红烧肉

产　　地：兰州

所属民族：汉族

级　　别：4

简　　介：红烧肉是热菜菜谱之一，以五花肉为制作主料，红烧肉的烹饪技巧以砂锅为主，口味属于甜味。红烧肉是一道著名的本帮菜，充分体现了本帮菜"浓油赤酱"的特点。色泽红亮诱人，肥而不腻，入口酥软即化。

0843 老醋花生

产　　地：兰州

所属民族：汉族

级　　别：4

简　　介：花生米下有点儿温热的油锅，慢慢炸熟，皮儿变色，锅里发出叭叭爆的声音就可，千万不要怕不熟就继续炸，会糊的。炸好的花生米晾凉，放冰箱里冷藏一下。陈醋2勺，生抽1勺，糖大半勺混合均匀做成调味汁。小葱切碎，洋葱切碎和花生米拌匀，调味汁浇上即可。

0844 茄辣西

产　　地：兰州

所属民族：汉族

级　　别：4

简　　介：茄辣西是个缩写，展开来讲就是：茄子辣椒西红柿。把这三样蔬菜混搭起来，翻炒翻炒，就炒成了一道西北人家在夏天里最常见的下饭菜了。

0845 松鼠鱼

产　　地：兰州

所属民族：汉族

级　　别：4

简　　介：鲜活草鱼治净，从鱼的鳃巴下刀，将龙骨和肚皮刺骨都去掉，用斜刀交叉将鱼肉剞成小方块，刀刀要剞到皮，但鱼皮不能剞破。鱼剞好后，以少量绍酒、盐水拌和略腌，将鱼拍上干淀粉，使其花纹显露。然后入8成热的油锅里炸，见外脆定型后捞出。用鱼下颌做头，拍上干淀粉油炸，形似松鼠装盘。在炸鱼的同时另起油锅烧热，放汤汁少许及白糖100克、白醋60克、番茄酱少许，见沸勾芡，淋入热油，浇在炸过的鱼上即成。

0846 木瓜银耳炖百合

产　　地：兰州

所属民族：汉族

级　　别：4

简　　介：新鲜百合摘片，洗净，切去边角那些发黄的部分备用。银耳用清水浸泡1小时，洗净表面的灰尘，再切掉黄色的底部，摘成小朵，放进锅里，加两倍于银耳的水，开大火煮开，继续中火熬煮至呈胶质。木瓜去皮，切成大块，待银耳呈胶质的时候，倒到锅内，加百合看，煮开调入冰糖即可。

0847 兰州麻辣香锅

产　　地：兰州

所属民族：汉族

级　　别：4

简　　介：麻辣香锅源于重庆缙云山土家风味，是当地老百姓的家常做法，以麻、辣、香味混一锅为特点。据说，当地人平时喜欢把一大锅菜一起用各种调料味料炒起来吃，而每当有尊贵的客人时，便会在平常吃的大锅炒菜中加入肉、海鲜、脆肠、肉嫩、笋片清香，腐竹因为事先炸过，可以吸收各种肉类和海鲜的鲜味，加入本身的香味，混合起来，就成了"一锅香"。内容混搭有荤有素、有淡有辣、有自然形成、也有人工加工……看上去已觉天南地北的食材，融入一锅，就如时尚界将五彩六色混搭在一起一样，享受的是丰富与多样。麻辣香锅，具有辣而不燥、鲜而不腥、入口窜香、回味悠长的独特口味。

0848 竹香米饭

产　　地：兰州

所属民族：汉族

级　　别：4

简　　介：香竹糯米饭香味极浓，融糯米香与翠竹香为一体，是一道色、香、味独特的民族风味美食。

0849 猴戴帽

产　　地：兰州

所属民族：汉族

级　　别：4

简　　介：猪肉切成5厘米长、0.1厘米粗细的丝，加绍酒5克、湿淀粉抓匀。韭菜切2.5厘米的段。芝麻酱加凉开水25克调匀。绿豆粉皮切成1.5厘米宽的长条，加酱油、醋、芥末糊、芝麻油及调好的芝麻酱拌匀，装盘。炒锅置火上，注入菜籽油，旺火烧至六成热，下肉丝划散，至颜色变白时，滗去余油，烹入绍酒5克，下韭菜、酱油、精盐煸炒，注入肉汤，加味精，颠翻出锅，盖在粉皮上即成。此菜肉丝鲜嫩味美，粉皮光滑爽口，芥香、酱香诱人，为夏、秋佐酒佳肴。

甘肃省文化资源名录 第二十八卷 饮食文化 特色饮食

283

"猴戴帽"是以猪肉丝为主料，配以绿豆粉皮，以肉丝覆盖在粉皮之上，形如戴帽，故名。此菜一名升官图，是朝邑县（今陕西大荔县）地方风味菜肴。相传清朝年间，阎阁志丹初因修朝邑"半图义仓"，使当地遭受18年灾荒的饥民得到赈济。阎阁志丹回乡省亲时，地方官员举办筵席为他接风，进献此菜，改名升官图，以祝阎阁志丹官运亨通，以后凡新官上任必进此菜。

0850 兰州凉拌皮冻

产　　地：兰州

所属民族：汉族

级　　别：4

简　　介：肉皮放水中煮开，刮净猪皮表面油污，切细条，放清水中加葱、姜、料酒大火烧沸，改小火煮1个半小时，捡出葱、姜，倒入容器中冷却凝固，切片装盘，蒜茸、盐、香醋、香油、红油调成汁浇上。

0851 西红柿炒鸡蛋

产　　地：兰州

所属民族：汉族

级　　别：4

简　　介：西红柿炒鸡蛋（或番茄炒蛋），是许多百姓家庭中一道普通的大众菜肴。它的烹调方法简单易学，营养搭配合理，也符合大众口味。鸡蛋炒西红柿是营养素互补的很好实例。此菜口感甚好，红黄相间，鲜香酸甜、色泽鲜艳，营养丰富，具有健美抗衰老的作用。

0852 刘香记馄饨

产　　地：兰州

所属民族：汉族

级　　别：4

简　　介：馄饨是中国汉族的传统面食，用薄面皮包馅儿，通常为煮熟后带汤食用。起源于中国北方，部分地区称之为云吞或抄手。兰州刘香记始创于1998年，于2006年5月成立兰州刘香记餐饮有限公司。至今已发展成为以食品生产和餐饮连锁经营为主的食品企业。刘香记被先后评为特色名小吃和绿色餐饮，2010年获得全国诚信3A级企业和中华美食特色名店的荣誉称号。

0853 油炒粉

产　　地：兰州

所属民族：汉族

级　　别：4

简　　介：油炒粉也是兰州市著名的地方风味小吃。有卖酿皮的地方就必有卖油炒粉。油炒粉为用卤猪油炒制的凉粉。凉粉为夏令应时佳品，可以充饥解渴、去燥消暑。在冬春之际，油炒粉热气腾腾，则更合时宜。凉粉为四时皆宜的美味食品。先在平底铁锅内烧开卤猪油，再把切成麻将牌大的方块粉分次放入锅内，加糖色、葱花、精盐，不断翻炒，直至金黄烫热，即可盛碗备食。依各人口味，调以辣椒油、麻酱、陈醋、蒜汁、精盐，即可食用。

0854 百合狮子头

产　　地：兰州

所属民族：汉族

级　　别：4

简　　介：苏菜的一种，很是具有营养，适合大补。做时将草鱼肉切成黄豆大小的粒，马蹄去皮洗净，切成粒，百合去根，拆分成瓣洗净，亦切成粒。百合粒、鱼粒、马蹄粒入盆，放入精盐、味精、胡椒粉、蛋清、干淀粉、葱姜水等搅均匀，待搅上劲后，用手团成四个狮子头生坯，放入沸水锅里氽定型。把狮子头生坯放入沙煲内，加入适量的高汤，调入精盐、味精、胡椒粉，放入油菜，上笼蒸15分钟，即可取出上桌。

0855 兰州韭菜鸡蛋

产　　地：兰州

所属民族：汉族

级　　别：4

简　　介：韭菜因营养丰富，又有温补肝肾，助阳固精作用，故在药典上有"起阳草"之称。冬季服用可以温肾壮阳。韭菜水煎外洗可以治疗神经性皮炎；捣烂外敷治疗荨麻疹；捣烂取汁，每次服10~20毫升，治疗便血、尿血、鼻血等出血症。

0856 兰州酸汤肥牛

产　　地：兰州

所属民族：汉族

级　　别：4

简　　介：肥牛用刨片机刨成薄片，经码味后，入沸水锅中氽至断生捞出；银芽择去两头留中段，洗净后放入玻璃盘中垫底。净锅上火，放入化鸡油烧热，投入姜蒜米爆香，接着下入金黄冠辣椒酱和野山椒末稍炒，烹入花雕酒，掺入鲜汤，同时下入香芹段和香菜稍煮，然后打去所有料渣不用，再调入精盐、胡椒粉、鱼露、味精和大红浙醋，倒入氽熟的肥牛片，便可连汤带汁倒入装有银芽的玻璃盘中，最后撒入新鲜的小青红尖椒圈即成。

0857 西红柿鸡蛋汤

产　　地：兰州
所属民族：汉族
级　　别：4
简　　介：西红柿鸡蛋汤是鸡蛋汤的一种，是家常菜之一，烹饪方便，营养价值高，将西红柿和鸡蛋的营养价值完美的搭配在一起，易于人们吸收，所以经常出现在人们的餐桌上。它具有蛋白质美容疗效，能使皮肤有弹性、有光泽，是一款简单易做的美容佳品。

0858 尕老汉特色酱烧肉

产　　地：兰州
所属民族：汉族
级　　别：4
简　　介：尕老汉特色酱烧肉选用精品猪五花肉，肥而不腻。

0859 兰州豆干炒芹菜

产　　地：兰州
所属民族：汉族
级　　别：4
简　　介：芹菜洗净切条；豆干头天晚上用水泡上，第二天拿出用清水冲洗，然后切片、切条均可；干辣椒切小段、姜切细条。炒锅倒油，油温热下豆干小火慢炒。豆干稍煎（炒）后，将干辣椒段、姜一起放进去略炒。再将芹菜段倒入锅中，大火快炒，加适量盐调味，炒至芹菜熟了即可。

0860 蒜蓉粉丝蒸扇贝

产　　地：兰州
所属民族：汉族
级　　别：4
简　　介：蒜蓉粉丝蒸扇贝是一道粤式经典海鲜蒸菜，主料是蒜蓉、粉丝和扇贝，主要烹饪工艺是蒸，工序较为复杂，用时需要1

小时左右。这道菜营养美味，菜色诱人。简易做法：蒜蓉炸变色、炸香。扇贝用牙刷刷洗干净，然后用刀子撬掉盖子。细粉丝温水泡软。扇贝摆在盘中，放上粉丝、炸好的蒜蓉。倒入生抽或者海鲜酱油，上蒸笼五六分钟即可。

0861 凉拌沙葱

产　　地：兰州

所属民族：汉族

级　　别：4

简　　介：沙葱是大西北的特产，生长于海拔较高的戈壁和沙漠边缘地带，采回冲洗后，盆中沉淀些许细沙，味道微辣，故称沙葱。沙葱可做多种佳肴，还有一定的药用价值。凉拌后味道鲜美，可佐餐下酒。沙葱一斤，择净后用水反复冲洗干净。水烧开后放少许咸盐，放入沙葱稍余，出锅用冷开水镇凉。双手攥干水份，从中间切一刀，使沙葱稍短一点。生蒜加盐捣成蒜泥，加白糖、生抽、味精、醋充分混合，倒入拌菜盆中。炒锅上火，加油烧热，放花椒爆出香味后捞出花椒，把热花椒油倒入。搅拌均匀，即可装盘。

0862 兰州葱爆羊肉

产　　地：兰州

所属民族：汉族

级　　别：4

简　　介：葱爆羊肉属北京菜、清真菜。有补阳调理、壮腰健肾调理、补虚养身调理的功效。羊肉滑嫩，鲜香不膻，汪油包汁，食后回味无穷。该菜品略带葱香味。做时将羊肉批成1.2厘米厚的片，两面交叉打花刀（深度各为肉厚的1/3），切成1厘米的长条，再切成方丁，放入碗内加精盐、鸡蛋清、湿淀粉搅匀。将大葱一剖为二，改刀成1.2厘米的段备用，取一空碗放入精盐、酱油、绍酒、味精、湿淀粉搅匀成汁。炒锅内放入花生油，在旺火上烧至七八成热，放入羊肉片迅速翻炒，看到羊肉片开始变白时放入大葱，酱油，糖，盐，翻炒均匀，直到肉片全部变白，羊肉成熟后，淋入醋，放入香菜段翻炒均匀后立即出锅。

0863 兰州百合鸡丝

产　　地：兰州

所属民族：汉族

级　　别：4

简　　介：百合鸡丝是一道色香味俱全的名菜，属于闽菜系。百合鸡丝以百合为主要材料。百合泡软、沥干。青椒、红椒去籽洗净切丝。鸡胸肉洗净，顺着纹路切丝。油锅加热加油，拌炒，加盐稠味。喜欢青脆口感者，快火炒匀即起锅，喜欢较熟软者，可续焖2分钟再盛起。

0864 兰州凉拌萝卜皮

产　　地：兰州

所属民族：汉族

级　　别：4

简　　介：取一整块红心萝卜，去根须洗净，削1厘米厚皮并带点红心。自然风干3天，置于冰箱冷藏备用。碗内放辣椒面，将加至3成热的植物油倒入碗内，搅拌成辣椒油，备用。取较大容器盛萝卜皮，放入辣椒油，食盐，味精，醋拌合即可。

0865 兰州酸辣汤

产　　地：兰州

所属民族：汉族

级　　别：4

简　　介：酸辣汤是一道传统的汉族小吃，属于川菜或湘菜系。酸辣汤的特点是酸、辣、咸、鲜、香。用肉丝、豆腐、冬笋等料经清汤煮制而成。饭后饮用，有醒酒去腻，助消化的作用。

0866 兰州暖锅

产　　地：兰州

所属民族：汉族

级　　别：4

简　　介：兰州暖锅子，是兰州人家在春节期间精心准备的一种大烩菜，它既不像涮羊肉那么单一，又不同于一般的砂锅那样粗陋，它是用铜制的暖锅将做熟的菜肴加入高汤煮沸后食用的大烩菜，其中物料丰富，荤素搭配，是一种老少皆宜，方便实惠的全家福菜肴。

0867 兰州酸辣拌汤

产　　地：兰州

所属民族：汉族

级　　别：4

简　　介：此汤滑润，汤鲜味美，含有丰富的蛋白质、碳水化合物、铁质等，原料：主料面粉50克，鸡蛋1个，虾仁10克，菠菜20克。辅料高汤200克，香油2克，精盐2克，味精少许。简单做法：将鸡蛋磕破，取鸡蛋清与面粉和成稍硬的面团揉匀，擀成薄片，切成黄豆粒大小的丁，撒入少许面粉，搓成小球。将虾仁切成小丁；菠菜洗净，用开水烫一下，切末。将高汤放入锅内，下入虾仁丁，加入精盐，开后下入面疙瘩，煮熟，淋入鸡蛋黄，加入菠菜末，淋入香油。

0868 上素福袋

产　　地：兰州

所属民族：汉族

级　　别：4

简　　介：主料：福袋（豆皮儿）5片，香菇4朵，笋1根，胡萝卜1/2根，碗豆仁40克，松子40克，竹荪6条，芹菜3棵。调味料：（1）酱油1大匙，糖1茶匙，盐1/4茶匙，水淀粉1/2大匙。（2）素高汤6碗，盐1/2大匙，胡椒粉少许，麻油少许。做法：①香菇泡软切丁；笋、胡萝卜去皮后煮熟、切丁；碗豆仁、松子烫熟用冷水冲凉；竹荪泡软、去杂质、切丁；芹菜去叶、洗净，两棵切丁，另一棵烫软，撕成细条备用。②用2大匙油将所有丁料炒香，并加调味料（1）调味后盛出。③福袋（豆皮儿）一切为二，每片在切口处撕开，将炒好的丁料盛入八分满，再用烫软的芹菜捆紧封口做成袋。④调味料（2）中的高汤烧开，放入福袋（豆皮儿）小火煮10分钟，再加入乘余调味料撒上芹菜丁，即可盛出食用。

0869 兔子蹬鹰

产　　地：兰州

所属民族：汉族

级　　别：4

简　　介：兔子蹬鹰为兔肉和鸡肉爆炒，添加葱、姜、蒜、辣子和土豆做成。

0870 兰州酸菜粉条

产　　地：兰州

所属民族：汉族

级　　别：4

简　　介：酸菜粉条是一道美味可口的东北菜。以粉条为主要原材料，为东北风味，口味咸鲜为主，酸菜味浓。酸菜去根，顶刀切成丝。葱，姜，蒜切成末。粉条用开水泡软，切成20厘米长的段，猪肉切成片。炒锅上火，加入油，放入葱，姜末炒香，加入肉片略炒后将酸菜放入，大火炒2-3分钟后加入酱油、料酒、鸡精，再加入60克水，待锅开后把粉条放入，改成小火烧制约15分钟。待锅内汤汁被条吸入后，撒入蒜末，淋入香

甘肃省文化资源名录 第二十八卷 饮食文化　特色饮食

油即可出锅装盘。

0871 兰州红烧牛筋面

产　　地：兰州

所属民族：汉族

级　　别：4

简　　介：将西兰花洗净摘小朵，胡萝卜切花片，金针菇去根部。将牛筋浸泡数小时除尽血水后连同各式香料及葱姜一同放入高压锅内。盖上锅盖高压25分钟。时间到后将牛筋捞出切小块，将锅内香料及葱姜过滤出牛筋汤备用。炒锅烧热放入白糖小火炒至融化。下入牛筋，放酱油炒至牛筋上糖色。

0872 兰州烩菜

产　　地：兰州

所属民族：汉族

级　　别：4

简　　介：主料为猪瘦肉、豆腐、粉条或白菜、土豆。配料：花生油、花椒、姜片、大葱、大料、酱油、盐、水。烹调过程：①洗好所有的菜备用。②肉切片，豆腐、土豆切小块，白菜切条，菜叶略大一点，置盘备用。③锅内放油，油熟了之后，再放肉。把肉炒的水气快没的时候放大葱、鲜姜，然后放大料，花椒少放，加入酱油。④将土豆块放入锅中，翻炒一会儿，加水，水正好淹没土豆，旺火煮。⑤水开后将豆腐入锅，慢火炖一会儿。土豆快熟的时候，大约5-10分钟，将白菜放入锅中。白菜煮熟，大约5分钟。

0873 酸辣蛋白冻

产　　地：

所属民族：汉族

级　　别：4

简　　介：蛋白冻选用新鲜肉皮，精心熬制，不但香味浓郁，有嚼头，更完美的保持了原料中的蛋白营养。将蛋白冻融入水中，即可成汤，可加生姜，料酒，鸡汁香菜等辅料可成高汤。

0874 炝拌扁豆芽

产　　地：兰州

所属民族：汉族

级　　别：4

简　　介：扁豆芽洗净，将胡萝卜去皮切成丝。香菜洗净切成 3 厘米长的段。锅中倒入水烧开后放入扁豆芽焯烫 1 分钟，捞出放在漏网上。放入胡萝卜丝焯烫 20 秒钟捞出放在黄豆芽上沥干水分。将扁豆芽，胡萝卜丝和香菜倒入大碗中，调入盐，味精，香油拌匀。用勺子烧热花椒油泼在上面，再搅拌均匀即可。再放上一些黄瓜丝会更好吃。

0875　脆皮百合

产　　地：兰州

所属民族：汉族

级　　别：4

简　　介：面粉、蛋清、淀粉、水调成脆皮糊。淀粉放碗内加水调成湿淀粉。将鲜百合掰开洗净，加入精盐拌匀腌片刻，控干水分，拍匀干淀粉，蘸匀脆皮糊。炒锅注油烧至四成热，下入百合炸熟，捞出控油。炒锅放入果汁烧开，用水淀粉勾薄芡，放入炸好的鲜百合翻匀即可。

0876　兴国米粉鱼

产　　地：兰州

所属民族：汉族

级　　别：4

简　　介：兴国米粉鱼是江西兴国地区汉族名菜，以草鱼为制作主料，烹饪技巧以蒸菜为主，口味属于咸鲜。兴国米粉鱼的特色：色泽金黄，清香浓郁，肉质嫩滑，味鲜辣，无腥味。烹饪方法：①将鱼除鳞、去鳃，剖开背部并去内脏、剁去头、尾与龙骨，将鱼肉洗净，然后用刀斜切成 2 厘米厚、6 厘米长的片状，盛入钵内，在鱼肉钵内放入姜（切末）、味精少量、酱油、精盐少许、辣椒酱 50 克腌几分钟，再拌上甘薯粉，待用。②生菜叶择洗干净，备用。取一小笼，笼底垫上洗净的生菜叶，撒上米粉少许，略蒸一下离火。③籼米粉下沸水中煮至七成熟，捞起沥干水，用精盐少许、酱油、菜油 50 克、味精少许、辣椒酱 25 克，拌匀的籼米粉散放在蒸笼生菜叶之上，再撒米粉少许，合笼盖上蒸锅蒸至上气即端出。④再放调好味的鱼片，复上旺火蒸 20 分钟左右。⑤将辣椒酱 50 克，用开水调稀，加入酱油、味精少许、菜籽油 100 克，调成卤汁。⑥将卤汁浇在笼内鱼片上，撒上葱花即成，连笼端上席。制作提示：1. 鱼要选用新鲜的草鱼，鱼不鲜，鱼片不佳。2. 鱼片入笼后，蒸的时间不可过长，否则失去鲜嫩。健康提示：此菜不用油烹制，无腥味，冬天最宜，能发汗、驱寒。

0877　兰州鸭血粉丝汤

产　　地：兰州

所属民族：汉族

级　　别：4

简　　介：材料主料：切成小块或（条）的鸭血（有时也用猪血代替）和粉丝。油果子、葱姜丝、虾米、香菜、鸭内脏（包括鸭胗，鸭肠，鸭肝等等）。精盐味精、鸡精、香油（或辣油）各适量。做法：烧开一锅水，倒入一大勺味精、盐、智强鸡精，把香菜放入沸腾的热水中烫一下，切好熟鸭肠、鸭肝备用。把汤煮好，把鸭血切成条，油果子切成三角，放进汤里煮。过一两分钟，把鸭血捞出来，再过一会儿，等油果子烧熟了，把火关到最小，把鸭血放进去，让它们慢慢炖，保持温度不下降。把粉丝放入烫粉丝的勺里，在汤里烫一两分钟，倒进碗里。再捞出适量的鸭血和油果子放进碗，把切好的熟鸭肠、鸭肝放在粉丝上，夹几根香菜，挖勺辣油，用筷子搅一下，一碗色香味美的鸭血粉丝汤就做好了。

0878 烫面饼

产　　地：兰州

所属民族：汉族

级　　别：4

简　　介：经过烫制的面，入口软甜，配上汁水浓郁的牛肉馅，是很可口的搭配，当然，做这样的馅饼也可以用半发的面来做，只是面的制作不同，出来的口味不同而已。原料：面粉、热水、豆沙馅、植物油。做法一：①面粉中一边慢慢添加开水，一边用筷子搅拌成絮状。②至不烫手时，沾少许凉水，揉成光滑的面团。③盖保鲜膜饧10分钟。④把面团分割成等大的面团，揉匀，擀成薄皮。⑤包入馅料，再次擀平。⑥锅烧热后抹层薄油，摊入面饼，反正面烙成金黄色即可，趁热食用。

0879 拔丝苹果

产　　地：兰州

所属民族：汉族

级　　别：4

简　　介：准备材料：挤柠檬汁备用，苹果削皮，再把苹果切成块，把苹果泡入柠檬水里面备用，熬煮糖浆，把柠檬水沥干，苹果倒入糖浆里面炒一下，直至水干，焦糖就可以了。

0880 扣碗酥肉

产　　地：兰州

所属民族：汉族

级　　别：4

简　　介：酥肉选材是在猪的上半身的肉比较嫩，肥瘦相间。将肉切片以后，然后加上花椒、盐、白酒、姜末、淀粉，根据淀粉的多少加鸡蛋清调匀，不可太清也不可太干，腌制五分钟后，记得不要用水调，因为腌好的肉是要放到油锅里炸的，如果有水，就很危险，油遇到水就会炸开。炸过后的肉不但很香，而且也可以将肉里的猪油炸一些出来，吃起来就太会腻口。肉只需炸到八成熟就可捞起来。然后再切成小片，摆在碗底。在肉上面放土豆或莲藕都可，土豆莲藕切成小块，然后用大火蒸熟。一定要大火，最出效果的是蒸笼。蒸好后用一个可以盛汤的盆将头碗翻过来，即土豆或莲藕在盆底，上面是酥肉。煮上一点青菜放其表面，此时在熬一点汁，汁里面加上醋、葱花、姜末，然后淋在酥肉表面就可以了。醋，是一个必不可少的调料，放的多少依个人口味而言。此道菜特点就是香酥、嫩滑、爽口、肥而不腻，不喜欢吃辣椒的朋友一定会喜欢的。

0881 兰州萝卜丸子

产　　地：兰州

所属民族：汉族

级　　别：4

简　　介：作为一种油炸食品，一般是在面团里面包上肉末、香菜等佐料，然后将油（食用油）烧开，将包好的丸子放如油锅里炸一段时间，用笊篱捞出放在干燥的地方待冷却后即可食用。

0882 手撕包菜

产　　地：兰州

所属民族：汉族

级　　别：4

简　　介：手撕包菜制作原料：小青包菜、蒜片、葱段、茶油、盐、味精、鸡精、酱油、高汤、醋。特点是红白相间，麻辣鲜香，爽脆清甜，除了可开胃增食欲外，还有美白祛斑、预防感冒和胃溃疡等作用。

0883 香辣酥肉

产　　地：兰州

所属民族：汉族

级　　别：4

简　　介：五花肉去皮切条加花椒粉，蛋液，葱，淀粉拌匀，淀粉要发到肉不滴汁为止加味精加盐，用保鲜膜封好，放进冰箱，腌制1小时以上，锅里倒油，油烧至8成熟，一小块一小块肉下去炸。炸完后撩起备用，锅里留少许油，加入蒜末炒香，放入豆瓣酱（郫县的豆瓣酱），在加入干辣椒和少许料酒，翻炒出香味后把炸好的酥肉放进去炒，装盘。

0884 清汤燕菜

产　　地：兰州
所属民族：汉族
级　　别：4
简　　介：清汤燕菜是山东地区特色传统名点，属于鲁菜系。用燕窝加以各种辅料制作成的营养丰富的特色靓汤，属珍贵佳肴，汤清菜白，口味鲜醇，沁人心脾，营养丰富。做法一，①将燕窝放置没有油腻干净的瓷器中用温水泡透发涨后捞在干净盘内，最好用镊子钳净燕毛和腐烂变色部分，用凉水清洗两遍后，用开水冲泡。②用开水将燕窝过一遍后再用开汤过一遍分装在小碗内，将盐、胡椒粉、味料酒、加进清汤中，把味调好冲进小碗即成。做法二，素斋清汤燕菜，①白萝卜洗净去皮，切成7厘米长0.35厘米厚、0.2厘米宽的粗丝，每根粗丝上切五刀，用刀轻拍一下，粘上干淀粉，上笼蒸熟后取出，泡入沸水中，燕菜即制成待用。②胡萝卜洗净切成丝。香菜洗净去叶留梗，切寸段，用沸水余烫捞出。③炒锅洗净置火，加入花生油，油热后，煸炒葱丝、姜丝。待出香味后，放入胡萝卜丝、香菜段、清汤、精盐、胡椒粉。汤汁滚沸后，下入水淀粉勾芡，淋入香油。④将蒸好的燕菜放入汤碗内，再浇入烹制好的汤汁，即成。

0885 橄榄油炒甜脆豆

产　　地：兰州
所属民族：汉族
级　　别：4
简　　介：在锅中放清水，烧沸后滴入几滴橄榄油，然后放入甜脆豆焯一下。在锅中放入少许橄榄油，炒甜脆豆。加入葱白及适量竹盐翻炒，待炒熟后滴入几滴核桃油，起锅摆盘即可。

0886 桂花冰糖炖牛筋

产　　地：兰州
所属民族：汉族
级　　别：4
简　　介：牛筋洗干净。准备调料。锅中煮开水，加入牛筋葱姜蒜。然后加入少许大曲焯煮片刻。煮至水开，浮沫出现。然后捞出过凉水。牛筋切成四块。高压锅煮，上适量水，加入葱姜蒜和牛筋然后放冰糖二把。桂花糖一包也加入。再倒入适量大曲。煮开后，再盖盖继续大火炖5分钟，然后转中小火炖80分钟。开盖后用筷子戳一下，很容易戳穿说明可以了。然后再加入一包桂花冰糖（不用怕太甜，也许对有些人来说不够甜）。

0887 兰州酸菜鱼

产　　地：兰州

所属民族：汉族

级　　别：4

简　　介：酸菜切碎，蒜切片，姜切末，香菜切段，适量的干辣椒和花椒粒。鱼肉用少许盐，胡椒粉和生粉抓一下。鱼骨用盐和胡椒粉抓一下。炒锅下油，爆香蒜片和姜末。蒜片略微发黄时倒入切好的酸菜。炒出香味后加入适量的水或高汤。把鱼骨一起下汤里煮，煮至开锅。开锅后把鱼肉一片一片的下锅划开。鱼肉很容易熟，熟后加入适量的胡椒粉。盛入大碗里。锅里再下少量的油，小火，炸香花椒和干辣椒，把炸好的花椒油淋在鱼肉上，撒上香菜即可。健康功效为平肝熄风、和胃、温中香菜：健胃、透疹、增强免疫力，姜：降逆止呕、化痰止咳、散寒解表。

0888 兰州洋芋搅团

产　　地：兰州

所属民族：汉族

级　　别：4

简　　介：做洋芋搅团，先用光滑硕大的洋芋煮熟剥皮，盛在专用木槽中，用木榔头轻轻揉搓，待洋芋成团则用力夯砸，直至洋芋团变成一整块。洋芋搅团多配酸菜，苦根儿咸菜。酸菜用油加葱、辣子面儿和调料炒成，加水煮沸成为带浆水的菜汤。苦根咸菜切细加辣面用热熟油浇好。先在碗中盛小半碗带汤的酸菜。再将洋芋团夹成小块放入碗内食用，搅团柔软细腻，菜汤酸辣可口。食之，余味无穷。有消炎解暑治疗便秘之功效。

0889 西芹炒排骨

产　　地：兰州

所属民族：汉族

级　　别：4

简　　介：排骨剁成段，放入清水锅中，大火烧开，撇去浮沫，煮至熟，捞出西芹洗净，斜切成段炒锅置火上，放入植物油，烧至6成热，放入排骨，过下油，捞出锅中留底油，爆香葱花，下西芹翻炒，再下排骨一起翻炒，加盐、鸡精、酱油和朝天椒段翻炒均匀即可。

甘肃省文化资源名录 第二十八卷 饮食文化

特色饮食

0890 兰州风味土豆片

产　　地：兰州

所属民族：汉族

级　　别：4

简　　介：将土豆切片，放清水里泡2分钟捞出沥干水。这时将青椒和红椒切段，青蒜苗梗和姜切成末，蒜苗叶切成段。净锅烧植物油，油热到丢一个土豆片进去可以在均匀冒泡时，倒土豆片炸制。待土豆片炸断生，至每片分离，显出黄色时，捞出沥油。锅里留1汤匙量的底油，加入辣妹子酱炒香。再入青红椒、蒜梗末和姜末炒香。放入土豆片，调入酱油。调入蚝油炒均匀入味。放青蒜苗叶炒断生，关火即成。可调的风味有：①椒盐味。花椒适量，食盐1千克拌匀。②奶油味。喷涂适量奶油香精。③麻辣味。适量花椒粉和辣椒粉与1千克食盐拌匀。④海鲜味。喷涂适量海鲜香料。⑤孜然味。适量孜然粉与1千克食盐拌匀。⑥咖喱味。适量咖喱粉与1千克食盐拌匀。⑦原味。不加任何调味晶与香料。

0891 金鱼鸭掌

产　　地：兰州

所属民族：汉族

级　　别：4

简　　介：金鱼鸭掌是一道传统的名菜，属于满汉全席之一。金鱼鸭掌选用鸭掌为主料，佐以鸡茸、水发香菇、鹌鹑蛋等辅料烹制而成。成品口感鲜嫩、形象逼真。制作过程：①锅中注入清水，放入鸭掌，上火煮15分钟左右，五成熟时捞出，放入清水中过凉，取出，从鸭掌背面用手剔去骨头，然后用剪刀剪去掌心硬茧。然后，鸭掌心朝上，放在平盘中，在掌跟部撒些面粉。②锅中注入清水，分别放入水发香菇、水发玉兰片、水发鱼肚，在火上余一遍捞出，控净水，切成丝。将鸡蛋清倒入盘中，用筷子抽起，呈雪白泡沫状。将黄瓜皮切成4分长的细丝。③将鸡茸放入盆中，加入料酒、精盐、玉米粉、鸡油、清汤各少许，搅拌上劲，再放入鸡蛋清，拌匀成糊。用手将糊挤成长1寸左右的金鱼形，放在鸭掌跟上，把两粒豌豆安在鱼头两侧作眼睛，鱼背中央撒上一条发菜。发菜两侧用黄瓜皮丝码成鱼鳞状，即成金鱼鸭掌。按此方法共做12个，上屉蒸6至8分钟取出。将200克清汤注入锅中，加入料酒、精盐各少许，放入香菇丝、玉兰片丝、鱼肚丝，在微火上烧两分钟，然后倒入漏勺中控干水，撒在小鱼盘内，将金鱼鸭掌码在上面。将200克清汤注入锅中，上火烧开，撇去浮沫，加入料酒、精盐各少许，对好口味，用水将玉米粉调稀，倒入锅中勾芡，淋上鸡油，浇在菜上即可。

0892 果木烤鸭

产　　地：兰州

所属民族：汉族

级　　别：4

简　　介：始创于公元1864年（清同治三年），是北京烤鸭的杰出代表，餐饮企业的金字招牌。具有传统的饮食文化基础，经历了几代人的艰辛，以一炉百炼的火，铸就了经久不衰的辉煌成果。其鸭皮富有果香味，脆而肉嫩，具有一鸭二吃的特点，鸭肉卷酱，鸭骨煲汤，营养丰富，有去火养颜之功效。

0893 菠萝咕噜肉

产　　地：兰州

所属民族：汉族

级　　别：4

简　　介：菠萝咕噜肉，是一道广东的汉族传统名菜，属于粤菜系。口感清新解腻，酸甜的味道又能增进食欲，无论作为水果还是菜肴，都非常美味。制作过程：①将肉切小块儿，用盐、料酒、生抽腌一会儿。②粘上少许蛋液，倒入面粉和生粉中裹匀。③入油锅，炸至表面金黄，捞出。④热锅中，放入少许油，倒入青红椒炒香，倒入菠萝翻炒至出汁。⑤倒入番茄酱和少许清水，煮沸后小火收汁。加入味精和胡椒粉即可。

0894 冰镇百合绿豆汤

产　　地：兰州

所属民族：汉族

级　　别：4

简　　介：绿豆浸大半天，倒去水洗净。加水大火煮开后改小火。约45分钟后放入洗净的百合、冰糖煮熟即可。待凉后放入冰箱，等冰镇后饮用，消暑去火。

0895 兰州韭黄鸡丝

产　　地：兰州

所属民族：汉族

级　　别：4

简　　介：韭黄鸡丝为兰州特有的冬令名肴，由当地培育的韭黄和鸡脯肉丝烹制而成。韭黄鸡丝对刀功、火候、调味和配色都要求极高。只炒三铲，则鸡丝酥、韭黄嫩、色泽光亮，味香可口。具有补肾起阳作用，故可用于治疗阳痿、遗精、早泄等病症；益肝健胃：韭菜含有挥发性精油及硫化物等特殊成分，散发出一种独特的辛香气味，有助于疏调肝气，增进食欲，增强消化功能。

0896 兰州萝卜排骨汤

产　　地：兰州
所属民族：汉族
级　　别：4
简　　介：萝卜排骨汤是以白萝卜和排骨为主要食材的家常菜，口味咸鲜，补肾养血，滋阴润燥，营养价值丰富。

0897 香滑鲈鱼球

产　　地：兰州
所属民族：汉族
级　　别：4
简　　介：将鲈鱼肉顺着直纹切成块，每块长6厘米、宽3厘米、厚0.6厘米，用精盐（1克）拌匀。旺火烧热炒锅，下花生油涮锅后倒回油盆。再下熟猪油烧至五成热，放入鲈鱼肉，过油约30秒钟至八成熟，连油一起倒入笊篱沥干。将炒锅放回炉上，下姜、葱，烹绍酒，加上汤、味精、白糖和精盐（2.5克），再放入鲈鱼球，用湿淀粉调稀勾芡，最后淋芝麻油和熟猪油（25克）炒匀便成。鲈鱼又名花鲈、鲈板、海炉鱼。体长侧扁，大者重达10公斤左右。栖息近海，也进入淡水，早春在咸淡水交界的河口产卵，肉质鲜美，秋后最肥嫩。《烟花论》曾记载隋炀帝对鲈鱼的评论：所谓金玉脍，东南之佳味也。

0898 榨菜肉丝炒粉

产　　地：兰州
所属民族：汉族
级　　别：4
简　　介：用温水先把米粉泡软，然后大火烧开后改中小火煮至没有硬心，判断标准就是用筷子撩起来有很好的弹性，或者尝一根。煮米粉的时候可以把其他配料准备好，榨菜不用切了，是买的袋装的，瘦肉切成丝，葱姜切末，白菜洗干净即可。煮好的米粉过凉水，冲掉黏黏的米糊之后放凉水里泡至米粉凉了之后捞出沥水。起油锅，把葱姜爆香。将瘦肉丝放入炒至上色，加入榨菜同炒约3分钟，至榨菜有轻微的劈啪声再把白菜放入同炒，白菜炒至7分熟后加入生抽（如果想要更鲜美可以加点耗油）、调味料、家乡的辣椒粉（炒香过的粗面，如果没有可以用干辣椒末代替，如果您还想要更辣的话可以加点新鲜的朝天椒），五香粉和胡椒粉各少许，把米粉倒入，用筷子划炒至米粉均匀上色即可出锅。

0899 风味牦牛小排

产　　地：甘南

所属民族：藏族

级　　别：4

简　　介：牦牛是生长在地球之巅的高寒、无任何污染环境、独特的半野生半原始珍稀动物，逐水草而居的半野生放牧方式、原始自然的生长过程，一生中摄入大量的虫草、贝母等名贵中草药，使牦牛肉质细嫩，味道鲜美。该菜精选甘南原产牦牛排，经独特配方烹制。营养丰富，口味独特，具有浓郁的西北民族特色。

0900 有机黄金米烹辽参

产　　地：兰州

所属民族：藏族

级　　别：4

简　　介：主料：辽参、野米。米饭口味：鲍汁、咸香。辽参又名刺参，富含18种氨基酸、牛磺酸、胶原蛋白、粘多糖、硫酸软骨素、皂苷、多肽及多种维生素和微量元素等活性成份，被称为"生命保鲜剂"。本菜以辽参和东北野生黄粟米为主料，以鲍汁提味，经多道工序加工而成。口味滑嫩鲜香，实为菜中珍品。

0901 一品烤羊腿

产　　地：兰州

所属民族：藏族

级　　别：4

简　　介："一品烤羊腿"是少数民族名菜，流传广远，西北各地，皆有制作。此菜以羊腿为主料，经腌制再加调料烘烤而成。成菜羊腿形整，颜色红润，酥烂醇香，滋味鲜美，回味悠长。

0902 千岛酱虾仁

产　　地：兰州

所属民族：藏族

级　　别：2

简　　介：主料是水晶虾仁、百合、荷兰豆。口味微甜。特点是搭配合理，色泽明亮，清淡爽口，易于消化，老幼皆宜，深受食客欢迎。

0903 酸菜炖土豆

产　　地：兰州

所属民族：3

级　　别：4

简　　介：主料：土豆、老酸菜。口味是咸酸、微辣。特点：酸菜和土豆都是最常见的食材，为家常菜，虽然常见，但味道鲜美香醇，让人百吃不厌。

0904 呛油凉拌酸菜

产　　地：兰州

所属民族：回族

级　　别：3

简　　介：主料娃娃菜、泡米椒。口味酸辣、清爽。特点是菜品微酸甜，不仅保持新鲜蔬菜原有的色泽，在口感上比新鲜蔬菜更爽脆。既好吃，又助消化。

0905 红花汁烹东星斑

产　　地：兰州

所属民族：回族

级　　别：3

简　　介：主料星斑藏红花，辅以原汁鸡汤、藏红花，鸡汤口味极其滑嫩鲜美。深海东星斑多自然生长于100米以下的深海，污染少，生长时期长，在几十年上下，故其肉质相当有咬劲，营养价值更是其他海产品所不能比拟的。深海东星斑的鱼肉内含有二十几种人体所需要的微量元素、维生素，具有高蛋白、低脂肪、低胆固醇的特点；鱼皮的胶质层含有大量的"角沙烯"成分，是特效美容元素；鱼骨内还有珍贵的"脑黄金"成份，能激活脑细胞，提高记忆力，延缓大脑老化。

0906 泡椒去骨凤爪

产　　地：兰州

所属民族：回族

级　　别：3

简　　介：主料：去骨凤爪、泡米椒。口味以麻辣有滋、皮韧肉香而著称。具有开胃生津、促进血液循环的功效。制作过程比较讲究，选料精良，而且去骨，这样才能使泡椒的劲辣味道沁入凤爪中。

0907 鸡汤圣女果

产　　地：兰州

所属民族：汉族

级　　别：3

简　　介：主料：有机番茄、鸡汤、虫草花。口味咸鲜。特点是口味独特，可养颜美容，缓解疲劳，促进食欲。

0908 兰州牛杂面

产　　地：兰州

所属民族：回族

级　　别：4

简　　介：锅里兑水，放入一半姜拍碎，倒入牛腩一起煮开，放入白酒再次煮开即可捞出洗净控干。牛肚和牛筋切条。焯水捞出控干。锅里放油，姜片，蒜，八角，干辣椒，牛腩一起煸炒出香味。放入牛肚牛筋一起翻炒均匀。放入老抽，料酒，五香粉炒匀。兑足量的温水，放入葱结，大火烧开小火炖20分钟。调入盐继续炖20分钟即可。调入鸡精提味。把面条煮好，放入自己喜欢的蔬菜焯一下即可。沥干面条，把牛杂连汤舀进碗里。

0909 兰州干锅包菜

产　　地：兰州

所属民族：汉族

级　　别：4

简　　介：干锅包菜是一道四川的汉族传统名菜，属于川菜菜系，口感更嫩滑，入口绵软、入味好吃。主要原料是卷心菜、香菇、竹笋、猪肉等。工艺是炒，各个地区有不同的做法。

0910 兰州蒜泥茄子

产　　地：兰州

所属民族：汉族

级　　别：4

简　　介：蒜泥茄子属山东菜系，是以蒜泥和茄子为主要食材的家常菜，味道咸鲜微带蒜香，是夏令时菜。将茄子洗净削皮，切成块，放入蒸锅蒸大约15分钟，放盘中晾凉待用；大蒜剥皮，剁成蓉，放入碗中，加入酱油、香油、精盐、味精拌匀；将调味汁倒在茄子上拌匀即可。适合各种口味的人群。

0911　干锅千页豆腐

产　　地：兰州

所属民族：汉族

级　　别：4

简　　介：将千叶豆腐在油中略炸，捞起沥干油备用。锅内留少许油，放入牛肉煸出油，再放入调料包煸香。倒入炸过的千叶豆腐、调味包及青红椒，炒香后起锅。在锅仔内垫上洋葱，放入炒好的菜肴即可。制作要诀：牛肉可以煸出油，炒此菜时要少放油。饮食宜忌。

0912　兰州醋熘白菜

产　　地：兰州

所属民族：汉族

级　　别：4

简　　介：醋熘白菜，以白菜心为主料，青、红辣椒块、海米为配料。白菜含有丰富的钙、铁、无机盐的维生素C等，并且释放热量较多。加入青、红辣椒块，海米，能过醋熘不仅增加钙、磷等无机盐含量，而且使菜肴具有色、香、味、形的特点。"原香醋"能保持白菜中的维生素C不被破坏，此外，原香醋与糖结合，使白菜酸甜爽。白菜中所含蛋白质，接近人体所需要，而脂肪含量极低，无机盐和维生素含量丰富，是肥胖者祛脂减肥的理想菜肴。

0913　兰州干锅菜花

产　　地：兰州

所属民族：汉族

级　　别：4

简　　介：菜花洗净用小苏打泡一下去除农药，掰小块。烧一锅热水，放几滴油和一勺盐，水开后倒入菜花，2分钟后捞出，立即放入冰水里，换水两次，直到浸泡菜花的水是凉的才行，然后捞出沥干水分。辣椒洗净切椒圈待用、蒜切片，小的蒜瓣不用切待用，青蒜洗净后，切碎。腊肉用水煮半小时，最好是肥的部位，煮好后，切小片待用。热锅里放少许油，放入切片的腊肉，小火慢慢地煸成出油后的焦黄色，放入一勺郫县豆瓣，小火慢慢煸出红油后，放入一勺永川豆豉，慢慢煸出香味后，倒入蒜片，出香味后，放入辣椒圈翻炒一下，倒入菜花，开大火，倒入少许料酒、生抽，快速翻炒，使汤汁收到很少后，加少许盐，撒上青蒜碎出锅即可。

0914 兰州酸菜肥牛

产　　地：兰州

所属民族：汉族

级　　别：4

简　　介：酸菜切好备用。锅中加水，放入葱姜蒜片烧开。水开后倒入酸菜加料酒，酸菜煮3分钟即可加牛肉片，牛肉片开锅即熟，捞净浮沫。旺火加盐鸡精半分钟后出锅。

0915 河州发菜

产　　地：兰州

所属民族：汉族

级　　别：4

简　　介：发菜与"发财"谐音，黑色，它叫做发菜，是长的类似人类头发的小东西，一种菌类，叫做发状念珠藻。发菜一般是第一个上桌的，从字面上看，是为了讨个"彩头"，让大家沾沾发财的喜气；从营养上来讲，发菜有润肠的功效，第一个上桌能适当的疏通你的肠道。

0916 土豆炖牛筋

产　　地：兰州

所属民族：回族

级　　别：4

简　　介：牛筋具有强筋壮骨之功效，有助于延缓中老年妇女骨质疏松的速度和促进青少年生长发育；而它富含丰富的胶原蛋白，能增强皮肤的新陈代谢，使皮肤富有弹性和韧性，延缓皮肤衰老，同时具有美容功效，是一举数得的滋补品。牛筋口感淡嫩不腻，质地犹如海参，故有俗语说："牛蹄筋，味道赛过参。"牛筋向来为筵席上品，用它做出的美味佳肴总是让人喜欢。

0917 西北牛杂

产　　地：兰州

所属民族：汉族

级　　别：4

简　　介：牛杂汤是以牛杂和汤汁为主料，配以各种辅料制成的一种小吃，是最受中国人民欢迎的传统小吃之一。在全国各地的做法不尽相同，主要是辅料有区别。在北方地区比南方地区更流行，秋冬季比春夏季更流行，主要是作为早点、夜宵。用鲜品牛大汤、牛小汤、散旦等牛杂，经严格的预处理操作，采用传统工艺，用牛杂煮制出白色的杂汤，同时，牛杂被充分煮熟，再经现代加工技术生产出牛杂汤类产品。产品包含杂汤包、牛杂包及调料包。食用时将杂汤和牛杂放入锅内烧开后，再加入调料包充分调匀即可食用。产品具有杂汤应有的良好色泽，更重要的是具有牛杂的良好风味，鲜香可口，百食不厌。

0918 兰州暖锅

产　　地：兰州

所属民族：回族

级　　别：4

简　　介：暖锅因为所用的盛器不同，用的燃料也不同。以前原始，用的是紫铜皮的锅子，大肚皮细腿，中央有个较大的孔，竖起半截烟囱，孔内烧缸炭。擦得铮亮的锅盖上，两端有活络的铜把手。各种各样的菜品汇聚在一起，成为百宝珍馐。

0919 伊样斑鱼火锅

产　　地：兰州

所属民族：回族

级　　别：4

简　　介：伊样斑鱼火锅原料采用的是低脂原生态斑鱼，搭配纯天然滇西特色配料，小火轻炖，用鱼骨熬汤，汤色奶白色，清香扑鼻，斑鱼肉质嫩，味道鲜美，口感润滑。吃斑鱼火锅，总是先喝汤，再涮菜。因此，斑鱼火锅又是消费者普遍欢迎的"可以喝的火锅"。伊样斑鱼火锅制作汤底时，充分利用斑鱼头、尾和骨，将它们与水一起煮成白色汤汁，可做第一碗汤来喝又称头汤。涮完斑鱼片后，在加汤煮菜之前盛出第二碗汤，此时，整条斑鱼全部精华均集中在此汤中，富含人体所需的氨基酸、蛋白质，而且口感更加鲜甜浓厚。涮完蔬菜后，可再盛出一碗汤，此时的汤不但鲜味犹存，而且营养汇集。除了汤底外，最考验人的是切鱼片的刀工，鱼肉要切成如纸般的薄片，这样入锅涮时鱼片才能既快熟又鲜脆，口感弹劲十足，搭配鲜美的鱼汤，有无法形容的美味刺激着味蕾。

0920 兰州八宝饭

产　　地：兰州

所属民族：回族

级　　别：4

简　　介：八宝饭，相传源于武王伐纣的庆功宴会。公元前1123年，周武王率诸侯东征，败纣于今河南省洪县南的牧野。武王及定天下，建都于镐，即今长安西上林苑中。在周武王伐纣，建立天下的大业中，伯达、伯适、仲突、仲忽、叔夜、叔夏、季随、季骗八士，功勋赫赫，深为武王和人民称誉。在武干伐纣的庆功宴会上，天下欢腾，将士雀跃，庖人应景而作八宝饭庆贺。八宝象征有功的八士，使用山楂则寓意火化纣王。民间认为八宝饭来源于古代的八宝图，各百科全书也采用了这种说法。早期的八宝饭是将蒸熟的糯米饭拌上糖和猪油，放点莲子、红枣、金橘脯、桂圆肉、蜜樱桃、蜜冬瓜、薏仁米、瓜子，陕西八宝饭采用果料，撒上红、绿梅丝做成。后来八宝饭的用料日趋简化，用各色果脯代替了金橘脯、蜜樱桃、蜜冬瓜和红、绿梅丝。后来又增添了桂花等香料，寓意"金（所用桂花必须是金桂）玉（糯米呈玉脂白色）满堂"。

0921 兰州羊杂碎

产　　地：兰州
所属民族：回族
级　　别：4
简　　介：羊杂碎是由羊的心、肝、肺、胃、肠等原料混合烩制的。制作羊杂碎还讲究"三料"、"三汤"、"三味"。"杂碎三料"又分主料和副料，正宗的全羊杂碎之主料（又叫三红）是心、肝、肺，下锅的时候切成碎丁或薄片；三副料（又叫三白）是肠（生油的）、肚（生味的）、头蹄肉（架碗充数的），下锅时要切成细丝和长条。一碗羊杂碎，看的就是主副料全不全。"杂碎三汤"有如下说法。居家过日子，买上一副羊的五脏，下锅煮好，连汤带水地热热吃起来，这叫吃"原汤杂碎"，味道体现在鲜美清淡上。怕杂碎有五脏异味的人家是先将洗好羊杂碎锅里氽一下，把汤扔掉，再将杂碎蒸熟切好，重新入锅添水放调料煮一下，盛到碗里，这叫吃"清汤杂碎"。由于是蒸熟的，味没入汤，食者味道全从对杂碎的细嚼慢咽中得。街巷铺点、车站、路口小摊上多是新的杂碎时时不断地往一个大锅里续，一锅汤用文火常熬不换，甚至是这锅汤经营者叫卖几年就熬上几年，汤稠如油，色酽如酱，过往食客买上一碗吃，这叫吃"老汤杂碎"。杂碎酥烂绵软，醇美味存于汤，故经营者最不舍多给食客加汤。

0922 兰州蚂蚁上树

产　　地：兰州
所属民族：回族
级　　别：4
简　　介：蚂蚁上树是中国四川和重庆地区常见的食品。用粉丝和肉末加辣豆瓣酱炒。说是蚂蚁上树做成后，有细小的肉末沾在粉丝上，看上去正如一行行蚂蚁在树上慢慢地往上爬。本菜粉条油亮，柔软滑嫩，肉末香嫩，风味别致，为家常菜的上品。

0923 冰淇淋土司

产　　地：兰州

所属民族：回族

级　　别：4

简　　介：在面包机面包桶内先放入主料所有液体的材料，然后加入细砂糖和面包粉，在面包桶相对两角挖出两小凹陷，分别放入酵母和盐，然后使用面包机和面程序和面15分钟，到扩展阶段加入黄油继续和面到完全阶段。然后使用面包机发酵程序发酵1个半或2个小时（即手指按入不会回弹和塌陷即可）。取出滚圆松弛15分钟，将面团擀成长椭圆形排气，自上而下卷起，再松弛10分钟，延接口线上下擀成长椭圆形，自上而下卷起，接口朝下放入方形土司模放入面包机内选择发酵程序发酵至土司模9分满（2小时左右）。将烤箱180度预热，将发酵好的面团放入烤箱下层上下火烤30-35分钟，根据自己家烤箱情况适当调整。土司出炉后，放凉，切掉顶盖，将土司内部掏空成盒状，将挖出的土司肉用黄油蜂蜜煎炒至焦酥状，将土司盒填至半满，然后铺上香蕉块，再将草莓桑葚洗净，猕猴桃去皮切片，放入土司盒表层装饰，在草莓桑葚上用滤网撒上糖分点缀，最后插入巧克力黑白配两支即可。在土司盒一角放入1球香草冰淇淋，浇上草莓酱点缀即可装盘。

0924 兰州小烩菜

产　　地：兰州

所属民族：回族

级　　别：4

简　　介：主料丸子夹沙、酥肉、蟹柳、时蔬、海带。口味咸鲜。特点为配料丰实，汤菜一体，原料荤素、肥瘦兼有，粗细搭配。味道是复合型的，美味中你中有我，我中有你。

0925 干炒牛河

产　　地：兰州

所属民族：回族

级　　别：4

简　　介：牛肉清洗干净，切成丝，用豉油和生粉搅拌均匀，腌制半小时使其充分入味。葱洗净切段，姜去皮洗净切成细丝，豆芽洗净备用。大火烧热锅后放油，待油温至三成热时，把腌好的牛肉丝慢慢滑入锅中不停翻炒，炒至牛肉变白后盛出备用。将锅中余油烧热，下姜丝、河粉翻炒，然后将牛肉丝放进锅里，加入葱段、豆芽、彩椒丝一起翻炒，使之均匀地混合在一起。再加上老抽、生抽和糖继续翻炒均匀至熟即可。注意事项：干炒牛河的主要材料河粉，又称沙河粉，源自广州沙河镇。通常煮法是放汤，或炒制。如果是超市购买的干河粉，一定要提前煮过再炒。炒的时候要稍微多放些油。

0926 兰州百合桃

产　　地：兰州

所属民族：回族

级　　别：4

简　　介：百合桃是兰州的一个特色小吃。把百合削去尖和根，剥除表面黄黑瓣剥成片，用清水淘洗干净，上笼蒸十五分钟，取出稍晾后用干净布抹去水分；青梅切片，在干净案子上把山楂糕压成泥，把豆沙馅分成二十份待用，按百合瓣的自然形状聚拢，将豆沙馅包在里面，包成二十个桃子，用青梅片摆成桃叶，用山楂泥做桃尖，上笼蒸二十分钟取出；火上架炒锅放入水，加入白糖熬化，用水淀粉勾芡，淋浇在百合桃上，即可上桌。

0927 兰州黄焖羊羔肉

产　　地：兰州

所属民族：回族

级　　别：4

简　　介：羊羔肉剁成小方块，辅以少量酱油、调料等，再放蛋黄、粉面、优粉，抓拌后过油，炸成金黄色，扣在碗内，放入肉汤，加酱油、葱段、花椒、大料，上笼蒸20分钟左右取出，倒扣在汤盘内，将汤滤到锅里，加入味精，浇在羊羔肉上，再放点木耳菠菜叶等即可上席。

0928 沸腾鱼

产　　地：兰州

所属民族：回族

级　　别：4

简　　介："沸腾鱼"也叫水煮鱼，而在北方大部分地方，特别是东北地区，都习惯叫做"水煮活鱼"。此菜起源于四川重庆江北一带，在四川广大的厨师都给它一个非常形象的名字"沸腾鱼"，因为菜肴上桌时滚油沸腾，深受广大食客的喜爱。沸腾鱼是具有开胃健脾，瘦身养颜，祛寒顺气的巴蜀名菜。

0929 忠华开锅涮

产　　地：兰州

所属民族：回族

级　　别：4

简　　介：将新鲜的羊后腿肉先放进冰箱里冷冻一下，这样好切，不能切的太薄太细，那样口感不好，将羊肉切好，备用。涮羊肉的汤底是白开水、一把虾皮、2个枣、1个红椒、葱段姜片适量、1朵野山菌。开锅烧热。将其他涮菜都准备好。开始涮菜，将羊肉放进锅内，一开锅就可以吃了。

0930 兰州烤羊蹄

产　　地：兰州

所属民族：回族

级　　别：4

简　　介：烹制味美适口的羊蹄、羊头是新疆维吾尔族、回族等穆斯林民族的传统习俗，胡辣羊蹄由于其味辣而故名。做法：将羊蹄去蹄壳，去干净细毛，或者用火焚烧表面后，用碱水洗净，刮去焦黑部分，再用清水把碱漂净。用八角、茴香、桂皮、香叶、干姜、料酒做一个卤水，加大量鲜辣椒、红干辣椒、胡椒，葱姜少量；羊蹄入老汤锅炖烂（指蹄筋）后入盘，把羊蹄卤到熟烂，羊蹄本身没有什么肉，就是一层皮，要小心不要过烂，导致骨肉分离的悲惨下场。卤好后，捞出，用胡椒、辣面等佐料拌匀即可，或者可以淋一些刚才的卤汤汁。

0931 滋味烤鱼

产　　地：兰州

所属民族：回族

级　　别：4

简　　介：滋味烤鱼是一家运用自家独特香料，细心烤制美味的美食店。店内装修简约，彩虹色的桌布展现出生活的活力，这些鲜艳的色彩搭配上室内简约的风格，带给人希望和动力。

0932 兰州麻婆豆腐

产　　地：兰州

所属民族：回族

级　　别：4

简　　介：麻婆豆腐是四川省汉族传统名菜之一，属于川菜系。材料主要有豆腐、牛肉末（也可以用猪肉）、辣椒和花椒等。麻来自花椒，辣来自辣椒，这道菜突出了川菜"麻辣"的特点。此菜大约在清代同治初年（1874

年以后），由成都市北郊万福桥一家名为"陈兴盛饭铺"的小饭店老板娘陈刘氏所创。因为陈刘氏脸上有麻点，人称陈麻婆，她发明的烧豆腐就被称为"陈麻婆豆腐"。做法步骤：锅里底油放入蒜末和郫县豆瓣酱小火翻炒1-2分钟。然后放入肉末翻炒至熟。炒熟的肉末加入一小碗半开水煮2-3分钟。然后加入豆腐块，不要用铲子翻板，轻轻的将豆腐推开即可，再煮4-5分钟，让豆腐完全入味。出锅前加入少许淀粉水，让汤汁更加浓稠。这道菜不用加盐，因为郫县豆瓣里的咸味已经足够了。如果喜欢更加麻辣的口感，可以加入少许椒盐。

0933 酸辣夹沙

产　　地：兰州

所属民族：回族

级　　别：4

简　　介：兰州特有的清真美食叫"夹沙"，或酸辣，或糖醋，夹沙的做法，简言之，就是用鸡蛋把肉馅先裹后炸，做成似肉非肉而胜肉、通体金黄、外焦里嫩、味道层次丰富的夹沙。具体做法：用豆腐皮或者鸡蛋摊的鸡蛋饼做皮，用牛肉或羊肉剁碎做馅，放一层豆腐皮或者鸡蛋摊的皮，把肉馅铺上，再放一层皮，用刀面把皮和馅拍实、拍平。弄好了之后切成小块，或是小指状的条形，或切成菱形，下油锅炸成金黄色，就可以出锅了。这样，夹沙就做成了。吃的时候，用酸辣汁或糖醋汁烧制一下，就是酸辣开胃、滑嫩焦香的酸辣夹沙了。

0934 兰州糖醋里脊

产　　地：兰州

所属民族：汉族

级　　别：4

简　　介：糖醋里脊是经典汉族名菜之一。在浙江菜、四川菜、鲁菜和清真菜中都有这道菜，色泽红亮，酸甜可口，而且最吸引人的就是它外焦脆、里软嫩的口感。第一口咬上去，浓厚蜜意的酸甜汁包裹在外衣上、酥脆焦香，等吃到里面，才发现嫩香的里脊早已悄悄地藏在唇齿之间，味道和口感贴合得天衣无缝，搭得瓷实。是做法鸡蛋打入碗内，肉洗净切片，放入鸡蛋液中，加水淀粉、面粉抓匀。葱、姜洗净切末。碗内放料酒、糖、香醋、盐、葱、姜、淀粉、高汤兑成芡汁。锅内放油，烧至五成热，下入肉片，炸至焦脆，捞出沥油。锅内留底油，烹入芡汁，倒入肉片，炒匀，淋香油即可。

甘肃省文化资源名录 第二十八卷 饮食文化

特色饮食

309

0935 滋滋烤鱼

产　　地：兰州

所属民族：回族

级　　别：4

简　　介：将鱼去肠杂剁去头尾洗净切成4块，抹上少许精盐胡椒粉腌制片刻，把蘑菇、番茄洗净切片，葱头洗净切丝，熟土豆切片，将鸡蛋煮熟后切片，备用。把煎锅烧热后倒入食油，待油温蜜汁烤鱼(19张)5成热时，放入沾过面粉的鱼片煎至金黄色，捞出沥油，放入浇过一层奶油调味汁的烤盘内备用。把锅烧热后倒入食油，待油温6成热时放入葱头丝炒至黄色后，倒入烤盘内的鱼片上，并加上蘑菇、鸡蛋、番茄、周围码上土豆片，然后浇上奶油调味汁，撒上干酪末，淋上热黄油，放入烤箱烤至香熟即可食用。

0936 兰州烤包子

产　　地：兰州

所属民族：维吾尔族

级　　别：4

简　　介：烤包子（维吾尔语叫"沙木萨"）和薄皮包子（维吾尔语叫"皮特尔曼吐"），是维吾尔族同胞喜爱的食品。烤包子主要是在馕坑烤制。包子皮用死面擀薄，四边折合成方形。包子肉馅主要用羊肉丁、羊尾油、洋葱末、孜然粉、胡椒粉、精盐和少量的水搅拌而成。包好的包子在笼里蒸20多分钟即熟。烤包子用未经发酵的面做皮子，皮子要擀得很薄，几乎可以透亮，做成方形包子。把包好的包子贴在馕坑里，十几分钟即熟，色泽黄亮，入口皮脆馅嫩，味鲜香。在维吾尔族的烤包子中，除了用馕坑烤制的以外，还有用油炸的包子，叫"桑布萨"。做馅的原料和其它烤包子相似，不过事先要在锅里先炒一下，然后再用。这种包子形似饺子，用花边刀压边，压出整齐的花纹，很像小巧的艺术品。这种包干除用来招待客人外，还常作为办喜事时互相馈赠的礼物。烤包子所用的坑，叫"沙木萨吐努尔"，比一般馕坑要小。一般用小号的水缸，取去缸底，倒扣过来，四周用土坯垒齐，烤包子时，要往烧热的坑里洒些盐水，以防止包子脱落。

0937 新疆大盘鸡

产　　地：兰州

所属民族：维吾尔族

级　　别：4

简　　介：新疆大盘鸡是新疆地区名菜，来源说法多种，真实的来源已无法考究，大约起源于80年代后期，主要用料为鸡块和土豆块，配皮带面烹饪而成。菜品色彩鲜艳，有爽滑麻辣的鸡肉和软糯甜润的土豆，辣中有香，粗中带细，而且经济实惠，亲朋聚会食用尚佳。鸡肉蛋白质的含量比例较高，种类多，而且消化率高。对营养不良、畏寒怕冷、乏力疲劳、月经不调、贫血、虚弱等有很好的食疗作用。有温中益气、补虚填精、健脾胃、活血脉、强筋骨的功效。

0938 兰州烤羊肉

产　　地：兰州

所属民族：维吾尔族

级　　别：4

简　　介：烤羊肉的做法，将羊肉上的薄膜白皮去掉，用水洗净，放上精盐用手搓匀，淋上少许白醋。将胡萝卜、葱头去皮，芹菜盘筋，洗净，切成片，与香叶、胡椒粒一起放在羊肉上，把蒜片嵌入羊肉内，腌2小时，然后，将羊肉放入烤盘，浇生菜油，入烤箱。要随烤随翻个。烤半小时之后，往烤盘上加400毫升清水。烤1个半小时左右，待羊肉四面都是金黄色，可用叉子叉一下，如羊汁是白色，证明肉已熟，即可取出，晾凉。把烤熟的羊肉切成70片，按10客份计算，每客7片，约125克左右。食用前，羊肉片周围配酸白菜、红菜头丁和西红柿片，用生菜叶围边，即成。

0939 馕包肉

产　　地：兰州

所属民族：维吾尔族

级　　别：4

简　　介：馕包肉，新疆小吃，此菜色泽红亮，肉质香嫩微辣。这是一支维吾尔族特色菜肴。制法：①将带皮羊肋条肉切成4厘米的块，入沸水中烫一下，捞出，洗净。②麦芽糖掺点水趁热抹在羊肉表面，投入7成热的油锅中，炸成金黄色时倒入漏勺中滤去油，炒锅里留少许油，下葱段和姜片略炸，加入羊肉、清水、草果、桂皮、香叶、黄酒和盐，烧沸后转小火焖约1个小时至肉酥烂。捡去香料及葱和姜。③将馕切成8瓣，放入大盘中，把羊肉放在馕上，炒锅里留少许羊肉原汁置火上，加入孜然粉和辣椒粉和洋葱丝，烧沸后用湿淀粉勾芡，淋入辣油，浇在羊肉的表面，就成了。

0940 干锅土豆片

产　　地：兰州

所属民族：维吾尔族

级　　别：4

简　　介：干锅土豆片是一道家常菜，主料是土豆和适量的五花肉。稍微炸过的土豆片外焦里嫩；也可根据自己的口味适当添加辣椒等调料。脆嫩鲜香、香辣可口。健康功效：和胃、解毒、消肿，增强免疫力、抗氧化、抗癌防癌。做法：①土豆去皮切稍厚的片，放入水中彻底洗净淀粉。青椒切片，香芹切段，朝天椒切碎。②锅烧热下宽油（平时炒菜的两倍），下入沥干水分的土豆片中火煸至表面微微上色捞出。③锅中留底油，下切好的朝天椒和一大匙郫县豆瓣炒香，下土豆片翻炒入味。④再下青椒和香芹同炒，加一小匙生抽防止过干，出锅前加半小匙糖提味即可。

0941 馕丁炒肉

产　　地：兰州

所属民族：维吾尔族

级　　别：4

简　　介：馕丁炒肉是一种菜品，主要原料有肉等，主要调料有洋葱、葱、姜、蒜、辣椒面、孜然、花椒面等，烹饪方法为炒。制作过程：馕切成丁，过油炸一下。圆葱切成丁，牛肉切成小片，牛肉过油滑一下。先煸炒一下圆葱，加入馕丁和肉，加入葱姜蒜，辣椒面、孜然、盐、花椒面，翻炒即可出锅。

0942 薄饼烤肉

产　　地：兰州

所属民族：维吾尔族

级　　别：4

简　　介：羊肉薄饼也是羊肉的做法之一，独特的羊肉和面食结合在一起，体现了饭菜合一的特点，既有主食又有菜的嗜好，是羊肉和面的完美结合。

0943 兰州东方宫特色手抓羊肉

产　　地：兰州

所属民族：回族

级　　别：4

简　　介：兰州东方宫清真餐饮集团公司成立于2000年，具有独立法人资格，中国烹饪协会常务理事单位，甘肃省烹饪协会副会长单位，甘肃省清真餐饮龙头企业。兰州东方宫特色手抓羊肉特点是肉味鲜美，不腻不膻、色香俱全。

0944 陇上味道锁阳炖羊排

产　　地：兰州

所属民族：汉族

级　　别：2

简　　介：锁阳羊排是根据中医理论，在传统烹饪基础上发展起来的一种保健食品，具有滋补肾阴，轻身养颜、温中壮阳的独到功效，是外地游人客商在民勤必吃的特色美味，俗语云："不吃锁阳羊羔肉，不算曾经到甘肃。"

0945 开锅羊肉

产　　地：兰州

所属民族：汉族

级　　别：4

简　　介：开锅羊肉是流行于兰州的一种涮羊肉吃法，要求羊肉要新鲜要手切，要求汤底就是简简单单的开水，要求羊肉是一开锅就可以吃，味道鲜美，不可多得！

0946 酸菜炒汤圆

产　　地：兰州

所属民族：汉族

级　　别：4

简　　介：先将包好的汤圆放到蒸锅里蒸熟，取出稍凉。烧油锅，将汤圆下锅炸成金黄色后起锅待用。将酸菜切成（指甲片）碎片，干红辣椒切成5毫米的段，备姜末、红辣椒油、葱节。烧油锅，下食用植物油50克，将干辣椒节下锅炸成暗褐色，下姜末炒香，下酸菜用旺火翻炒，下炸好的汤圆翻炒几下，加盐、味精、红辣椒油、料酒翻炒均匀起锅装盘即可。

0947 兰州铁板鱿鱼

产　　地：兰州

所属民族：汉族

级　　别：4

简　　介：铁板烧起源于日本，已经有40年的悠久历史。铁板鱿鱼是一道街边小吃，是用铁板把鱿鱼煎熟后，再用铁铲将鱿鱼切段，然后撒上特制酱做成。

0948 香辣鸭脖子

产　　地：兰州

所属民族：回族

级　　别：4

简　　介：将鸭脖子洗净后，用刀剁成8厘米长的段。锅中倒入清水，大火煮开后，放入鸭脖子，煮开后撇去浮沫，继续煮1分钟后捞出沥干。炒锅中倒入油，大火加热，待油5成热时，放入切好的葱姜段，炒出香味后放入所有大料，干辣椒，花椒，草果，小茴香，丁香，桂皮和香叶，大约炒1分钟后，倒入清水1000毫升。然后倒入一个有高度的小汤锅里，放入生抽、老抽、盐和糖，煮开锅后，放入焯好的鸭脖子，再次开锅后，盖上盖子，转中火煮30分钟。煮好后，将鸭脖子捞出，自然风干半小时（一会再浸泡，比直接浸泡鸭脖子的口感更好）。此时，锅中的汤汁也冷却了，把鸭脖子放入浸泡12小时。捞出风干后半小时后食用。

0949 飘香鸡

产　　地：兰州

所属民族：汉族

级　　别：4

简　　介：鸡翅450克，洋葱、青椒角、老抽、湿淀粉、特制酱、腌料各适量，色拉油1500克。将鸡翅从中间斩成两段，用清水洗净，放入腌料腌4小时，然后抓匀。加少许老抽与湿淀粉，下入六成热油中，转中小火浸炸至成熟，放入洋葱、青椒角，倒出沥油，锅内加底油，下入特制酱炒，投入鸡翅中，翻匀后，装入砂煲内即成。其色泽金红，鸡肉滑嫩，口味独特。

0950 兰州玉米烙

产　　地：兰州

所属民族：汉族

级　　别：4

简　　介：玉米烙制作简单，松脆可口，玉米富含亚油酸，它和玉米胚芽中的维生素E协同作用，可降低血液胆固醇浓度。

0951 兰州鱼香肉丝

产　　地：兰州

所属民族：汉族

级　　别：4

简　　介：鱼香肉丝是一道常见川菜。鱼香是川菜主要传统味型之一。成菜具有鱼香味，但其味并不来自鱼，而是泡红辣椒、葱、姜、蒜、糖、盐、酱油等调味品调制而成。此法源出于四川民间独具特色的烹鱼调味方法，而今已广泛用于川味的熟菜中，具有咸、酸、甜、辣、香、鲜和浓郁的葱、姜、蒜味的特色。

0952 兰州毛血旺

产　　地：兰州

所属民族：汉族

级　　别：4

简　　介：毛血旺又称冒血旺，源于重庆磁器口，是重庆小吃，这道菜是将生血旺现烫现吃，遂取名毛血旺，毛血旺的名气已引领川菜大军，席卷了大江南北。毛血旺通常用猪血加些配料如鸭肠、泥鳅、火腿肠、午餐肉、鸭肚、猪心、豆芽等制作而成。传统的清汤口味是用罐煨，麻辣口味的用一般的锅。毛血旺也以鸭血为制作主料，毛血旺的烹饪技巧以煮菜为主，口味属于麻辣味。

0953 兰州手抓羊肉

产　　地：兰州

所属民族：回族

级　　别：4

简　　介：手抓羊肉，相传有近千年的历史，原以手抓食用而得名。吃法有三种，即热吃（切片后上笼蒸热蘸三合油）、冷吃（切片后直接蘸精盐）、煎吃（用平底锅煎热，边煎边吃）。特点是肉味鲜美，不腻不膻、色香俱全。

0954 兰州水煮鱼片

产　　地：兰州

所属民族：汉族

级　　别：4

简　　介：水煮鱼片是闻名全国的重庆特色菜。起源于渝北民间，发展于渝北食肆餐馆。原始的水煮鱼是用水煮制而成，来自船工纤夫的粗放饮食方式。

0955 凉拌高台粉皮

产　　地：兰州

所属民族：回族

级　　别：4

简　　介：选用经祁连山雪水浇灌的高台优质小麦为原料，采用传统工艺，经科学配制加工而成，其加工过程经过十余道工序，完全采用手工操作，经日光暴晒，形成了手工粉皮特有的自然风味。由于粉皮在制作过程中不添加任何化学成分，晾晒的过程也完全是在自然状态下进行的，最大限度的保存了粮食的原始味道和营养成分，逐渐受到城市居民的青睐。

0956 山药羊肉汤

产　　地：兰州

所属民族：回族

级　　别：4

简　　介：将羊肉切成小块，胡萝卜切滚刀块，山药切滚刀块（这次用的是铁棍山药，没有去皮）。将羊肉入冷水锅中，焯水后捞出。另起砂锅加入开水，下入焯过的羊肉和葱段、姜片、料酒及花椒，大火烧开后小火慢煲1小时左右。加入山药、胡萝卜和适量盐，继续煲20分钟，最后撒上少许胡椒粉即可。

0957 兰州红烧茄子

产　　地：兰州

所属民族：回族

级　　别：4

简　　介：红烧茄子是一道历史久远的汉族传统佳肴，此菜是素菜中的精细者。鲜香适口，外酥里嫩，味美多汁，大众食品。做法：将茄子竖切成4条，再横切成段，五花肉切成丝。将辣椒切片、蒜拍碎。把油加热，将茄子放入锅中炸一下即刻捞起。锅内放入两勺油，先爆辣椒和蒜，再放入肉丝炒至变色，然后放入炸好的茄子，加酱油、糖、酒和少许调味后，出锅装盘。

0958 莲花酱肉丝

产　　地：兰州

所属民族：汉族

级　　别：4

简　　介：京酱肉丝的改良版，还是那样的皮，还是那样的肉，还是常用的那些配菜，只不过，换了换花型，把菜包了进来，肉丝直接用筷子夹着吃了。做成莲花的造型，招待客人，会让人有眼前一亮的感觉。

0959 酸菜炒莜面

产　　地：兰州

所属民族：汉族

级　　别：4

简　　介：酸菜炒莜面是以莜面为主要原材料而制成的一种面食，炒莜面中加了酸菜，莜麦是一年生草本植物，磨成粉后可食用，就叫莜面，也叫裸燕麦面，又叫油麦面。莜面是一种很好的保健食品，有助于减肥和美容。只是莜面不容易消化（晚餐最好不要吃）。

0960 泡椒肉末烤茄子

产　　地：兰州

所属民族：汉族

级　　别：4

简　　介：茄子从中间剖开，面上切上花。锅烧热刷上少量的油，茄子的切面朝上加入盐和孜然粒，煎烤至底部变软。把茄子翻面继续煎烤。煎烤至茄子表面金黄，这时茄子已经熟透，盛出放入盘中。锅中放入油爆香葱姜。下入肉馅煸炒至变色。加入泡椒继续煸炒。放入酱油料酒、糖、煸炒均匀后加入鸡精调味。把炒好的泡椒肉末浇在煎烤好的茄子上即可。

0961 炸香椿鱼

产　　地：兰州

所属民族：汉族

级　　别：4

简　　介：香椿芽洗净沥干水份。先把鸡蛋打散。加上适量面粉、盐、五香粉调成面糊。锅里倒油，烧热。香椿放面糊里蘸一下，让面糊裹满香椿芽，把蘸满面糊的香椿芽放油锅里炸。炸至表面发黄盛出即可。不喜欢油腻，面糊略稀一些就可以啦。

0962 兰州韭菜炒鸭血

产　　地：兰州

所属民族：汉族

级　　别：4

简　　介：首先将鸭血切片、蒜子切末、韭菜切段、葱白切葱花、姜切丝、红椒切丝。锅中倒入小半锅清水，淋入适量料酒，加半勺盐，接着将鸭血倒入锅中，水开后，继续煮三分钟，捞出。锅中放入油，下入姜、蒜子、葱、红椒煸炒出香味，随后将鸭血倒入锅中，翻炒片刻。再下入韭菜梗翻炒数秒，接着下入韭菜叶，加半勺盐、少许白糖，淋入适量生抽，翻炒至韭菜变软变熟，即可。

0963 兴忠兰州扣肉

产　　地：兰州

所属民族：汉族

级　　别：4

简　　介：兰州兴成食品有限责任公司生产。本品采用传统工艺与现代科学配方，选用新鲜五花肉为原料，经熟化蒸煮等工艺加工而成，口感细腻油而不泥的特点。

0964 糖拌西红柿

产　　地：兰州

所属民族：汉族

级　　别：4

简　　介：新鲜可口，制作简便，营养价值高，适合夏季食用，作为家庭餐桌上的一道美味凉菜极具价值。饭馆里时髦的叫法是雪盖火山。做法：首先，选择全熟红色番茄2-3个（全熟番茄，手感略软，不要太软）然后，使用清水洗净表面，不要浸泡。第三步、改刀，根据个人喜好，斜切等分的西瓜瓣即可。第四步、放入盘中，撒入一定白糖。最后，根据个人喜欢，可以放到冰箱中冷冻20分钟，口感更加甘美。

0965 香辣鸡蛋

产　　地：兰州

所属民族：汉族

级　　别：4

简　　介：猪肥肉下锅炒出油份，下入姜蒜末和洋葱炒，葱开始变软时加入老抽和盐，加入鸡蛋干同炒，加入青红椒略炒，起锅前加入葱花即可。

0966 藕炒豆干

产　　地：兰州

所属民族：回族

级　　别：4

简　　介：莲藕切成片泡在水中，豆腐干切成条，葱花切成条，烧开一锅水，水开后放一点盐，将藕条略煮半分钟捞出控干，热锅倒油，炒香葱花，放入豆干条翻炒，放入控好水的藕条，加适量醋，适量浓缩鸡汁调味，适量盐和十三香炒匀即可。莲藕切好之后泡水不会变色，莲藕放盐水略煮方便入味。

0967 土豆蛋炖排骨

产　　地：兰州

所属民族：汉族

级　　别：4

简　　介：锅里加水，放一块黄姜拍碎，花椒一起煮开。下入排骨煮开后加白酒敞开锅盖继续一分钟。焯水好的排骨洗净控干。土豆一切二，洗净控干。面团分小团依次团好备用。锅里放油，先把排骨煸炒均匀。加入姜，蒜，八角一起炒到排骨微黄。加入土豆一起煸炒。放入米酒，生抽，老抽翻炒均匀。水要足足淹没所有食材。面团盆里放水，继续煮着，这边做饼。贴好一圈饼子，水也开了，转小火。炖半小时。加盐，继续20分钟。饼子捞出来。尝尝汤汁咸淡，一定不要此时尝正好，因为还要收汁呢。微微淡口。放冰糖两粒。

0968 东乡土豆片

产　　地：兰州

所属民族：汉族

级　　别：4

简　　介：将土豆先切成片。如果喜欢吃脆的，可以在水里浸泡30分钟。捞出沥干水份。准备姜丝，花椒，盐，鸡精，酱油，醋各适量。红色及绿色青椒各一个。锅里放油小火烧热，加入花椒炸出香味后捞出不要了。放入姜丝炒几下，转大火放入土豆片倒入3小勺醋（勺子是平时喝汤时用的大小）。翻炒几下，再加盐、青椒、酱油少许，加入鸡精即可。

0969 兰州清炒莴苣

产　　地：兰州

所属民族：回族

级　　别：4

简　　介：一道美味简单的家常菜。清爽可口，营养丰富。做法：将泡发香菇的水沉淀过滤后备用。香芹洗净后，刀背略为轻拍，切段备用，花椒若干备用。莴苣根茎削皮后，与莴苣叶一同浸泡洗净后，叶切段，莴苣根茎切薄片备用。锅内注油，中火加热，将花椒及香芹入锅，爆香油后捞起，转大火，将莴苣片入锅煸炒均匀，再放入莴苣叶，适量添加香菇水，起锅前添加精盐，翻炒均匀，装盘上桌。

0970 豆香红烧猪蹄

产　　地：兰州

所属民族：汉族

级　　别：4

简　　介：焯好的猪蹄在冷水下冲洗干净、沥干水分备用。热锅放油，将备好的黄豆炒至开花。备一个大砂锅，将姜片和葱段平铺在底部备用。将炒好的黄豆倒入砂锅内。锅中加入适量油，放入五六粒冰糖，小火慢慢熬制至冰糖全部融化。加入猪蹄翻炒。越炒颜色越深，炒至猪蹄均匀上色即可。加入辣椒、大料等香料炒香。沿着锅边喷入料酒，加入酱油（一勺生抽半勺老抽）、盐炒均后加入适量清水煮倒入砂锅。煮一至两个小时即可。（中间要不时翻一下，让其更加均匀上色）。

0971 德祥浓香羊龙骨

产　　地：甘肃省兰州市城关区东岗西路701号

所属民族：汉族

级　　别：4

简　　介：羊龙骨就是羊大梁，用来做清汤火锅，味道鲜美。将羊龙骨斩小段，入凉水中浸泡2小时，中间更换一次水。将泡好的羊龙骨攥干水分，入煮锅内，倒入凉水。大火煮开锅后，撇去血沫子，尽可能撇的干净些。准备好炖肉香料，将调料放入煮锅内，再放入2勺老抽，1勺黄酒，进八成熟时放盐调味，煮至熟烂，入碗，装饰即可。

0972 暖锅羊肉炖萝卜

产　　地：甘肃酒泉

所属民族：汉族

级　　别：2

简　　介：将羊肉剔去筋膜，洗净后入沸水锅内焯去血水，捞出后再用凉水漂洗干净，切成丁；萝卜洗净，切成0.3厘米厚的片；把苹果、陈皮、良姜和荜拨放进洁净的纱布袋内，扎上口；胡椒拍碎，葱切段，姜洗净拍破。将羊肉丁和装有陈皮等药包同置于锅中，放入清水、姜、葱等，先用旺火烧沸，撇去浮沫，再移小火煨半小时后倒入点燃的火锅中，待羊肉八成熟后下入萝卜片，至肉熟烂，捞出药包，除去姜、葱，撒入精盐、味精和胡椒粉即成。特点：鲜香清淡，气味清香，补脾生津，御寒养血，补中益气。常食可增强体质，有益健康。

0973 达记驴肉黄面

产　　地：敦煌市

所属民族：汉族

级　　别：1

简　　介：当地人们以驴肉为副食料、黄面为主食料的一种配套吃法，吃起来美味可口，俗称"驴肉黄面"。据传，它是来之于唐代敦煌的民间美食，具有补气养血，保健益神的功效。敦煌民间谚语有云："天上的龙肉，地上的驴肉"，"要长寿，吃驴肉；要健康，喝香汤"。

0974 顺张驴肉黄面

产　　地：敦煌市

所属民族：汉族

级　　别：2

简　　介：黄面最早出现可追溯到我国宋代，莫高窟156窟壁画上就有制作黄面的生动场景，可见历史悠久。黄面最早时叫做甩面或丢面，是手工拉制的一种面食。敦煌黄面细如龙须，长如金线柔韧耐拉香口溢入。制作黄面的工艺极其讲究，操作工艺也非常不易，创始人马顺张先生继承前人的传统，选用上等小麦面粉加入敦煌戈壁特有的碱性植物（灰蓬）熬制的蓬碱、食盐等其它辅料，经过和面、揉面、撬面、甩条、拉制、烹煮等诸道工序完成制作。

0975 敦煌市金燕子卤肉拉面

产　　地：敦煌市

所属民族：汉族

级　　别：2

简　　介：此拉面风味独特，制作精美，面条圆滑劲道，加上绿菜和酱汁，再配有肥而不腻鲜美的卤肉，真可谓色、香、味俱全，吃起来爽口滑溜，深受广大消费者厚爱，是市场面食一大特色。值得关注的是，一盘面是由拉面师傅精湛的手艺，用一根面剂一气呵成。

0976 敦煌市本味宅农家园烤全羊

产　　地：敦煌市

所属民族：汉族

级　　别：2

简　　介："烤全羊"历史悠久，不仅是古代游牧民族用来接待贵宾的传统名菜，而且是历代王府接待贵宾或重大喜庆宴会的必备佳肴，烤熟后成品红黄、油亮、皮脆、肉嫩、含浆、滑美、肥而不腻、酥香可口，别有风味。

0977 浆水源农家饭馆敦煌手擀面条

产　　地：敦煌市

所属民族：汉族

级　　别：2

简　　介：敦煌手擀面条和"拉条子"并列齐名，属于敦煌人的主要面食。擀面条一定要做到精细、筋到，面切得匀称、舒散。煮面要掌握好时间和火候，面条要软硬适度，入口滑溜。因手擀面条有别于机器压制，口味地道。

0978 夏家合汁、夏家羊肉粉汤

产　　地：敦煌市

所属民族：汉族

级　　别：2

简　　介：据中国《食经》记载的"跳丸灸"，就跟今天的敦煌羊肉合汁十分相似。主要以羊肉、袈裟、丸子、木耳、粉条等烩炖一起的烹饪方法食用，称为"羊肉合汁"。上世纪四五十年代由敦煌郑家馆子福盛园创制，八十年代传入敦煌宾馆。

甘肃省文化资源名录 第二十八卷 饮食文化

特色饮食

0979 敦煌市小何特色小吃店葱花饼

产　　地：敦煌市

所属民族：汉族

级　　别：2

简　　介：敦煌市小何特色小吃店葱花饼，是经过当地人多年探索研制而成，具有敦煌地域风味的特点，用葱、面加工而成。

0980 翡翠榆钱

产　　地：敦煌市

所属民族：汉族

级　　别：4

简　　介：颜色碧绿，色如翡翠，故而得名。敦煌的一种时令食品。用春天榆树上采摘的一种树花，型如古时铜钱，称"榆钱"。榆钱和面用笼蒸熟，晾凉后加副料用油炒食。风味独特适口，营养价值高，为绿色食品，特别受外地游客的青睐。近些年，随着社会的发展进步，用冷冻的方法，基本上一年四季都可以吃到这种美味。

0981 秦安肚丝汤

产　　地：甘肃省秦安县

民　　族：汉族

级别 4

简　　介：秦安肚丝汤是秦安的一道独特小吃。肚丝汤之所以能成为秦安的一道独特小吃，其关键原因是秦安水质的特殊性，用其他地方的水烧制的肚丝汤远没有秦安肚丝汤好吃。据说，远在兰州、天水等地的美食家不远百里来秦安，目的就是为了吃上酸辣可口、风味独特的秦安肚丝汤。做法：制作时选用猪肚，洗净后清水下锅煮熟，冷却后将猪肚、玉兰片、菠菜、干辣子均切成丝，用葱、姜、蒜、干辣子炝锅，依次加入醋、高汤、芡汁及肚丝、玉兰片、菠菜，滴上香油，文火烧制。特点：成品汤色黄亮、肚丝飘游，吃起来酸麻可口，辣在其中，回味无穷。

0982 秦安八宝米饭

产　　地：甘肃省秦安县

所属民族：汉族

级　　别：4

简　　介：制作方法：豌豆、玉米、四季豆、胡萝卜洗净，大米淘洗干净，放入电饭锅。四季豆、胡萝卜、香肠切成小颗粒（香肠切成片也行）。电饭锅里放水，水盖过手背就行，放入玉米粒、豌豆和切好的四季豆、胡萝卜、香肠碎，放入1/4勺盐、1/2勺鸡油（猪油、色拉油都可以）。盖上锅盖和平时一般焖饭一样，待饭好了以后，用勺子把饭翻动一下再焖3-5分钟就可以吃了。

0983 炒菜心

产　　地：甘谷

所属民族：汉族

级　　别：3

简　　介：把摘好的菜心洗干净，沥一下水。热锅下油（如果用肥肉榨油，炒出来的菜会更香），爆香姜块（可以用蒜蓉。因为有人怕蒜头的味道，所以有的人基本不用蒜头做菜）。放入菜心加盐爆炒至转青，菜心就会出水。翻炒后再盖上盖子焖3—5分钟（根据个人的口味）即可上碟。

0984 甘谷砂锅

产　　地：甘谷
所属民族：汉族
级　　别：3
简　　介：砂锅为快餐，四季皆可食，保暖性能好，尤以冬季食用为佳。甘谷砂锅在传统饮食中分离较晚，是在总结传统饮食文化，学习外地制作技术，参考有关菜谱，在烹调技术上加以改进发展而来的。其制作是以砂锅为炊具，锅内装入豆腐、蘑菇、粉条、鸡肉或牛肉、新鲜蔬菜、海带等，再加入鸡汤和少许辣椒油、胡椒、桂皮、草果生姜粉及适量酱油、醋、精盐等调料，在旺火上烧沸即成，食之美味可口，回味无穷。

0985 天水酒碟

产　　地：甘谷
所属民族：汉族
级　　别：3
简　　介：天水酒碟是以天水本地产蔬菜胡萝卜、菠菜、绿豆芽配合耳丝、口条、肝片而做成的地方特色小菜。天水酒碟色泽艳丽、微酸适口，是酒桌上不可或缺的美食。相传庚子年光绪皇帝随慈禧西行避乱到了西安，心情郁闷、食欲不振，御厨情急之下听从建议，献上天水酒碟。光绪帝观其色美，尝其味佳，用膳之后盛赞天水酒碟清爽开胃，从而成为一道不可多得的佳品。

0986 甘谷虎皮辣子

产　　地：甘谷
所属民族：汉族
级　　别：3
简　　介：虎皮辣椒是一道色香味俱全的汉族名肴。此菜辣中带甜，香脆爽口。主要食材是青椒。将辣椒洗净，去蒂及籽，用刀平剖成两半，把醋、白糖、酱油、料酒同放入碗内，调成糖醋汁，锅内放油烧热，投入辣椒，用小火煎至表皮出现斑点时，烹入糖醋汁，搅拌均匀即成。

0987 甘谷土豆丝

产　　地：甘谷

所属民族：汉族

级　　别：3

简　　介：土豆丝取材简单，易于上手。家常必备菜。土豆去皮切丝，放水中浸泡。青椒切丝，葱切丝，蒜切片。炒锅内放油，热了之后放入葱蒜爆香。倒入土豆丝，煸炒，加入醋、盐，继续煸炒，快出锅前加入青椒丝，煸炒几下，加入味精，搅拌均匀，出锅装盘即可。

0988 辣椒丝带饼

产　　地：甘谷

所属民族：汉族

级　　别：3

简　　介：辣椒饼是一种可供下饭的菜肴，不过在大部分的城市很少有。而在甘谷县是一种传统食物，家家户户都会制作，市场上也有得卖，是人人爱吃的美食。

0989 甘谷鱼香茄子

产　　地：甘谷

所属民族：汉族

级　　别：3

简　　介：主要以茄子为主要食材，以猪肉，木耳，洋葱，冬笋，辣椒，淀粉为辅材，色泽红艳，鲜辣爽口。茄子不去皮，和肉卷同样的切成长短大小一样的长条。梅香咸鱼撕成小块。锅烧热，下油后，先煸炒茄子，炒软后盛起。下蒜蓉炒香，先炒咸鱼，要炒出香味。倒入事先煸炒过的茄子，不断翻炒。倒入肉卷段后，放调料：蚝油、酱油、糖。不断翻炒至均匀出味即可。

0990 酸辣皮冻子

产　　地：甘谷

所属民族：汉族

级　　别：3

简　　介：皮冻是一种家常菜，属于川菜，主要制作食材有猪皮、盐酥花生仁等，以高汤、胡椒、精盐、味精、葱、生姜等调味，色、香、味、口感俱佳。皮冻有多种做法，每种做法口感和味道都各不相同，从冰箱里拿出后切成小块，依个人口味淋不同的调料，适合夏季食用。

0991：西芹桃仁

产　　地：甘谷
民　　族：汉族
级　　别：3
简　　介：核桃仁炒西芹属于家常菜，孕产妇调养菜。特点是桃仁酥香，西芹鲜嫩，所需主要材料是熟核桃仁和西芹，制作简单。

0992 豆角烧茄子

产　　地：甘谷
所属民族：汉族
级　　别：4
简　　介：豆角烧茄子是一道家常炒菜，主要原料是豆角、茄子、干辣椒、葱末、蒜粒、姜末、盐、味精。茄子和豆角两者搭配富有营养，且口感香辣爽口。茄子含多种维生素、脂肪、蛋白质、糖及矿物质等，是一种物美价廉的佳蔬。豆角的营养素相当丰富，含有蛋白质、脂肪、碳水化合物、粗纤维、钙、铁、维生素A、维生素B1、维生素B2、维生素C、烟酸、泛酸、细胞凝集素等多种成分。

0993 甘谷豆芽粉丝

产　　地：甘谷
所属民族：汉族
级　　别：4
简　　介：先把豆芽用热水泡2个小时，泡开然后再上锅煮上半个小时。然后用热水洗几遍。再过遍凉水放在盆里备用。把粉丝煮熟，然后用凉水冲一遍。和豆牙装在一个盆里。然后放入盐，味精，一点酱油，一点点糖，辣椒油和蒜末，就大功告成了。把所有调料搅拌均匀即可，还可以放点胡萝卜丝，这样看起来更美观了。

0994 甘谷清炒油菜

产　　地：甘谷
所属民族：汉族

甘肃省文化资源名录 第二十八卷 饮食文化　特色饮食

级　　别：4

简　　介：清炒油菜是一道快手菜，一定要大火爆炒，这样菜才会香脆，而且也不会夹生、出汤。油菜中含有丰富的钙、铁、维生素C和胡萝卜素，是人体黏膜及上皮组织维持生长的重要营养源，对于抵御皮肤过度角化大有裨益。爱美人士不妨多吃一些油菜，一定会收到意想不到的美容效果。

0995　甘谷土豆泥
产　　地：甘谷
所属民族：汉族
级　　别：4
简　　介：土豆泥是以土豆为原料，添加一些相应的调料，放到容器中煮熟，以工具捣成泥状所做成的一种食品。营养丰富、利于减肥、防中风、和胃健脾。

0996　甘谷炒凉粉
产　　地：甘谷
所属民族：汉族
级　　别：4
简　　介：炒凉粉是一道很有名的天水地区汉族特色小吃，色泽洁白，晶莹剔透，嫩滑爽口。晶莹沁齿有余寒。味调浓淡随君意，只管凉来不管酸。凉粉种类繁多，用豆类、米类或山芋的淀粉等，加适量水稀释成糊，煮熟后冷凝成块，俗称凉粉，山芋粉，爽口清香味浓。

0997　樱桃小萝卜
产　　地：甘谷
所属民族：汉族
级　　别：4
简　　介：樱桃小萝卜为引进特种小萝卜品种，品质细嫩，开脾健胃，营养价值丰富。

0998　海派茄子
甘　　谷：产地
民　　族：汉族
级　　别：4
简　　介：茄子是一种典型的蔬菜，根据品种的不同，用法多样。茄子对疾病的康复具有相当高的价值。

0999 甘谷干锅土豆片

产　　地：甘谷

所属民族：汉族

级　　别：4

简　　介：土豆去皮切片，腊肉切小片，绿辣椒切丝，小红辣椒切段。锅里放油下土豆片煎熟盛出。能用筷子轻松扎过就基本熟了。再做锅热油，油热下入豆瓣酱炒出红油，放入少量豆豉，放葱姜蒜片，煸香腊肉，再放入红绿辣椒。炒香后放入土豆片，加盐、生抽，再炒一分钟后出锅即可。

1000 甘谷清炒油麦菜

产　　地：甘谷

所属民族：汉族

级　　别：4

简　　介：菊科植物苦定菜的嫩叶。药食兼具多年生草本植物。药名叫败酱草，异名女郎花、鹿肠马草。民间俗称苦菜，别名天香菜、茶苦荬、甘马菜、老鹳菜、无香菜等，因其叶似蛇形，山东也叫蛇虫苗。味感甘中略带苦，可炒食或凉拌。凉拌时先将苦菜择好洗净，过水轻焯控干晾凉，姜蒜切末，加入盐、鸡精、香油、白糖、米醋、辣椒油少许，搅拌均匀后装盘即可。有抗菌、解热、消炎、明目等作用。

1001 干锅千叶豆腐

产　　地：甘谷

所属民族：汉族

级　　别：4

简　　介：干锅千页豆腐，可补中益气、清热润燥、生津止渴、清洁肠胃。更适于热性体质、口臭口渴、病后调养者食用。

1002 大靖烩菜

产　　地：甘肃省武威市古浪县大靖镇

所属民族：汉族

级　　别：4

简　　介：大靖烩菜，历史悠久，它的特点是内容丰富，经济实惠，美味可口，老少皆宜。其制作方法是先将羊肉（最好是羯羊肉）

或者鸡肉（最好是一年以上的土鸡）加入调料煮好，将肉捞出，褪去骨头，将肉用手撕成条，将汤去调料渣备用，然后将猪五花肉在清油中炒熟，炒的时候将调料（花椒、姜、八角、胡椒等）调好，再加入备用的肉汤，将汤煮沸，再加入肉丸、面余子、豆腐、清粉块、粉条、海带丝（浸泡去腥）、大白菜、青菜、辣椒稍煮片刻，盛入碗内即可食用。大靖烩菜食之肥而不腻，芳香四溢，营养丰富，是人们日常和节假日常用的菜肴。

1003 民勤羊羔肉

产　　地：甘肃省民勤县

所属民族：汉族

级　　别：1

简　　介：民勤羊羔肉，因其羊牧放或喂养本地盐碱草而别具风味，是羊羔肉中的上上品。具有无污染，味美鲜嫩，脂肪含量低，不油腻，无膻味的特点，是老幼皆宜的上等滋补品，尤其羊骨膏更是大补，民勤农家常将羊骨熬成骨膏，用来孝敬年老体弱的长者，或为患大病者补充营养。做法上有黄焖羊肉、开锅羊肉、烧烤羊肉等多种多样，其中最具盛名的是大水羊肉和锁阳羊肉。大水羊肉是将分割好的手掌大小的羊肉块，下水盛水颇多的大锅清水中，加水姜、大香等调味，再加大蒜、红葱等提味，文火煮熟，食之。锁阳羊羔肉是根据中医理论，在传统烹饪基础上发展起来的一种保健食品，具有滋补肾阴、轻身养颜、温中壮阳的独到功效，是外地游人客商在民勤必吃的特色美食。

1004 陇上溜达鸡

产　　地：甘肃张掖

所属民族：汉族

级　　别：1

简　　介：陇上味道特色溜达鸡是选用张掖养殖基地自然放养的土鸡，这里青山簇拥，绿水环绕，以原始的养殖方式让鸡回归大自然，敞放散养在祁连山之中，尽情享受天然氧吧，自由采食野草和昆虫，辅以五谷杂粮，渴饮纯正的黑河山泉水，生长时间长，活动空间大，增加鸡的运动量，提高鸡的体质，增强了肌肉纤维的韧性，场地实行"轮牧制"，确保环境生态平衡，显著改善肉质品质。特别是"抗癌之王"硒元素的含量和抗衰老剂维生素E的含量超过普通家鸡许多倍，经常食用有美容、抗衰老、抗癌等独特功效。因而有"滋补胜甲鱼，养伤赛白鸽，美容如珍珠"之美誉，炖、煮、蒸、烧、炒皆可。

1005 炒拨拉

产　　地：甘肃省山丹县

所属民族：汉族

级　　别：4

简　　介：山丹炒拨拉现已成为享誉河西的一道招牌菜，始于何时已无考，《山丹县志》仅对其制作过程简单给予记载："炒拨拉因动作得名，支以铸铁鏊子，将切好的羊肝、肺、肚、肠、心等佐以调料葱花蒜苗下锅，以柴火或煤炭为燃料，用猛火爆炒，待熟即食。炒拨拉冬季进食最佳，麻辣适度，肥而不腻，烟熏火燎，边炒边吃，美味可口，热热乎乎。"在露天升上火炉，火炉上支以铸铁鏊子，放入大油，烧至八九成熟时，将切成片的羊心、肝、肺、肚、肠等 (也有用猪、牛脏器的) 拌入葱段、姜丝、蒜苗段，以及花椒粉、青椒丝或红辣椒粉同时下锅，如果是猪下水，还要加上八角粉，用猛火爆炒 2—3 分钟，待熟即食。燃料以柴禾为最佳，现在多以煤炭为燃料。山丹炒拨拉子冬季进食使食用者身冷而心热，如果再呷上几口山丹红酒，那真叫一个爽，是一种风味独特的街头小吃。实为山丹一绝。是外地人来山丹首选的风味小吃，他们说"不吃炒拨拉，等于没到山丹"，因此被外地人戏称为"山丹国宴"。

1006 山丹罐罐席

产　　地：甘肃省山丹县

所属民族：汉族

级　　别：4

简　　介：罐罐席是上世纪八十年代前山丹县农村举行宴席的主要方式，其主要特点是主菜（即俗称十大碗）均由砂罐炖制而成，故得名罐罐席。旧时山丹宴席根据费用情况可分三个档次，均为罐罐席。最高档次是十二楼全席（亦称鸡肘席），用料较多，花费较大，一般人家无力承担，解放后基本失传；比较普遍的是"十全席"，即除凉菜和炒菜外上十大碗主菜（沙罐炖制而成）；经济情况非常困难的一般是"五碗一盘"，就很简陋了。罐罐席上菜的顺序一般是：客人做好之后，先上 8 个凉菜（俗称水菜）；之后上炒菜（俗称梢子），梢子有两种上法，或是"一平一立"，即一碗一碟，或是"纱帽翅"，即四碗两碟；炒菜撤去后上十大碗。十大碗之后开始上酒。另外，上十大碗时，每上一碗须向客人敬酒一杯。其中，每碟菜根据菜的材质不同都有一定的摆放位置，不可随意摆放，总体体现出一个尊老的礼仪。罐罐席的主食一般是花卷 8 个，包子 8 个，油饼子 8 个。十大碗的主要内容是五荤五素，五荤指猪肉块炖菜（俗称红炖）、猪肉片炖菜、羊肉炖菜、牛肉炖菜、丸子炖菜各一碗；五素是指烩萝卜、烩土豆、烩葫芦、烩豆腐、烩面筋等。罐罐席每桌八人，最上首有年龄最长或威信最高者坐。每道菜上来后，先有最上席先动筷，其他人才可动筷。上席若放下筷子，其他人也得放下筷子，陪他聊天。罐罐席在山丹历史悠久，流传甚广，具有浓郁的地方特色。其特点：一是根据当地农畜产品选料，就地取材；二是以炖制为主，不加任何现代调味品，原汁原味，菜味纯正；三是富含民俗礼仪内容，教化风俗。随着社会和经济条件发展，现在罐罐席已退出人们的生活。但是，现在人们的饮食，尤其是宴席已非常铺张，造成大量浪费。故重新挖掘整理罐罐席，并在改进之后加以推广，就具有极强的社会意义和经济意义。

1007 酸辣大湖鱼

产　　地：甘肃省张掖市高台县

所属民族：汉族

级　　别：4

简　　介：高台县大湖湾水域资源丰富，风景怡人，特别适应草鱼、鲤鱼、鲢鱼和野生鲫鱼、虾米生存，大湖鱼的最大特点是靠吃自然生长的水草为生，无需人工喂养，是纯天然的绿色食品。菜品经过精心烹饪，突出酸、辣的特点，酸辣大湖鱼具有健脾开胃、利尿消肿、止咳平喘、安胎通乳、清热解毒等功能，是温中补虚的养生食品。

1008 特色湘猪头

产　　地：甘肃省张掖市高台县

所属民族：汉族

级　　别：4

简　　介：特色湘猪头简介猪头是民间美味，黑河山庄的特色湘猪头更是独具特色，原料均为小湘猪头，头肉含有丰富的优质蛋白质和必需的脂肪酸，并提供血红素（有机铁）和促进铁吸收的半胱氨酸，能改善缺铁性贫血；具有补肾养血，滋阴润燥的功效。经过黑河山庄8年的精心制作，湘猪头更是色泽光亮，香糯浓醇、咸甜适度，肉质鲜美，肥而不腻，现已是黑河山庄每桌必点的美味，2013年荣登张掖市美食栏目。

1009 爆炒胭脂鸡

产　　地：甘肃省张掖市高台县

所属民族：汉族

级　　别：4

简　　介：胭脂鸡因原产高台县黑泉乡的胭脂堡村而得名。胭脂鸡生长在开阔的草地和沙漠之中，以自然放养为饲养方式，以粗饲杂粮为主食，辅以沙漠甲虫、田野草虫等营养物质，饲料中不含任何激素及添加剂成份。胭脂鸡具有色泽鲜亮、肉质鲜美、香味浓郁的特点，可爆炒、可白水煮、可炖汤，是深受消费者喜爱的健康、绿色食品。

1010 新坝羊肉

产　　地：甘肃省张掖市高台县

所属民族：汉族

级　　别：4

简　　介：新坝羊肉以地域而得名，选用常年放养在高台县新坝乡山区吃天然牧草、喝天然泉水的无公害羔羊为主料，其肉质细嫩、不膻不腻，容易消化、高蛋白、低脂肪，含磷脂多，较猪肉和牛肉的脂肪含量、胆固醇含量都要少，是冬季防寒温补的美味之一。性温味甘、既可食补又可食疗，为优良的强壮祛疾食品，有益气补虚、温中暖下、补肾助阳、生肌健力抵御风寒之功效，在2011年金张掖餐饮业五名一星评选活动中荣获"金张掖名菜"。

1011 爆炒大湖虾

产　　地：甘肃省张掖市高台县

所属民族：汉族

级　　别：4

简　　介：高台县大湖湾水域资源丰富，风景怡人，特别适应草鱼、鲤鱼、鲢鱼、野生鲫鱼、虾米生存，大湖虾是在水体内自然生长而成的淡水产物，个儿不大但它的营养价值极高，含丰富的蛋白质及微量元素钙、铁、锌、硒等，对人体具有很强的补钙功能，老少皆宜。

1012 宫廷稻香肉

产　　地：甘肃省张掖市高台县

所属民族：汉族

级　　别：4

简　　介：宫廷稻香肉以五花肋排、陈年花雕、稻草、秘制香辛料为原料，具有咸鲜回味、不肥不腻、入口即化、海派风味、绿色健康。"宫廷稻香肉"在2011年金张掖餐饮业五名一星评选活动中荣获"金张掖名菜"。

1013 灵台清炖甲鱼

产　　地：甘肃省灵台县

所属民族：汉族

级　　别：4

简　　介：以享誉中华甲鱼为主要原料制作的陇上名菜——清炖甲鱼，以独特的制作工艺和丰富的营养价值深受广大宾客的青睐。其制作方法：将宰杀并烫去黑衣的甲鱼剁成块，加入高汤、生姜、大葱、大蒜、花椒、味精、白糖、食盐等多种配料，炖至甲鱼肉软糯，就可做成味美、色泽、营养价值极高的纯正清炖甲鱼。

1014 百花牛丸

产　　地：甘肃省平凉市崇信县

所属民族：汉族

级　　别：1

简　　介：原料牛肉胶。辅料竹节虾、西芹。特点：造型别致，引人食欲。制作方法：用黄牛外脊肉制成牛肉丸在沸水中余水出锅，浇上芡汁即成。2011年7月平凉市一品红牛餐饮有限责任公司菜品"百花牛丸"被甘肃省商务厅、甘肃省旅游局评为甘肃省"精品陇菜"。

1015 一品养生煲汤肥牛

产　　地：甘肃省平凉市崇信县

所属民族：汉族

级　　别：1

简　　介：地方特色菜,绿色营养,时尚健康。原辅材料：农家土鸡、乳鸽、长白山鲜人参、青藏高原虫草、鹿茸、当地野生当归、党参、甘草、大枣、农家红花椒、姜等。制作方法：将60天农家土鸡和乳鸽宰杀后洗净，用农家米酒制一段时间，再放入姜片、葱段、花椒、大枣，加入纯胡麻油腌十小时左右，撒上盐，再腌三小时后，用沸水余水后洗净放入瓦罐中用文火煲四小时即可。上桌时用景泰蓝铜锅将主料和汤盛入锅中，并配有专制油碗，主涮肥牛。2011年7月平凉市一品红牛餐饮有限责任公司菜品"一品养生煲汤肥牛"被甘肃省商务厅、甘肃省旅游局评为甘肃省"精品陇菜"。

1016 一品牛头

产　　地：甘肃省平凉市崇信县

所属民族：汉族

级　　别：1

简　　介：原料牛头。辅料盐、花椒特点：大气酱香诱人，糯口爽滑。制作方法：用十五斤以上的黄牛头洗净加盐、加大料卤制2小时即成。2011年7月平凉市一品红牛餐饮有限责任公司菜品"一品牛头"被甘肃省商务厅、甘肃省旅游局评为甘肃省"精品陇菜"。

1017 茶疗功夫汤

产　　地：甘肃省平凉市崇信县

所属民族：汉族

级　　别：1

简　　介：原料：牛鞭、辽参。辅料：白果、巴戟。特点：壮阳补肾。制作方法：将牛鞭用白卤卤熟后改刀，用虾仁汤炖制而成。2011年7月平凉市一品红牛餐饮有限责任公司菜品"茶疗功夫汤"被甘肃省商务厅、甘肃省旅游局评为甘肃省"精品陇菜"。

1018 翡翠双仁

产　　地：甘肃省平凉市崇信县
所属民族：汉族
级　　别：1
简　　介：原料：花生、油豆。辅料：面粉、香菜、辣椒。特点：富含植物蛋白、维生素E等营养成分。制作方法：将花生、油豆用面粉包皮，再用色拉油炸熟，配以香菜即可。2011年7月平凉市一品红牛餐饮有限责任公司菜品"翡翠双仁"被甘肃省商务厅、甘肃省旅游局评为甘肃省"精品陇菜"。

1019 烧椒牛辗

产　　地：甘肃省平凉市崇信县
所属民族：汉族
级　　别：1
简　　介：原料：精选牛辗肉。辅料：蘸料。特点：精选牛辗肉入口味浓，营养价值高。制作方法：用秘料煮熟后切片，食用时沾酱即可。2011年7月平凉市一品红牛餐饮有限责任公司菜品"烧椒牛辗"被甘肃省商务厅、甘肃省旅游局评为甘肃省"精品陇菜"。

1020 陇州风味牛仔粒

产　　地：甘肃华亭
所属民族：汉族
级　　别：3
简　　介：陇州风味牛仔粒是华融大酒店在传承华亭民间地方特色和民间小吃的基础上，选用鲜嫩牛柳、干果等精心配制出的风味菜品。具有益气补虚，增强御寒等作用，地方特色鲜明，口味独特浓郁。

1021 传统民俗八大碗

产　　地：甘肃华亭
所属民族：汉族
级　　别：3
简　　介：华亭清真民俗八大碗系穆斯林传统的民间宴客形式，指的是八种装在大碗里的炖菜，讲究料厚物重、味纯汤清、用料广泛、技法全面、有素有荤，牛羊肉、鸡、鸭、鱼都入八大碗之列，多采用炖、煮、烩、炸、烧、蒸等技法操作，大汁大芡，大碗盛放。八大碗可拆开单吃，也可按自己口味组合成席。八大碗是旧时老百姓对物质生活追求的一种富裕标准，一个成功符号。目前已逐渐成为逢年过节、庆典迎送、婚丧嫁娶及招亲待友、商务宴请的首选。华亭清真民俗八大碗几百年来一直延续至今。从这套清真菜谱中，可领略华亭清真饮食文化之一斑，因为他充分显示了回族人民的聪明才智。"八大碗"虽然用料普通，但是由于流传久远，制作讲究，风味独特。其中炖牛肉、炖杂碎是华亭清真家常菜中的精品，多年的烹饪经验，佐料齐全，微火浸炖，已使其达到色香味俱佳的上乘水平。而胡萝卜、醋溜白菜、炸豆腐等菜，既本着节约办事，又完全符合现代科学饮食之道，无论从医药学、营养学、保健学等各方面都显示出了独到、高明之处。

1022 排蒜珍菌牛柳

产　　地：甘肃华亭

所属民族：汉族

级　　别：4

简　　介：排蒜珍菌牛柳是华粮酒店在传承华亭民间地方特色和民间小吃的基础上，选用牛柳、珍菌等等原料精心制作出的特色菜品。口味独特浓郁，地方特色鲜明。

1023 金华养生宴

产　　地：甘肃华亭

所属民族：汉族

级　　别：4

简　　介：金华养生宴是华亭县金华大酒店在传承华亭民间地方特色和民间小吃的基础上，深挖地方特色食材，如无污染关山牛羊肉、纯天然山珍、生态果蔬等，利用华亭特有中药材，以"平衡膳食，保健养生"为根本，以传统的养生文化及现代人的营养需求，以口感、功效为主，本着保健、养生、增强免疫力的原则精心配制出的系列养生菜品。金华养生宴可根据季节的不同，搭配辅料，调整菜品，以"春补肝、夏补心、秋补肺、冬补肾"的原则，对人体进行四季的调理。从而做到在享受美味的同时，又温补体质，提高免疫力，达到延年益寿的目的。本宴以八道精美凉菜、八道特色热菜、四道地方小吃及一羹一面组成，营养搭配合理，绿色健康养生，地方特色鲜明，口味独特浓郁。

1024 陇东芋饼

产　　地：甘肃华亭

所属民族：汉族

级　　别：4

简　　介：陇洲芋饼是华融大酒店在传承华亭民间地方特色和民间小吃的基础上，选用香芋、面粉等原料等精心制作出的风味面点。口味独特浓郁，是消费者非常喜爱的一款面点小吃。

1025 山药炖羊肉

产　　地：甘肃华亭

所属民族：汉族

级　　别：4

简　　介：山药炖羊肉是华粮大酒店在传承华亭民间地方特色和民间小吃的基础上，选用靖远羔羊羊肉、平凉本地山药精心制作出的风味养生菜品。老少皆宜，具有补脾胃，益血气，强筋骨等功效，地方特色鲜明，口味独特浓郁。

1026 华池酸菜

产　　地：甘肃省华池县

民族：汉族

级　　别：4

简　　介：将大白菜、包包菜或萝卜等蔬菜在沸水锅中煮至半熟，快速捞出趁热压入缸内，逐层加少许食盐，最后添水，或一次性倒入适量盐水淹没，压实，盖严缸口，使之自然发酸，即成酸菜。酸菜是县境东部农家传统越冬之常备菜，味酸耐嚼，有增强食欲、帮助消化之作用。本县其他各地，则以咸菜为农家常备越冬菜，其味香脆鲜美。

1027 合水黄米饭

产　　地：甘肃合水

所属民族：汉族

级　　别：2

简　　介：黄米饭主要包括黄米干饭和黄米焖饭，其中黄米干饭黄而略粘，散、酥、耐嚼。加水同蒸米饭步骤一样可以得到黄米干饭，可以像白米饭一样配蔬菜食用。还可以用粘性黄米，加果仁、蜜饯等蒸制成黄米焖饭，加蜂蜜或糖稀食用。营养丰富，含蛋白质、脂肪、碳水化合物、钙、磷、铁、锌、硒、硫黄素、核黄素、尼克酸。具有补脾止泻和胃安神之功效。

1028 八仙凉盘

产　　地：甘肃省庆阳市庆城县

所属民族：汉族

级　　别：2

简　　介：原料：猪肝、猪心、猪耳朵、猪口条、卤肉、石花菜、腐竹、土豆丝、菠菜、鸡蛋、葱丝、蒜苗等。做法：土豆丝凉拌垫底，其它八中原料分别摆放，菠菜分水剁碎做三角塔状摆在八种原料之上，鸡蛋平均切成八小半放盘中间，在分别洒上葱丝、蒜苗等即可八仙凉盘品种丰富、造型美观，可吃性强，菜中含有脂肪、丰富的矿物质、碳水化合物、多种维生素及钙、磷、铁等，具有养心补血、补虚损、健脾胃、清热解毒等功效。

1029 庆阳土暖锅

产　　地：甘肃省庆阳市庆城县

所属民族：汉族

级　　别：2

简　　介：原料：酥肉、丸子、肘子肉、条子肉、猪排骨、鸡血片、白菜、豆腐、粉条、白萝卜、黄花菜、葱、姜、蒜、青红椒丝。做法：先将白菜用开水氽一下，放入冷水中冲洗后，将其控干切成小段，连同萝卜、鸡血片片用鸡汤烩到一起，将其做成暖锅当菜底子装入暖锅，再在菜底子上边覆盖一层豆腐方片，适当放一层粉条，一些黄花菜，最后装入暖锅子是一层肉，如酥肉、丸子、肘子肉、条子肉、猪排骨，这些菜肴各成一堆，围绕烟道筒摆放一圈，将下面的豆腐菜盖得严严的，撒上葱丝，青红椒丝即可。土暖锅菜肴丰富，各显其味，营养价值高，经济实惠，冬季佳肴，是庆城县特色名菜。

1030 深思屈原之米落清风

产　　地：甘肃省庆阳市环县

所属民族：汉族

级　　别：2

简　　介：是用民间粘米配以大枣、葡萄干、莲子等和匀入笼制作而成，是民间精品小吃。味道甜美，清凉可口，且具有食疗功效。2011年7月在甘肃省商务厅、甘肃省旅游局举办的首届甘肃省"精品陇菜"认定会上获"甘肃省精品陇菜"奖。

1031 洋芋卜拉

产　　地：甘肃省庆阳市环县

所属民族：汉族

级　　别：3

简　　介：洋芋卜拉是杂粮小吃，工艺简单，风味独特。它是把洋芋擦成丝丝，放入面盆后撒上面粉，放入花椒粉、姜粉、盐等调味料，搅拌均匀后放到蒸笼里蒸熟即可。食用时，调入酱油、醋、油泼辣子，就时令蔬菜，味道绝佳。

1032 古州酸辣烩鱿鱼

产　　地：定西市安定区

所属民族：汉族

级　　别：2

简　　介：鱿鱼片、什锦野菌汆水待用。锅留底油，用朝天椒、葱、姜炝锅，再喷入香醋，加高汤1000克。调入盐、味精、胡椒粉，烧开后打取渣，倒入鱿鱼、野菌勾入生粉芡，出锅装入汤窝，撒少许香菜即可。味型是酱香酸辣。此菜鱿鱼采用传统的涨发工艺，口感绵软滑嫩，再加上什锦野菌烩制，汤菜一起食用正适合我们西北人的口味，汤汁酸辣也是一道嗜酒者后的佳肴！

1033　锅仔酸菜洋芋

产　　地：定西市安定区

所属民族：汉族

级　　别：2

简　　介：原料：黑美人200克，鱼酸菜100克，泡菜100克，土豆300克。调料：猪油20克，胡麻油20克，A料（盐15克，味精5克，胡椒粉5克，白糖3克，鸡汁8克），白醋15克，高汤350克，姜片15克，野山椒10克，小葱段5克。制作：①土豆取皮，切成大片上笼蒸25分钟，取出制成泥待用，黑美人取皮，切成条，鱼酸菜、泡菜切丝。②锅内下入猪油、胡麻油烧至四成热，倒入姜片、野山椒、鱼酸菜、泡菜煸炒出香味，加入高汤、黑美人条煮约5分钟，再下入土豆泥搅匀，调入A料，出锅时加入白醋、小葱段即可上桌。特点：此菜采用了双油（猪油、胡麻油）为了增香，弥补了素菜土豆口感的单一，其汤采用土豆泥的融入，更让汤的口感有面沙感，从根本上体现了土豆的质性，从色泽上来用黑美人做搭配。

1034　凤城太子羊排

产　　地：定西市安定区

所属民族：汉族

级　　别：:2

简　　介：将羊肉剁成块，加羊肉专用料装入高压锅，压制30分钟。将羊排装入器皿中，锅上火炒制酸辣汁，浇在羊排上即可上桌。制作关键：羊肉一定要新鲜，羊肉块不能剁制太大，酸辣汁的酸辣比例为辣醋。特点：羊肉具有补精血，益虚劳，温中健脾，补肾壮阳，养肝等功效。对虚劳羸瘦、腰膝酸软、食少反胃，头眩明目等病症有良效。传统手抓羊肉基础上加以改良，口感吃肉而不腻，而酸辣味正好适合我们当地人的食俗。

1035　凤城土焖羊肉

产　　地：定西市安定区

所属民族：汉族

级　　别：:2

简　　介：将羊肉剁成块，用盐50克、味精20克，料酒200克，羊肉专用料100克，腌制2小时。将腌好的羊肉用锡纸包好，放入自制土焖羊肉专用炉，烤制2小时。抛开炉土，取出羊肉，打开锡纸即可上桌。特点：采用了土焖来烹制，使其羊肉的本质香味，没有外漏，其羊肉的口感绵软滑嫩，香味四射，再加上配有香菜、芹菜、洋葱同焖，增加了清香味，回味无穷。在烤制过程有用果木烧制黑山土块，有增加了果木的香味。黑山土块的特点，不烧时很硬，烧红后随意敲打，就成土面状，很适合焖制的要求。

1036 农家爆炒土鸡

产　　地：定西市安定区

所属民族：汉族

级　　别：3

简　　介：主料：农家饲养土鸡。副料：青红椒菱形块、蒜苗、洋葱块、姜块、大葱头 特点：鸡肉口感鲜嫩、色泽红亮。

1037 什锦暖锅

产　　地：定西市安定区

所属民族：汉族

级　　别：:3

简　　介：主料：丸子、杂烩、排骨、红烧肉、鸡块。副料：白菜块、小油菜、豆腐块、平菇、粉条 特点：用浓郁的土鸡汤小火慢炖而成，味道鲜美、汤汁浓郁。

1038 岷县粉鱼

产　　地：定西市岷县

所属民族：汉族

级　　别：4

简　　介：岷县粉鱼以其独特的口味、暖胃驱寒的功效及丰富的营养价值成为历久不衰的一种特色小吃，当地人食用早点皆以粉鱼为首选。岷县粉鱼制作流程为：将大豆粉溶水后倒入锅中煮成糊状，后用漏勺滴珠，浸入冷水，形成小鱼状半透明物即为粉鱼，然后再捞出放入凉水中浸泡。将粉鱼和开水一起煮沸后，盛入碗内，调上用姜粉拌的生葱花或蒜苗丝、鲜醋、油泼辣子、食盐、味精等佐料后即可食用。而"黄毛粉鱼"之所以闻名，在于其用料考究，大豆粉必选一级豆粉，调味醋一定是岷县当地特产的土制麸子醋，秘制的油泼辣子中添加了大香、小香、草菓、肉蔻、花椒、芝麻等多种调味料，使其风味独特。

1039 烧鸡粉

产　　地：甘肃陇西

所属民族：汉族

级　　别：2

简　　介：以鸡肉、鸡蛋、淀粉、菠菜汁及多种调料加工而成，褐汤绿粉、肉蛋兼备，四季皆可食用，酷暑时凉食，清爽可口，消暑解热；严冬时热食，驱寒补身。烧鸡粉颜色翠绿，口感嫩滑，鲜香味厚，佐酒极佳，特别是病愈初起，以烧鸡粉滋补则有速效作用，故而南北皆宜，老幼喜食。陇西烧鸡粉曾被甘肃省商业厅评为名特小吃，并刊登于《中国烹饪》杂志。

1040　陇西荞粉

产　　地：甘肃陇西

所属民族：汉族

级　　别：4

简　　介：荞粉，色酱红，荞粉用荞麦面为主要原料。先说制粉面，将荞麦用水喷湿，搓破皮，倒入盆内清水中揉搓慢洗，然后用细箩滤去黑色的皮，在盆中沉淀，倒去浮水，晾晒干，粉面制成。慢慢品味，酸辣诸味充盈腔齿。

1041　清蒸白血（"羊十道"之一）

产　　地：甘肃漳县

所属民族：汉族

级　　别：1

简　　介：清蒸白血"是羊十道的第一道菜，也是很有代表性的一道菜。以羊血中的血清作为原料，肉汤注少许血清，细火烧沸，滤出渣沫，汤水清亮见底，制成独具特色的一道食品。

1042　大烩羊头（"羊十道"之二）

产　　地：甘肃漳县

所属民族：汉族

级　　别：1

简　　介：大烩羊头是"羊十道"的第二道菜，也是羊十道中的代表性菜谱，顾名思义是用羊头配以花椒、生姜、胡椒、山药、茴香等中草药、香料为佐料，制作而成，味道鲜美，口齿生香。

1043 绷子蒸肉（"羊十道"之三）

产　　地：甘肃漳县

所属民族：汉族

级　　别：1

简　　介：绷子蒸肉是"羊十道"的第三道菜，"羊十道"选料考究，选用大肥骟羊，屠宰后以头、腿肉、羊排、血、心、肝等五脏及羊尾为主料，以花椒、生姜、胡椒、山药、茴香等中草药、香料为佐料。绷子蒸肉选用羊的精华部分制作而成，味道鲜美，口齿生香。

1044 羊肉夹砂（"羊十道"之四）

产　　地：甘肃漳县

所属民族：汉族

级　　别：1

简　　介：羊肉夹砂是"羊十道"的第四道菜，配以花椒、生姜、胡椒、山药、茴香等中草药、香料为佐料，制作而成，与第三道菜"绷子蒸肉"所用原料相似，只是制法迥然不同，所以展现了很有特点的两种风味。味道鲜美，口齿生香，配以羊汤令人回味无穷。

1045 清香羊肘（"羊十道"之五）

产　　地：甘肃漳县

所属民族：汉族

级　　别：1

简　　介：清香羊肘是"羊十道"的第五道菜，顾名思义是用羊腿配以花椒、生姜、胡椒、山药、茴香等中草药、香料为佐料，制作而成，烹调工艺不算很复杂，展现了很有特点的地方风味。味道鲜美、口齿生香、肥而不腻。

1046 香酥羊肉（"羊十道"之六）

产　　地：甘肃漳县

所属民族：汉族

级　　别：1

简　　介：香酥羊肉是"羊十道"的第六道菜，采用的是羊肉中最精华的部分，配以花椒、生姜、胡椒、山药、茴香等中草药、香料为佐料，煮、煎等方法制作而成，烹调工艺不算很复杂，展现了很有特点的地方风味。味道鲜美、口齿生香，具有很丰富的营养价值，再盛羊汤一碗，清香扑鼻。

1047 香酱扣肉（"羊十道"之七）

产　　地：甘肃漳县

所属民族：汉族

级　　别：1

简　　介：香酱扣肉是"羊十道"的第七道菜，与第五道菜清香羊肘、第六道菜香酥羊肉，采用的都是羊肉中最精华的部分，配以花椒、生姜、胡椒、山药、茴香等中草药、香料为佐料，制作而成，采用不同的烹调工序，口味各有特色，味道鲜美、口齿生香。

1048 时菜肝片（"羊十道"之八）

产　　地：甘肃漳县
民族汉族
级　　别：1
简　　介：时菜肝片是"羊十道"的第八道菜，采用的是羊的内脏，和时令蔬菜黄金组合，配以花椒、生姜、胡椒、山药、茴香等中草药、香料为佐料，制作而成，采用特殊的烹调工艺，味道鲜美、口齿生香，垂涎欲滴。

1049 凉拌肚丝（"羊十道"之九）

产　　地：甘肃漳县
所属民族：汉族
级　　别：1
简　　介：凉拌肚丝是"羊十道"的第九道菜，采用的是羊的内脏，配以花椒、生姜、胡椒、山药、茴香等中草药、香料为佐料，煮熟凉拌即可，味道鲜美、口齿生香。

1050 蜜汁羊尾（"羊十道"之十）

产　　地：甘肃漳县
所属民族：汉族
级　　别：1
简　　介：蜜汁羊尾是"羊十道"的第十道菜，也是很有代表性的一道菜。用羊尾制成独具特色的一道食品，味道鲜美、口齿生香。"羊十道"体现了丰富而且朴实的西北餐饮文化，口味不重，风貌斑斓，堪称中华饮食文化中的一绝。

1051 凉拌蕨菜

产　　地：甘肃漳县
所属民族：汉族
级　　别：1
简　　介：凉拌蕨菜，先把干蕨菜放入温水中浸泡2-3小时，然后下锅煮熟，要掌握火候，煮到恰到好处，方可保持蕨菜的嫩绿、鲜美，再用凉水浸泡后捞出控水，放葱丝、盐、调料，泼热油，加醋、蒜泥、芥末水拌匀即可食用。凉拌蕨菜色香味美，为逢年过节家庭亲朋聚会之首选佳肴。

1052 凉拌乌龙头

产　　地：甘肃漳县

所属民族：汉族

级　　别：1

简　　介：凉拌乌龙头为漳县特产。乌龙头采摘后慢火煮熟，置于凉水中浸泡，去苦味后，佐以调料、葱丝、蒜泥、芥末水，泼以热油，加醋拌匀即可。凉拌乌龙头色香味美，可治疗糖尿病、肾脏病、胃溃疡。

1053 凉拌五朵尖

产　　地：甘肃漳县

所属民族：汉族

级　　别：1

简　　介：凉拌五朵尖为漳县特产。五朵尖采摘后慢火煮熟，置于凉水中浸泡，佐以调料、葱丝、蒜泥、芥末水，泼以热油，加醋拌匀即可。凉拌五朵尖色香味美，可治疗风寒、湿痹、筋骨拘挛等症。

1054 把把肉

产　　地：甘肃漳县

所属民族：汉族

级　　别：1

简　　介：把把肉在民间天阴下雨农闲季节，十多户、三五十户联合，或杀猪，或宰羊，请厨师将肉煮熟置于案上，剔骨后剁成小块，佐以盐和调料，伴以葱姜大蒜和香菜，浇些原汁肉汤，搅拌均匀，按户用碗分堆，一户一堆，分而食之，味醇肉美，享誉武阳。是漳县著名特色菜肴，色香味美、口感醇香，现各大宾馆都有此菜肴，深受人们喜爱。

1055 腊肉韭菜

产　　地：甘肃漳县

所属民族：汉族

级　　别：2

简　　介：腊肉韭菜选用盛产于漳县清脆肥大的韭菜，洗净，切成半寸来长，猪油热锅爆炒，适量加盐和调料，将熟时加入切好的腊肉和粉条一起炒匀出锅，色香味美，营养价值丰富，为待客之上品，深受人们喜爱。

1056 文县十大碗

产　　地：甘肃省文县十大碗

所属民族：汉族

级　　别：4

简　　介：陇南文县农村，民风粗豪，乡亲若有婚丧嫁娶红白喜事，必宴客三日，席上水陆杂陈，皆是大块文章。盛菜所用家什不是盘，用碗，名曰"十大碗"，即主菜十道。"十大碗"是文县待人的一碗碗独特的菜，共10道菜。现今"十大碗"已大不一样了，凑够十个碗就行，但须要保持一碗一个味道，犹如南北大菜系列，餐具不用盘而用碗，碗中之菜也可称"汤"，素有"碗汤菜"之说。"十大碗"有荤有素。据记载，"十大碗"为现存世最早、最系统的中华美食，成形于公元前262年。水白肉——古十大碗中席第七碗——翡翠水白肉；核桃肉——古十大碗中席第二碗——小酥核桃肉；黄酥——古十大碗中席第六碗——小酥核桃肉之变种；天河蛋——古十大碗中席第四碗——京糕天鹅蛋；扁豆汤——古十大碗中席第三碗——玉米扁豆汤；软米饭——古十大碗中席第五碗——大枣软米粥；粉皮鸡——古十大碗中席第九碗——芥末粉皮汤；肠子汤——古十大碗中席第八碗——酸辣肠子汤；这八大碗做法配料口味基本正宗。以下几碗有争议：鱿鱼汤——古十大碗中席第一碗——三鲜鱿鱼汤；鸡脯汤——古十大碗上席第二碗——香辣鸡丝汤；水余丸——古十大碗中席第八碗——生余丸子汤；素烩——古十大碗中席第十碗——豆腐素丸汤；"十大碗"做工十分精细讲究。选一头上好的肥猪，杀洗过后，厨师把鲜嫩的猪肉分成三六九等，开始耍刀工精雕细作。瘦肉切成一条条，用于做"铬桃肉"；肥肉用刀削成一片片，做"水白肉"；猪肚猪肠等也全都派上了用场。在师傅刀下，一只猪，变成了两扇，接着，会变成几大块，再接着，就会变成肉片、肉丸、肉丝……厨师把切好的肉用油盐酱醋生姜葱淀粉等作料拌好，下油锅炸成焦黄，再用大笼锅蒸，蒸熟之后放到凉处存放沉淀一下。第二天上席味道更美。"十大碗"有荤有素，素菜的原料大都是当地土特产。

1057 纂菜

产　　地：甘肃临夏

所属民族：汉族

级　　别：2

简　　介："纂"读音zuan，纂菜就是牛肉炖豆腐，是一道很有特色的家常菜肴，牛肉

343

炖豆腐一荤一素，配以绿菜点缀，味道鲜美，形色素雅，汤汁清香，是"古河州"人宴请宾客的必备佳肴。

1058 河州八大碗之河州扣羊肉

产　　地：甘肃临夏

所属民族：汉族

级　　别：2

简　　介：羊肉采用于临近河州、甘南州天然无污染的草原羊后腿嫩肉，原始的自然生长过程，一生中大量食入中草药，使得它口味鲜嫩、回味悠长、营养价值极高，具有很大的食用价值。

1059 麟翔盆盆肉

产　　地：甘肃临夏

所属民族：汉族

级　　别：2

简　　介：麟翔盆盆肉是中国甘肃东乡县高山乡庙尔岭村东乡族穆罕默德·胡塞尼于清道光十二年（公元1832年）在"塞上江南"的银川拜苏氏为师后独自经营的专卖店，现传为第八代后裔艾力·马成吉、尔洒·马成福、克勒木·马成海，距今有170多年历史。本店是独家祖传秘有的民族特色品牌佳肴，肉质细嫩、肥瘦有致、美味可口、无膻味，按食客所需将肉切块，置于砂锅内，佐之虫草、人参、党参、当归等38种祖传秘方调料配成药膳，具有滋补、养颜、养胃、壮阳、活血等多种功能，鲜美爽口，清香诱人，百吃不厌，过口不忘。麟翔盆盆肉在2013年中国·临夏——马来西亚·吉兰丹州"康美杯"全国清真小吃大奖赛中荣获金奖。

1060 河州八大碗之河州扣鸡

产　　地：甘肃临夏

所属民族：汉族

级　　别：2

简　　介：采用家养土鸡，土鸡肉质好、味道鲜，适合多种烹调方法，并具有滋补养生的作用，土鸡的全身上下都可食用，且营养丰富，随处可见，故民间誉称为"济世良药"。

1061 河州八大碗之河州发菜

产　　地：甘肃临夏

所属民族：汉族

级　　别：2

简　　介：河州发菜采用宁夏地区纯天然头发菜以主要食材，它不但脆滑细嫩、味道鲜美，做法考究，而且还具有利尿、化痰、清热解毒、滋补等功效，故而深受广大消费者的喜爱。

1062　鸽蛋烩菜

产　　地：甘肃临夏

所属民族：汉族

级　　别：2

简　　介：本菜品历史悠久，是一道民族传统特色菜，口味清鲜，醇浓交重。烹调有四大特点：选料认真、刀工精细、合理搭配、精心烹调。在"烩"的方面有其独到之处，特点是时间短、火候急、汁水多口味鲜嫩等。合乎营养卫生要求，以味多、味美及其独特的风格，赢得人们的青睐，是家庭聚餐必不可少的选择。

1063　河州八大碗之河州扣牛肉

产　　地：甘肃临夏

所属民族：汉族

级　　别：2

简　　介：牛肉采用生长在地球之巅的高寒、无任何污染环境下的牦牛肉。牦牛终身无劳役，环水而居，生长过程原始、自然，一生中摄入大量的虫草、贝母等名贵中草药，使牦牛肉细嫩、味道鲜美，营养价值极高。

1064　河州八大碗之河州扣牛筋

产　　地：甘肃临夏

所属民族：汉族

级　　别：2

简　　介：牛筋采用于临近河州、甘南州天然无污染的牧场牦牛四腿蹄筋，它以口味鲜嫩，筋道十足为特点。牛筋含有丰富的胶原蛋白以及多种人体所需维生素，具有多种不同的食用方法，适用于多种佳肴。

甘肃省文化资源名录　第二十八卷　饮食文化

特色饮食

1065 河州八大碗之河州扣丸子

产　　地：甘肃省临夏市
所属民族：汉族
级　　别：2
简　　介：扣丸子主要食材采用生长地球之巅的高寒、无污染环境下的牦牛肉。牦牛终身无劳役，环水而居，生长原始，一生中摄入大量的虫草、贝母等名贵中草药，使牦牛肉细嫩、肉质鲜美、营养价值极高、食补作用奇特，老少皆宜。

1066 河州八大碗之河州扣夹沙

产　　地：甘肃省临夏市
所属民族：汉族
级　　别：2
简　　介：食材采用于生长在地球之巅的高寒无任何污染环境下的牦牛肉，牦牛终身无劳役，逐水草而居的半野放牧方式，原始自然的生长过程，一生中摄入大量的虫草、贝母等名贵中草药，使牦牛肉肉质细嫩、味道鲜美、营养价值极高。

1067 河州特色烤肉

产　　地：甘肃省临夏市
所属民族：汉族
级　　别：2
简　　介：最早的河州烤肉烤肉，是把牛肉或羊肉切成方块，用葱花、盐、鼓汁稍浸一会儿再行烤制。明末清初时，蒙古族人则是把大块的牛、羊肉略煮，再用牛粪烤熟。到了清初时代中期，经过不断改进和发展，烤肉技术日臻完美。

1068 和政辣椒炒肉

产　　地：和政县
所属民族：汉族
级　　别：4
简　　介：和政辣椒是和政县的一道名菜，是各族人民宴席上的必备菜肴，适宜各种人群品尝。特点：色美、味浓、香辣、爽口。制作原料：和政辣椒、新鲜牛肉、葱段、花椒粉、胡椒粉。制作方法：把洗好的和政辣椒切成斜块、葱切段、牛肉切成小块。把切好的牛肉放入热锅翻炒7分熟后，再把切好的辣椒和葱段放入锅内，加入适量的花椒粉和胡椒粉直至炒熟。

1069 巧手鹿角菜

产　　地：甘南州卓尼县

所属民族：汉族

级　　别：4

简　　介：鹿角菜属海藻，是生长于中潮带或高潮带的多年生植物。它们生长的地方不但冬季不结冰，而且夏季水温也不过高（一般不超过25℃）。因此，它们都是寒暖流交汇的地区或者高纬度暖流地区的产物。虽然这些特产肉质好、营养价值高的独特优点而越来越受到崇尚健康营养消费者的青睐，但由于受环境和地理位置的影响，使得市场供不应求。

1070 炭烧蕨麻猪

产　　地：甘南州卓尼县

所属民族：汉族

级　　别：4

简　　介：蕨麻猪产于青藏高原，其中心产区在我省甘南藏族自治州的合作、夏河、碌曲、卓尼、临潭和迭部等毗邻地区，因而将品种冠名为合作猪，又称藏香猪，目前大约有5万头左右，而纯种蕨麻种已所剩无几。该品种属国内体形最短小的高原型猪种，以终年放牧为主，仅在严冬补饲少许精料。虽然这些特产肉质好、营养价值高的独特优点而越来越受到崇尚健康营养消费者的青睐，但由于受环境和地理位置的影响，使得市场供应时而缺货。

1071 腊肉炒蕨菜

产　　地：甘南州卓尼县

所属民族：汉族

级　　别：4

简　　介：野生蕨菜的营养成分齐全，蛋白质、碳水化合物和膳食纤维含量分别高达干质量的27%、35%和24%，同时含有丰富的钾、磷、钙、镁等矿物质元素。另据研究发现，蕨菜还富含一种抗癌元素——硒，硒可阻碍致癌物质在体内的代谢过程，激活免疫反应，从而增强机体免疫能力。野生蕨菜含丰富的氨基酸和维生素。人体所需的8种必需氨基酸，除色氨酸未检出外，其它氨基酸含量均较高，而赖氨酸含量高达干质量的1.28%，每100克可食部分还含有胡萝卜素1.68毫克、维生素C35毫克，并含有抗衰老具有保健美容功效的维生素E。蕨菜还具有清热滑肠、降气化痰、利尿安神等功能。

1072 蕨麻米饭

产　　地：甘南州卓尼县

所属民族：汉族

级　　别：4

简　　介：蕨麻米饭是西南地区食物。主料有大米、蕨麻、白糖、酥油。将大米、蕨麻分别煮熟，一样一半盛在碗内，在撒上白糖，浇上酥油汁。食用时边搅边吃。具有甜而不涩，油而不腻的特点。

1073 凉拌花心萝卜

产　　地：兰州

所属民族：汉族

级　　别：4

简　　介：将萝卜削皮，先切薄片，再切成细丝，放入盐水里浸泡十分钟。萝卜出水开始变软，将萝卜稍冲洗下沥干，放入碗中。加入白糖、白醋、香油、鸡精，拌匀装盘即可。

1074 五彩缤纷

产　　地：兰州黄河楼清真餐饮有限公司

所属民族：汉族

级　　别：4

简　　介：主料：苦苣、西生菜、紫甘蓝、圣女果、辅料：自制捞汁拌好装盘。

1075 洋芋煮饭

产　　地：西北地区

所属民族：汉族

级　　别：4

简　　介：洋芋饭的做法：第一步把洋芋去皮了，也就是我们土家人说的"刮洋芋"，把洋芋刮干净切成块状或是坨状都可以。第二步就是把米放入水中煮成六成熟（土家人把这种六成熟的饭叫生粉子），然后用土家特制的厨具"筲箕"将起凉起来，也就是我们所谓的"离米"。第三步将准备好的洋芋放铁锅加少许猪油、食盐翻炒几分钟，使其入盐变色后再加入少许水，水的分量不要太多，刚好淹没洋芋三分之一为最佳，然后盖好锅盖用中火蒸4-5分钟，这时你将会闻到洋芋的清香了。第四步就是把事先煮好的生粉子均匀的盖在洋芋上面，然后用筷子在上面插几个孔，目的是能让蒸汽从锅底透过饭释放出来已达到饭熟得均匀。还要记得再加一点冷水跟锅的四周淋下去，目的是不让起生锅、糊锅（这个过程土家人叫旋水），一般两到三次就可以了。最后就是用温火满满蒸了，这时候火候掌握非常关键，一旦火候掌握不好那就会前功尽弃了，用温火蒸至6-8分钟就基本上达到熟透，这时你打开锅盖，一锅香喷喷的洋芋饭就已做好，那味道就不用说了。

1076 洋芋煣煣

产　　地：西北地区

所属民族：汉族

级　　别：4

简　　介：将大小不一的洋芋洗净泥土，倒进铁锅里，从洋芋缝隙里灌半瓢凉水，再抛一个凹坑，放进一饭碗燕麦面或青稞面，盖上木锅盖，围上麻筋拧股的围锅单子，堵塞住锅盖与锅沿的缝隙，然后架火蒸煮，直到闻出呛香味。揭开锅盖后，等弥漫的水蒸汽散尽后，衬上抹布取出面碗，放在锅台或案板上晾着，皮开肉绽的洋芋，一般都是剥皮蘸着细盐白吃。将红面甚至面孔泛绿的两三颗洋芋细皮统统剥得一丝不挂，放进空饭碗里，用锅铲或汤匙拨拉些熟面粉，再放一撮细盐，反复将洋芋剁碎，使面粉与洋芋融为一体。洋芋的这种吃法，叫做剁洋芋煣煣儿。馍馍吃光了的时候，才剁带熟面的洋芋煣煣儿。年轻人则选择另一种吃法：将剥尽皮子的洋芋放进吃饭碗里，用锅铲剁成泥巴，调上细盐，倒进半汤匙生清油，再用锅铲剁若干次，调料入"泥"的洋芋煣煣儿，口感较熟面的好。

1077 麦子饭

产　　地：西北地区

所属民族：回族

级　　别：4

简　　介：麦子饭，是回族人民的传统食品，每逢开斋节、古尔邦节、圣纪节等重大节日都在做，尤其是在斋月，闭了一天斋的人们饥肠辘辘，喝完麦子饭，是最好不过的了。其做法是将麦子去皮，然后清水洗干净、沥干，配上牛（羊）肉、葱，及各种调料慢慢熬制而成。吃的时候配上油香，即充饥又有助于消化，是斋月开斋的首选饭食。小麦仁是麦子饭的主料，小麦仁淘净放锅内，加适量水焖煮 40~50 分钟（亦可放盆内上笼蒸熟）。小麦为禾本科植物，是世界上分布最广泛的粮食作物，其播种面积为各种粮食作物之冠，是重要的粮食之一。《本草拾遗》中提到："小麦面，补虚，实人肤体，厚肠胃，强气力。"小麦营养价值很高，所含的 B 族维生素和矿物质对人体健康很有益处。小麦的食疗作用：味甘、性凉、入心、脾、肾经；养心除烦，健脾益肾，除热止渴；主治脏躁、烦热、消渴、泄痢、痈肿、外伤出血及烫伤等。

1078 醋溜毛辣子

产　　地：瓜州

所属民族：汉族

级　　别：4

甘肃省文化资源名录 第二十八卷 饮食文化 特色饮食

简　　介：新鲜辣椒洗净备用，可切片、丝、块，豪爽之人将其从中间一劈为两，热油猛炒，喷上醋。喜欢吃辣的人，通常都喜欢。

1079 地锅锅洋芋
产　　地：麦积山县
所属民族：汉族
级　　别：4
简　　介：地锅锅洋芋保安语叫"堡木洋芋"。每当秋天洋芋成熟的季节，在田野里劳作的农人们常于劳动间歇在田埂上烧一地锅洋芋，在充作午餐的同时，也享受着收获的喜悦。烧地锅锅的方法很简单，先备好柴草，从地里挖出一些洋芋，不用洗。在土坎上挖一土灶，灶膛要宽大，大小视人数多少而定。然后在灶口上用小土块或石块垒为圆锥状，在灶膛中点燃柴火，烧至小土块或石块发红，挖出柴草灰，掩埋住灶门，在圆锥状的顶部打开小洞，边装洋芋，边装烧红的土块或石块，最后用土封埋住整个土灶。等一小时左右，洋芋即可烘熟，挖开灶门便可食用。地锅锅洋芋皮黄而不焦，瓤酥而味纯。

1080 黑米粥
产　　地：甘肃省兰州
所属民族：汉族
级　　别：4
简　　介：黄豆用温水浸泡1小时，换水洗净，银耳泡软后摘去老蒂，红枣去核。先将黑米与粳米一起放入清水中淘洗干净，加清水适量，煮约1小时后，加入黄豆、红枣及洗净的芝麻，继续煮约30分钟即可。具有开胃益中、健脾暖肝、明目活血、滑涩补精之功，对于少年白发、妇女产后虚弱、病后体虚以及贫血、肾虚均有很好的补养作用。

1081 苞芋炖粥
产　　地：甘肃省兰州
所属民族：汉族
级　　别：4
简　　介：苞芋炖粥民间喜食，将苞谷洋芋一起炖成糊糊，相当好喝。

1082 芋头白米粥
产　　地：甘肃省兰州
所属民族：汉族
级　　别：4
简　　介：青芋去皮和头尾，切成六角形，撒上盐搓揉洗净。把大米淘洗干净放入水中煮熟。将高汤、酱油、盐倒入锅中煮开，再加入青芋用小火煮七八分钟就可以了。食谱营养：大米具有很高营养功效，是补充营养素的基础食物，可提供丰富B族维生素。大米具有补中益气、健脾养胃、益精强志、和五脏、通血脉、聪耳明目、止烦、止渴、止泻的功效。芋头中富含蛋白质、钙、磷、铁、钾、镁、钠、胡萝卜素、烟酸、C、B族维生素、皂角甙等多种成分。所含的矿物质中，氟的含量较高，具有洁齿防龋、保护牙齿的作用。其丰富的营养价值，能增强人体的免疫功能，可作为防治癌瘤的常用药膳主食。在癌症手术或术后放疗、化疗及其康复过程中，有辅助治疗的作用。芋头含有的黏液蛋白，可提高机体的抵抗力。芋艿为碱性食品，能中和体内积存的酸性物质，调整人体的酸碱平衡，产生美容养颜、乌黑头发的作用，还可用来防治胃酸过多症。芋艿含有丰富的黏液皂素及多种微量元素，可帮助机体纠正微量元素缺乏导致的生理异常，同时能增进食欲，帮助消化，抗癌防癌。

1083 灰豆子

产　　地：甘肃省兰州

所属民族：回族

级　　别：4

简　　介：原料：豌豆、红枣、食用碱、白糖。制作方法：将豆子洗净摘净，在清水中浸泡（豆子泡一夜近12个小时）。这样做是让豆子能回软，涨大，豆子能涨大一倍多。将泡好的豆子控干水份，将红枣温水泡发，洗净待用。控干水份的豆子（没控干也行）放入炒锅，开中火滑炒，要不停的搅动，以免糊锅。待出豆香味后，关火，放入电饭锅。也可以选择高压锅或是砂锅。高压锅省时，砂锅煮出的香。第一次加水，水量要大，要是豆子的2倍。开煮饭档，待锅开后，颜色就有变化了。这个时候要放入食用碱，带水熬干后加入凉水，再加入食用碱，量同上。

第三次水熬干后，再加入凉水，再加入一次食用碱，量同上。第三次加水后，基本上豆子会绵软，如果没有绵软可以用勺子碾一下，加上水后，放入红枣，慢慢熬煮，熬出那种绵软的感觉。喝灰豆子的时候，放点白糖即可。

1084 鸡蛋牛奶醪糟

产　　地：甘肃省兰州

所属民族：回族

级　　别：4

简　　介：牛奶鸡蛋醪糟（鸡蛋牛奶醪糟亦可），顾名思义，就是用牛奶、鸡蛋、醪糟一起煮制而成，是金城兰州比较流行的美食，最先食用牛奶鸡蛋醪糟的是甘肃临夏人，后传入兰州。主料：牛奶、醪糟。鸡蛋辅料：枸杞、葡萄干、炸花生。做法：炸花生去皮切碎，枸杞用温水泡软。牛奶、醪糟一起煮开。浇入蛋液，翻花后关火。放入葡萄干、花生碎、泡过的枸杞即可，口味来说酒香阵阵、回味清甜。酒味儿不是很冲，完全在味蕾的接受范围之内，搭配花生碎和葡萄干味道更加的甜香。

1085 南瓜粥

产　　地：甘肃省兰州

所属民族：汉族

级　　别：4

简　　介：南瓜粥是指用南瓜熬的粥，中医认为，南瓜性味甘、温，归脾、胃经，有补中益气、清热解毒之功，适用于脾虚气弱、营养不良、肺痈、水火烫伤。《本草纲目》言其"补中益气"。南瓜含瓜氨酸、精氨酸、麦门冬素及维生素 A、B、C、果胶、纤维素。南瓜中的果胶能调节胃内食物的吸收速率，使糖类吸收减慢，可溶性纤维素能推迟胃内食物的排空，控制饭后血糖上升。果胶还能和体内多余的胆固醇结合在一起，使胆固醇吸收减少，血胆固醇浓度下降。因而南瓜有"降糖降脂佳品"之誉，患有糖尿病者，常取本品佐餐，不仅可以果腹，而且还可以降糖降脂。南瓜能消除致癌物质亚硝胺的突变作用，有防癌功效，并能帮助肝、肾功能的恢复，增强肝、肾细胞的再生能力可谓一举数得。

1086 小米粥

产　　地：甘肃省兰州

所属民族：汉族

级　　别：4

简　　介：小米粥是健康食品，可单独煮熬，亦可添加大枣、红豆、红薯、莲子、百合等，熬成风味各异的营养粥。小米磨成粉，可制糕点，美味可口。不过，需要注意的是，小米的蛋白质营养价值并不比大米更好，因为小米蛋白质的氨基酸组成并不理想，赖氨酸过低而亮氨酸又过高，所以不论是产妇，还是老弱人群，都不能完全以小米为主食，应注意搭配，以免缺乏其他营养。

1087 海鲜粥火锅

产　　地：甘肃省兰州

所属民族：汉族

级　　别：4

简　　介：海鲜粥火锅为飞天大酒店独创产品。海鲜粥由上好的海米、瑶柱等干鲜海味加入大米、红油精心熬制而成。海鲜粥海味突出，口味鲜美，既有粥品的口感，又有火锅的浓香。不燥不辣、口感绝佳，不易上火，久食海鲜粥还能达到养胃的效果。

1088 羊油面茶

产　　地：甘肃省兰州

所属民族：回族

级　　别：4

简　　介：有些食物，即使吃过许多年了，依然唇齿留香，面茶就是如此。通常是在冬天"入九"前，家里就已经备好做面茶的材料。羊肉必须要肥一点，要不熬出来的面茶结不成面茶饼，而面粉呢，一定要是有筋条、口感好的旱地小麦面，这样做出来的面茶才能有麦芽香。把上了冻的羊肉切成细细的臊子，将旱地小麦面炒成金黄色的熟面。把羊肉臊子放在锅内炒，待到所有的臊子都化成羊油时，加入提前磨好的生姜末和花椒粉，约莫两三分钟，在调料都散开后，将提前晾干的熟面缓慢地加入羊油内，边倒边搅，最后，羊油和熟面彻底地融在了一起。把面茶从锅内舀到碗内，等碗里的面茶凉了，把碗倒过来，一个个面茶饼就做成了。吃时在沸腾的热水中，将切成沫的面茶片慢慢倒入锅中，一边用汤勺轻轻地搅拌面茶。不一会儿，一碗香气四溢、软滑细腻的面茶就做好了，四周是片片油星和点点葱花。冬日的清晨，屋外寒风阵阵，喝了面茶，一点也感觉不到冷。

1089 红枣莲子粥

产　　地：甘肃省兰州

所属民族：汉族

级　　别：4

简　　介：红枣20枚,莲子15克,大米100克,水适量。将红枣、莲子、大米洗净后加入适量清水,旺火煮沸,再改用小火熬煮成粥,食用。具有益气健脾、补虚健身的功效,适合于脾胃虚弱、食欲不振、消化不良、体倦乏力、大便溏泄等症状者食用。

1090 八宝粥

产　　地：甘肃省兰州

所属民族：汉族

级　　别：4

简　　介：腊八粥,又名八宝粥,是一种在腊八节用多种食材熬制的粥,民间传说来自天竺。中国南宋文人周密撰《武林旧事》说：用胡桃、松子、乳覃、柿、栗之类作粥,谓之腊八粥。八宝粥具有健脾养胃,消滞减肥,益气安神的功效。可作肥胖及神经衰弱者食疗之用,也可作为日常养生健美之食品。八宝粥,又称腊八粥、佛粥、五味粥、七宝粥、七宝五味粥等。八宝粥食材与制作都很简单,成品色泽鲜艳、质软香甜、清香诱人、滑而不腻,补铁、补血、养气、安神。食用时可根据口味加糖、牛奶等。

1091 山药粥

产　　地：甘肃省兰州

所属民族：汉族

级　　别：4

简　　介：山药含丰富的淀粉,蛋白质、矿物质和维生素等成分。《神农本草经》记有"补中益气力,长肌肉,久服耳目聪明"之语。《本草纲目》载"益胃气,健脾胃,止泄痢,化痰涎,润皮毛"。山药中的粘液蛋白,能防止心血管系统的脂肪沉积,保持血管有弹性,防止动脉粥样硬化过早发生,减少皮下脂肪积累,避免出现肥胖。山药粥是益寿、健美的好食品。

1092 皮蛋瘦肉粥

产　　地：甘肃省兰州
所属民族：汉族
级　　别：4
简　　介：皮蛋瘦肉粥是一种在中国广东很常见的粥，以切成小块的皮蛋及咸瘦肉为配料。皮蛋瘦肉粥在香港很受欢迎，所有粥面专门店及中式酒楼都必有这种粥提供。不过，不同餐厅的煮法略有不同：有的以搅碎了的猪肉，亦有以切成丝的猪肉。采用不同的瘦肉，会为粥带来不同的口感，但味道则相去不远。在中国本土，有人会在进食前加上香油及葱花，但在香港则只会加葱花或薄脆。另外，亦有从皮蛋瘦肉粥演变而成的皮蛋肉片粥，采用了新鲜的肉片，而不是腌过的咸瘦肉作配料。行内称为"下火"，又称为"有味粥"。

1093 百合粥

产　　地：甘肃省兰州
所属民族：汉族
级　　别：4
简　　介：百合粥是一道传统的汉族药膳。养阴润肺，宁心安神。将百合用清水洗净泡软。粳米淘净，与百合一起加水煮粥。粥成时加入冰糖，溶化后稍煮片刻即可。

1094 甜醅子

产　　地：甘肃省兰州市七里河区
所属民族：汉族
级　　别：4
简　　介：甜醅子是兰州的特色小吃，和牛肉面一样具有悠久的历史，在夏天时候是兰州人民消暑的好伴侣。味道极其甘甜，吃过一次的人这辈子都忘不了。

1095 醪糟圆子

产　　地：甘肃省七里河区
所属民族：汉族
级　　别：4
简　　介：醪糟一碗、糯米粉 50 克、枸杞 10 粒、鸡蛋一只、糖桂花 1 勺。制作步骤：鸡蛋打成蛋液，枸杞子洗净后浸泡约 5 分钟捞出沥水备用。糯米粉中一点点加入冷水，一边加入一边搅拌，直至可以揉成柔软的糯米面团。将糯米面团揉成细棍状，然后用水揪下一小块面团揉成圆球，直到把所有的面团都揉成小球球即可。取一只锅，煮开一锅水，放入所有的糯米小圆子煮熟至圆子全部漂起。把圆子捞出，锅中的水倒掉大部分只留一点在锅中。加入醪糟和煮好的圆子，以及枸杞子，用小火煮沸。把事先打好的蛋液倒入锅中打成蛋花即成。

1096 绿豆粥

产　　地：甘肃省七里河区

所属民族：汉族

级　　别：4

简　　介：绿豆用水泡四个小时，大米用水泡半个小时。锅中放入水，大火烧开后，放入绿豆和大米，用大火煮开。大火煮开后，转小火炖至绿豆开花，粥变粘稠即可。

1097 鸭血粉丝汤

产　　地：甘肃省七里河区

所属民族：汉族

级　　别：4

简　　介：主料：切成小块或条的鸭血（有时也用猪血代替）和粉丝。油果子，葱姜丝，虾米，香菜，鸭内脏（包括鸭胗，鸭肠，鸭肝等等）。精盐，味精，鸡精，香油（或辣油）各适量。做法：烧开一锅水，倒入一大勺味精、盐、智强鸡精，把香菜放入沸腾的热水中烫一下，切好熟鸭肠、鸭肝备用。把汤煮好，把鸭血切成条，油果子切成三角，放进汤里煮。过一两分钟，把鸭血捞出来，再过一会儿，等油果子烧熟了，把火关到最小，把鸭血放进去，让它们慢慢炖，保持温度不下降。把粉丝放入烫粉丝的勺里，在汤里烫一两分钟，倒进碗里。再捞出适量的鸭血和油果子放进碗，把切好的熟鸭肠、鸭肝放在粉丝上，夹几根香菜，挖勺辣油，用筷子搅一下，一碗色香味美的鸭血粉丝汤就做好了。

1098 鸡蛋汤

产　　地：甘肃省七里河区

所属民族：汉族

级　　别：4

简　　介：小锅内放入适量水（以三人的食汤量为准），在火上烧开，放入姜末，倒入些许生抽（以汤色稍显琥珀色为好），放入些许鸡精，倒入稀淀粉，再放入些微细盐（以保证蛋汤微有咸味为好），稍加搅拌。水烧开后，将火调成微火，将调好鸡蛋的碗拿在手中并在碗的正中部位横放一双筷子，然后适当倾斜缓缓地倒入沸汤中，稍待片刻关火。将备好的葱花放入，之后再往蛋汤内放入适量香油即可。

1099 银耳桂花甜羹

产　　地：甘肃省七里河区

所属民族：汉族

级　　别：4

简　　介：做法：①银耳用水发开后洗净，摘除硬蒂。糯米粉用水调和后搓成豌豆大小的圆子。苹果去皮切成丁。②将银耳放在砂锅里，加水用武火煮沸后改文火炖约半小时，使其成糊状。③另取一锅加水约1.5斤，煮沸后撒入桂花白糖，再将糯米圆子入锅煮沸，然后将炖好的银耳和苹果丁倾入，稍煮片刻，即可起锅供餐。

1100 红豆小米粥

产　　地：甘肃省七里河区

所属民族：汉族

级　　别：4

简　　介：红豆小米粥是一道以红豆、小米为主材的粥类主食名。

1101 酸汤

产　　地：甘肃省七里河区

所属民族：汉族

级　　别：4

简　　介：瘦肉洗净逆肉纹切细丝，加酒、盐略拌后加入少许粟粉醒5分钟备用。水发黑木耳、榨菜、葱、姜洗净切成细丝。番茄用热水浸烫1分钟后剥皮去籽，也切成丝。豆腐切丝，鸡蛋打匀。把镇江香醋、糖、生抽、胡椒粉调成汁，粟粉调成水粉。锅烧热加油入豆瓣酱炒香泛红，加入肉丝略炒至肉变白盛起。原锅中加2大杯水，放入姜丝、黑木耳丝、水煮沸后加豆腐丝、榨菜丝、调味汁和肉丝。再煮起时入番茄丝，并加水粉起糊。最后加入葱丝，滑入鸡蛋汁并轻轻搅拌使蛋汁成丝状即成。

1102 鸭血麻辣粉

产　　地：甘肃省七里河区

所属民族：汉族

级　　别：4

简　　介：粉条一份烫软备用。海带切丝，冻豆腐切大片，鸭血切片备用。青笋叶折断备用，取一块火锅底料做调味料。把火锅底料适量放在锅里炒香加入水，然后把鸭血、冻豆腐、海带丝、肥牛放锅里煮，水开，下入用水泡开的粉条，粉条煮好后，下入青菜和蒜苔粒出锅。

1103 紫菜粉丝汤

产　　地：甘肃省七里河区

所属民族：汉族

级　　别：4

简　　介：紫菜撕成碎片，虾皮去杂质洗净泥沙，用料酒浸泡。锅内放少量油，烧热后放入虾皮爆香。水烧开后放入紫菜，粉丝，煮沸后加入适量盐调味即可。

1104 银耳甜羹

产　　地：兰州市七里河区

所属民族：汉族

级　　别：4

简　　介：做法：①银耳用水发开后洗净，摘除硬蒂。糯米粉用水调和后搓成豌豆大小的圆子。苹果去皮切成丁。②将银耳放在砂锅里，加水用武火煮沸后改文火炖约半小时，使其成糊状。③另取一锅加水约1.5斤，煮沸后撒入桂花白糖，再将糯米圆子入锅煮沸，然后将炖好的银耳和苹果丁倾入，稍煮片刻，即可起锅供餐。

1105 青菜粥

产　　地：河口乡

所属民族：汉族

级　　别：4

简　　介：青菜洗净后切小段并沥干水分。米淘洗好，放水煮开，然后开小火熬，看到米粒涨开。将青菜下锅，接着放2汤匙食用油，用勺搅匀，盖上锅盖，继续用小火焖一会后，打开锅盖加盐和鸡精。作料搅匀即可关火。

1106 玉米面粥

产　　地：甘肃省河口乡

所属民族：汉族

级　　别：4

简　　介：将玉米面加水调成糊状，锅内水开后，倒入玉米糊，边倒边搅拌，待粥开后可多煮一会儿就完成了。

甘肃省文化资源名录 第二十八卷 饮食文化

特色饮食

1107　玉米面糊糊

产　　　地：甘肃省兰州市西固区

所属民族：汉族

级　　　别：4

简　　　介：玉米又名苞谷、棒子、玉蜀黍。玉米性平、味甘淡，含有较多的不饱和脂肪酸，对于人体内脂肪与胆固醇正常代谢、冠心病、动脉硬化、降低高血脂有食疗作用，玉米是粗粮中的保健佳品，多食玉米对人体的健康颇为有利。把玉米面加入少许清水调开拌均匀，锅中加入适量的清水烧开，这时就可倒入调好的玉米面水，要一边倒入一边搅拌，直到无颗粒状，煮上5-8分钟即好。

1108　大米稀饭

产　　　地：甘肃省兰州市西固区

所属民族：汉族

级　　　别：4

简　　　介：兰州人有用大米加水熬成粥做佐餐的习惯，其中根据个人喜好不同，可加入小米、红枣、枸杞或其他食材，营养丰富。

1109　腊八粥

产　　　地：西固区金沟乡

所属民族：汉族

级　　　别：4

简　　　介：农历的十二月初八为腊八节。这一天，金沟乡的农民大清早起来用黄米、大米、糯米、芝麻、绿豆、黄豆、红枣等和在一起煮粥，也叫"福寿粥"，其意是吃了腊八粥可以增福增寿，也称"糊涂粥"，意为吃了之后可忘却不顺心的事。

1110　面茶

产　　　地：西固区乡镇民间

所属民族：汉族

级　　　别：4

简　　　介：乡间老人夏天早上吃荷包鸡蛋，冬天喝面茶，制作面茶先把面粉炒熟，再炒入化成液态的羊油、牛油即成，山羊油面茶最佳。吃时将其切成末、煮成粥状并泡上馍馍，营养均衡，老少皆宜。

1111　茴豆汤

产　　　地：甘肃.酒泉.金塔县

所属民族：汉族

级　　　别：2

简　　　介：一道以茴豆为主材的粥类主食名。

1112 秦安浆水

产　　地：甘肃省秦安县

所属民族：汉族

级　　别：4

简　　介：浆水一般用芹菜、苦苣、白菜、苜蓿等为原料，洗净切碎后，入开水锅内稍煮，倒入盛有发酵引子的瓷制浆水缸内。再烧一锅开水，用少许小麦面粉或玉米粉勾芡，煮熟后倒进浆水缸盖好，过两天后即成。用苦苣制作的浆水有化瘀、消肿、健胃等疗效；用苜蓿制作的浆水有消热利尿、利脾、利肠等功效；用芹菜制作的浆水有降血压的作用。

1113 醪糟

产　　地：甘肃省秦安县

所属民族：汉族

级　　别：4

简　　介：秦安醪糟甜美、醇香有酒味，营养又解渴。具体做法是：将大米蒸熟，晾至35度左右，放入适量曲子，盖好封严，发酵2—3天即可。取适量水烧开，放入适量醪糟，烧开后打入1—2个鸡蛋，搅碎，美味又营养的醪糟即成。

1114 醪糟

产　　地：张家川县

所属民族：回族

级　　别：4

简　　介：醪糟在张家川风味小吃中很受欢迎，老幼皆宜，品尝者络绎不绝。其做法是：将大米洗净蒸熟，拌上酒曲，放于温度适宜的地方，待发酵后，成为醪糟坯子。再将坯子舀在铁碗里，加入凉水，于火上煮。水开后，打进两个鸡蛋，按客人需要放进揉碎的麻花。其温润滋补，酸甜可口，尤其在清晨食之最佳，食后有神清气爽、畅快淋漓之感。

1115 甜醅

产　　地：张家川县

所属民族：回族

级　　别：4

简　　介：甜醅制作，是张家川妇女饮食制作方面的强项。其制作工艺简单：将莜麦淘洗后，蒸熟倒进大盆，加入适量的酒曲，搅拌均匀，而后盛入盆内包裹严实，放在温度适宜的地方，经过一昼夜发酵后，香喷喷的甜醅便制作出来了。它色泽呈浅黄色，汁浓味道甜美，略有酒味，其味甜爽，沁人心脾。

1116 山药米拌汤

产　　地：甘肃省凉州区

所属民族：汉族

级　　别：3

简　　介：山药米拌汤是用凉州小米与洋芋（凉州人称山药）做成。制作时，将小米淘洗干净，下入砂锅，用旺火熬煮至八成熟，再把去皮洗净的洋芋切成方块投入，并撒入少许干面粉或淀粉打成糊状兑入，用勺使劲搅匀，调盐即成。食前可炝少许清油、葱花。

特点是味淡色亮，清香可口。当地有"要吃凉州饭，山药米拌汤"之俗语。

1117 灰豆汤

产　　地：张掖

所属民族：汉族

级　　别：4

简　　介：灰豆汤是用麻色豌豆制成的独特食品。其方法是先将圆豆子洗净，在铁锅中熬至半熟，再加水入砂锅中，置食用碱、红枣等调料，小火煮成稀糊，吃时加入白糖，别具风味，备受群众欢迎。

1118 腊八粥

产　　地：甘肃省靖远县

所属民族：汉族

级　　别：3

简　　介：自先上古起，腊八是用来祭祀祖先和神灵（包括门神、户神、宅神、灶神、井神）的祭祀仪式，祈求丰收和吉祥。据《祀记·郊特牲》记载，腊祭是"岁十二月，合聚万物而索飨之也。"夏代称腊日为"嘉平"，商代为"清祀"，周代为"大蜡"。因在农历十二月举行，故称该月为腊月，称腊祭这一天为腊日。先秦的腊日在冬至后的第三个戌日，后来佛教传入，为了扩大在本土的影响力附会传统文化把腊八节定为佛成道日。后随佛教盛行，佛祖成道日与腊日融合，在佛教领域被称为"法宝节"，南北朝开始才固定在腊月初八。靖远地区的腊八是用米（大米、黄米或小米）熬制成的糊状食品，粥里加有肉臊子、葱花和一些调味品。味香，油而不腻。

1119 靖远油茶

产　　地：甘肃省靖远县

所属民族：汉族

级　　别：3

简　　介：靖远油茶是靖远地区特有的民间小吃，其做法复杂，用料多样，具有营养价值高的特点，是靖远人民最好的早餐之一。起始时间应为明代，鼎盛时期为近代。首先把面粉用小火炒到微黄大约20分钟，炒好的面粉过筛，准备好各种坚果，可以根据个人需要多加点也无妨，用香油或者牛油入油锅，等油热了先下坚果炒，然后用小火加入过筛的面粉还有花椒粉十三香翻炒均匀，最后加入适量盐，舀一勺放入碗中用温水泄开，在冲入滚开的水。一碗香喷喷的油茶就好了。

1120 太极素菜羹

产　　地：泾川县

所属民族：汉族

级　　别：3

简　　介：将原料剁成米粒状，锅内加水、将原料倒入锅中烧开调味勾芡即成。造型美观、大方、味咸鲜。

1121 华亭酒醅子

产　　地：甘肃省华亭县

所属民族：汉族

级　　别：4

简　　介：做酒醅可供选择的原料很多，大麦、燕麦、小麦、大米均可。一般都选小麦，先刬皮，把麦子端到村口的石臼处，倒入麦子用木锤轻轻刬砸。力度要适中，保证除掉麦子皮而不致把麦子砸成面粉。而后端回家中，簸出麦皮，将麦粒下到锅里煮熟，捞出晾在案板上。晾好后拌上酒醅麦曲子（发酵之用），装入盆中，采几片牛蒡叶洗净盖上，然后盖一个较厚的被子，悟严实扎紧，放在温度适宜的地方慢慢发酵。酒醅子捂好了，取掉封盖物，取出牛蒡叶，一股酸而甜的酒香扑面而来。小孩子迫不及待地拿碗让大人盛。大人一般不许孩子多吃，怕吃醉。

1122 玉米糁子粥

产　　地：甘肃省庆阳市西峰区

所属民族：汉族

级　　别：4

简　　介：在庆阳农村地区，将玉米打磨成颗粒状，将水烧开，然后放入洗净后的玉米颗粒，先煮沸，然后用文火熬，汤粘稠后即可关火食用。

1123 豆水米汤

产　　地：甘肃省华池县

所属民族：汉族

级　　别：4

简　　介：锅内加水，将磨细的黄豆面粉倒入锅中用勺子搅动，待豆面散开时，烧至汤沸再加入黄米或大米、小米，边烧边搅，锅盖不可盖严，防止溢出，文火烧至米烂，即为豆水米汤。其色黄白，味道佳美，口感油香，极有营养，为华池县农村家庭上等粥品。

1124 鸡蛋拌汤

产　　地：甘肃合水

所属民族：汉族

甘肃省文化资源名录 第二十八卷 饮食文化 特色饮食

361

级　　别：4

简　　介：

1125 豆豆米汤

产　　地：甘肃合水

所属民族：汉族

级　　别：4

简　　介：合水豆豆米汤，豆子在水中慢煮，水成红色，下了小米，小火熬之，一二小时后，一层红红的汤油覆盖其面，豆豆烂，米烂，米汤又糊又粘，不要盐不要调合，清香扑鼻而来。合水人的早餐离不开一碗热乎乎的豆豆米汤，喝上一碗豆豆米汤，新的一天才能神清气爽，底气十足。

1126 糊汤

产　　地：甘肃合水

所属民族：汉族

级　　别：4

简　　介：糊汤，又叫包谷糊汤。曾经是甘肃合水农民的饭。其实，只不过是粗粮杂菜而已。准确地说，是用包谷熬制而成的糊状吃食。包谷又名玉米、苞米、苞芦、珍珠米。其做法是先将包谷颗粒用碾磨弄到碎而不烂的状态，叫做包谷糁子，再用铁锅和文火熬成糊状，有的还添加土豆、南瓜等，配咸菜食用，味美无比。

1127 豌豆粥粉

产　　地：甘肃省庆阳市环县

所属民族：汉族

级　　别：2

简　　介：采用优质豌豆为原料，现代科学方法精制，营养丰富，据专家化验分析每百克含人体所需蛋白质35％，含钙170毫克，碳150毫克，及微量元素，且香味浓郁，纯正，老少皆宜。是馈赠亲友和旅游食用之佳品。豌豆粉具有5大功效：增强机体免疫、防癌治癌、通利大肠、美容、治气血虚弱。

1128 陇西甜醅子

产　　地：甘肃陇西

所属民族：汉族

级　　别：4

简　　介：陇西甜醅，也叫醪糟。用莜麦、青稞、小麦不同原料制作，特色各有千秋，依口味挑选而食。十冬腊月，乡下农家有煮了一缸甜醅的，利用隆冬寒气自然微冻，待吃，捣破薄冰，舀得一碗，甘甜不减，清凉有加，别具风味。解酒醉，消油腻。

1129 麦仁粥（又称：阿舒拉）

产　　地：甘肃临夏

所属民族：回族

级　　别：2

简　　介：麦仁粥（又称：阿舒拉），阿拉伯语译音，既农历三月初十，相传这一天，古代阿拉伯民间用五谷原粮做饭以示纪念的习俗延续至今。临夏穆斯林沿用这个习惯，每逢时节便制作这种饭：阿舒拉。宁可一日无肉，不可一日无豆，谷豆中含有丰富的蛋白质、磷、钙、铁、锌等维生素，这些都对人的健康非常有利，是古今公认的食疗佳品。麦仁粥中含有多种豆类，营养丰富、咸鲜可口，深受大众食客的喜爱。本小吃在2013年举办的"康美杯"中国清真小吃展中获得由世界中国烹饪联合会和甘肃省烹饪协会颁发的银奖。

（二）蔬菜类

1130 兰州百合

产　　地：兰州

所属民族：汉族

级　　别：1

简　　介：兰州百合属多年生草本植物，学名为"LiLum davidi var unicdor cotton"因其地下茎块由数十瓣鳞片相叠抱合，有百片合成之意而得名。百合是一种有较高营养保健价值的蔬菜，有极高的食用价值。"兰州百合"含糖量高，粗纤维少，肉质细腻，还含有其它有益成分。始栽于明万历三十三年（1605年），至今已有400多年的历史。兰州百合是一种菜，而不是花。百合甘寒质润，养阴润燥。用百合炖梨，润肺止咳。兰州百合色泽洁白如玉，形大味甜，肉质肥厚细腻，含有丰富的蛋白质、糖类、矿物盐和果胶，而含粗纤维甚低，口感极佳，适合煎、炒、蒸、炸、煮等。兰州百合秋季上市，应季的话可以买到新鲜百合，平时有真空包装储存的鲜百合。兰州百合干各大超市有售，水发后做菜做粥也很不错。

1131 曲曲菜

产　　地：兰州

所属民族：汉族

级　　别：4

简　　介：曲曲菜，非苦菜，比苦菜的叶厚；苦菜开花是黄色，比蒲公英的花小，单层，生长在我国北方平原地区，学名叫做"苣荬菜"。顾名思义，这种野菜的滋味是比较苦的，这是他的最大特点，就像人们吃的"苦瓜"一样。俗话说"良药苦口利于病"，虽然苦，人们还是比较爱吃的，况且曲曲菜本身就是入药的。曲曲菜生长环境比较特殊，不是任何地方都生长，它只是生长在比较盐碱的土地上，往往成片出现。它的叶子是灰褐色的，呈放射状分布，有好几层，它的根是白色的，直直的长在地下。每到春天的3月份-6月份，都可以采到。兰州人常用来凉拌或者做浆水，夏季吃清热泻火，特别爽口。

1132 香菜

产　　地：兰州

所属民族：汉族

级　　别：4

简　　介：一年生或二年生草本，高30-100厘米。全株无毛，有强烈香气。根香菜(5张)细长，有多数纤细的支根。茎直立，多分枝，有条纹。基生叶一至二回羽状全列，叶柄长2-8厘米；羽片广卵形或扇形半裂，长1-2厘米，宽1-1.5厘米，边缘有钝锯香菜花齿、缺刻或深裂；上部茎生叶三回至多回羽状分裂，末回裂片狭线形，长5-15厘米，宽0.5-1.5厘米，先端钝，全缘。伞形花序顶生或与叶对生，花序梗长2-8厘米，无总苞，伞辐3-8厘米，小总苞片2-5厘米，线形，全缘。小伞形花序有花3-10厘米，花白色或带淡紫色，萼齿通常大小不等，卵状三角形或长卵形，花瓣倒卵形，长1-1.2厘米，宽约1厘米，先端有内凹的小舌片，辐射瓣通常全缘，有3-5脉。药柱于果成熟时向外反曲。果香菜实近球形，直径约1.5厘米。背面主棱及相邻的次棱明显，胚乳腹面内凹，油管不明显，或有1个位于次棱下方。花果期4-11月。其品质以色泽青绿，香气浓郁，质地脆嫩，无黄叶、烂叶者为佳。

1133 荷兰豆

产　　地：兰州

所属民族：汉族

级　　别：4

简　　介：豌豆别名荷兰豆、麦豆等，一年生或二年生攀缘草本。嫩荚、嫩斗笠和嫩梢均作菜用。荷兰豆嫩荚质脆清香，营养价值很高。在荷兰，被称为"中国豆"。荷兰豆属半耐寒性作物，喜冷凉、湿润气候。荷兰豆荷兰豆性平、味甘，具有和中下气、利小便、解疮毒等功效，能益脾和胃、生津止渴、除呃逆、止泻痢、解渴通乳、治便秘。常食用对脾胃虚弱、小腹胀满、呕吐泻痢、产后乳汁不下、烦热口渴均有疗效。其种子粉碎研末外敷可除痈肿。与糯米、红枣煮粥食用，具有补脾胃、助暖去寒、生津补虚、强肌增体之功效。

1134 西兰花

产　　地：兰州

所属民族：汉族

级　　别：4

简　　介：西兰花，又名绿菜花，为1-2年生草本植物，原产于地中海东部沿岸地区，目前我国南北方均有栽培，已成为日常主要蔬菜之一。西兰花营养丰富，含蛋白质、糖、脂肪、维生素和胡萝卜素，营养成份位居同类蔬菜之首，被誉为"蔬菜皇冠"。

1135 蒜苗

产　　地：兰州

所属民族：汉族

级　　别：4

简　　介：蒜苗，又叫蒜毫、青蒜，是大蒜幼苗发育到一定时期的青苗，它具有蒜的香辣味道，以其柔嫩的蒜叶和叶鞘供食用。蒜苗含有丰富的维生素C以及蛋白质、胡萝卜素、硫胺素、核黄素等营养成分。它的辣味主要来自其含有的辣素，这种辣素具有消积食的作用。此外，吃蒜苗还能有效预防流感、肠炎等因环境污染引起的疾病。蒜苗对于心脑血管有一定的保护作用，可预防血栓的形成，同时还能保护肝脏。

1136 洋葱

产　　地：兰州

所属民族：汉族

级　　别：4

简　　介：洋葱（学名：Allium cepa），别名球葱、圆葱、玉葱、葱头、荷兰葱、皮牙子等，百合科、葱属二年生草本植物。洋葱含有前列腺素A，能降低外周血管阻力，降低血粘度，可用于降低血压、提神醒脑、缓解压力、预防感冒。此外，洋葱还能清除体内氧自由基，增强新陈代谢能力，抗衰老，预防骨质疏松，是适合中老年人的保健食物。洋葱在中国分布广泛，南北各地均有栽培，是中国主栽蔬菜之一。中国的洋葱产地主要有福建、山东、甘肃、内蒙古、新疆等地。

1137　蘑菇

产　　地：兰州
所属民族：汉族
级　　别：4
简　　介：蘑菇属真菌门蘑菇科，蘑菇富含18种氨基酸、多种维生素和丰富的钙、铁等矿物质，无机质、维生素、蛋白质、植物纤维素等丰富的营养成分，热量低。适宜于老年人、糖尿病、白细胞减少症、传染性肝炎、高脂血症、维生素B2缺乏症等患者食用。

1138　紫甘蓝

产　　地：兰州
所属民族：汉族
级　　别：4

简　　介：紫甘蓝又称红甘蓝、赤甘蓝，是结球甘蓝中的一个类型，由于它的外叶和叶球都呈紫红色，故名。紫甘蓝也叫紫圆白菜，叶片紫红，叶面有蜡粉，叶球近圆形。营养丰富，尤其含有丰富的维生素C、V和较多的维生素E和B族。紫甘蓝含有大量营养微量元素。紫甘蓝的营养丰富，每100克食用部分含蛋白质1.4克，脂肪0.1克，糖3.3克，钙57毫克，磷42毫克，铁0.7毫克。

1139　卷心菜

产　　地：兰州
所属民族：汉族
级　　别：4
简　　介：卷心菜和大白菜一样产量高、耐储藏，是四季的佳蔬。德国人认为，圆白菜才是菜中之王，它能治百病。西方人用圆白菜治病的"偏方"，就像中国人用萝卜治病一样常见。

1140　芦笋

产　　地：兰州
所属民族：汉族
级　　别：4

简　　介：芦笋嫩茎中含有丰富的蛋白质、维生素、矿物质和人体所需的微量元素等，另外芦笋中含特有的天门冬酰胺，及多种机体营养物质，对心血管病、水肿、膀胱炎、白血病均有疗效，也有抗癌的效果，因此长期食用芦笋有益脾胃，对人体许多疾病有很好的治疗效果。芦笋以嫩茎供食用，质地鲜嫩，风味鲜美，柔嫩可口，烹调时切成薄片，炒、煮、炖、凉拌均可。冷藏保鲜先用开水煮一分钟，晾干后装入保鲜膜袋中扎口放入冷冻柜中，食用时取出。

1141 绿萝卜

产　　地：兰州

所属民族：汉族

级　　别：4

简　　介：绿萝卜属根菜类蔬菜，主要食用部分为肉质根部，是我国冬、春季供应的主要蔬菜之一。我国栽培的萝卜在植物学上统称为中国萝卜，自古就盛行，明代时已遍及全国。多年以来形成了许多优良品种，富含人体所需的营养物质，淀粉酶含量很高，肉质致密，色呈淡绿色，水多味甜、微辣，是著名的生食品种，人称"水果萝卜"。除生食外，还可做汤、干腌、盐渍和制做泡菜等。青萝卜还具有药用价值，有消积、祛痰、利尿、止泻等效用，被人们所喜爱。

1142 青笋

产　　地：兰州

所属民族：汉族

级　　别：4

简　　介：青笋为菊科草本植物，是莴笋的一种。我国大部分地区有栽培。分为白莴笋、尖叶莴笋、花叶莴笋等品种。冬、春季采收，剥去外皮，洗净。青笋的营养成分很多，包括蛋白质、脂肪、糖类、维生素A原、维生素B1、维生素B2、维生素C、钙、磷、铁、钾、镁、硅等和食物纤维，故可增进骨骼、毛发、皮肤的发育，有助于人的生长。多食易上火，对视力有影响。青笋茎叶中含有莴苣素，味苦，高温干旱苦味浓，能增强胃液，刺激消化，增进食欲，并具有镇痛和催眠的作用。

1143 莲花菜

产　　地：兰州

所属民族：汉族

级　　别：4

简　　介：莲花菜叶表面呈灰绿色或蓝绿色，菜形端正，近似球形或扁球形，饱满、紧实，外形美观，品质鲜嫩。富含维生素C以及矿物质，含有可溶性糖35克以上，粗蛋白9.28克以下，维生素C271.4毫克以上，可提供必要的营养。

1144 娃娃菜

产　　地：兰州

所属民族：汉族

级　　别：4

简　　介：娃娃菜又称微型大白菜，是从日本（一说韩国）引进的一款蔬菜新品种，近几年开始在国内受到青睐。外形与大白菜一致，但外形尺寸仅相当于大白菜的四分之一到五分之一，类似大白菜的"仿真微缩版"，可能因此被称为娃娃菜。

1145 韭黄

产　　地：兰州市七里河

所属民族：汉族

级　　别：4

简　　介：韭黄也称"韭芽"、"黄韭芽"、"黄韭"，俗称"韭菜白"，为韭菜经软化栽培变黄的产品。韭菜隔绝光线，完全在黑暗中生长，因无阳光供给，不能产生光合作用，合成叶绿素，就会变成黄色，称之为"韭黄"。因不见阳光而呈黄白色，其营养价值要逊于韭菜。属百合科多年生草本植物，以种子和叶等入药。具健胃、提神、止汗固涩、补肾助阳、固精等功效。分布在全国各地。

1146 芹菜

产　　地：兰州市西固区
所属民族：汉族
级　　别：4
简　　介：芹菜，属伞形科植物。有水芹、旱芹、西芹三种，功能相近，兰州产为旱芹，药用为佳。香气较浓，称药芹。芹菜富含蛋白质、碳水化合物、胡萝卜素、B族维生素、钙、磷、铁、钠等，同时，具有平肝清热、祛风利湿、除烦消肿、凉血止血、解毒宣肺、健胃利血、清肠利便、润肺止咳、降低血压、健脑镇静的功效。常吃芹菜，尤其是吃芹菜叶，对预防高血压、动脉硬化等都十分有益，并有辅助治疗作用。

1147 长豆角

产　　地：兰州市西固区
所属民族：汉族
级　　别：4
简　　介：长豆角，因外形似龙身，兰州人一般叫龙豆。豆角极易种植，而且蔓延很快，所以产量多而价钱便宜。营养成份很好，是蔬菜中肉类。豆角含丰富维生素B、C和植物蛋白质，能使人头脑宁静。调理消化系统，消除胸膈胀满。可防治急性肠胃炎，呕吐腹泻。有解渴健脾、补肾止泄、益气生津的功效。

1148 白菜

产　　地：兰州市西固区
所属民族：汉族
级　　别：4
简　　介：白菜，以柔嫩的叶球、莲座叶或花茎供食用，可炒食、作汤、腌渍，与小白菜一起成为中国居民餐桌上必不可少的一道美蔬。在中国北方的冬季，大白菜更是餐桌上的常客，故有"冬日白菜美如笋"之说。大白菜具有较高的营养价值，故有"百菜不如白菜"的说法。民间在冬天的时候会做"白菜炖豆腐"，吃起来特别爽口，

1149 黄樱桃小西红柿

产　　地：兰州市西固区

所属民族：汉族

级　　别：4

简　　介：黄樱桃番茄是红樱桃番茄在颜色上的一种变异，又名葡萄黄樱桃番茄、小西红柿、圣女果珍珠番茄，在国外又有"小金果"、"爱情果"之称。它既是蔬菜又是水果，不仅色泽艳丽、形态优美，而且味道适口、营养丰富，除了含有番茄的所有营养成分之外，其维生素含量比普通番茄高。被联合国粮农组织列为优先推广的"四大水果"之一。圣女果是一种热带作物，果实直径约1—3厘米，鲜红碧透，味清甜，无核，口感好，营养价值高。

1150 胡萝卜

产　　地：兰州市西固区

所属民族：汉族

级　　别：4

简　　介：胡萝卜别名红萝卜、丁香萝卜、红菜头、黄萝卜等。胡萝卜是一种质脆味美、营养丰富的家常蔬菜。中医认为它可以补中气、健胃消食、壮元阳、安五脏，治疗消化不良、久痢、咳嗽、夜盲症等有较好疗效，故被誉为"东方小人参"。用油炒熟后吃，在人体内可转化为维生素A，提高机体免疫力，间接消灭癌细胞。美国科学家的最新研究又证实：每天吃两根胡萝卜，可使血中胆固醇降低10%~20%；每天吃三根胡萝卜，有助于预防心脏疾病和肿瘤。

1151 菜花

产　　地：兰州市西固区

所属民族：汉族

级　　别：4

简　　介：花椰菜。又称花菜、菜花或椰菜花，是一种十字花科蔬菜，为甘蓝的变种。花椰菜的头部为白色花序，与西兰花的头部类似。花椰菜富含维生素B群、C群。这些成分属于水溶性，易受热溶出而流失，所以煮花椰菜不宜高温烹调，也不适合水煮。原生长在地中海沿岸，其产品器官为洁白、短缩、肥嫩的花蕾、花枝、花轴等聚合而成的花球，是一种粗纤维含量少，品质鲜嫩，营养丰富，风味鲜美，人们喜食的蔬菜。

1152 甘蓝

产　　地：兰州市西固区

所属民族：汉族

级　　别：4

简　　介：甘蓝因其外形酷似莲花，兰州人一般叫莲花菜。为二年生草本，被粉霜。矮且粗壮，一年生茎肉质，不分枝，圆或扁圆形，皮色绿或绿白色，少数品种紫色。基生叶多数，质厚，层层包裹成球状体，扁球形，直径30厘米或更大，乳白色或淡绿色；二年生茎有分枝，具茎生叶。甘蓝是世界卫生组织曾推荐的最佳蔬菜之一，也被誉为天然"胃菜"。其所含的维生素K1及维生素U，不仅能抗胃部溃疡、保护并修复胃黏膜组织，还可以保持胃部细胞活跃旺盛，降低病变的几率。

1153 辣子

产　　地：兰州市西固区

所属民族：汉族

级　　别：4

简　　介：椒条长而弯曲，表面光亮，果径1.7-2.0厘米，果长25-30厘米，嫩果翠绿色，红果鲜艳亮丽不易发软，辣味浓香，品质佳，果面光亮。

1154 油菜

产　　地：兰州市西固区

所属民族：汉族

级　　别：4

简　　介：油菜为十字花科，芸苔属，一年生草本，直根系，茎直立，分枝较少。又分为中国北方小油菜和中国南方油白菜。兰州产油菜属中国北方小油菜，株型矮小，分枝少，茎秆细，叶形椭圆。含钾、镁、硒等多种微量元素和维生素，营养丰富。

1155 长茄子

产　　地：兰州市西固区

所属民族：汉族

级　　别：4

简　　介：是茄科茄属一年生草本植物，热带为多年生。其结出的果实可食用，颜色多为紫色或紫黑色。茄子是一种典型的蔬菜，根据品种的不同，用法多样。茄子的预防疾病指数为26.29，生命力指数为9.7142，证明对疾病的康复具有相当高的价值，而对生命力的提高属于有效范围。

1156 西红柿

产　　地：兰州市西固区

所属民族：汉族

级　　别：4

简　　介：番茄的别名，营养丰富，具特殊风味。有减肥瘦身、消除疲劳、增进食欲、提高对蛋白质的消化、减少胃胀食积等功效。

1157 黄瓜

产　　地：兰州市西固区

所属民族：汉族

级　　别：4

简　　介：黄瓜也称胡瓜、青瓜。果实颜色呈油绿或翠绿，表面有柔软的小刺。黄瓜是西汉时期张骞出使西域带回中原的，称为胡瓜。五胡十六国时后赵皇帝石勒忌讳"胡"字，汉臣襄国郡守樊坦甜将其改为"黄瓜"。黄瓜味甘、性凉、苦、无毒，入脾、胃、大肠；具有除热，利水利尿，清热解毒的功效；主治烦渴，咽喉肿痛，火眼，火烫伤。还有减肥功效。

1158 韭菜

产　　地：兰州市西固区

所属民族：汉族

级　　别：4

简　　介：中国韭菜品种资源十分丰富，按食用部分可分为根韭、叶韭、花韭、叶花兼用韭四种类型。根韭主要分布在中国云南、贵州、四川、西藏等地，又名茎韭、宽叶韭、大叶韭、山韭菜、鸡脚韭菜等。主要食用根和花苔。根系粗壮，肉质化，有辛香味，可加工腌渍或煮食。花苔肥嫩，可炒食，嫩叶也可食用。根韭以无性繁殖为主，分蘖力强，生长势旺，易栽培。以秋季收刨为主。叶韭的叶片宽厚、柔嫩，抽苔率低，虽然在生长阶段也能抽苔供食，但主要以叶片、叶鞘供食用。我国各地普遍栽培。软化栽培时主要利用此类。花韭专以收获韭菜花苔部分供食。

1159 菠菜

产　　地：兰州市西固区

所属民族：汉族

级　　别：4

简　　介：菠菜又名波斯菜、赤根菜、鹦鹉菜等，菠菜高可达1米，无粉。根圆锥状，带红色，较少为白色。茎直立，中空，脆弱多汁，不分枝或有少数分枝。叶戟形至卵形，鲜绿色，柔嫩多汁，稍有光泽，全缘或有少数牙齿状裂片。原产伊朗，中国普遍栽培，为极常见的蔬菜之一。

1160 圆辣椒

产　　地：兰州市西固区

所属民族：汉族

级　　别：4

简　　介：青圆椒又名青柿子椒、菜椒、甜椒等。它的维生素C含量是番茄含量的7-15倍，在蔬菜中占首位。它特有的味道有刺激唾液分泌的作用；所含的辣椒素能增进食欲，帮助消化，防止便秘。因此，成为餐桌上的常见菜肴。

甘肃省文化资源名录 第二十八卷 饮食文化 特色饮食

1161 土豆

产　　地：兰州市西固区

所属民族：汉族

级　　别：4

简　　介：兰州人一般叫洋芋或土豆，草本。果实为茎块状，扁圆形或高15-80厘米，球形，无毛或被疏柔毛。茎分地上茎和地下茎两部分。长圆形，直径约3-10厘米，又名马铃薯。兰州产多为外皮颜色为白、黄、粉红、红色，薯肉为白、淡黄、黄色。马铃薯含有丰富的膳食纤维，有资料显示，其含量与苹果一样多。因此胃肠对土豆的吸收较慢，食用土豆后，停留在肠道中的时间比米饭长的多，所以更具有饱腹感，同时还能帮助带走一些油脂和垃圾，具有一定的通便排毒作用。马铃薯是非常好的高钾低钠食品，很适合水肿型肥胖者食用，加上其钾含量丰富，几乎是蔬菜中最高的，所以还具有瘦腿的功效。

1162 番瓜

产　　地：兰州市西固区

所属民族：汉族

级　　别：4

简　　介：别名西葫芦，原产印度，中国南方、北方均有种植，有清热利尿、除烦止渴、润肺止咳、消肿散结等疗效。

1163 地达菜

产　　地：陈坪街道小坪社区

所属民族：汉族

级　　别：4

简　　介：地达菜属于当地荒山上生长的一种菌类野菜。

1164 "丹麦一号"菠菜

产　　地：皋兰

所属民族：汉族

级　　别：4

简　　介：该种属于杂交种，植株深绿，叶面光滑，原产于丹麦。一代杂交菠菜种，早熟，纤维少，风味佳，高产，耐热，耐寒，抗霜霉病，抗病力强，适合鲜食及出口加工。

1165 红樱萝卜

产　　地：皋兰

所属民族：汉族

级　　别：4

简　　介：肉质细脆，水分多，味微甜略辣，品质优，生、熟均可食用。

1166 娃娃菜

产　　地：皋兰

所属民族：汉族

级　　别：4

简　　介：娃娃菜，又称微型大白菜，是从日本（一说韩国）引进的一款蔬菜新品种，近几年开始在国内受到青睐。白菜的药用价值也很高，中医认为其性微无毒，经常食用具有养胃生津、除烦解渴、利尿通便、清热解毒之功效。俗话说，"百菜不如白菜"。大白菜富含胡萝卜素、B族维生素、维生素C、钙、磷、铁等，白菜中的微量元素锌的含量不但在蔬菜中名列前茅，就连肉蛋也比不过它。

1167 圆茄子

产　　地：兰州市西固区
所属民族：汉族
级　　别：4
简　　介：圆茄子，是为数不多的紫色蔬菜之一，也是餐桌上十分常见的家常蔬菜。颜色多为紫色或紫黑色，形状上有圆形、椭圆、梨形等各种。茄子是一种典型的蔬菜，根据品种的不同，用法多样。茄子对疾病的康复具有相当高的价值，而对生命力的提高属于有效范围。

1168 莴苣

产　　地：兰州市西固区
所属民族：汉族
级　　别：4
简　　介：莴苣，兰州人一般叫笋子。可分为叶用和茎用两类。莴苣的名称很多，书上称作千金菜、莴苣和石苣。茎用莴苣又称莴笋、香笋。中国各地莴笋栽培面积比生菜多，莴笋的肉质嫩，茎可生食、凉拌、炒食、干制或腌渍。生菜主要食用叶片或叶球。莴苣茎叶中含有莴苣素，味苦、高温干旱苦味浓，能增强胃液、刺激消化、增进食欲，并具有镇痛和催眠的作用。

1169 樱桃萝卜

产　　地：兰州市西固区
所属民族：汉族
级　　别：4
简　　介：樱桃萝卜是一种小型萝卜，为中国的四季萝卜中的一种，因其外貌与樱桃相似，故取名为樱桃萝卜，具有品质细嫩，生长迅速，外形、色泽美观等特点，适于生吃。萝卜起源于欧洲、亚洲温暖海岸，是世界上古老的栽培作物之一。早在4500年前，古埃及已食用萝卜。中国2200年前也已有萝卜的文字记载。

1170 大葱

产　　地：河口乡大滩村

所属民族：汉族

级　　别：4

简　　介：河口乡大滩村的春季大葱很受欢迎。大葱味辛，性微温，具有发表通阳、解毒调味、发汗抑菌和舒张血管的作用。主要用于风寒感冒、恶寒发热、头痛鼻塞、阴寒腹痛、痢疾泄泻、虫积内阻等症状。大葱含有挥发油，油中主要成分为蒜素，又含有二烯丙基硫醚、草酸钙。另外，还含有脂肪、糖类、胡萝卜素、维生素B、C、烟酸、钙、镁、铁等成分。葱常作为一种很普遍的香料调味品或蔬菜食用，在烹调中占有重要的角色。

1171 蕨菜

产　　地：金沟乡

所属民族：汉族

级　　别：4

简　　介：蕨菜又名吉祥菜、龙爪菜，是一种味道鲜美、香嫩可口、营养价值很高的野生蔬菜。每年农历四五月间，关山漫山遍野便会长出青青的蕨菜，吸引着附近的人们上山采撷。

1172 南瓜

产　　地：七里河

所属民族：汉族

级　　别：4

简　　介：南瓜是葫芦科南瓜属的植物。"南瓜"一词可以特指中国南瓜（Cucurbita moschata），也可以泛指包括笋瓜（又称印度南瓜）、西葫芦（又称美洲南瓜）等在内的其他南瓜属栽培品种。南瓜因产地不同叫法各异，又名麦瓜、番瓜、倭瓜、金冬瓜，闽南话、客家话、大鹏话、金华话称为金瓜，在湖南常德等地也称"北瓜"，原产于北美洲。

1173 豆苗

产　　地：七里河

所属民族：汉族

级　　别：4

简　　介：豆苗俗称豌豆藤，是豌豆的嫩茎和嫩叶，豆苗的颜色很鲜明，质地又很柔软，含有极丰富的钙质、维他命、胡萝卜素的含量也不少。豆苗性清凉，是燥热季节的清凉食品，对清除体内积热也有一定的功效；原因是豆苗性滑、微寒，对因多吃煎炒热气食物及烟酒过度而引致口腔发炎、牙龈红肿、口气难闻、大便燥结、小便金黄等情况都有一定的改善作用。除具有清热的功用外，豆苗也可使肌肤光滑柔软。豌豆又名澡豆，可令人面色光泽。所谓澡豆，即是将豌豆放入洗澡盆中，作为去皮肤上油脂之用，因为它含有幼嫩滑润的维他命B，可以起到润肤效果。不妨试下，将豆苗磨碎涂在皮肤上，即可去掉肌肤上的油脂，使肌肤光滑，又可防止夏季阳光之晒黑。豆苗的独特气味，无论作为主菜或配菜，都是十分美味可口的，如鲜菇扒豆苗、蟹肉扒豆苗、清炒豆苗等均是菜馆中的隽品。

1174 乌龙头

产　　地：天水市麦积区

所属民族：汉族

级　　别：3

简　　介：乌龙头是袍木（植物名）芽的别称，又名木龙头，属五加科，落叶灌木乔木，喜连片生长，浑身长满小刺，是药、菜两用的名贵野菜。乌龙头树根茎可入药，其味甘苦性平，有健胃利便、活血止痛等功效。乌龙头是乌龙头树每年春长出的紫红色"弹头状"幼芽，它含有钙、维生素B2及齐墩果酸，入口清脆、微苦、热量低，是理想的减肥野生名菜，药效作用明显。乌龙头菜既可鲜食，也可晒为干菜，还可用醋盐腌制成酸（咸）菜。食之药味浓郁，风味独特，味美可口，溢香诱人。

1175 沙葱

产　　地：民勤县

所属民族：汉族

级　　别：2

简　　介：沙葱兼有葱和韭两面三刀的风味，性甘平，能祛风寒，除湿热。因其味葱韭皆俱，故吃法不少，纯天然吃法是将精选洗净的原料在清水中余一下，加少许精盐、清油，当凉菜吃，清香可口；热炒可与鸡蛋配伍，品味高于韭菜炒鸡蛋；如果想长年品尝这一野味，则可加浓盐水，腌制成咸菜，随吃随取，经年不坏。咸沙葱下清蒸洋芋是民勤清淡小吃中不可多得的美食，是民勤高档宴会的名吃。

1176 紫皮大蒜

产　　地：张掖市民乐县

所属民族：汉族

级　　别：4

简　　介：民乐紫皮大蒜是民乐的特产之一，自汉代张骞出使西域，将其带回国内栽植，距今已有近两千多年的历史。民乐紫皮大蒜因皮色紫红，瓣如莲花，故又名紫皮莲花瓣大蒜。民乐紫皮大蒜依靠冷凉地区得天独厚的自然条件和祁连山冰雪相融的水资源滋养，形成蒜头大、蒜瓣肥、蒜汁浓、蒜素高、耐严寒、杀菌效能强等品质，营养价值非常丰富，生食香辣可口，开胃提神。大蒜中含的大蒜素具有很强的杀菌作用，故大蒜有"天然广谱抗生素"之美称。

甘肃省文化资源名录 第二十八卷 饮食文化

特色饮食

375

1177 双孢菇

产　　地：张掖市民乐县

所属民族：汉族

级　　别：4

简　　介：双孢菇蛋白质含量为35%—38%，含有人体必须的6种氨基酸和丰富的维生素B1、维生素B2、维生素PP、核干酸、烟酸、抗坏血酸和维生素D等，其营养价值是蔬菜和水果的4—12倍。中医认为双孢菇味甘性平，有提神消化、降血压的作用。经常食用双孢菇，可以防止坏血病，预防肿瘤，兼有补脾、润肺、理气、化痰之功效，能防止恶性贫血，改善神经功能，降低血脂。现代研究发现，双孢菇能增强人体免疫机能，以用于治疗病毒引起的疾病，享有"保健食品"和"素中之王"美称，深受国内市场，尤其是国际市场的青睐。

1178 黄花菜

产　　地：庆阳市西峰区

所属民族：汉族

级　　别：4

简　　介：黄花菜，又名金针菜、柠檬萱草，属百合目，百合科多年生草本植物，根近肉质，中下部常有纺锤状膨大。花葶长短不一，花梗较短，花多朵，花被淡黄色、橘红色、黑紫色；蒴果钝三棱状椭圆形，花果期5-9月。其性味甘凉，有止血、消炎、清热、利湿等功效，含有丰富的花粉、糖、蛋白质、维生素C、钙、脂肪、胡萝卜素、氨基酸等人体所必须的养分。在庆阳农村地区栽种，在7、8月份当地农户采摘淘洗后，放入笼屉蒸烫，在太阳下晾晒风干后储藏，待食用时用温水泡开即可。

1179 黄瓜

产　　地：甘肃漳县

所属民族：汉族

级　　别：2

简　　介：漳县盛产黄瓜。黄瓜含有多种有益人体的元素物质，性寒味甘，有清热解毒利水道之功效，主治小儿热痢、水病肚胀、咽喉肿痛、火眼赤痛。黄瓜切片敷贴可起到美容防衰作用。是人们喜爱的家常菜。

1180 羊肚菌

产　　地：甘肃漳县

所属民族：汉族

级　　别：2

简　　介：成熟的羊肚菌盖部为椭圆形球体，表面布满蜂窝状的凹坑，形似羊肚而得名。羊肚菌含蛋白质、游离氨基酸、中性甘油、维生素等多种有益人体成分，因此它不但能降低胆固醇，预防动脉硬化，而且能促进肾上腺激素的分泌，增强人体的应激能力。

1181 蕨菜

产　　地：舟曲县
所属民族：汉族
级　　别：4
简　　介：蕨菜为水龙骨科多年生草本。蕨菜茎黑褐色，长而横向伸展，直径0.6—0.8厘米，长10余厘米，最长可达30厘米。叶由地下茎长出，为三回羽状复叶，总长可达100厘米以上，略成三角形。第1次裂片对生，第2次裂片长圆状披针形，羽状分裂，小裂片线状长圆形，无毛或仅在背面中脉上有毛，细脉羽状分枝。叶缘向内卷曲。叶柄细嫩时有细茸毛，草质化后茎秆光滑，茸毛消失。夏初，叶里面生繁殖器官，即子囊群，呈赭褐色。蕨菜一般株高达一米，根状长而横走，有黑褐色绒毛。早春新生叶拳卷，呈三叉状。柄叶鲜嫩，上披白色绒毛，此时为采集期。叶柄长30—100厘米，叶片呈三角形，长60—150厘米，宽30—60厘米，2—3次羽状分裂，下部羽片对生，褐色孢子囊群连续着生于叶片边缘，有双重囊群盖。蕨菜每100克鲜品含蛋白质0.43克、脂肪0.39克、糖类3.6克、有机酸0.45克，并含有多种维生素。既可当蔬菜也可制饴糖、饼干、代藕粉和药品添加剂。经常食用可治疗高血压、头昏、子宫出血、关节炎等症，并对麻疹、流感有预防作用。

1182 青冈木耳

产　　地：舟曲县
民　　族：汉族
级　　别：4
简　　介：舟曲青冈木耳浸泡后形体硕大，半透明状，质柔韧，味道鲜美，营养丰富，可素可荤，而且能养血驻颜，令人肌肤红润，容光焕发，并可防治缺铁性贫血等，具有很多药用功效。

（三）水果类

1183 冻梨

产　　地：兰州

所属民族：汉族

级　　别：4

简　　介：冻梨不是它的本名。冻梨可包括软儿梨，别名香水梨，还有"马奶头梨"，它由形似马的奶头而得名。另有窝梨、别名大蛋子，更有不太好听的土名"噎死狗"之称，此外尚有已经消失的吊蛋子梨名称。这些品种都是兰州的地方品种。这些冻梨在九十月采摘、趁新鲜去吃，其味酸甚于甜，除软儿梨外，后者酸涩，又因其果肉质密、入口有噎人的感觉，故有"噎死狗"的怪名称。这些梨有个共同的特点，它们在入冬后经过冷冻而变黑。这些冻梨有几大优点：经冷冻后久存不变质，自然存放可到春节或更久，如若冷藏于冰箱冷冻室，一二年也不变质。在欲吃冻梨时，可将它置入冷水中，使其将自身的冰点转化在水中，待到梨身变成一厚层冰壳时，脱壳而食。

1184 草莓

产　　地：兰州

所属民族：汉族

级　　别：4

简　　介：草莓（学名：Fragaria × ananassa Duch，英文：Strawberry）是一种红色的花果，又名凤梨草莓、红莓、洋莓、地莓等，为蔷薇科，属多年生草本。草莓外观呈心形，鲜美红嫩，果肉多汁，含有特殊的浓郁水果芳香。草莓怕水渍、不耐旱，果实具有润肺生津、健脾和胃、利尿消肿等功效。草莓原产南美洲、欧洲，世界各地均有分布。

1185 籽瓜罐头

产　　地：兰州

所属民族：汉族

级　　别：4

简　　介：兰州籽瓜，也称"打瓜"，因拳打而食和含籽量多而得名。其瓜圆形，表皮光滑，浅绿，有深绿色条纹，瓜内色白，较甜。籽瓜的产地主要在兰州地区及河西的民勤、古浪、永昌等县，东北及内蒙古东部地区也有出产。这里是沙质土壤，有适宜的温度，充足的阳光，有质量上乘的良种。所产瓜子，黑边白心，颗粒饱满，片形较大，故国际市场上有"兰州黑瓜子"或"兰州大板瓜子"之称。秋季，籽瓜成熟后，将瓜用拳头打破，食肉取子，用水洗净，晒干，即可应市。黑瓜子含有丰富的蛋白质、脂肪、维生素B、D等营养物质，多做日常食用，是人们普遍喜爱的美味食品。其中含不饱和脂肪酸很高，特别适合高血压和心脑血管疾病人食用。特别含有植物固醇这类物质，可以降低血液里低密度胆固醇含量。

1186 枣糕

产　　地：兰州
所属民族：汉族
级　　别：4
简　　介：枣糕其味香远，入口丝甜，含有维生素C、蛋白质、钙、铁、维生素等营养成分，既能补脾和胃、益气生津，还有保护肝脏、增加肌力、养颜防衰之功效。因为红枣糕口味正宗、价格合适，红枣含有人体所需的很多营养成份，所以广受现代消费群体的喜爱，在民间有"常品红枣糕，体健精神爽"和"一日食三枣，百岁不显老"的说法。一品飘香红枣糕已经掀起了排队购买的高潮，而且百吃不厌。还可以补脾肾，益气血。

1187 白兰瓜

产　　地：兰州
所属民族：汉族
级　　别：4
简　　介：白兰瓜，又名"兰州蜜瓜"，以兰州市城关区青白石乡的产品最为有名。为一种厚皮甜瓜，其形呈圆球状，每只重约1.5公斤。皮白且硬，耐贮藏，宜于储运。瓜肉翠绿，囊厚汁丰，脆而细嫩，含糖量高达15%左右，享有"香如桂花，甜似蜂蜜"之誉。这种瓜不仅香甜可口，富有营养，还有清暑、解渴、开胃、利尿之功效。不仅供应国内各地，而且远销海外。

1188 石川软梨

产　　地：兰州皋兰石川
所属民族：汉族
级　　别：4
简　　介：甘肃兰州市东北方向有一个被誉为"世外梨园"的古镇——石川。石川镇位于兰州市东北约20公里处，这里盛产瓜果，俗有"塞上小江南"美称。这里产的梨味道不仅甜，而且有润肺止咳的效果，尤其在天干物燥的冬天喝上一口融化后的果子水，那个滋润喉咙的味道简直无法形容。

1189 西瓜

产　　地：皋兰
所属民族：汉族
级　　别：4
简　　介：西瓜，品种繁多，种植历史至少在300年以上，主要分布在旱沙田里。

1190 白凤桃

产　　地：皋兰
所属民族：汉族
级　　别：4
简　　介：果实中大或较大，近圆形，底部稍大，果顶圆，中间稍凹；梗洼深而中广，缝合线浅。果面黄白色，阳面鲜红；皮较薄，易剥离；肉质乳白，近核少量红色。肉质致密，汁多，味甜，香味淡，品质上等。粘核。耐贮运。鲜食、加工兼用。

1191 热冬果

产　　地：皋兰
所属民族：汉族
级　　别：4
简　　介：相传1300多年前，唐朝宰相魏征之母因病咳嗽不止，欲求医，又畏药苦。魏征自幼敬孝，深知母爱吃梨，便叫仆人把梨汁与研成粉末的草药熬成膏，味甘而醇，魏母服后不久康复。皋兰热冬果源于魏母吃梨膏的传说，冬果梨是皋兰什川所产的佳果，辅之以冰糖煮烂，饮汤食梨，甘中加甜，美上加美具有滋阴、润肺、止咳化痰之功效。

1192 红提葡萄

产　　地：皋兰
所属民族：汉族
级　　别：4
简　　介：由于带菌量低，生长期长（240天）、含糖量高（22%）、上市季节佳（元旦春节期间）、贮存期长（5个月以上）等特点而备受市场青睐。

1193 软儿梨

产　　地：皋兰
所属民族：汉族
级　　别：4
简　　介：软儿梨又名香水梨。出产于什川镇，从明代后期开始栽培，迄今有400多年。其果实近圆形，平均果重在125克左右，立冬后成熟，其色黄中带绿，青中泛红，果皮较厚，果肉硬，味道酸涩。若藏至冬季，则冻结成冰球，食用时需置于温暖处化开，果肉则成一包香水，浆液极多，味甜胜似蜂蜜，且富酒味。吃时撕破表皮，用嘴吸吮，一包如糖似蜜的果汁顿时溶入口中，饮之甜津津、凉丝丝，清香无比，沁人肺腑，余味久久不绝。软儿梨富含果酸、苹果酸、柠檬酸、蔗糖、葡萄糖等成分，营养价值极高，且具有清热解毒、润燥止咳、生津化痰、滋身祛疾之功效，是食疗兼备的妙品。被誉为"瓜果城中第一奇"。

1194 冬果梨

产　　地：皋兰
所属民族：汉族
级　　别：4
简　　介：什川镇最富地方特色的著名水果之一，它色泽鲜艳，形体美观，皮薄肉细，甜酸适度，能长期贮存，久负盛名，畅销国内外市场。冬果梨有大小之分：大冬果梨，果实呈倒卵圆形，果大，平均重320—500克，熟后果实呈金黄色，皮较厚而粗，果肉白嫩，汁多而脆，味浓，酸甜适度，含糖量约9%，小冬果梨由大冬果梨的芽条变异而来，果实呈圆形或椭圆形，其果重平均157.5克，果汁不及大冬果梨多，贮期不如大冬果梨长，但果皮薄，果肉细，果味甜，因其味夺冠。冬果梨9月收获，可贮藏到来年6月份，其色味不变。有洁肺祛痰，止咳散寒之药效。在今天的什川梨园中，尚存三百余年的冬果梨树仍苍劲古朴，春蕾绽雪，秋实累累。

1195 酥木梨

产　　地：皋兰
所属民族：汉族
级　　别：4
简　　介：酥木梨又名酥蜜梨、酥美梨。为陇上八梨之一，在兰州皋兰已有350余年的栽培历史。酥木梨呈长圆形，果色黄白，阳面有红晕，分布朱砂小点，果皮极薄，表面润泽。果肉水白，果质脆甜，汁多，味浓略带酒香，味甜如蜜，风味醇厚。中秋节前后成熟，为应时佳果。

1196 籽瓜

产　　地：皋兰
所属民族：汉族
级　　别：4
简　　介：籽瓜，是一个颇具地方特色的瓜种，是皋兰的一大特产，是西瓜种里的一个变种，瓜形与西瓜相似，但比西瓜小，单瓜平均重量 2—3 公斤，表面光滑，色浅绿，套有深绿色条纹。瓜肉色黄白，较甜，含籽量多，籽大。籽瓜有极高的药用价值，其瓜肉具有止咳祛痰、利尿解温、治疗胃病的特殊功效。籽瓜浑身是宝，瓜子可加工成籽瓜原汁罐头、低糖籽瓜罐头等。瓜皮可做瓜条、米钱。目前皋兰县年种植面积在 2 万亩以上。

1197 甜瓜

产　　地：皋兰

所属民族：汉族

级　　别：4

简　　介：主要特点是"甘甜爽口，舒心如蜜，让人陶醉"，已有 100 多年的种植历史。通过保护栽培，可围绕元旦、五一、十一等重点节令四季生产，周年上市。甜瓜有礼品、精品、环保型三种，大小果型的西瓜、甜瓜又可分为浓香型、清香型、甘甜型、爽口型。

1198 秘制核桃

产　　地：瓜州

所属民族：汉族

级　　别：4

简　　介：将小半碗的核桃仁过水洗一下，晾干，放入微波炉，中火加热 5 分钟。将锅加热，加少量水与适量的冰糖融化致很稠的状态。将加热的核桃仁倒入锅中，并马上关火，迅速翻炒，将冰糖附着在核桃仁上。注意：最好用冰糖，因为冰糖冷却后又会变成白色晶体。白糖容易附在上面冷却后会硬化。特点：生的核桃有点涩味，有些人可能不是很喜欢，那么这种核桃就迎合了大众的口味了，甜甜的，是一道健康的零食。

1199 秦岭泉牌水果罐头

产　　地：天水市秦州区

所属民族：汉族

级　　别：4

简　　介：天水昌盛食品有限公司研发生产的芦笋、甜（糯）玉米、玉米汁、苹果酱、干装苹果罐头、甜椒、食用菌等瓶装、罐装品种，很受消费者欢迎。

1200 胃康蜜杏

产　　地：庆阳市环县

所属民族：汉族

级　　别：4

简　　介：回生胃康蜜杏选用西北特产环县杏，杏干味甜、质软，杏仁香脆可口，性热，具有活血补气，增加热量的作用，富含蛋白质、钙、磷、铁、维生素 C 等成。采用传统和科学的工艺精制而成，保持原果风味，酸甜饶舌，尤宜妇女儿童食用，是旅游、馈赠亲友之佳品。

1201 狼渡滩牌精品野草莓罐头

产　　地：定西市岷县

所属民族：汉族

级　　别：3

简　　介：野草莓罐头狼渡滩野草莓产品选自生长于甘肃岷县独特的 2600-2800 米高原地理环境中的野生草莓果实，无污染、无公害、纯天然野生，每年 5-6 月为成熟期，仅一个月的采摘周期，原生态生长，环境特殊。狼渡滩野草莓罐头在生产中采用清捡、漂洗、高温消毒等工艺，经8小时鲜制技术，使野草莓中的营养成分能更多的保留在果肉中，使得口感更佳。野草莓是多年生浆果，富含丰富的维生素B1、B2、C、PP以及钙、磷、铁、钾、锌、铬等人体必需的矿物质和部分微量元素。果肉中含有大量的糖类、蛋白质、有机酸、果胶等营养物质。每克鲜果肉中含维生素C 60毫克，比苹果、葡萄含量还高。果实色泽艳丽，酸甜可口，气味芳香，采摘周期短，口感醇厚鲜美，营养特别丰富，是纯正的野味佳珍，深受大众消费者的喜爱。

1202 酒柿子

产　　地：陇南市礼县
所属民族：汉族
级　　别：3
简　　介：盛产于大滩地区的酒柿子，是选用还未成熟的青柿子和用高粱煮的酒醅（或用低度白酒）混合装缸，密封数月后可启封食用。上等酒柿子皮肉呈桔黄色或深棕色，软硬适中，酒味浓郁醇正，色味俱佳，是馈赠亲友之珍品。

（四）其他类

1203 卤水点豆腐
产　　地：兰州市西固区金沟乡
所属民族：汉族
级　　别：4
简　　介：把黄豆浸在水里，泡胀变软后，磨成豆浆，再滤去豆渣，煮开。这时候，黄豆里的蛋白质团粒被水簇拥着不停地运动，聚不到一块儿，形成了"胶体"。要使胶体溶液变成豆腐，必须点卤。金沟点卤用盐卤或酸菜水做卤，它们能使分散的蛋白质团粒很快地聚集到一块儿，成为白花花的豆腐脑。再挤出水分，豆腐脑就变成了豆腐。

1204 百合花蕾
产　　地：兰州
所属民族：汉族
级　　别：1
简　　介：将百合花蕾用清水漂洗浸泡去苦味之后，随意配用其他任何做汤附料。百合花蕾凉拌菜：用浸泡后的百合花蕾作辅料，加葱丝、蒜泥、香油、植物油炝拌调料便可。素炒百合花蕾：如西芹百合花蕾、青椒百合花蕾等，配以其它色泽艳丽，有营养价值的蔬菜清炒，其色更美、味更佳。可做百合花蕾包子、饺子（如：花蕾虾仁饺、花蕾肉馅、花蕾鸡蛋豆腐馅等）。根据自己的食用口味调制。

1205 百合干
产　　地：兰州
所属民族：汉族
级　　别：1
简　　介：百合干有很高的药用价值，解毒、理脾健胃、利湿消积、宁心安神、促进血液循环等功效。主治劳嗽、咳血、虚烦惊悸等症，对医治肺络疾病和保健抗衰老有特别功效。据药理研究表明，百合干有升高白细胞的作用，因此对多种癌症都有较好的疗效。风寒外感者忌用。营养价值，每100克百合干含蛋白质3.36克，脂肪0.18克，淀粉11.8克，还原糖3.0克，蔗糖10.39克，果胶5.6克，另外还含有秋水仙碱、维生素B，以及钙、磷、铁等多种成分。食疗价值：①润肺止咳。百合鲜品含黏液质，具有润燥清热作用，中医用之治疗肺燥或肺热咳嗽等症常能奏效。②宁心安神。百合入心经，性微寒，能清心除烦，宁心安神，用于热病后余热未消、神思恍惚、失眠多梦、心情抑郁、喜悲伤欲哭等病症。③美容养颜。百合洁白娇艳，鲜品富含黏液质及维生素，对皮肤细胞新陈代谢有益，常食百合，有一定美容作用。④防癌抗癌。百合含多种生物碱，对白细胞减少症有预防作用，能升高血细胞，对化疗及放射性治疗后细胞减少症有治疗作用。百合在体内还能促进和增强单核细胞系统和吞噬功能，提高机体的体液免疫能力，因此百合对多种癌症均有较好的防治效果。⑤该品甘凉清润，主入肺心，长于清肺润燥止咳，清心安神定惊，为肺燥咳嗽、虚烦不安所常用。

1206 百合花

产　　地：兰州

所属民族：汉族

级　　别：1

简　　介：兰州百合已有130多年的种植历史，年产值近一亿元。2013年11月，兰州市荣获"中国百合之都"称号，兰州又赢得了一个响亮的名字，兰州百合更是有了金字招牌。百合是一种多年生草本植物，因其地下茎块由数十瓣鳞片相累抱合，有"百片合成"之意而得名。就世界范围而言，百合共有170多个品种，但是能够食用且具有极高营养价值的，还属生长在兰州市七里河区的兰州百合。早在1700多年前的《神农百草》中就有关于百合的记载，东汉医圣张仲景分析了前人的经验，明确了百合的清热、宁心、安神之效。唐朝，医学家孙思邈在《千金翼方》中叙述了百合的栽培技术。由此可以看出，早在1300年前古人已将百合野生改为人工栽培，并且还具备了相当丰富的栽培经验。目前，百合产品主要销往广州、上海、北京等国内大中城市，其余的在本地市场零散销售，还有部分百合产品远销美国、日本和我国香港、台湾地区，仅百合种植加工年产值近一亿元。

1207 百合醋

产　　地：兰州

所属民族：汉族

级　　别：1

简　　介：百合醋，为近年开发的新产品，特色鲜明。具有美容养颜、润肤纤体、提神抗疲劳等作用。

1208 苦豆子

产　　地：兰州
所属民族：汉族
级　　别：4
简　　介：不知道兰州人为什么这么怪，明明是芳香调料，却要叫它苦豆子。原来苦豆子一词出自于《本草纲目》，其实它的大名叫胡芦巴，分布于欧、亚两洲，多栽培做饲料用。其植株和种子含有香豆素，是天然香精的重要原料，种子含有丰富的半乳甘露聚糖胶，是重要的化工原料。不知道是不是因为西北的贫瘠，这种主做饲料用的芳香植物，却被西北人在开花季节，将全草割下，晒干，碾成细粉，加油调和后在烤饼或蒸馒头时当调料卷入。在西北，无论是汉族的大花卷、还是回族的油锅盔、烤饼里都喜欢放香豆子，它和孜然一样是具有西北特色的调料之一。最富有特色的香豆子馍馍就是过八月十五的时候蒸的千层花馍馍了。先把面发好，然后把面擀成一层一层的薄饼形状，在上面抹上黄亮的胡麻油，然后均匀地洒上香豆子，再把面饼一层一层摞起来，当然还可以卷上胡麻、姜黄、红曲等，等那个千层花馍馍蒸好的时候，面的清香和香豆子的醇香混合在一起，丝丝缕缕在厨房的空气里飘荡，那是一种特有的植物醇香，一种家乡的味道。放了香豆子的馍馍，完全可以不配什么菜吃。香豆子主要的优良品种有甘肃玉门香豆子、新疆香豆子、青海香豆子等。在西北各城市的调料市场都能买到。

1209 锅巴

产　　地：兰州
所属民族：汉族
级　　别：4
简　　介：米锅巴是一种休闲小食品，香酥可口，广受欢迎。锅巴工艺流程：淘米→煮米→蒸米→拌料→压片→切片→油炸→喷调料→包装。技术要点：大米洗净去沙，放入锅中煮成半熟、捞出，在蒸锅中蒸熟。拌料蒸熟的米饭中加入2%—3%的起酥油或棕榈油，12%—16%的淀粉，搅拌均匀。压片、切片：用压片机将拌好的料压成1—1.5毫米厚的米片，按3厘米×2厘米的规格切片。油炸、喷调味料：油温240℃左右，时间3—6分钟，炸成浅黄色捞出，沥油后喷上细度为60—80目的调味粉，然后包装。

1210 糖玫瑰

产　　地：兰州
所属民族：汉族
级　　别：4
简　　介：玫瑰花开旺盛的时候，兰州人会采摘新鲜的小玫瑰花做成糖玫瑰，用来做馍馍、做千层饼。制作方法：择下红玫瑰花的花瓣、花蕊，花萼不要，将玫瑰花瓣洗干净沥去多余水分。将玫瑰花瓣和白砂糖全部放入石臼中。用石杵捣烂，过程需要10分钟左右，一直捣到糖与花瓣融为一体，成为色泽艳紫、质地晶莹的团块。捣好的玫瑰花糖装入带色的玻璃瓶中，封严瓶口，放于避光通风处存放。吃时用小勺挖出，做饼、做糕点、包汤圆、包豆包都很棒。

1211 红曲

产　　地：兰州

所属民族：汉族

级　　别：4

简　　介：红曲是一种红色霉菌，我国古代人民很早就认识到它的食用价值。红曲用途极广，如古代未发明酱油专用酱色（焦糖）之前，红曲是红烧肉和其他红色食品的主要食用色素。兰州人制作月饼、糟肉都离不了它。

1212 豆腐

产　　地：兰州

所属民族：汉族

级　　别：4

简　　介：黑豆、黄豆、白豆、豌豆和绿豆等，都可用来制作。制法是：用水浸泡发胀，用石磨磨碎，滤去豆渣，将豆浆烧沸，用盐卤汁或山叶、或者酸浆，醋淀放入锅中制成。还有将烧沸的豆浆入缸内，用石膏粉来制作。豆浆面上凝结的可揭取晾干，叫豆腐皮，做菜很好。豆腐是人们常见的食品。味甘、咸，性寒，无毒（没有做好的时候是有毒的）。主治宽中益气，调和脾胃，消除胀满，通大肠浊气，清热散血。

1213 百合酥（干）

产　　地：兰州

所属民族：汉族

级　　别：4

简　　介：百合酥（干）是用新鲜百合经烘烤后，口感酥脆，可以直接食用。

1214 天奇骨汤麻辣烫

产　　地：兰州

所属民族：汉族

级　　别：4

简　　介：麻辣烫是很多人都爱吃的街头小吃，由于含油脂量大，曾被列入垃圾食品之列。实际上，如果能够在食品安全方面把好关，并进行合理的搭配，麻辣烫说得上是一种相当不错的快餐食品，比煎炸食品要健康得多，也环保得多。首先，麻辣烫并不辣，如果不要求多放辣椒的话，倒是可以放芝麻酱，它是非常健康的一种调料，富含钙和维生素E。常常加入蒜汁，还有杀菌作用。其次，麻辣烫通常有多种绿叶蔬菜，有多种豆制品原料，有海带等藻类，有蘑菇等菌类，有薯类，有鱼类，有蛋类等等，相比之下，植物性原料品种占优势。只要合理搭配，它比一般的快餐菜肴更容易达到酸碱平衡的要求，也符合食物多样化的原则。第三，麻辣烫的加热温度并不高，也不会产生油烟和脂肪高温氧化问题。和高温烹炒相比，对空气环境污染较小。第四，涮菜的过程中可以去除蔬菜中的部分草酸、亚硝酸盐和农药，虽然损失一部分维生素C，但也减少了抗营养因素和有毒物质。只要注意定期更换涮菜水，涮的过程中少加盐，就是非常好的烹调方式。最后，麻辣烫的调料可以做到健康低脂。涮菜的时候没有放油，调拌的时候也可以按照顾客的要求减少放油量，总体来说，原料含脂肪少，热量比较低。相比之下，炒菜的时候，往往要经过滑油、烹炒、淋明油三个加油过程，而且顾客无法选择菜肴的放油量。

1215　百合鸡

产　　地：兰州
所属民族：汉族
级　　别：4
简　　介：百合鸡——青海大通散养的甜甜百合鸡，这里海拔2600米，无污染，景色怡人。目前试验3个品种（黑凤 芦花 贵妃），养殖180天以上，最佳状态240天，目前第一批在中秋节上市，因数量只有2000只，到时开个品尝会，弄点兰州百合、做点黑金刚土豆，兰州秋日品尝，风味一绝。

1216　三大炮

产　　地：兰州
所属民族：汉族
级　　别：4
简　　介：三大炮是糯米制作的一种间食，也是旧时"赶花会"时才有的一种"糍粑"的特殊售卖形式。因每份(盘)只有三坨，而且是现在热锅盆中抓出一大坨糍粑分为三小坨后，现分现用力摔向案板中央。由于案板一边放有钢碟，因击打案板而震动时发出金属响声，只听见"砰砰砰"三声，三坨糍粑早已飞向对面斜靠的竹篾上滚下面装满芝麻粉、黄豆粉的竹篾中，另一人将三坨糍粑捡入盘中（此时糍粑已自然地裹上了一层粉末），再浇上浓汁，送于食客手中。"三大炮"得名于此，这种只有在"赶花会"才能见得到的"表演"场面，很快即被成都好吃而又喜新鲜的大众所接受，生意自然红火，因此很快就与当时的张凉粉、糖油果子并称为花会间食之霸。三大炮非凉食,卖时将舂好的半成品糍粑装入锅中至火炉上以微火保温,吃时现做。过去吃三大炮的人都知道,盘中的三坨糍粑入口时仍感微温。有香甜可口、不腻不粘又化渣的特点,且价廉物美。做法糯米浸泡后蒸熟,与舂糍粑相同,但不要过细。红糖蒸化,黄豆、芝麻炒香磨细粉和均。

1217 豆皮

产　　地：兰州

所属民族：汉族

级　　别：4

简　　介：豆腐皮是大豆磨浆烧煮后,凝结干制而成的豆制品。豆腐皮是从锅中挑皮、捋直,将皮从中间粘起,成双层半圆形,经过烘干而制成的。皮薄透明,半圆而不破,黄色有光泽,柔软不粘,表面光滑、色泽乳白微黄光亮,风味独特,是高蛋白低脂肪不含胆固醇的营养食品。

1218 腌酒枣

产　　地：兰州

所属民族：汉族

级　　别：4

简　　介：酒枣,又叫"醉枣",因用酒腌制而得名。腌酒枣是一项技术活,技术好,腌的酒枣可保鲜到过年后的整个正月。腌酒枣,首先要选好器皿,最好的是肚大口小的干净的坛子。然后是选枣,在收获来的枣中逐个挑选出个大、饱满,没有损伤的枣洗净、晾干。腌制时,用一只面盆取小半盆枣,在枣上面小心地浇一些酒。酒一定要纯粮酿的,且度数要高。浇在枣上的酒不可多,也不可少,只要枣在面盆里上下颠簸时酒能充分沾湿枣即可。再将拌上酒的枣倒入坛中。如此反复多次,直到装满坛子为止。最后的工序是密封。用一块干净的塑料布裹住坛口,外边用线绳系紧,再在塑料布外边均匀地涂抹上一层草泥,彻底封严整个口子,待二、三天草泥干后,将坛子移到阴凉处放稳,酒枣就算腌好了。让酒枣大放光彩的时候正值过年,经过三个多月的酒分子的滋养,酒枣不论从外形到口感都已发生了很大的变化。轻启坛口,揭开那层塑料布,只见坛中枣个个晶莹闪亮、红活圆实,比当初的模样更加饱满、鲜活。轻咬一口,顿觉枣肉清脆嫩滑,于枣的甘甜之中尽透酒的醇香,细细嚼来,满齿留香,让人回味无穷。因酒枣的最佳食用期正值春节,所以它的出现不仅为节日平添了许多喜庆气氛,而且外表鲜红的色泽和甘甜的口感最容易唤起人们在节日里的喜悦心情。每有客人来拜年,家乡人必用酒枣招待,以示敬重。待客人临走时,还要拿一些相送,以此表达一份真挚的情谊。酒枣,真的成了人们表情达意的重要纽带。规模化生产酒枣,不失为红枣深加工的一条道路,也不失为宣传家乡的一张名片。

1219 关东煮

产　　地：兰州

所属民族：汉族

级　　别：4

简　　介：可以用来佐饭，也可以作小吃。有说关东煮源自"味噌田乐"，关东煮水煮熟豆腐或者蒟蒻，再用味噌（面豉）调味后进食。后来，日本人用鲣鱼汤取代味噌，关东煮就得以发扬光大了。跟一般的锅料理不同，关东煮制作简便，材料可以随时放进汤里煮。因此冬天的时候，这种料理尤其受欢迎。在日本，关东煮可以在便利商店或者路边摊买来吃。在日本以外，关东煮在台湾也十分流行。黄金墨鱼丸、贡丸、烧一香、蟹肉钳、鳕鱼卷、黄金球、鱼丸、虾丸、牛肉丸、包心鱼丸、关东烧、昆布、香菇蟹黄丸、芝麻味虾球等几十个品种，半成品在各地的冷冻品批发市场都可以买到。

1220 大板瓜子

产　　地：兰州

所属民族：汉族

级　　别：4

简　　介：大板瓜子，又叫兰州大片或兰州黑瓜子，主要产于兰州市郊区及皋兰、永登、靖远、会宁4县。兰州为加工、出售瓜子的集散地。大板瓜子取自籽瓜，因拳打瓜破而食，又名打瓜。其外皮淡绿而有花纹，个大而均匀，耐旱丰产。瓜熟季节，在田边地头，吃籽瓜掏瓜瓤，有清咽利喉润肺之功效。大板瓜子分大、中、小三个品种，都含有丰富的蛋白质，脂肪，维生素B、D等营养物质，成为宴亲朋、待嘉宾的高档食品。将黑瓜子加工成五香瓜子、椒盐瓜子、甜瓜子、奶油瓜子和多味瓜子等成品，不仅极易嗑剥，醇香可口，而且有补脑提神之功效，颇受大众青睐。林歌、正林、乌麻园等名牌大板瓜子不仅已声冠华夏，而且远销东南亚，成为甘肃省的重要出口物资。

1221 姜黄粉

产　　地：兰州

所属民族：汉族

级　　别：4

简　　介：姜黄是一种民间食用色素，是植物晒干后研成的细末，有浓郁的芳香，西北人最喜欢用它做花卷等食物，加上其他几种红曲之类的植物性色素，把面点装饰得五彩斑斓。也显示制作人的心灵手巧。比如油酥馍（也叫糖酥馍），用烫面投入姜黄、红曲等味料，通过揉、卷、盘、压等技艺，形呈扁圆，有层次，中间凹下置糖浆适量，圆周面层盘绕，面上洒白糖粒，入鏊烧炙，色黄鲜亮，味酥香甜，冷热皆可食之，多在街头巷尾叫卖。

1222 豆干

产　　地：兰州

所属民族：汉族

级　　别：4

简　　介：豆干是一种历史悠久的民间小吃，也是豆腐干的简称。是用大豆掺以其他原料做成的风味休闲类小食豆干品。

1223 炒年糕

产　　地：兰州

所属民族：汉族

级　　别：4

简　　介：炒年糕是年糕的特色吃法。它有很多种做法，不同的做法用到不同的原料，每一种都美味可口，营养丰富。炒年糕一直以来被认为是街头美食的代表。炒年糕也以它高营养、味道可口的特点被赋予了很高的评价，毫不逊色于世界上的各种珍味。比较特别的是，不用油炒，而是利用水煮方式，让年糕饱吸酱料，搭配脆脆的青菜，口感层次很丰富。

1224 百合粉

产　　地：兰州

所属民族：汉族

级　　别：4

简　　介：百合粉是从野生或人工栽培的百合鳞茎中加工提取而来的一种冷饮，营养丰富，有开胃生津、消烦止渴的功能，老人、病人、小孩皆宜，永丰中西山百合粉在市场上很畅销。百合粉营养丰富，除含有淀粉、蛋白质、脂肪及钙、磷、铁、维生素 B1、B2、C、泛酸、胡萝卜素等营养素外，还含有一些特殊的营养成分，如秋水仙碱等多种生物碱。这些成分综合作用于人体，不仅具有良好的营养滋补之功，而且还对秋季气候干燥而引起的多种季节性疾病有一定的防治作用。

1225 蛋炒饭

产　　地：兰州

所属民族：汉族

级　　别：4

简　　介：鸡蛋取蛋黄加少许盐打散，胡萝卜洗净、去皮切丁。锅置火上少许油烧热，将胡萝卜丁炒熟盛出待用。锅中留少许油烧至3成热倒入蛋液，蛋液快凝固立即倒入米饭。快速翻炒使每一粒米饭裹上蛋液，调少许盐翻炒均匀。

1226 红枣粘糕

产　　地：兰州

所属民族：回族

级　　别：4

简　　介：红枣年糕是由糯米加大红枣蒸制而成。待年糕蒸熟，切成小块撒上白糖，铺满蜂蜜，即食。此种做法能够保持年糕原味，口感细腻香滑。不但味道香甜可口，而且营养丰富。

1227 马三洋芋片

产　　地：兰州
所属民族：回族
级　　别：4
简　　介：美味的麻辣水煮洋芋片，在当地有名。

1228 麻醉瓜

产　　地：兰州
所属民族：汉族
级　　别：1
简　　介：兰州的麻醉瓜形状近似圆或椭圆，皮色黄绿且布满白色的网，这些网级酷似槟榔的化纹，所以老兰州人把它叫做"槟榔纹"，这种槟榔级越多，醉瓜就越甜。

1229 陈春麻辣粉

产　　地：甘肃兰州
所属民族：汉族
级　　别：4
简　　介：陈春麻辣粉是现定居兰州的川味"麻辣陈"传人陈德金1989年来兰后，在传统配方的基础上，结合当地口味，创出的一个最受欢迎的川味小吃。陈春麻辣粉的汤采用土鸡熬制，在熬制过程中从调料到火候诸工艺都经过严格的把关，味道别具一格。1992年首届兰州丝路节、1994年第四届中国艺术节举办期间，陈春麻辣粉被评为地方名优小吃和"中华老字号"。1997年12月上旬由中国烹饪协会在杭州举办的"中华名小吃"认定活动中，陈春麻辣粉再获殊荣。

1230 吉祥斋火锅底料

产　　地：甘肃兰州
所属民族：回族
级　　别：2
简　　介：兰州吉祥斋西饼食品有限公司位于九州开发区，是集食品开发销售、服务于一体的清真食品企业，2012年公司开发了调味品。因口味纯正上市以来受到了各民族的一直好评。

1231 头肴

产　　地：陈坪
所属民族：汉族
级　　别：4
简　　介：类同臊子面汤卤以臊子为主，并放入金针（黄花）、木耳、粉条、豆腐丁、胡萝卜、海带、鸡蛋、菠菜等八种"山珍海味"就花卷。

1232 小瓜子
产　　地：陈坪
所属民族：汉族
级　　别：4
简　　介：小瓜子——籽瓜，大小略同今之西瓜，不同处是形状较圆。瓜瓤白色居多，晶莹如雪；间有红黄二色，鲜艳夺目；甜度略次于西瓜。宜于冬藏，经久不坏，是病人解热佳品。种小瓜子不上市只去瓤捋籽，其籽即"大板瓜子"，是兰州传统名特产。

1233 达川大红枣
产　　地：达川
所属民族：汉族
级　　别：4
简　　介：甘肃兰州达川乡素以盛产大红枣广为人知，达川乡大红枣 3 厘米左右长，糖分高、肉厚、皮薄、核小、肉质瓷实，口味香甜柔和，直接吃、褒汤、褒粥均可。

1234 山鸡
产　　地：兰州西固区
所属民族：汉族
级　　别：4
简　　介：旮旯鸡是新城人对山鸡的称呼。这种山鸡个头和家鸽相仿，全身麻灰色羽毛，秃尾，会飞，外貌近似鹌鹑。曾经做为食物出现在餐桌上，后由于生态的变化，这种野生动物的数量已经大大减少。在新城地区仅有青石台的后山上有人目击过，近几年无人捕获活体。

1235 黑瓜子
产　　地：甘肃皋兰
所属民族：汉族
级　　别：4
简　　介：黑瓜子是皋兰著名的特产，以其片大、皮薄、板平、口松、肉厚、乌黑发亮、味香隽永、品质优异等特点而著称，是我国传统的出口商品之一。黑瓜子可加工成五香、奶油、咸淡、甜味、多味等各种类型的瓜子，又是制作糕点的理想辅料，兼备补脑提神作用，亦可炸油食用。黑瓜子含有丰富的蛋白质、脂肪、维生素 B、D 等营养物质，常吃能延年益寿。

1236 接官亭山羊
产　　地：甘肃皋兰
所属民族：汉族
级　　别：4
简　　介：接官亭位于皋兰县东南辖地面积 150 平方公里。石山峡谷，山大沟深，牧草茂盛，有水井多眼，是一个极好的天然大牧场。接官亭散养山羊始于明清时期，具有生长发育快、适应性强、体貌统一等特点。其肉质细嫩、脂肪少、味道鲜美、无膻味，滋补作用极强。其羊绒纤维细长，柔软，有光泽，杂质少，强度大，是高档毛绒原料，出口创汇，价值极高。

1237 腊花豆
产　　地：兰州市西固区河口乡
所属民族：汉族
级　　别：4
简　　介：先要把泡软的大豆，用小刀从大豆的一端切开，成一个十字状，然后用油炸，炸好的腊花豆犹如腊月盛开的梅花，所以叫腊花豆。颇受人们喜爱。

1238 八盘盐
产　　地：兰州市西固区河口乡八盘村
所属民族：汉族
级　　别：4
简　　介：新中国成立以来，河口老百姓食

用的都是产自八盘村的池盐,被人们称为"八盘盐"。

1239 酥油
产　　地：兰州西固柳泉乡
所属民族：藏族
级　　别：4
简　　介：酥油是似黄油的一种乳制品,是从牛、羊奶中提炼出的脂肪。藏区人民最喜食牦牛产的酥油。酥油滋润肠胃,和脾温中,含多种维生素,营养价值颇高。在食品结构较简单的藏区,能补充人体多方面的需要。酥油是藏族群众生活中不可缺少的食品,它是一种粗制的奶油,与内地黄油相似,是从牛奶中提制的奶油制品,含脂肪约80-90%,还有不少维生素A,每两酥油约可供给热能400多卡、维生素A200国际单位。藏族人民对酥油的食用法主要是打成酥油茶,逢年过节也用其炸制食品等。

1240 黑珍珠枣
产　　地：西固区东川镇
所属民族：汉族
级　　别：4
简　　介：黑珍珠枣是在红枣大观园发现的优质良种。适性强,长势旺,果小圆型,紫褐色,似珍珠。果实早熟,酥脆香甜。易落果。把黑珍珠嫁接到龙枣上,造成"二龙戏珠"之势,具很高的艺术价值。可庭院栽植和制作盆景。

1241 七月鲜枣
产　　地：西固区东川镇
所属民族：汉族
级　　别：4
简　　介：七月鲜枣是青石台红枣大观园从陕西关中引进的大果型早熟鲜食品种,适应性强,树势健壮,早果丰产。果实生育期85天。果肉细,汁多,酥脆,香甜,品质极优。兰州每斤售价16元,供不应求。可在水土条件好的城郊建矮密丰采摘园,或设施栽培、庭院种植。在第二届国际林业产业博览会暨第四届中国义乌国际森林产品博览会上,大王枣被评为博览会优质奖。

1242 马泉红枣
产　　地：西固区东川镇
所属民族：汉族
级　　别：4
简　　介：东川镇马泉村的红枣味甜、色艳、肉厚在新城东川颇有名气。

1243 马泉草莓
产　　地：西固区东川镇
所属民族：汉族
级　　别：4
简　　介：东川镇是兰州市草莓生产基地,马泉村被称为草莓村,本镇所产草莓有鸡冠子、鸡心、哈尼等品种,个人,汁甜而足,营养价值高,市场销售好。

1244 早脆王枣
产　　地：西固区东川镇
所属民族：汉族
级　　别：4
简　　介：早脆王枣,俗称冰糖脆、酥脆王,超梨枣个型，优冬枣品质。西部枣研所2005年从沧州佰枣园引种青石台红枣大观园，2008年挂果，品质优良，成为甘肃稀有鲜食枣新秀。

1245 灰枣

产　　地：西固区东川镇

所属民族：汉族

级　　别：4

简　　介：灰枣原产河南新郑，我国传统的名、特、优产品，获中国首届枣业博览会金奖，是我国第一大枣树栽培品种。灰枣在西北风沙干旱区表现出极优的品质。新疆产的灰枣（天枣、楼兰枣）每公斤售价高达160元，单个枣果售价1元。枣园亩年产值1—2万元，成为"黄金产业"。全区年发展10万亩，将建成中国规模最大的优质红枣基地。灰枣在我省的风沙干旱区表现良好，敦煌、民勤、景泰、兰州等地产的灰枣果实品质上乘，供不应求，成为陇枣家族的佼佼者，发展前景广阔。

1246 子弹头枣

产　　地：西固区东川镇

所属民族：汉族

级　　别：4

简　　介：子弹头枣适生性强，树势旺。果实椭圆形，皮光滑，柄端平，顶端尖，似步枪子弹头，故得名。内质密，味甜，品质中等，可在庭院种植。

1247 芒果冬枣

产　　地：西固区东川镇

所属民族：汉族

级　　别：4

简　　介：芒果冬枣外形酷似芒果，白熟期为金黄色，完熟期呈鲜红色，美丽可爱。在青石台于10月底成熟。果肉细，汁多，味甜，质优。适矮化密植，设施栽培和庭院种植。

1248 葫芦枣

产　　地：西固区东川镇

所属民族：汉族

级　　别：4

简　　介：葫芦枣别名"宝葫芦"。果实胴部有一道内陷的缢痕，像一只倒挂的药葫芦。果皮赭红色，色泽艳丽红润。果肉乳白色，质细酥脆，甘甜多汁。果重20克，鲜食品质优良，也可制干，是食用兼观赏的珍稀品种。青石台红枣大观园2005年引进2株，现已繁育35株，长势良好。把葫芦枣嫁接到龙枣上，呈逼真的龙头拐杖上悬挂药葫芦，吉祥如意，妙不可言。

1249 骏枣

产　　地：西固区东川镇

所属民族：汉族

级　　别：4

简　　介：骏枣是山西四大名枣之一。果大，皮薄，肉厚，松脆，味香甜，干鲜兼用，品质上等，为北京奥运会特供枣果。骏枣在兰州红枣品种园表现出适生、健壮、早果、丰产、优质的特性，适宜矮化栽培和庭院种植。

1250 园丰枣

产　　地：西固区东川镇

所属民族：汉族

级　　别：4

简　　介：园丰枣是极耐寒、耐旱、耐盐碱、耐瘠薄的加工品种，当年栽植，次年结果，极度丰产丰收，是风沙干旱区旱砂地、盐碱地和荒山沟坡发展生态枣业的先锋树种，也可在农田林网建设和"四旁"绿化中配置。

1251 茶壶枣

产　　地：西固区东川镇

所属民族：汉族

级　　别：4

简　　介：茶壶枣果实畸形。果肩到胴部2/3处，每条心皮缝合线和脊线部位，常长出一短柱状或板状凸起，厚4—7毫米，高出果实5—7毫米，使果肩部或近肩部长有2—4对角排列的肉质突出物，有的大小形状如壶嘴、壶把，与椭圆形果实连成一体，形似小巧玲珑的茶壶，妙趣横生。果皮紫红色，光泽鲜艳。茶壶枣在青石台红枣大观园树势强健，枝叶茂盛，早果丰产。果形奇特艳丽美观，有极高的观赏价值，适于庭院栽植和制作盆景。

1252 马奶枣

产　　地：西固区东川镇

所属民族：汉族

级　　别：4

简　　介：马奶枣，红枣大观园中来源不详。树势强健，丰产稳产。果实中等大小，椭圆形，柄部平，端部垂似马奶头，故名。果肉厚，味香甜，干鲜兼用，品质优良，可庭院种植。

1253 大王枣

产　　地：西固区东川镇

所属民族：汉族

级　　别：4

简　　介：大王枣是兰州红枣品种园从河南南阳引育的优系鲜食品种，适应性强，极早果丰产。果实近圆形，单果重46克，最大86克，有"八个一尺，九个一斤"之说，堪称"枣中王"。果肉厚脆，汁多甘甜，松脆可口。适在水土条件好的城郊建矮密丰采摘园，也可进行设施栽培，提前或延迟采果上市期。在第二届国际林业产业博览会暨第四届中国义乌国际森林产品博览会上，大王枣被评为博览会金奖。

1254　贝母

产　　地：西固区金沟乡

所属民族：汉族

级　　别：4

简　　介：金沟后山属二阴地区，地气冷凉湿润，非常适应贝母种植。贝母是一种经济价值极高的多年生野生草本植物，地下鳞茎入药，可止咳，主治热痰咳嗽、外感咳嗽、阴虚咳嗽、痰少咽燥等症。现代药理实验证明，贝母有镇咳、化痰、清热、润肺、降压等作用。

1255　"小红星"苹果

产　　地：西固区金沟乡

所属民族：汉族

级　　别：4

简　　介：金沟乡马家山有"小红星"苹果100多亩，其个大、香甜、颜色红润。

1256　大接杏

产　　地：西固区金沟乡

所属民族：汉族

级　　别：4

简　　介：1983年，金沟乡响应党的号召，从东乡县唐汪川购进品质优良的杏树苗木与本地野杏树嫁接后，无偿发放给农民栽植。金沟的大接杏远近闻名，除了品种外，这里的土壤、水质、自然气候对造就大接杏都有着直接影响。这里的大接杏形大如桃、肉厚多汁、酸甜可口，成为鲜果中不可多得的名品。

甘肃省文化资源名录　第二十八卷　饮食文化　特色饮食

1257 甘草

产　　地：新城镇青石台村

所属民族：汉族

级　　别：4

简　　介：甘草（学名：Glycyrrhiza uralensis），又名乌拉尔甘草，是一种补益中草药。药用部位是根及根茎，药材性状根呈圆柱形，长25—100厘米，直径0.6—3.5厘米。天然繁殖，茎挺拔直立，气微味甜而特殊。功能主治清热解毒，祛痰止咳、脘腹等。喜阳光充沛，日照长气温低的干燥气候。甘草还广泛应用于食品工业，精制糖果、蜜饯和口香糖。青石台村甘草种植面积约有1000亩，亩产量约在400公斤。

1258 黑美人

产　　地：新城镇青石台村

所属民族：汉族

级　　别：4

简　　介：新城镇青石台村种植的黑美人土豆有100多亩，黑美人土豆是历经三载选育成功的土豆新品种，表皮深紫色。该品种经权威机构测定淀粉含量12%；每百克黑土豆中含蛋白质2.45克；脂肪0.1克；碳水化合物16.5克；钙11毫克；钾342毫克；镁22.9克；胡萝卜素0.01毫克；硫氨素0.10毫克；核黄素0.03毫克；维生素C21.7毫克；烟酸16毫克。其黑紫色的原因是富含Delphindin（紫色）花青素，其含量为每百克4.2毫克。该品种除营养丰富外，其富含的花青素还具有抗癌、养颜、美容和防止高血压等多种保健作用。黑美人土豆适合蒸食。

1259 枸杞

产　　地：新城镇青石台村

所属民族：汉族

级　　别：4

简　　介：明代李时珍《本草纲目》记载："春采枸杞叶，名天精草；夏采花，名长生草；秋采子，名枸杞子；冬采根，名地骨皮。"古药书《本草汇言》载："枸杞能使气可充，血可补，阳可生，阴可长，火可降，风湿可去，有十全之妙用焉。"故常用作中药，用作中药时功能滋补肝肾、益精明目。主治目眩昏暗、多泪、肾虚腰酸等症。根皮有降压、退热、抑菌作用，功能清热凉血、退虚热，主治虚劳发热、尿血等症。新城镇青石台村因为地势气候土壤水源等因素，生长的枸杞果型圆润，味道甘甜，品质上乘，但是产量少，不成规模。

1260 玫瑰花

产　　地：新城镇新联村

所属民族：汉族

级　　别：4

简　　介：玫瑰（学名：Rosa rugosa），属蔷薇目，蔷薇科落叶灌木，枝杆多针刺，奇数羽状复叶，小叶5—9片，椭圆形，有边刺。花瓣倒卵形，重瓣至半重瓣，花有紫红色、白色，果期8-9月，扁球形。玫瑰原产是中国，在日本Rosa rugosa称为浜梨、浜茄子，朝鲜称为해당화海棠花。玫瑰作为农作物时，其花朵主要用于食品及提炼香精玫瑰油，玫瑰油应用于化妆品、食品、精细化工等工业。在日常生活中，人们将蔷薇属一系列花大艳丽的栽培品种（rose）统称为玫瑰。新城镇新联村种植的是食用玫瑰，种植量约有200亩。食用玫瑰的花瓣是制造玫瑰油的原料。这种玫瑰油用途广，价值高，据说用两滴就能生产公斤以上好香水，玫瑰花油比黄金还贵，因提炼1公斤玫瑰油，得用3吨玫瑰花瓣，相当于300万朵玫瑰花，1.5公顷产玫瑰油2000公斤。玫瑰花瓣可供食用，加粮制成玫瑰粮糕，香甜可口，方法是在玫瑰花瓣含苞

待放时，于清晨采摘下来，将花瓣轻轻撕下，分层加白糖放在广口玻璃瓶中或瓷坛中，然后加盖封口，勿使漏气，待粮吸收花瓣中水分融化后，便可食用。玫瑰花还能熏制茶叶，酿造成浸泡玫瑰酒，用来做香囊和扇坠也十分相宜。

1261 玫瑰精油

产　　地：永登县苦水镇

所属民族：汉族

级　　别：4

简　　介：兰州人栽培玫瑰历史悠久，清乾隆《甘肃通志》就载："玫瑰花出兰搪州"，而以永登县苦水乡所产质量最优，名冠天下。苦水玫瑰又名"刺玫花"，为兰州市的市花。玫瑰属蔷薇科落叶灌木，茎高有刺，花大，呈紫红色，枝叶茂盛，花朵繁多，花瓣肥硕，色泽鲜艳，香气浓郁。点出了玫瑰色香俱佳的特点。玫瑰鲜花在清晨摘下后24小时内即取出黄褐色的玫瑰精油，大约五吨重的花朵只能提炼出两磅的玫瑰油，所以是全世界最贵的精油之一。玫瑰精油是世界名贵的高级浓缩香精，是香精油中的精品，是制造高级名贵香水的既重要又昂贵的原料，不但用来制造美容、护肤、护发等化妆品，还广泛用于医药和食品。玫瑰花鲜艳，美丽，这也是玫瑰在历史上总是受到赞美的原因。古代医生用玫瑰水治疗神经衰弱，用玫瑰熏香治疗肺病，用玫瑰花汁治疗心脏病和肾病。玫瑰油是玫瑰基本的药用成分。它能刺激和协调人的免疫和神经系统，同时有助于改善内分泌腺的分泌，去除器官硬化，修复细胞。玫瑰油有助于增进消化道功能。玫瑰油富含维生素C、胡萝卜素、维生素b和维生素k，维生素k能促进血液凝固。玫瑰花的香美之气，奇特的药效，自古以来为中国历代中医药学家高度重视，《食物本草》、《药性考》、《纲目拾遗》、《本草再新》、《伪药条瓣》、《现代实用中药》等中医药书籍中均有研究和记载。并以本项目种植的品种花大、瓣厚、色紫、泽鲜、不露蕊、香气浓等质量最佳。入药能够防治心脑血管、妇科、肠胃、肝气郁结及神经系统等多种疾病；经常饮（食）用玫瑰制品有养颜美容、防病疗疾的保健功效。

1262 青城陈醋

产　　地：榆中县青城镇

所属民族：汉族

级　　别：4

简　　介：青城陈醋是青城本地农民采用地方传统方法，借鉴山西陈醋的制造工艺和独特配方，以本地和榆中北山小麦和豌豆为原料，发酵酿造而成。陈醋色泽浓郁，酸中透香，适用于青城干面的主要佐料，已成为远近闻名的一大品牌。

1263 伊真香淀粉

产　　地：榆中县青城镇

所属民族：回族

级　　别：4

简　　介：张家川县伊真香粉条综合加工厂始建于1989年10月，企业顺应市场发展要求，引进标准型淀粉自动化生产线，达到日产20吨、年产5000吨马铃薯精淀粉的规模。主要产品以马铃薯精淀粉加工为主的毛细粉条（羊肉泡专用）、大宽粉、韭叶粉（麻辣烫、火锅专用）、羊羔肉专用空心粉、水晶粉（水晶粉皮、水晶细粉、水晶粉丝）以及普通马铃薯粉丝等六大系列二十一个品种。企业于2011年10月申请注册了"伊真香"商标。

1264 胡麻油

产　　地：甘肃省肃北县

所属民族：汉族

级　　别：4

简　　介：肃北县气候温和凉爽、湿润、无霜期短，日照充足，昼夜温差大。纯正优质胡麻油采用党河上游种植的优质胡麻为原料，使用先进的工艺加工而成，不加任何添加剂，油品色泽金黄透亮，香味纯正浓郁，无杂质，富含多种植物脂肪酸、氨基酸和维生素，具有降低人体血脂，胆固醇的良好效用，是绿色无公害食品。常用来做煎炒烹炸的食品，菜肴色香味俱全，味香而纯正，是油品中的上乘产品。

1265 秦岭泉牌芦笋罐头

产　　地：天水市秦州区

所属民族：汉族

级　　别：2

简　　介：天水昌盛食品有限公司研发生产的各种规格的瓶装、罐装及真空袋装系列产品达6大系列60多个品种。其中芦笋罐头被认定为甘肃省名牌产品。

1266 秦岭泉牌小绿豆甜玉米罐头

产　　地：天水市秦州区

所属民族：汉族

级　　别：2

简　　介：天水昌盛食品有限公司研发生产的各种规格的瓶装、罐装及真空袋装系列产品达6大系列60多个品种，其中甜玉米粒罐头被认定为绿色食品。

1267 陇香牌红方腐乳

产　　地：天水市秦州区

所属民族：汉族

级　　别：3

简　　介：天水陇香食品有限公司的前身是天水食品厂，成立于上世纪五十年代初，是天水市"老字号"国有食品加工企业。陇香牌红方腐乳在第六届中国西部商品交易会上评为名特新产品金奖。2000年12月，被天水市确认为天水市第一批市级名牌产品。

1268 老贾食醋

产　　地：张家川县

所属民族：回族

级　　别：4

简　　介：张家川县食醋酿造历史久远，工艺独特，主要以小麦、玉米等为原料，用麸曲发酵酿造而成，其成品色泽酱黑或棕红，淳香自然，酸味柔和，回味绵长。在张家川县众多食醋产品中，尤以老贾清真食醋、万福香醋以其酸味纯正、香味浓郁、色泽鲜明、营养丰富之特点而久负盛名。老贾食醋已有百余年酿造史，上世纪八十年代，老贾食醋第三代传人贾志雄在继承传统工艺的基础上，不断探索创新，形成了自己独特的酿造工艺和原料配方，提高了食醋的质量和保存期限，改善了营养成分。经有关部门监测，张家川县老贾清真食醋含有多种氨基酸及糖、钙、磷、铁、维生素B2等营养成分，是广大城乡人民特别喜欢食用的调味佳品。本世纪初，老贾食醋酝酿成立了张家川回族自治县老贾清真食醋酿造厂，注册了产品商标，走上了规模化生产经营的发展道路。目前，老贾清真食醋酿造厂的产品主要有提冰醋、陈醋、香醋等系列产品，在本县及周边地区供不应求，并远销青海、宁夏、陕西等地。

1269 云晓熏醋

产　　地：凉州区

所属民族：汉族

级　　别：3

简　　介：凉州熏醋是西北人一日三餐离不开的桌上调味品。武威益民食品厂生产的"云晓牌"凉州熏醋采用多种上乘原料、传统发酵工艺与现代加工技术相结合精酿而成，各项指标超过国家一级食醋标准，且含有15氨基酸和还原糖。产品色泽棕红，酸味醇厚绵口，久贮不霉不白花，堪称调味之佳品。

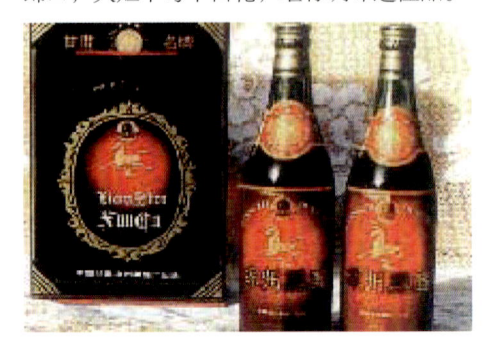

1270 蜂蜜粽子

产　　地：平凉市崆峒区

所属民族：汉族

级　　别：4

简　　介：糯米、蜂蜜、红枣等做成。风味特色洁白柔软，香甜可口，粘精适度，甜而不腻。

1271 豆腐脑

产　　地：崆峒区

所属民族：汉族

级　　别：4

简　　介：以传统的工艺秘制而成。风味特色是鲜香嫩滑、口感细腻。

1272 三色粽子

产　　地：泾川县

所属民族：汉族

级　　别：4

简　　介：筛拣优质糯米加工干净，再用清水淘洗三次以上，用水浸泡3小时，然后用开水烫好的粽叶将糯米和配料按比包成菱形，最后用慢火蒸煮6小时左右，开成三色粽子。特点是层次分明、晶莹剔透、清甜可口、凉爽香美。

1273 豆豉

产　　地：甘肃省华池县

所属民族：汉族

级　　别：4

简　　介：将黄豆煮熟后捣烂，置热炕上发酵15—20天，待拈起时有丝状物(菌体)出现，加入辣椒面、花椒粉、食盐等佐料拌匀，捏成球状，晒干即成。豆豉可长期储存，食时配以大肉片或其他菜肴爆炒，夹馒头食之尤佳。其味咸美、特殊，别具风格。

1274 狼渡滩精品大豆

产　　地：岷县

所属民族：汉族

级　　别：3

简　　介：狼渡滩精品大豆（蚕豆）制品，尤其是干炒大豆在岷县有悠久的制作传统，享誉省内外。狼渡滩精品大豆系列产品选自甘肃省岷县大豆（蚕豆），主要生长于气候较为适宜的黑土山区。众所周知，蚕豆中含有调节大脑和神经组织的重要成分钙、锌、锰、磷脂等，并含有丰富的胆石碱，有增强记忆力的健脑作用。蚕豆中的钙，有利于骨骼对钙的吸收与钙化，能促进人体骨骼的生长发育。蚕豆中的蛋白质含量丰富，且不含胆固醇，可以提高食品营养价值，预防心血管疾病。

1275 中盐

产　　地：甘肃漳县

所属民族：汉族

级　　别：1

简　　介：漳县生产的碘盐，其生产工艺采用矿山油垫建槽连通开采法，每口井通过套管注油，环形管注水，中心管出卤，从2.5

公里盐井矿产车间将卤水通过地下管道输入厂部制盐车间，再通过除硝、四效蒸发、自动烘干等工序，制造出全国一流的食盐。质量达国家 GB5461—2000 精制食盐一级品标准，NaCI 纯度 ≥ 98.5%，白度、粒度、含碘、含硒、不溶物等各项指标均达到国家精制盐标准，可治疗和预防克汀病、大脖子病，远销省内外。

1276 蚕豆

产　　地：甘肃漳县

所属民族：汉族

级　　别：1

简　　介：漳县蚕豆质地优良、颗大粒饱、色泽纯白、无虫害、耐贮藏，糖分和多种维生素高于其它产区，含蛋白质 22%—28%、淀粉 40%，有动物体内不能合成的氨基酸。经炒制加工而成的蚕豆酥脆爽口、营养丰富，深受人们喜爱。

1277 腊肉

产　　地：陇南两当县

所属民族：汉族

级　　别：4

简　　介：腊肉的制造过程是，先将五花肉经过腌制后，再于日光下烘晒，而成为能够长期保存的加工肉品；但由于腊肉在过去是指在十二月制造，而且本身有着一股特殊的烟熏风味，过去的腊肉遵古法并以木炭熏制，有一种迷人的烟熏味，现在市面上仍可以买到这种较为考究的传统制造腊肉。唯独在挑选腊肉时，当季上品除了要闻起来无酸腐味、外表看起来干爽、肉色鲜明外，在外包装的食品添加物、保存期限等标示，也必须能清晰可辨。买回的腊肉若无法同一时间食用完毕，必须在保存期限前尽量吃完，这才是一种将腊肉吃得健康的方法。熏好的腊肉，表里一致，煮熟切成片，透明发亮，色泽鲜艳，黄里透红，吃起来味道醇香，肥不腻口，瘦不塞牙，不仅风味独特，而且具有开胃、去寒、消食等功能。腊肉保持了色、香、味、形俱佳的特点，素有"一家煮肉百家香"的赞语。腊肉从鲜肉加工、制作到存放，肉质不变，长期保持香味，还有久放不坏的特点。此肉因系柏枝熏制，故夏季蚊蝇不爬，经三伏而不变质，成为别具一格的地方风味食品，腊肉中磷、钾、钠的含量丰富，还含有脂肪、蛋白质、碳水化合物等元素。

1278 油茶

产　　地：陇南两当县

所属民族：汉族

级　　别：4

简　　介：油茶是两当县小吃中的滋补精品，人们常说"老城油茶喷喷香"。在街头的饮食摊子上，摆把大壶，外用棉布包着用作保温，壶内有做好的油茶。它是用面粉放入锅内炒到颜色发黄，麻仁也炒至焦黄，另加核桃仁、花生仁、桂花和牛骨髓油，拌搓均匀，然后将搓得均匀的面茶放在碗内，用开水冲成浆糊状即可。食用时，加醋、酱油、麻油，酸辣鲜香，美味可口。其口感滑腻油润，略感糊口，且酥油香气浓郁，营养丰富，深受老人和儿童的喜爱。它除了香，还有提神、消食健胃、驱湿避瘴、驱寒治感冒等功效。

1279 河州甜米

产　　地：甘肃省临夏市

所属民族：回族

级　　别：2

简　　介：河州甜米饭是中餐传统甜食，以糯米和干果为主料烹制而成。糯米蒸熟，拌以糖、猪油、桂花，倒入装有红枣、薏米、莲子、桂圆肉等果料的器具内，蒸熟后再浇上糖卤汁即成。味道甜美，更有健脾益胃，补肾化湿，色泽艳丽，甜筋油润，绵甜不腻的特点，吃起来别有风味。是节日和待客佳品。

1280 八碗一锅子

产　　地：积石山县

所属民族：保安族

级　　别：4

简　　介：保安族婚庆宴尤以传统宴席"八碗一锅子"为主，加以馓子、馃馃、麦索包子、糖包子等面食，独具特色。八碗一锅子，主要以扣牛肉、王府香肠、羊排、草鸡、香槟茄子、八宝饭等八碗，再配以锅子形成"八碗一锅子"，其做法以清炖、清蒸、油炸为主，摆放后极具观赏性、可食性，真可谓色、香、味俱全。八碗中的王府香肠据传是清宫中传出，清统治年间，有保安族商人在京城做生意时结交了一位王爷，在一次饭局中闲聊时，说出了一道香肠菜的做法，这位保安族商人回家后按王爷的说法如法炮制做出了王府香肠食之的确味美可口，于是在宴席中加入，深受大家的称赞，这道菜传承至今，形成了保安族的特色。八碗中的"八"是双数，寓相合之意，锅子中的主要原料以粉条、豆腐、萝卜、牛肉、羊肉、鸡肉、洋芋、白菜等，再放入生姜、花椒、精盐、蒜、香菜等。内容丰富，吃起来鲜嫩爽滑，吃后余香满腹，隔日犹存。同时也暗喻东家此后家丁兴旺、五谷丰登、生活幸福。

1281 大红袍花椒

产　　地：舟曲县
所属民族：汉族
级　　别：4

简　　介：性味：辛、温、有小毒、麻。
成分：果含挥发油（为柠檬烯、枯醇、香叶醇等）、淄醇、不饱和有机酸。

甘肃省文化资源名录
第二十八卷 饮食文化

饮食器皿

（一）食具
（二）酒具

（一）食具

0001 砂锅
产　　地：甘肃兰州
所属民族：汉族
级　　别：2
简　　介：砂锅子属陶器的一个分支。兰州砂锅子，包括砂罐、砂壶、煨罐、火锅等二十多个品种，自古为城乡人民所喜爱，是甘肃省久负盛名的传统产品。关于兰州砂锅的起源，一说是1861年由武威传来。最初由范姓制造砂罐。其用途有二：一是在罐内装上石灰等物，作防御武器；二是用于化钢、制造各种工具，遂制造粗砂陶器产品。兰州砂锅子选料谨严，工艺精良。它选用兰州大煤山色青、质细、无杂质、柔软、韧性好、耐火强度高的坩泥、好块煤、白土以及有烟煤、无烟煤。其制法是先把选好的坩泥粉碎，把块煤烧成半生的渣子，拣尽釉子，筛尽白灰，粉碎成细末，再把白土磨成细末，制成锅坯，晾干，上釉子，装窑，焙烧而成。兰州砂锅用途极广，使用价值很高，为全省城乡人民所喜爱，亦作为特产，被来兰旅客带往全国各地。

0002 清糕点模具
产　　地：张家川县
所属民族：回族
级　　别：4
简　　介：先配一个心形6寸的，一个圆形8寸的。活底的，铝皮那种就行了。2个最小号的心形的幕斯圈，用途很广。

0003 张家川县清真餐具
产　　地：张家川县胡川乡张堡村
所属民族：回族
级　　别：4

（二）酒具

0004 坛
产　　地：凉州区
所属民族：汉族
级　　别：3
简　　介：武酒坛藏18年，以棕色为主色调，典雅时尚的包装，古朴精细的雕花瓶体，使武酒坛藏18年散发着王者般的高贵气息，其酒液具有窖香幽雅、圆润细滑、香味谐调、回味爽净等特点，是一款适合于商务宴请，礼节亲友相聚的佳酿琼浆。

0005 黄酒壶
产　　地：甘肃省华池县
所属民族：汉族
级　　别：4
简　　介：黄酒壶用于温热黄酒，一般用锡铅合制而成。酒壶口呈喇叭状，脖颈细，壶身为圆柱状，侧面有倾斜陷入壶体的温酒槽。温酒时，将黄酒盛至壶口，放入开水锅中沸煮至壶口起泡沫时，从锅中取出即可。

后 记

在甘肃进行全面性的文化资源普查属于首次，将普查成果汇编成大型的文化资源名录在国内也属于前列。《甘肃省文化资源名录》是按照《甘肃省文化提升行动协调推进领导小组工作方案》和《甘肃省文化资源普查和分类分级评估工作实施方案》要求推出的重要成果。经过甘肃省文化资源普查和分类分级评估工作领导小组办公室组织40多名专家学者，在甘肃省文化资源普查平台数据库基础上，历时两年精心编排，终于完成书稿，这是参与全省文化资源普查的所有工作人员集体智慧的结晶。

甘肃省委原常委、省委宣传部原部长连辑，甘肃省委常委、省委组织部部长梁言顺，甘肃省委常委、省委宣传部部长陈青，先后领导和部署了本名录的编辑出版工作。省委宣传部原副部长、省社科院原院长范鹏研究员协调推进了本名录的编写。甘肃省社科院院长王福生研究员组织实施了本名录的策划设计、内容编排、审定并最终定稿。甘肃省社科院副院长马廷旭研究员负责了审稿、统稿和出版发行事宜。刘玉顺同志全程负责了书稿编排工作。

在《甘肃省文化资源名录》面世之际，感谢甘肃省文化提升行动协调推进领导小组各位领导的大力支持与关心，感谢参与普查工作的各市（州）县（区）、有关省直厅局的鼎力相助，感谢参与普查的专家学者和基层工作人员的辛勤付出，感谢中国书籍出版社为本名录的出版所做的努力，感谢所有关心关注本名录的人们。《甘肃省文化资源名录》是从盘清全省文化资源家底的角度入手，收录范围极其宽泛，有部分内容还存在缺项，有的资源没有资源简介，有的资源缺图片等等，给该书的出版留下了遗憾（该套丛书普查数据截至2012年12月31日）。同时，由于我们的水平有限，可能还有错讹疏漏之处，恳请读者随时批评指正，以便在将来进一步完善和修订。

甘肃省社会科学院

2017年7月

甘肃省文化资源名录
总书目

第 一 卷　　可移动文物 Ⅰ（金银器、铜器）
第 二 卷　　可移动文物 Ⅱ（铜器）
第 三 卷　　可移动文物 Ⅲ（铜器、铁器）
第 四 卷　　可移动文物 Ⅳ（陶泥器）
第 五 卷　　可移动文物 Ⅴ（陶泥器）
第 六 卷　　可移动文物 Ⅵ（陶泥器）
第 七 卷　　可移动文物 Ⅶ（陶泥器）
第 八 卷　　可移动文物 Ⅷ（陶泥器）
第 九 卷　　可移动文物 Ⅸ（砖瓦、瓷器）
第 十 卷　　可移动文物 Ⅹ（瓷器）
第十一卷　　可移动文物 Ⅺ（宝、玉石器，石器、石刻）
第十二卷　　可移动文物 Ⅻ（纺织品、皮革、漆木竹器、珐琅器、玻璃器、骨角牙器、文具乐器法器、绘画）
第十三卷　　可移动文物 ⅩⅢ（书法、拓片、玺印、货币、雕塑、造像）
第十四卷　　可移动文物 ⅩⅣ（文献图书、徽章、证件、票据、邮品、度量衡器、交通运输工具、武器装备、航天装备、古脊椎动物化石、人类化石、其他）
第十五卷　　不可移动文物 Ⅰ（古墓葬、古遗址）
第十六卷　　不可移动文物 Ⅱ（古建筑、石窟寺及石刻、其他）
第十七卷　　红色文化（故居、旧址、纪念地、纪念设施、烈士墓、其他）
第十八卷　　历史事件与人物 Ⅰ（历史事件、历史人物）
第十九卷　　历史事件与人物 Ⅱ（历史人物）
第二十卷　　历史文献 Ⅰ（古籍）
第二十一卷　历史文献 Ⅱ（古籍、志书、档案、其他）
第二十二卷　非物质文化遗产 Ⅰ（民间文学、民间音乐、民间舞蹈、民间戏剧、曲艺）
第二十三卷　非物质文化遗产 Ⅱ（民间杂技、游艺传统体育与竞技、民间美术、民间技艺）
第二十四卷　非物质文化遗产 Ⅲ（民间技艺、民间医药、民间信仰、岁时节令、生产商贸习俗、消费习俗、民间知识、人生礼俗）
第二十五卷　建筑、自然景观文化（建筑文化、自然景观文化）

甘肃省文化资源名录 总书目

第二十六卷　　文学艺术Ⅰ（文学、艺术）
第二十七卷　　文学艺术Ⅱ（艺术）
第二十八卷　　饮食文化（酒、茶、饮料、特色饮食、饮食器皿）
第二十九卷　　节庆、赛事、文化之乡（节庆、赛事、文化之乡）
第 三 十 卷　　地名文化Ⅰ（特色自然地理地名、市州、市县区、乡镇街道、村、社区）
第三十一卷　　地名文化Ⅱ（村、社区）
第三十二卷　　地名文化Ⅲ（村、社区）
第三十三卷　　地名文化Ⅳ（村、社区）
第三十四卷　　地名文化Ⅴ（村、社区）
第三十五卷　　地名文化Ⅵ（村、社区）
第三十六卷　　文化产业、传媒Ⅰ（新闻出版发行服务、广播电视电影服务、文化用品的生产、文化产品生产的辅助生产）
第三十七卷　　文化产业、传媒Ⅱ（文化艺术服务、文化信息传输服务、文化休闲娱乐服务、工艺美术品的生产）
第三十八卷　　文化产业、传媒Ⅲ（文化创意和艺术服务、文化专用设备的生产、传媒）
第三十九卷　　社科研究Ⅰ（机构和团体、著作类、研究报告、学术活动、社科刊物、获奖成果）
第 四 十 卷　　社科研究Ⅱ（论文）
第四十一卷　　社科研究Ⅲ（论文）
第四十二卷　　文化类高等教育、文化艺术机构团体Ⅰ（文化类高等教育、文化艺术机构、文艺团体、文艺表演团体、文艺场馆）
第四十三卷　　文化类高等教育、文化艺术机构团体Ⅱ（群众文化艺术馆）
第四十四卷　　文化人才Ⅰ（社科人才）
第四十五卷　　文化人才Ⅱ（社科人才）
第四十六卷　　文化人才Ⅲ（图书情报人才、档案人才、文博人才、新闻人才、出版人才、文艺人才）
第四十七卷　　文化人才Ⅳ（体育人才、网络文化人才、动漫人才、民间文化人才）
第四十八卷　　宗教文化、民族语言文字Ⅰ（教职人员、宗教经卷）
第四十九卷　　宗教文化、民族语言文字Ⅱ（宗教活动场所）
第 五 十 卷　　宗教文化、民族语言文字Ⅲ（宗教活动场所、民族语言文字）